U0885351

秦淮年鉴

2005 QinHuai Almanac

秦淮年鉴编纂委员会

方志出版社

The Publishing House of the Local Records

图书在版编目(CIP)数据

秦淮年鉴.2005/秦淮区地方志编纂委员会办公室编.
北京:方志出版社,2005.9
ISBN 7 80192 569 6
Ⅰ.秦... Ⅱ.秦.. Ⅲ.区(城市)—南京市—2005—年鉴
Ⅳ.Z525.31

中国版本图书馆 CIP 数据核字(2005)第 071542 号

秦淮年鉴(2005)

编　　者:秦淮区地方志编纂委员会办公室
责任编辑:颜伦琴

出 版 者:方 志 出 版 社
(北京市建国门内大街5号中国社会科学院科研大楼12层)
邮编　100732
网址　http://www.fzph.org
发　　行:方志出版社发行部
(010)85195814
经　　销:新华书店总店北京发行所
法律顾问:北京市京诚律师事务所
印　　刷:南京四彩印刷有限公司

开　　本:787×1092　1/16
印　　张:20.75
字　　数:560 千
版　　次:2005 年 9 月第 1 版　2005 年 9 月第 1 次印刷
印　　数:001—800 册

ISBN　7-80192-569-6/K·406　　定价:100.00 元

·版权所有　翻印必究·

序　言

秦淮是古城金陵的起源，历史悠久，文化灿烂，十代繁荣，游客云集。进入新时期，秦淮人立足区情，把握时代脉搏，奋力开拓，各项事业都得到了长足的发展。大明路汽车街特色鲜明，产业聚集，引领南京市汽车业发展；夫子庙·秦淮风光带古韵新姿，文化彰显，成了南京市乃至江苏省集中展示改革开放成果的窗口。

《秦淮年鉴》是一部全面真实而又及时地反映秦淮年度发展的综合性、权威性的资料工具书，融秦淮一年间的自然、社会、人物、事件于一览，具体描绘了秦淮改革开放的发展轨迹，是秦淮精神、秦淮效率的真实写照，是总结历史、知往鉴来的一面镜子。

《秦淮年鉴》富有时代特征、秦淮特色、年度特点，不仅具有“资政、教化、存史”的重要作用，而且也是向国内外宣传秦淮的重要窗口，对展示秦淮形象，吸引外来投资，腾飞秦淮经济将起到积极的推动作用。

《秦淮年鉴》的编辑出版是一项系统工程，它融汇了全区方方面面的智慧和辛勤劳动。《秦淮年鉴》2004版，荣获首届中国地方志年鉴奖特等奖、中国第三届全国年鉴编纂出版质量评比综合奖二等奖、南京地区综合特等奖。希望编纂人员再接再厉，采珠撷英，去芜存菁，精益求精，不断提高编辑水平和办刊质量，进一步强化信息、资政和服务功能。同时也希望全区广大干部群众读好用好年鉴，增强工作的预见性和创造性，使《秦淮年鉴》在三个文明建设和全面建设小康社会进程中发挥出更大的作用。

秦淮区区长　冯亚军

二〇〇五年三月二十三日

人口：240 424（截止2004年年末）

红花街道	26 078	10.9%
夫子庙街道	66 175	27.5%
双塘街道	76 000	31.6%
中华门街道	32 157	13.4%
秦虹街道	40 014	16.6%

年龄结构

18岁以下：14.4%　18-35岁：23.1%

35-60岁：45.1%　60岁以上：17.4%

性别比例（男性数目相对每千名女性的比率）：998

整体人口密度

每平方公里：10 752人

人口密度最高的街道是双塘街道，该街道每平方公里平均有3399人

居民总户数	94 265户
户籍人口	240 424人
暂住人口	59 658人（1年以上）

面积：22.36 平方公里

民族

汉族占大多数

少数民族23个，主要为回族、满族、蒙古族。其中回族居多，集中在双塘街道。

天气

2004年平均降雨量　73.5毫米

雨量最多记录

每月计：234.34毫米（2004年6月）

2004年平均气温　摄氏16.32度

最高气温

每月计：摄氏28.9度(2004年7月)

经济（2004年）

经济增长：

实现地区生产总值17.37亿元，同比增长：20.2%。

完成社会消费品零售总额36.63亿元，同比增长19.1%。

完成固定资产投资25.75亿元，同比增长：18.6%。

地址：

南京市秦淮区秦虹路1号

网址：

http://www.njqh.gov.cn

注：本页所载数字为2004年年底公布的数字。

>>>> QINHUAI ALMANAC

2005 秦淮年鉴

QinHuai Almanac

◎ 领导视察

◎ 重要会议

◎ 重大活动

◎ 秦淮风光

◎ 灯火秦淮

◎ 2004年6月11日，中共中央政治局常委李长春在省委书记李源潮、市委书记罗志军、市长蒋宏坤的陪同下视察夫子庙

◎ 2004年6月8日，国务院副总理吴仪在省、市、区领导陪同下参观夫子庙

◎ 2004年9月4日，中共中央政治局委员、书记处书记、国务委员、公安部部长周永康视察全国模范派出所——夫子庙派出所

2004年4月23日，在中华门城堡举行的十运会会徽揭幕仪式上，十运会筹委会主任、国家体育总局局长袁伟民，省长梁保华共同为十运会会徽揭幕

◎ 2004年8月23日，团中央书记处书记王晓在区青年创业园视察工作

◎ 2004年5月26日，市委书记罗志军在南京旅游国际购物中心调研工作

◎ 2004年11月9日，市长蒋宏坤一行在区领导陪同下视察中华门地区铁路沿线环境整治工作

◎ 2004年11月30日～12月3日，中国共产党南京市秦淮区第九次代表大会

◎ 区委书记　徐路

◎ 区长　冯亚军

◎ 2004年1月4～8日，秦淮区第十五届人民代表大会第二次会议

◎ 2004年1月3～6日，中国人民政治协商会议秦淮区第九届委员会第二次会议

◎ 2004年2月27日，全区经济工作会议

◎ 2004年12月23日，南京门西地区保护与更新规划专家评审会（附规划图）

◎ 2004年6月24日，《秦淮区志》首发仪式

◎ 2004年9月28日，中国·南京夫子庙金秋美食节开幕式暨夫子庙楹联街落成仪式

◎ 2004年10月14~15日，由中国音乐家协会表演艺术委员会、江苏省音乐家协会和秦淮区人民政府联合举办的"梦里秦淮"全国歌手唱秦淮大赛决赛在南京电视台演播厅举行

②

③

① ◎ 东水关
② ◎ 白鹭洲割青桥
③ ◎ 瞻园
④ ◎ 平江府路生态广场
⑤ ◎ 平江府路南广场标志物

①

⑤

④

②

① ◎ 东水关景（一）

② ◎ 东水关景（二）

③ ◎ 外秦淮河畔新景（一）

④ ◎ 外秦淮河畔新景（二）

②

① ◎ 水西门市民广场

② ◎ 夫子庙西广场

③ ◎ 闹中取静的生活小区

④ ◎ 十里秦淮鸟瞰

◎ 武定门公园夜景

◎ 夫子庙夜景系列

夫子庙景区经营业态布局示意图

秦淮年鉴编纂委员会

主　　任　冯亚军

副 主 任　孔令友　黄唯佳　韦立平　陈　琳　杨献文

委　　员　胡百放　余　峻　张国全　陆　慧　陈　宁

刘伟清　朱振南　张正贵　赵志华　郭　兰

李小华　张友斌　方　芳　余文秀　李　筠

黄元春　谢智明　戴乔木　朱建国　苑春勇

邹金生　於朝勇　吴　克　王正勇　缪建荣

徐　鸿　周　迅　孙如汉　李维贵　姜　健

阎文斌　杨晓冬　陈良华　何享宝　王忠林

魏锦龙　陈立祥　崔纪存　焦建华　刘　伟

童泽民　杨和平　高安宁　孙兴林　徐泽霖

王　勇　汪琼琳　何　健　郑晓明　王　南

常积成　程　军　刘益军　焦安宁　何素玉

赵久明　张开荣　张　军　邵永泉　张永林

主　　编　黄唯佳

执行主编　杨献文　束德成

副 主 编　朱汉宁

《秦淮年鉴》编辑部

主　　任　杨猷文

副 主 任　戴定平　朱汉宁

编　　辑　束德成　徐庆贞　金德智　宗庆生　虞智琴
　　　　　骆惠萍　顾秀美

特约审稿　於朝勇　刘　玲　贾国根　陈国海

英文翻译　潘　莹

美术编辑　尚晓萍

编　　务　骆惠萍　邓海江　顾秀美

彩页征集　尹振欣　戈红喜

摄　　影　尚晓萍　蒋光意　余　健　尹治国　徐　峰

编 辑 说 明

一、《秦淮年鉴》是秦淮区人民政府主办,秦淮区地方志办公室承办的综合性地方性年鉴。旨在全面、系统地记载秦淮区现代化经济建设和“三个文明”建设的历史进程,为扩大对外开放、为社会各界了解秦淮提供可靠翔实的信息资料,也为续写《秦淮区志》积累史料。

二、《秦淮年鉴》(2005)是《秦淮年鉴》第二卷,主要记述2004年秦淮区政治、经济和各项社会事业发展情况、重大事件及主要成就。信息资料收录时间截至于2004年年底,特载、专辑文件收录时间延至2005年2月。

三、《秦淮年鉴》(2005)设置特载、专辑、大事记、区情概貌、城市建设与管理、商贸、工业、财税·金融、综合管理与监督、科技、教育、卫生、体育、文化、党政·群团、政法、地方军事、社会生活、街道、人物、统计资料、附录22个类目和索引,其中含分目93条、副分目44条、条目950条。

四、《秦淮年鉴》(2005)采用的信息资料,主要由区域内各部门、各单位提供,并经单位领导审阅。所刊各类数据由于提供单位、统计方法、记述口径不同而有一定差异,使用时以统计局核定数据为准。

五、《秦淮年鉴》(2005)增设秦淮风光带·大明路汽车街“专辑”类目,将政府决策、规划措施、实施成果融为一体,让秦淮特色更加醒目,使年鉴框架有所创新。此举得失,有待评估。

六、《秦淮年鉴》(2005)在卷首设有目录、大事记,卷末设有索引。读者可通过以上3种检索渠道快速便捷地查到所需资料。

七、《秦淮年鉴》的编纂工作,得到各部门、各单位的热情关怀和大力支持,还得到省、市地志办领导和专家的指导帮助,在此谨表谢意。

总　目

目　录

特　载

秦淮风光带 大明路汽车街 专辑

建设秦淮风光带

大 事 记

区情概貌

城市建设与管理

道路与公共设施建设

房地产开发与管理

市容管理

环境保护

园林绿化

公用事业

商　贸

综　述

夫子庙商贸圈

纬七路市场群

外经外贸

管理与监督

工　业

综　述

技术改造

生产与经营

产权制度改革

财税·金融

财 政

国家税收

地方税收

金　融

综合管理与监督

计划管理

统计管理

工商管理

价格管理

审计工作

质量技术监督管理

安全生产监督管理

科　　技

综　述

科技成果

民营科技企业专项管理

科技管理与服务

知识产权

科普宣传

教　育

综　述

幼儿教育

初等教育

中等教育

医政管理

卫生监督与服务

医学科研与教育

驻区医院

体　　育

综　述

群众体育

竞技体育

体育产业

文　化

综　述

文学艺术

群众文化

文化市场

文物保护

档案工作

博物馆工作

方志工作

党政·群团

中国共产党秦淮区委员会

秦淮区人大常委会

秦淮区人民政府

政协秦淮区委员会

民主党派·工商联

人民团体

政　法

审　判

检　察

公　安

司法行政

地方军事

人民武装

人民防空

消防工作

社会生活

劳动和社会保障

民 政

民族与宗教

红十字会

计划生育

街 道

红花街道

夫子庙街道

双塘街道

中华门街道

秦虹街道

人　　物

新任区级主要领导

全国先进个人

省五一劳动奖章获得者

中国科学院院士

逝世人物

统计资料

附　　录

索　　引

Contents

Industry

Taxation and Finance

Comprehensive Admin – istration and Supervision

Science and Technology

Education

Hygiene

Sports

Culture

Political Parties and Other Organizations

Politics and Law

Local Military Affairs

Social Living

Street

Figures

Statistical Data

Appendix

Index

特　载

凝心聚力　真抓实干
开创秦淮“三个文明”协调发展的新局面
——在中共南京市秦淮区第九次代表大会上的报告

中共秦淮区委书记　徐　路

（2004 年 12 月 1 日）

各位代表、同志们：

现在，我代表中共秦淮区第八届委员会向大会作报告。

中国共产党南京市秦淮区第九次代表大会，是跨入新世纪以后我区召开的第一次党代会，也是在秦淮经济社会发展进入关键时期召开的一次十分重要的会议。

这次大会的主要任务是，坚持以邓小平理论和“三个代表”重要思想为指导，全面贯彻落实党的十六大和十六届三中、四中全会精神，按照科学发展观的要求，回顾总结区第八次党代会以来的工作，研究确定今后五年我区的奋斗目标和主要任务；选举产生中共秦淮区第九届委员会和中共秦淮区纪律检查委员会；团结动员全区广大党员和干部群众，为加快推进富民强区和“两个率先”进程而努力奋斗。

过去五年的工作回顾

1999 年 7 月区第八次党代会以来，在市委的正确领导下，区委团结带领全区广大党员和干部群众，认真贯彻党的十五大、十六大精神，始终坚持以经济建设为中心，解放思想，振奋精神，开拓创新，艰苦奋斗，全区“三个文明”建设取得了显著成绩。

经济持续快速增长，综合实力显著增强。五年来，全区经济保持了快速健康发展的良好势头，经济运行质量和效益明显提高，综合实力跨上了一个新台阶。2003 年，全区实现地区生产总值 14.46 亿元，比 1998 年翻了一番；实现财政收入 7.34 亿元，其中地方财政收入 1.87 亿元，分别增长了 2.7 倍和 2.6 倍。积极打造以区科技创业基地为重点的工业发展载体，着力发展都市型工业，培育了奥特佳、惟思得、科亚等高科技企业，塑造了鸿雁电器、九竹电控门等一批品牌，工业对全区经济起到了重要的支撑和拉动作用。优化整合地区资源，积极发展商贸服务业，建设了好又多、金榜、银桥等一批年销售额超亿元的市场，培育形成了夫子庙美食街、纬七路市场群、大明路汽车街等特色商业街区，特别是大明路汽车街的崛起，已成为全区经济发展的新亮点。实施夫子庙扩容升级，建成琵琶路文化休闲街、瞻园路牌坊、夫子庙楹联街，引进了新香园、钱塘人家等规模餐饮企业，夫子庙地区经济和社会效益明显提升。

改革实现较大突破，开放迈出新的步伐。加快推进企事业单位改革改制，区属工商企业改制基本完成,旅游、建设等系统事业单位改制迈出实质性步伐,夫子庙旅游股份公司、区城镇开发公司顺利实现股权转让。截至今年11月份,全区共有190家企事业单位完成改制任务。积极调整优化所有制结构,混合所有制经济和民营经济取得较快发展,私营个体经济占国民经济的比重由1998年的19.2%上升到2003年的33%。深化行政管理体制改革,加快政府职能转变,全面推行政务公开和服务承诺制,进一步改善了区域投资环境。加大招商引资力度,加快发展开放型经济,五年来累计兴办三资企业111家,实际利用外资1.05亿美元,出口创汇1.95亿美元,实际利用外资年均增长50.4%。

城市建设快步推进,区域面貌发生较大变化。紧紧抓住南京举办"华商会"、迎接"十运会"等机遇,加快城市建设,加强城市管理,区域面貌有了显著改善。大力推进基础设施和公益配套设施建设,新建、改造了长乐路、大明路、平江府路、江宁路、土城头路等69条主次干道,配合实施了纬七路拓宽改造和赛虹桥、双桥门立交建设工程,区域交通网络进一步完善。实施城东干道景观整治、东西干长巷环境整治,建成东水关、武定门等绿化广场,基本完成明城墙秦淮段修复工作,外秦淮河面貌有了显著改观。新建、改建了区社区服务中心、人力资源市场、体育中心、疾控中心、文枢中学等一批公益设施,全区公益配套能力进一步增强。加快老城改造和新区建设,先后对门东、铜坊苑、路字铺等地块危旧房进行了改造,建成怡馨花园、枫丹白露等一批住宅小区,群众居住条件进一步改善。五年来,全区新开工工程240万平方米、竣工210万平方米,拆迁居民近2万户。以"双创"为抓手,加强主次干道、窗口地区及城郊结合部的市容管理,实施"绿色秦淮"工程,顺利完成小区出新、"三小车"治理等任务,拆除违建近22万平方米,区域形象有了新的提升。

创业环境不断优化,社会保障进一步完善。认真落实省、市各项创业富民政策,通过发展经济、鼓励创业、增加就业等多种措施,努力提高人民生活水平。大力改善创业环境,树立了伦发水电公司等创业典型,充分调动了群众自主创业的积极性。五年来新发展私营企业3370家,新办个体工商户1.5万户,吸纳了大批群众就业。建立健全区、街道、社区三级劳动保障服务网络,加大就业岗位开发和就业援助力度,成功推荐就业4.5万人次。全面落实城市居民最低生活保障制度,积极推进以养老、失业、基本医疗为重点的社会保障体系建设,共计发放最低生活保障金2655万元,向1860名大重病患者提供了医疗救助,有1800多户困难家庭购买了经济适用房或承租了廉租房。2003年,全区城镇职工平均工资比1998年增长了一倍。

"三个文明"协调发展,社会事业不断进步。坚持统筹兼顾,充分发挥秦淮的比较优势,努力促进全区"三个文明"全面协调发展。一是政治文明建设有序推进。加强党对人大、政府、政协和群众团体的领导,积极支持人大行使职权,支持政协履行职能,充分发挥工、青、妇等群众团体的桥梁纽带作用。切实扩大基层民主,基层工作活力进一步增强。加强依法治区工作,深入实施"三五"、"四五"普法规划,依法行政水平进一步提高。二是精神文明建设成果丰硕。认真贯彻落实《公民道德建设实施纲要》,着力培育新时期南京市民精神,大力开展文明城区、文明单位、文明社区等创建活动,积极推进学习型城区建设,区域文明程度和居民素质进一步提高。加强人民武装工作,认真做好国防动员教育,全民国防意识明显增强。不断加大投入,教育、科技、文化、卫生、体育等各项社会事业全面发展。顺利完成了"非典"防治任务。编撰出版了《秦淮区志》。五年来,我区先后被国家有关部门命名为"全国民政工作先进区"、"全国社区建设示范区"、"全国科普示范城区"、"全国青年文明社区示范城区"、"全国社区残疾人工作示范区"、"全国爱心献功臣行动先进区"、"中国民间艺术之乡",夫子庙秦淮风光带被评为国家首批AAAA级旅游景区。三是安全稳定工作扎实有效。加强人民调解和信访接待工作，积极防范处理各类信访突出问题和突发群体性事件。切实抓好安全生产工作，未发生重大安全责任事故。以建设"平安秦淮"为抓手，大力开展反邪教活动，深化"严打"整治斗争，强化社会治安综合治理，对中华门非法劳务市场等治安重点地段进行了清理整治，进一步增强了群众的安全感。去年我区首批跨入全省"社会治安安全区"行列。

适应新形势、新任务的要求，党的建设在探索改进中得到加强。按照"三个代表"的要求，全面加强党的思想、组织和作风建设，各级党组织的创造力、凝聚力和战斗力进一步增强。深入开展邓小平理论、"三个代表"重要思想和科学发展观等学习教育活动，五年来先后培训党员干部近5万人次。认真开展"三讲"教育，领导班子思想政治素质有了新提高。区委理论学习中心组三次被评为全省县以上党委中心组理论学习先进集体。深入贯彻《党政领导干部选拔任用工作条例》，推行公开选拔和竞争上岗，坚持和完善干部任用考察预告、任前公示等制度，任用干部实行区委常委会或全委会票决制，干部人事制度改革迈出新步伐。适应社会转型需要，加强基层党建工作，成立了全省首批楼幢党支部和社区党委，新经济组织和新社会组织建党工作有了新拓展。积极做好党员发展和管理工作，五年来新发展党员751名，党员队伍增添了新活力。认真落实党风廉政建设责任制和责任追究制，加强领导干部经济责任审计，积极推行政府采购和会计集中核算、职务消费货币化改革等一系列制度，在从源头上预防和治理腐败方面进行了有益的探索。加大查案执纪工作力度，五年来共立案查处党员干部违法违纪案件76件，结案76件，维护了党纪国法的严肃性和党员队伍的纯洁性。我区进入全市首批党建工作先进区行列。

总之，经过五年的艰苦奋斗，秦淮"三个文明"建设已经跨上了一个新的发展平台，为实现富民强区和"两个率先"打下了坚实的基础。能取得这样的成绩，是市委正确领导的结果，是全区各级党组织团结带领广大党员和干部群众奋力拼搏的结果，是驻区各单位和离退休老同志大力支持的结果。在此，我代表中共秦淮区第八届委员会，向所有参与、支持秦淮改革开放和现代化建设的同志们、朋友们，表示衷心的感谢并致以崇高的敬意！

成绩来之不易，经验弥足珍贵。五年来的实践，进一步坚定了我们加快发展的信心和决心，也使我们积累了一些成功的经验和做法。回顾五年来的工作，我们深深体会到：必须坚持解放思想、与时俱进，在不断突破和创新中推动全区经济社会的发展。我们始终坚持以解放思想为先导，立足秦淮实际，认真实施"旅游商贸兴区"等具有自身特色的发展战略和工作思路，发挥比较优势，创造性地开展工作，有力推动了全区经济和社会快速健康协调发展。必须坚持抢抓机遇、加快发展，用发展统一思想、凝聚力量、解决前进中遇到的困难和问题。我们牢牢把握加快发展这个主题，抢抓机遇，以载体建设为抓手，强化招商引资，推动产业集聚，不断提高经济增长的质量和效益，进一步增强了全区的经济综合实力。必须坚持立党为公、执政为民，充分调动广大干部群众的积极性和创造性。我们时刻牢记党的根本宗旨，始终坚持相信群众、依靠群众，把干部群众中蕴藏的思富求变的强烈愿望，转化为热爱秦淮、建设秦淮的自觉行动，调动了方方面面的积极性和创造性，形成了加快发展的合力。必须坚持总揽全局、统筹兼顾，努力促进"三个文明"全面协调发展。我们始终坚持以人为本和协调发展的方针，突出重点，统筹兼顾，在发展经济的同时，进一步繁荣各项社会事业，不断加强政治文明和精神文明建设，形成了经济社会全面进步、协调发展的良好局面。必须坚持党要管党、从严治党，不断提高各级党组织的创造力、凝聚力和战斗力。我们紧紧围绕富民强区的宏伟目标,从思想、组织、作风、制度上全面推进党的建设,用改革的精神、创新的思路,积极探索党建工作的新路子,不断改进党的领导方式和工作方法,较好地发挥了各级党委的领导核心作用、基层党组织的战斗堡垒作用和广大党员的先锋模范作用。

回顾五年来的工作,我们也清醒地看到发展中还存在一些问题、不足和需要加强改进的方面,主要是:总体经济实力与先进地区相比存在差距,发展经济的组织力度需要进一步加大;困难群众和弱势群体生活质量有待进一步提高,加快富民进程的任务仍然比较繁重;城市建设、老城改造、城市管理任务艰巨,区域环境和人民群众居住条件有待进一步改善;机关作风建设、党风廉政建设在有些方面还需要进一步加强,各级领导班子需要进一步解放思想,凝聚人心,团结拼搏,调动各方面的积极性,形成建设秦淮、发展秦淮的强大合力。对此,我们必须高度重视,采取切实有效的措施加以解决。

面临的形势与奋斗目标

今后五年,是我区实现富民强区和“两个率先”目标的关键五年,是建设“三个文明”协调发展特色区域的关键五年,也是全面提升、全面推进各项工作的关键五年。

这一时期,我们拥有难得的发展机遇和有利条件。一是我们有良好的外部环境。新世纪头二十年是我们加快发展的重要战略机遇期,我国经济正处于新一轮增长周期的上升阶段;科学发展观的提出和实施,进一步突破了制约经济社会发展的体制性障碍;长三角经济圈活力进一步增强,省市推进沿江开发战略,加大改革开放力度,为我们加快发展创造了良好的外部条件。二是我们有较大的发展潜力。夫子庙、中华门、外秦淮河沿岸等地区的整治,区内人文环境的提升,大交通格局的形成,为我们的发展增添了新的人气优势和地理环境优势;改革开放以来特别是近十年的发展,为我们下一步发展积累了经验,也有了启动新一轮发展的能力和潜力。三是我们有独特的发展平台。已提上议事日程的红花中心地带的规划开发,将为我们增加近十平方公里的发展空间,带来城市新区的商贸、金融发展效应,有利于更快地推进城市化和城市现代化进程,这对我们来说是一个非常难得、极富含金量的独特机遇。四是我们有巨大的内在动力。全区干部群众期望将秦淮建设得更美好,期望过上更加富裕的生活,大家思想统一,人心思进,这是一种宝贵的发展动力和热情。

这一时期,我们也面临非常严峻的挑战和困难。当前,我们国家正处于发展加速期、经济转型期、改革攻坚期、矛盾凸显期和诉求多样期。在这个特殊的发展阶段,我们既面临宏观环境的挑战,也面临自身困难和问题的压力。从外部因素来看,随着国家宏观调控政策的进一步实施,土地、资金等方面的要素制约日益显现,如何在经济紧运行的条件下加快发展,对我们是一个很大的考验;兄弟区县和周边地区之间你追我赶,势头强劲,给我们带来了很大的竞争压力。从我们自身来看,除了经济实力不够强、百姓不够富等一些长期困扰的问题外,我们在整合资源、优化环境,在维护稳定、协调发展等方面的任务依然十分艰巨,特别是一些党员干部身上存在着畏难松懈、求稳怕乱、等待观望、怨天尤人的情绪,这些都是我们在发展中必须首先解决的问题。

抓住机遇、应对挑战,是时代赋予我们的课题;加快发展、实现跨越,是历史赋予我们的重任。我们一定要审时度势,顺时应势,切实增强责任感、紧迫感,充分利用有利条件,化解不利因素,努力在宏观调控中捕捉机遇,在加快发展中破解难题,以卓越的发展应对时代的挑战,使秦淮在发展中实现更大的跨越。

今后五年,全区工作的总体要求是:以邓小平理论和“三个代表”重要思想为指导,以富民强区和“两个率先”为总揽，以发展秦淮、富裕秦淮、人文秦淮为方向，全面加强党的执政能力建设，牢固树立和落实科学发展观，坚持解放思想、改革开放，坚持加快发展、统筹发展，坚持以人为本、富民优先，坚持打造特色、优化环境，推进“三个文明”全面协调发展，为把我区建设成为经济发达、科教进步、文化繁荣、环境优美、人民富裕、社会和谐、古风今韵交融的现代化旅游商贸区而努力奋斗。

根据上述总体要求和全市全面建设小康社会的实施意见，结合区情实际，未来五年，我们要始终保持与全市全面小康目标的基本一致，不折不扣地保证我区目标的实现。初步考虑分为两个时间节点：第一步，经过努力，到2007年，全区经济总量和效益同步提高，经济综合实力显著提升；文化商贸特色片区基本形成，商贸服务业取得突破性发展；老城历史文化特色鲜明，区域形象和环境质量明显改善；人民生活比较殷实，全面实现小康。第二步，经过努力，到2009年，实现经济实力显著增强，民主健全，科教进步，文化繁荣，社会和谐，人民生活富裕，秦淮的现代化建设进入一个新的发展阶段。

根据这一总体安排，综合考虑各种因素，今后五年我区经济和社会发展的主要预期指标是：地区生产总值年均增长15%，力争17%以上；财政收入年均增长15%，力争18%以上；实际利用外资年均增长15%，力争18%以上。到2009年，城镇居民人均可支配收入力争超过20000元，城市居民人均住房面积28平方米以上，城镇登记失业率小于4.5%，全区城市化水平达100%。

上述战略目标，是我们根据形势的变化和全市区域总体发展规划确定的。这个目标的实现，需要我们在继承以往发展战略和思路的基础上，不断在实践中完善，在建设中创新，在创新中发展。近年来，我们立足区情，制定实施了“旅游商贸兴区”发展战略，并赋予其“文化立区、旅游兴区、商贸富区、品牌强区”的内涵，推动了全区经济社会的协调发展。今后五年，根据新的要求，结合新的实践，我们要明确两大战略步骤，突出四个发展原则。在发展的前期，我们要继续推进以夫子庙秦淮风光带为重点的建设，积极打造人文秦淮品牌，带动全区范围内多个特色片区、不同类型经济群的建设发展，努力将文化旅游商贸优势转化为发展优势，将发展优势转化为现实生产力，以浓厚的历史文化底蕴吸引人气，集聚财气。在发展的中后期，我们要积极规划建设以红花中心地带为代表的现代新区，建设秦淮新的商贸、金融区域，构筑发展平台，积蓄发展后劲，推进全区城市化和城市现代化。要通过坚持不懈的努力，使老城繁华精致、特色鲜明，新区繁荣开放、环境秀丽，老城历史文化与新区现代文明交相辉映、相得益彰。

我们要坚持科教为先，贯彻科学技术是第一生产力的战略思想，坚持科技先行，教育为本，加强科教多元化投入，建设人才高地，把经济发展真正转到依靠科技进步和提高劳动者素质的轨道上来。我们要坚持文化为源，充分发挥秦淮的旅游文化资源优势，做足做好人文秦淮这篇文章，提升文化品位，壮大旅游产业，建设文化大区和旅游强区，充分凸显南京国际性历史文化名城的特色。我们要坚持商贸为重，依托秦淮的传统商贸业基础，进一步培育商业氛围，大力发展商贸流通业和现代服务业，努力形成新的竞争优势和产业优势，使秦淮真正成为南京名副其实的、有一定影响力和辐射力的商贸业副中心。我们要坚持环境为基，树立“环境是生产力和竞争力”的理念，不断改善硬环境，优化软环境，努力把秦淮建设成为适合投资兴业和居住生活的中心城区，切实增强发展要素的集聚力和吸纳力，树立秦淮新形象。

顺利推进秦淮经济社会的发展，实现全面建设小康的奋斗目标，首先取决于我们思想解放的深度和精神振奋的强度。为此，我们要在全区上下大力弘扬以下四种精神：

要弘扬科学发展的创新精神。科学发展是

新时期加快发展的基本要求,是实现富民强区、"两个率先"的重要条件,也是对我们执政能力的最大考验。要牢固树立和落实科学发展观,始终坚持以经济建设为中心,以改革开放和科技进步为动力,以为人民谋利益为宗旨,按照市场经济规律办事,不断提高驾驭市场经济的能力,更加突出加快发展、统筹发展,更加突出以人为本、富民优先,更加突出打造环境、争创优势,积极探索具有时代特征和秦淮特色的发展之路。

要弘扬争创一流的进取精神。区域发展不求最大,但求最佳;各项工作没有最好,只有更好。这要成为我们的追求。发展赶超的对象可以是最近的,学习的目标必须是一流的。我们找参照系,不仅要在周边找、市内找,而且要以更加开阔的眼界去找标尺。抓任何工作,要做一件,成一件,精一件。要正视差距,但不能降格以求。通过积小成为大成,由量变到质变,在不断追求中实现后来居上。

要弘扬求真务实的创业精神。空谈误国,实干兴邦。现阶段秦淮的发展尤其需要我们少叹气、多思考,少说教、多做事。我们作决策、抓发展,必须遵循规律、实事求是,求实效不搞形式。工作中我们要比别人吃更多的苦,以不达目的不罢休的韧劲,一门心思求发展,全力以赴抓落实,在全区范围内形成比作为、比业绩的干事氛围。

要弘扬团结奋战的拼搏精神。团结造就万众一心,团结激励同舟共济,团结形成坚强力量。秦淮新时期的发展,团结比什么都重要,"人心齐"比什么都宝贵。加快发展必然会遇到矛盾,但只要出于公心,没有解决不了的问题。全区各级党组织、广大党员干部,要始终保持强烈的团结意识。发展可以有见解,"班子"不能有杂音;性格可以有差异,大局面前要统一。只要全区上下形成万众一心谋发展的强大合力,我们就一定能实现新的跨越。

今后五年的主要任务

根据今后五年的总体工作要求和战略目标,我们着重要抓好以下七个方面工作:

一、狠抓发展要务,提升区域经济综合实力

发展是第一要务,是解决一切问题的关键。我们要以调整优化经济结构、转变经济增长方式为重点,全力以赴提升经济综合实力。

加快发展商贸服务业。加大夫子庙核心景区经营业态调整力度,积极整合夫子庙地区周边资源,建成中华广场、好又多二期等一批商贸设施,着力引进规模品牌企业,进一步繁荣城南商贸圈,形成区域性商贸中心和信息服务中心。全力推动大明路汽车街"二次创业"和产业战略转移,争取规划支持,完善行业管理,积极提档升级,不断巩固和扩大汽车街产业集聚优势,将大明路建设成在华东地区最有影响力的,囊括国内品牌、覆盖主流进口品牌的汽车服务贸易中心。按照红花中心地带综合开发的规划要求,规划建设城东南金融商贸服务中心,加快红花地区繁荣步伐。积极建设中山南路商贸商务中心,培育一批高档商务楼宇。实施纬七路经济带整体开发,推进市场物流业、汽车服务业和旅游商贸业的发展,尽快形成我区新的经济增长点。发展楼宇经济、园区经济、总部经济,引导信息咨询、金融保险、电子通信、中介服务等相关产业向楼宇和园区集聚,提升商贸服务业的发展层次和水平。

大力发展都市型工业。积极发展科技型、环保型、集约型都市型工业。继续推进秦淮科技创业基地建设,按照统一布局、集聚产业、强化规模、优化结构、提高效益的思路,发展机电、通讯、制造等产业,尽快形成规模优势。依托省高新技术创业中心的政策优势,强化区高新技术创业园、青年创业园等载体运作,推动科技成果转化。加强与晨光、宏光、普天等驻区企业的合作,共同开发建设一批创业园区,拓展都市型工业的发展空间。坚持以信息化带动工业化,

发展集约经济、循环经济，努力走投入少、产出高、能耗低的集约化发展道路。提高经济增长的质量和效益。要结合区情，坚持大力发展高新技术产业与改造提升传统产业并重，积极推进科技进步和创新，尽快提高高新技术产业在工业经济中的比重。加大对全区重点企业特别是民营科技企业的扶持力度，切实帮助现有企业解决在生产、经营方面遇到的难题。继续实施名牌产品战略，培育一批市场占有率高、附加值高的名牌产品。结合制定实施“十一五”规划，加强经济发展的政策研究，引导经济快速健康发展。

二、深化改革开放，增强区域发展的动力和活力

改革开放是促进经济社会发展的重要动力，是实现跨越式发展的战略重点。我们要进一步深化改革开放，推进体制机制创新，增强区域发展的动力和活力。

全力推进企事业单位改革。坚持以产权制度改革为核心，按照“两个置换”的原则，全面完成区属国有集体企业、部门隶属企业及街道劳务公司的改革；完成经营性事业单位改制转企任务。认真落实改革和稳定双重责任制，规范操作程序，妥善安排好职工的生产生活。加大国有资产管理体制及投融资体制改革力度，积极构建符合市场经济发展要求的国资管理体系和框架。

深化行政管理体制改革。按照建设责任政府、法治政府和服务型政府的目标，认真贯彻《行政许可法》，深入推进行政审批制度改革，把政府职能转变到经济调节、市场监管、社会管理和公共服务上来，努力形成行为规范、运转协调、公正透明、廉洁高效的行政管理体制。深化区街财税体制改革，调动街道发展经济的积极性，增强基层工作活力。坚持不懈地优化投资环境，切实加强机关作风建设和机关效能建设，进一步增强服务意识，提高服务效率。不断提高对外开放水平。加强区域招商资源的挖掘整合和统筹协调，依托夫子庙、大明路、升州路、纬七路等优势载体和驻区单位资源，包装推出优质招商项目，为外资企业落户创造条件。变招商引资为招商选资，加大在高新技术产业、现代服务业以及基础设施等领域利用外资力度，坚持利用外资与引进技术和管理、推进体制创新和科技创新相结合，不断提高利用外资的质量和水平。创新招商引资方式，提高招商的市场化程度。坚持对外开放与对内开放的有机结合，以更加积极主动的姿态，吸引内地知名企业到秦淮发展，形成优势互补、配套联动、滚动发展的格局。

三、充分挖掘历史文化资源，凸显秦淮人文特色

秦淮文化源远流长，特色鲜明，在全市占有举足轻重的地位。我们要紧紧抓住历史文化资源丰富的特色和优势，充分挖掘和保护历史文化资源，凸显秦淮在南京历史文化名城的特殊地位。

全面推进夫子庙秦淮风光带建设。要重点围绕深度开发夫子庙核心景区、逐步繁荣中华门景区、做美做靓沿河风光带和明城墙景观带等重点，全面推进夫子庙秦淮风光带建设，基本形成夫子庙秦淮风光带整体框架。继续实施夫子庙核心景区扩容升级，不断完善文化、旅游、商贸和服务功能，充分发挥“旅游胜地、文化长廊、美食中心、购物乐园”的特色和优势。加快中华门景区建设，建设金陵大报恩寺琉璃塔暨遗址公园，有机整合中华门城堡、沈万三故居等旅游资源，实现夫子庙、中华门两大景区的对接。积极推进门东、门西保护性开发工作，建成白酒坊商业街风貌区，重建胡家花园景区，规划建设芥子园、蒋百万故居、周处读书台等一批旅游文化景点，进一步彰显老城文化魅力。加快建设秦淮河沿河风光带和明城墙景观带，开通五华里内秦淮河水上游览线。

促进文化与旅游的有机结合。文化是魂，旅游是形，旅游要发展，文化要先行。要充分发挥秦淮的文化优势，在景点建设、项目开发、经营管理等各环节突出文化内涵，提升旅游开发

的层次和效益。完善旅游行业管理体制,整合利用旅游资源,做大做强旅游产业。推出精品旅游线路,打造“夫子庙秦淮风光带游”、“夜泊秦淮游”等旅游品牌。继续办好各项传统旅游文化活动,走出一条文化促进旅游,旅游宣传文化的新路子。鼓励企业在旅游产品的研发和生产方面加大投入,开发更多具有秦淮文化特色的小商品和工艺品,实现社会效益和经济效益的共同提高。

进一步繁荣文化事业。牢牢把握先进文化的前进方向,促进文化事业的繁荣和文化产业的发展。加强文化发展战略研究,制定并完善文化发展有关规划,科学引导文化事业发展。加大文化设施建设力度,建成区旅游文化活动中心,完善群众文化活动阵地。积极创作和生产更多具有时代精神和秦淮特色的文化精品,不断丰富群众的精神文化生活。充分挖掘历史文化资源,整理编撰能够充分反映秦淮文化形态的文献,扩大秦淮影响力。创新文化发展的体制和机制,大力发展文化生产力,不断繁荣文化产业。加快引进文化品牌企业,规范文化市场管理,进一步发展文化娱乐业,促进资源优势向产业优势的转化。

四、加快推进城市化和城市现代化,进一步提升区域综合功能

推进城市化和城市现代化,是构筑秦淮区域整体发展优势的重要内涵。我们要坚持高起点规划、高标准建设、高效能管理和高水平经营,不断改善区域环境,提升城市综合功能。

牢固树立规划先行的意识。积极参与制订门西地区改造规划、红花中心地带开发规划等与全区城市建设密切相关的规划,更新规划理念,提升规划水平。规划必须切合区情,立足长远,处理好城市建设与经济建设的关系,老城改造与塑造古都特色的关系、新区建设与农村城市化的关系,增强时代性、科学性和前瞻性。

不断完善城市基础设施。加快以道路为重点的城市基础设施建设,完成建康路、鸣羊街、宏光路等道路的拓宽改造任务,形成全区环网相连、节点畅通的立体化城市道路体系,显著提升区域道路通行能力。加大城市环境综合整治力度,完成防洪排涝工程建设和扇骨营等淹水片区改造任务。继续完善科、教、文、卫、体等公益设施,合理规划建设一批商贸配套设施,不断增强区域综合服务功能。

努力改善群众居住条件。加快门东剩余地块改造步伐,积极推进门西地区改造和中华门外地区改造,力争到2009年基本完成老城改造任务。按照建设上规模、配套上水平、环境上档次的要求,新建一批人居环境优美、文化底蕴丰厚、生活服务便捷的住宅小区,进一步改善群众的居住条件。

着力抓好生态环境建设。加强城市管理,改善城市环境,走具有秦淮特色的城市长效管理新路子。实施“绿色秦淮”工程,开展“绿色人居环境社区”创建活动,不断提高全区绿化覆盖率。加大污染控制力度,继续推行污染物排放总量控制计划,淘汰落后的生产工艺和设备。精心组织实施外秦淮河环境整治,加强内秦淮河沿河环境和水质治理,使秦淮河真正成为“美丽的河、流动的河、繁华的河”。

加快推进红花地区城市化进程。加速红花地区城市化,对于拉动区域经济发展、提升区域形象有着十分重要的意义。要在红花中心地带的规划开发中,加强与全市规划的衔接,稳步推进农用土地置换,改善基础设施和配套设施,尽快提高红花地区城市化水平。要利用好现有的产业优势,妥善处理红花地区产业发展和城市化的互动关系,引导产业和人口有序集聚,力争通过几年的努力,把红花地区打造成布局合理、功能完备、产业繁荣、环境优良的城东南金融商贸服务中心。

五、大力推进富民工程,不断提高秦淮百姓的生活水平

不断提高人民生活水平,是发展经济的出发点和归宿。我们必须坚持富民优先,加快富民步伐,让群众享受到更多加快发展的实惠。

积极推动创业致富。在全区范围内弘扬创业精神,推出创业致富典型,营造崇尚创业的浓厚氛围,激发群众的创业热情。积极鼓励、引导科技人员、大中专毕业生和下岗失业人员,投身到自主创业创新的行列中去。切实加强对群众创业的引导,进一步改善创业环境,开放创业领域,构筑创业平台。民营经济是富民经济。要加强对私营个体企业的引导与服务,营造良好的政策环境、市场环境和舆论环境,推动全民创业、自主创业,帮助更多的群众通过艰苦创业尽快地富裕起来。

努力提高就业水平。千方百计拓宽就业渠道,挖掘旅游商贸、社区服务、加工制造等行业在吸纳就业方面的潜力,增加适应各种年龄段和文化层次的就业岗位。发展职业中介组织,引导劳动者转变择业观念,主动参与就业市场竞争。不断完善就业服务体系和服务功能,构筑多元化、多层次的就业服务平台。认真落实再就业优惠政策,加大再就业资金投入,强化对就业困难人员的就业援助,提高再就业成功率。

逐步完善社会保障体系。深化社会保障制度改革,按照"老有所养、病有所医、贫有所帮、难有所救"的目标,建立资金来源多元化、保障制度规范化、管理服务社会化的社会保障体系。严格落实城市居民最低生活保障制度,积极探索低保动态管理、分类施保的有效途径。深化养老和失业保险制度改革,增强失业保险的保障能力。进一步完善医疗保障体系,扩大医疗保障覆盖面。注意解决好农村特困人员的低保和合作医疗问题。积极发展社会福利、社会救济、优抚安置和社会互助等保障事业,加大对困难群体的帮扶力度,使他们能充分享受到改革发展的成果。

六、切实加强精神文明建设,努力促进社会全面进步

按照贴近实际、贴近生活、贴近群众,创新内容、创新形式、创新手段的要求,大力加强精神文明建设,为促进经济社会发展提供精神动力、智力支持和思想保证。

大力加强思想道德建设。深化党的基本理论、路线、纲领、"三个代表"重要思想和科学发展观的宣传教育活动,形成凝聚人心、统一意志的正确指导思想和共同理想。认真贯彻《公民道德建设实施纲要》,加强社会公德、职业道德、家庭美德教育。加强和改进未成年人思想道德建设,进一步健全学校、家庭、社会各负其责又密切配合的未成年人思想道德建设体系。强化新形势下的思想政治工作,坚持解决思想问题与解决实际问题相结合,增强工作的主动性和有效性,充分发挥思想政治工作凝聚人心、理顺情绪、化解矛盾、稳定社会的作用。

不断提升区域文明程度。广泛开展各类群众性精神文明创建活动,切实抓好文明城区、文明街道、文明行业、文明景区等创建工作,努力塑造城区文明新形象。弘扬新时期南京市民精神,实施市民文明素质提升计划,积极开展"文明从细微处入手"教育活动,倡导健康文明的生活方式,培养积极向上的生活情趣。进一步推进学习型城区建设。加大对公共卫生的投入,优化卫生资源配置,提高公共卫生服务水平。大力发展体育、人防、双拥、计生、档案、地方志、关心下一代等各项事业,促进社会的全面进步和人的全面发展。

加快科教兴区步伐。加大科技投入,发展科技产业,建设科技创新创业平台和科技中介服务体系,加速科技成果转化,推进科学技术与秦淮经济发展的紧密结合。加强科普基础设施建设,进一步普及科学知识,弘扬科学精神。科技的基础在教育。坚持把教育摆在优先发展的战略地位,加大教育投入,继续推进教育布局调整,改善办学条件,提升教育现代化水平;推进素质教育,提高教育教学质量,着力提高高中教育水平,打造秦淮教育品牌。创新引才、聚才、用才的政策环境,多渠道引进高素质人才,为实现秦淮"三个文明"协调发展提供人力资源支撑。

继续深化社区建设。加强社区自治能力,进一步扩大民主,促进社区居民的自我管理、自

我服务、自我教育和自我监督。认真实施机关工作进社区“准入制”，进一步理顺机关部门和社区的关系，深入开展科教、文体、法律、卫生“四进社区”活动。加强社区工作者队伍建设，完善社区服务设施，为深化社区建设创造良好条件。加强社区中介组织建设，不断拓展社区服务领域，改进服务方式。积极创新和完善社区工作体制和机制，探索社区建设的新思路、新办法，提高社区建设的整体水平。

七、积极推进政治文明建设，着力营造良好的政治和法治环境

发展社会主义民主政治，推进社会主义法治化进程，是社会主义现代化建设的重要目标，也是切实维护人民群众民主权利和政治利益的根本保证。

不断健全民主政治制度。按照总揽全局、协调各方的原则，加强和改善党对人大、政府、政协及工、青、妇等群众团体的领导，改进领导方式，完善决策机制和决策程序，推进决策科学化、民主化、规范化。坚持和完善人民代表大会制度，积极支持人民代表大会及其常委会依法履行国家权力机关职能。坚持和完善共产党领导的多党合作和政治协商制度，充分发挥人民政协在政治协商、民主监督和参政议政方面的重要作用。坚持大团结、大联合的主题，巩固和发展新时期最广泛的爱国统一战线。做好台侨工作，妥善处理好民族宗教事务。进一步做好人民武装工作，深入开展国防教育，提升国防后备力量建设水平。继续加强基层自治组织规范化建设，扩大公民有序的政治参与，畅通人民群众对社会事务管理与监督的渠道，保障人民群众依法行使民主权利。以建设和谐社会为目标，适应社会的深刻变化，推进社会管理体制创新，健全和完善党委领导、政府负责、社会协同、群众参与的社会管理格局，形成管理和服务合力。

大力推进依法治区。深入开展各类法律知识普及教育，努力增强群众的法制意识，形成学法、守法、用法的良好氛围。建立健全法律服务网络，保障人民群众运用法律手段维护自身合法权益。全面推进依法行政，健全政府法律顾问团工作机制，切实提高行政机关依法决策、依法管理的能力，实现行政行为的程序化、规范化、法制化。建立健全相互支持、紧密配合、共同促进的综合执法体制，强化执法责任制，加强执法监督，努力造就一支政治坚定、业务精通、作风优良、执法公正的司法队伍。

切实维护社会稳定。发展是硬道理，是第一要务；稳定是硬任务，是第一责任。我们要牢固树立“稳定压倒一切”的指导思想，切实担负起维护稳定的政治责任。充分发挥大调解机制作用，加强信访和人民调解工作，加大矛盾纠纷排查调处力度，妥善处置各类群体性事件。积极研究探索新形势下各类群体性事件的形成规律和化解办法，坚持重心下移、关口前移，及时发现和化解各种苗头性、倾向性问题。加强社会治安综合治理，以建设“平安秦淮”为抓手，开展“科技创安”、“平安社区”等创建活动，完善社会治安防控体系。坚决防范和惩治邪教组织非法活动，深入开展“严打”斗争，依法严厉打击各种犯罪行为，增强人民群众安全感，为改革和发展营造良好的社会环境。

加强和改进党的建设　全面提高执政能力

认真贯彻落实党的十六届四中全会精神，以提高党的执政能力为重点，加强和改进党的思想、组织、作风和制度建设，为秦淮全面协调可持续发展提供强有力的政治保证。

加强党的思想建设，始终保持思想上的蓬勃生机。坚持和健全区、街(系统)领导班子中心组学习制度，着力提高领导干部的理论思维和战略思维水平。认真开展保持共产党员先进性教育活动，引导党员坚定理想信念、坚持党的宗旨、增强党的观念、发扬优良传统，保持党员队伍的先进性和纯洁性。理论武装要联系实际，学以致用，要把解放思想作为切入点，贯穿

始终。要着重围绕执政能力建设"为什么、是什么、怎么办"三个基本问题解放思想;围绕抢抓机遇、破解难题,释放秦淮科学发展的潜力活力解放思想;围绕宣传群众、服务群众、造福群众,更好地实践党的宗旨解放思想。要把思想建设的过程变成解放思想、加快发展的过程,变成争先进位、推动实践的过程,变成提高执政能力、打造人文秦淮的过程。

深化干部人事制度改革,培养和造就一支善于富民强区的高素质干部队伍。秦淮要实现跨越式发展,干部素质至关重要。要把建设学习型干部队伍摆在更加突出的位置,建立健全有关干部学习的考核激励机制,利用党校、网络等阵地,大力加强干部培训,切实解决"知识恐慌"和"本领危机",使领导干部都能做到眼界宽、善谋大势,思路宽、善于创新,胸襟宽、善聚人心。要进一步改进党管干部的办法,继续深化干部人事制度改革,努力在扩大民主、完善考核、推进交流、加强监督等方面取得实质性进展。制定体现科学发展观和正确政绩观要求的干部实绩评价体系,树立正确的用人导向,以素质论人才,重实绩用干部,把秦淮发展最需要的人、群众公认度高的人选出来、用起来,真正形成各方面人才各显其能的生动局面。

实施"强基工程",夯实党的执政基础。主动适应党员从业结构、流动状况发生的新变化,继续创新党组织的设置方式,真正实现横向到边、纵向到底。突出团结群众、服务群众这个重点,进一步改进基层党组织工作的方式方法,寻找新的载体和抓手,努力做到教育党员更有效,服务群众更直接,推动发展更有力。重视培养、吸收知识分子和青年中的优秀分子入党,做好在新的社会阶层中发展党员的工作,把一切有利于发展和富民的社会力量团结在党的周围。街道、社区(村)、企事业单位党员干部处在改革发展的一线,矛盾多、压力大,各级党组织一方面要教育引导他们做加快发展的带头人、人民群众的贴心人、党的方针政策的模范执行人、廉洁奉公的清白人,另一方面也要倍加理解、关心和爱护,尽最大努力帮助他们解决在工作、生活中遇到的问题和困难。

加强党的作风建设,密切与人民群众的血肉联系。各级党员干部都要以身作则,加强作风建设,密切联系群众。要坚持正确的权力观、地位观、利益观,始终与人民群众同呼吸、共命运,坚决反对脱离群众、以权谋私;坚持科学的发展观和正确的政绩观,重实际、说实话、办实事、求实效,坚决反对形式主义、官僚主义和弄虚作假;坚持谦虚谨慎、艰苦奋斗,坚决反对骄傲自满、奢侈浮夸。抓作风建设,首先要从区委班子和区级领导干部抓起,要健全联系群众制度,拓宽反映民意渠道,为民请命,实干富民,为全区党员干部做出榜样。

各级党组织要把党风廉政建设和反腐败斗争作为提高党的执政能力、巩固党的执政地位的一项重大政治任务抓紧抓实。进一步抓好领导干部廉洁自律工作,教育干部加强道德修养和行为自律,自觉接受长期执政的考验。继续加强腐败案件的查处工作,坚决纠正损害群众利益的不正之风。坚持标本兼治、综合治理,惩防并举、注重预防,建立健全符合区情的教育、制度、监督并重的惩治和预防腐败体系,努力从源头上预防和治理腐败,以党风廉政建设的新成果取信于民。

坚持和健全民主集中制,不断增强党的团结与活力。认真贯彻执行民主集中制,发展党内民主,增进党的团结。试行党代表常任制,积极探索党代会闭会期间发挥代表作用的途径和形式。健全区委工作制度,形成正确有效的决策机制,提高区委决策的科学化、民主化、规范化程度。突出加强街道、系统领导班子思想政治建设,完善内部议事规则和决策程序,保持协调高效运转,增强班子整体合力;认真开展批评与自我批评并形成制度,坚决反对和防止独断专行,反对好人主义、自由主义,不断提高班子解决自身问题的能力。

同志们,秦淮的发展正处在继往开来的重要历史时期。宏伟的目标鼓舞着我们,艰巨的任务鞭策着我们,崇高的使命激励着我们。让我们在市委的正确领导下,同心同德,艰苦奋斗,求真务实,开拓进取,努力开创秦淮"三个文明"协调发展的新局面!

在区委九届二次全体(扩大)会议上的报告

中共秦淮区委书记 徐 路

(2004年12月25日)

同志们:

现在,我受区委常委会的委托,向全会报告工作,并提出明年的工作意见。

2004年工作情况报告

今年以来,区委常委会在市委的领导下,深入学习邓小平理论和"三个代表"重要思想,认真贯彻落实党的十六大和十六届三中、四中全会精神以及胡锦涛总书记视察江苏时的重要讲话,以科学发展观为指导,围绕区委八届十一次全会确定的工作目标和总体部署,依靠各级党组织和广大干部群众,全力推进富民强区和"两个率先"进程,全区各项工作上了一个新台阶,"三个文明"建设取得新成效。

一、经济持续快速健康发展

积极应对宏观调控影响,着力抓好载体建设,强化招商引资,推动产业集聚,预计全年实现地区生产总值17.37亿元,同比增长20.2%;实现财政收入8.16亿元,其中地方收入2.24亿元,同比分别增长16.7%、22.6%;完成固定资产投资25.34亿元,同比增长16.7%。大力发展都市型工业。积极推进秦淮科技创业基地建设,新建标准厂房5万平方米,引进20家规模企业;发挥省创业中心政策优势,精心打造区高新技术创业园,南京青年创业园正式挂牌成立;推动区属企业的科技进步和创新,英业达、奥特佳等企业的发展质量和效益明显提升。积极发展商贸服务业。调整夫子庙商贸圈经营业态,成功引进咸亨酒店、新襄阳服饰广场等品牌企业;大明路汽车街进一步繁荣,新增经营面积5万平方米,全年销售整车2.8万辆,税收突破4500万元;推进纬七路、中山南路等特色商贸街建设,着力培育鸿意地产大厦、投资大厦等商务楼宇,家居乐建材超市建成开业。加快发展旅游业。继续实施夫子庙扩容升级,建成桃叶渡沿河文化碑廊、江南贡院科举人物雕塑、夫子庙楹联街,启动东水关至文正桥沿河环境整治,夫子庙地区旅游环境有了新改善,全年共接待游客1785万人次,旅游总收入27.1亿元,旅游经济效益有了新的提升。

二、改革开放步伐加快

抓住当前深化改革的有利时机,积极推进各项改革。商业企业改制工作基本结束,经营性事业单位改制转企积极推进,市政、绿化、环卫三所改制进入实质性阶段,区城镇开发公司顺利实现股权转让,全年共有14家企事业单位完成改制任务。以贯彻实施《行政许可法》为契机,深化行政管理体制改革,区域投资环境进一步改善。积极参与市重大项目洽谈会、金秋经贸洽谈会等招商活动,抓好项目落实,引进了科倍隆科亚、南京海隆信等22家外资企业,合同利用外资9478万美元,实际利用外资4063万美元,同比分别增长32.7%和28.8%。

三、区域面貌有了较大改善

加快道路等基础设施建设步伐,拓宽改造了弘学路、武定南路,出新了升州路、江宁路、仙鹤街等11条道路,配合完成了纬七路东延、双桥门立交建设工程,区域交通网络进一步完善。

加强对易淹地区的改造，完成秦虹铁路涵洞改造、红花河清淤等防洪水利工程，地区防洪排涝能力进一步增强。积极推进老城改造和住宅区建设，完成路字铺、铜坊苑等地块危旧房改造任务，门东地块改造纳入市土地储备中心统一运作；新开工住宅区52万平方米，竣工51万平方米，群众居住条件得到了新的改善。精心打造夫子庙秦淮风光带，建成东干滨河公园、沈万三故居，外秦淮河整治工程拆迁进度已达60%。巩固“双创”成果，继续实施“绿色秦淮”工程，文德桥、怡馨花园社区分别通过省、市绿色人居环境社区验收；全面推进铁路沿线环境综合整治，大规模开展拆违专项整治行动，拆除违法建筑23万平方米，区域面貌有了明显改观。

四、人民群众享受到更多发展实惠

认真落实各项创业富民政策，发展民营经济，鼓励创业致富，充分调动了群众的创业热情，预计全年新发展私营企业1370家，个体工商户3640户，新增注册资本12.2亿元。完善区、街、社区三级劳动保障平台，拓宽就业渠道，实施再就业援助，预计全年新增就业岗位1.05万人次，成功推荐就业1.58万人次，帮扶特困人员就业1575人次。加强居民最低生活保障的动态管理，实行低保户申请公开听证制度，做到“应保尽保、应出即出”。逐步建立和完善以养老、失业、基本医疗为重点的社会保障体系，扩大社会帮扶和社会保障覆盖面，认真落实困难群众在大重病治疗、住房等方面的优惠救助政策，社会保障水平进一步提高。

五、“三个文明”协调发展局面进一步形成

加强精神文明建设，以争创全市首批文明城区为抓手，深入开展“文明从细微处入手”等宣传教育活动，深化文明景区、文明街道和文明行业，创建区域文明程度有了新的提升。推进民主法制建设，深入实施“四五”普法规划，不断扩大基层民主，顺利完成了村委会换届选举工作。加快发展各项社会事业，抓好科普阵地建设，科普工作扎实深入，被评为“全国科普示范城区”、“全国科教进社区活动先进集体”；文枢中学初中部教学楼等一批教育设施投入使用，旅游营养职教中心通过国家级重点职业学校评估验收；建成全国首家社区艺术馆，组织了“秦淮神韵”大型诗词音乐朗诵会、“梦里秦淮”全国歌手唱秦淮大赛等系列活动，出版了《秦淮区志》和首部《秦淮年鉴》，扩大了秦淮的知名度和影响力；区疾控中心新楼正式投入使用，社区卫生服务布局调整基本完成；继续深化社区建设，实施机关工作进社区“准入制”，增强了社区服务功能，获得“全国社区红十字服务示范区”、“全国首批青年文明社区示范城(区)”等多项荣誉。认真做好人民武装工作，国防后备力量建设得到加强。成立区、街两级矛盾纠纷调处中心，构建了全区“大调解”格局；深化“平安秦淮”创建工作，落实社会治安综合治理各项措施，维护了全区社会稳定。

六、党的建设取得新成绩

深入学习贯彻中共十六大和十六届三中、四中全会精神，推进“三个代表”重要思想学教活动，增强了广大党员干部实践“三个代表”、落实科学发展观的自觉性和坚定性。继续深化干部人事制度改革，坚持和完善民主推荐、公开选拔、竞争上岗等一系列制度。抓好基层党组织建设，推进社区党委、楼幢党支部组建工作，在九龙雅苑、枫丹白露等一批新建住宅小区推行以党支部为核心的“四位一体”管理模式，增强了基层党组织的活力。认真贯彻《党内监督条例》和《纪律处分条例》，推行职务消费货币化改革，出台了构建反腐保廉体系的实施意见，在从源头治理和预防腐败方面迈出了新的步伐。顺利完成区委换届工作，制定出台了《区委工作规则》、《区委委员廉洁自律公约》，切实加强了区委班子自身建设。

同志们，以上是区委常委会今年以来的主要工作情况。在今年宏观环境趋紧的情况下，我们能取得这样的成绩，是全区各级党组织和干部群众奋力拼搏的结果，大家为秦淮的建设与发展倾注了大量的心血,付出了艰苦的努力。总结今年工作,我们体会到,事业要有发展,工作要有创新,一是必须牢牢把握发展第一要务,树立和落实科学发展观,创新工作方法,破解发展难题,保持全区经济和社会的快速、健康、协调发展。二是必须始终坚持执政为民、善待百姓,充分调动广大群众热爱秦淮、建设秦淮的热情,形成全区上下凝心聚力谋发展的合力。三是必须立足秦淮实际,把握自身特色和优势,在加快经济发展的同时,进一步加强政治文明和精神文明建设,努力促进"三个文明"全面协调发展。

回顾一年来的工作,虽然全区经济社会发展保持了良好的态势,但我们在发展和工作中仍然存在不少问题和差距。主要是:一、全区总体经济实力不强,经济发展载体不多,引进的大项目较少,发展经济的氛围还不够浓厚;二、困难群众和弱势群体较多,就业形势严峻,加快富民进程的任务仍然比较繁重;三、城市建设、老城改造、城市管理任务艰巨,部分项目推进缓慢,区域环境有待进一步改善;四、一些领导干部思想解放的程度跟不上形势的发展,需要进一步弘扬埋头苦干和争创一流的精神。对此,我们必须予以高度重视,在下一步的工作中认真加以研究解决。

2005 年工作安排

2005 年是深入贯彻党的十六届四中全会精神,加强执政能力建设的重要一年,也是加快富民强区和"两个率先"进程,实现小康目标的关键一年;是全面实现"十五"计划,衔接"十一五"规划的决战之年,也是认真落实区第九次党代会各项目标任务的起始之年。做好明年的各项工作,任务艰巨,意义重大。

综观明年的形势,发展的大环境总体上有利于我们做好各项工作,但面临的挑战也非常严峻。我们一定要保持清醒的头脑,继续高举解放思想的旗帜,进一步激发争先发展的热情、率先改革的魄力,为秦淮的发展不断注入新活力。根据党的十六届四中全会及中央和全省经济工作会议精神,按照省、市委的部署,明年全区上下要坚持以科学发展观为指导,以"发展秦淮、富裕秦淮、人文秦淮"为方向,以加强执政能力建设为关键,更加突出加快发展、协调发展,更加突出以人为本、富民优先,更加突出打造特色、优化环境,努力抢抓新机遇,谋求新发展,开创新局面。

按照这一总体要求,区委常委会明年将着重抓好以下四个方面的工作:

一、以"发展秦淮"为第一要务,努力推动经济既快又好的发展

发展是解决一切问题的关键。提高党的执政能力,首先是要提高领导发展、推动发展的能力。任何时候、任何情况下,我们都要坚持把"发展秦淮"作为第一要务,这个信念绝不能动摇。要深刻领会中央和全省经济工作会议对当前形势的分析和判断,坚持把科学发展观贯穿于经济工作的各个领域和各个方面,切实增强工作的预见性,牢牢把握发展的主动权。

坚持加快发展、科学发展,不断提高经济增长的质量和效益。要按照科学发展观的要求,切实把经济发展的着力点放在优化结构、深化改革、转变增长方式上,把经济工作的重点转到提高经济增长的质量和效益上。继续发展都市型工业,以晨光高新科技园、省高新技术创业中心等为重点,大力发展科技型、环保型、集约型的都市工业,努力实现"空间集聚、产业优化、企业集群"。继续发展商贸服务业,以夫子庙商贸圈、大明路汽车街、纬七路市场群等为重点,进一步优化布局,强化特色,扩大产业集聚优势。明年要建成瞻园商城二期、好又多超市二期,开工建设白酒坊金陵民俗风情商业街;大明路国际汽车城二期开业,三期启动建设,建成大明路汽车金融商务中心,培育发展零部件集散基地。继续发展开放型经济,深入挖掘区域资源,创新招商理念和方式,认真组织金秋经贸

招商月、重大项目洽谈会和其他形式的招商活动,努力引进一批高科技含量、高附加值、高效益和低能耗、低污染、低用地的“三高三低”外资项目,切实提高招商引资的实效。要通过努力,实现地区生产总值同口径增长15%以上,财政收入增长16%以上,其中地方财政收入增长18%以上,协议注册外资9000万美元,注册外资实际到账4000万美元,综合经济实力跨上新的台阶。

全面推进经济体制改革,切实增强经济发展动力和活力。进一步增强改革的坚定性,充分认识加快改革对秦淮新一轮发展的重大意义,按照“坚持方向,规范操作,不断完善”的原则,努力在继续推进国有企业改制、完善国有资产管理体制、深化事业单位改革、转变政府职能、优化发展环境等方面取得新的突破。明年要积极推进区属房地产开发企业改制工作,完成旅游、商贸企业和街道劳务公司的改制;继续实施房产、旅游、卫生、文化等系统经营性事业单位改制转企;完成市政系统综合管养改革。要把改革的规范化作为事关改革成败的关键环节来抓,体现公开、公平、公正的要求,努力维护社会稳定,充分释放机制活力,真正实现以改革促进发展。

加快城市建设,努力提升城市化和城市现代化水平。城市功能越完备,凝聚力和辐射力就越强,发展的潜力和优势就越大。要以迎接“十运会”为契机,坚持规划的指导作用,加快城市建设,加强城市管理,努力改善区域面貌,增强载体功能。一要推进基础设施建设。完成鸣羊街、宏光路拓宽改造和光华路西延等工程,整治出新长乐路、金沙井等9条主次干道,完成秦虹泵站扩建、五一沟水系整治等工程,不断完善区域功能。二要加大老城改造开发力度。继续推进门东等地区危旧房改造,实施中山南路、船板巷、路字铺、石婆庙等地块开发,努力改善群众居住条件。三要注重生态环境建设。完成外秦淮河拆迁整治工作,建设七桥瓮生态公园,加大环境保护力度,不断改善区域环境质量。加强市容长效管理,巩固拆违成果,实施宁芜铁路沿线、双桥门立交等重点地区环境整治工程,建设一批景观路,进一步提升区域形象。

二、以“富裕秦淮”为第一目标,不断提高人民群众生活水平和质量

造福人民、惠及子孙,让群众享受科学发展的丰硕成果,是我们的最终目的。要始终坚持把“富裕秦淮”作为我们追求的第一目标,最大程度满足广大群众求富裕、盼平安、想和谐的愿望。我们强调的富裕,不仅是物质生活的富裕,还包含精神文化生活的富裕。要通过加快富民步伐,发展社会事业,维护社会稳定,不断满足人民群众日益增长的物质文化需求。

坚持富民优先,更加关注群众利益。要把富民工程放在更加突出的位置,作为各级党政组织的“一把手”工程,以更大的力度,用更实的举措,努力提高城乡群众收入水平,力争达到全面小康的时序要求。要把创业作为富民最直接最有效的途径,进一步优化创新创业的环境,使更多的群众通过创业实现致富。要切实解决好就业问题,注重发展劳动密集型产业、中小企业和服务业,形成更多的就业增长点,确保明年新增就业岗位10000人次,城镇登记失业人员控制在5100人以内。要认真解决好社会保障问题,继续做好低保工作,建立健全被征地农民社会保障机制,完善“三房”供应保障体系,健全城乡困难群众大重病救助制度,建立临时救助资金,切实保障困难群体的基本生活。明年,全区城镇居民人均可支配收入和农民人均纯收入分别增长12%和10%以上。

发展社会事业,不断丰富群众的精神文化生活。要坚持科教为先,继续加大教育和科技投入,建成秦淮第二实验小学、秦淮幼儿园,争创一批国家和省市级重点学校、实验学校和示范学校。加快发展文化事业,举办首届“秦淮风”民间艺术节,编辑出版《商贸秦淮》、《风雅秦淮》等系列丛书,建成区旅游图书馆。加强

公共卫生体系建设,健全社区卫生服务网络。围绕服务群众、造福群众,进一步深化社区建设,切实增强社区居民自我管理、自我服务的能力。继续抓好人武、双拥、体育、档案、计生等工作,积极争创省双拥工作先进区、省社区卫生服务示范区、省人口与计划生育工作示范区,红花街道争创全国体育工作先进街道。要通过教科文卫等各项事业的发展繁荣,全面提升区域层次,不断满足人民群众日益增长的精神文化需求。

加强社会管理,努力构建和谐社会。长治久安、安居乐业、构建和谐社会,是人民群众的共同追求。全区各级党政组织要牢固树立发展是政绩、稳定也是政绩的观念,认真落实稳定工作责任制,全力维护社会稳定,保持安定团结的良好局面。要深入研究探索新形势下群体性事件的形成规律和化解办法,坚持重心下移、关口前移,把心操在基层,把劲使在基层,把不稳定因素化解在基层。要加强对群众的教育引导,坚持解决思想问题和解决实际问题相结合,做到既联系群众、服务群众,又宣传群众、教育群众。要以深化“平安秦淮”创建活动为抓手,健全“大调解”工作机制,完善社会治安防控体系,建立健全经常性严打工作机制,强化安全生产工作,努力提高安全防控能力,确保社会安定、百姓安宁、投资安全。

三、以“人文秦淮”为第一品牌,积极塑造秦淮新的现代文明形象

经济决定实力,文化决定魅力。看一个地区是否具有吸引力、竞争力,其文化资源、人文底蕴和文化发展水平是一个重要衡量标准。要把“人文秦淮”作为我们全力打造的第一品牌,坚持以人为本、以文为源,充分发挥秦淮独特的文化资源优势,努力促进人的全面发展和社会全面进步,不断创造出秦淮崭新的现代文明。

加快秦淮风光带建设,进一步彰显秦淮文化魅力。秦淮文化源远流长,特色鲜明,是建设“人文秦淮”的根基和灵魂。要以秦淮文化为依托,以夫子庙扩容升级增效为重点,进一步加快秦淮风光带建设,不断提升文化品位,彰显文化魅力。要整体规划建设白鹭洲公园,建成东水关至文正桥景观带,使东水关、白鹭洲公园融入夫子庙核心景区;完成瞻园路改造,建成新的景观特色街;积极推进金陵大报恩寺琉璃塔暨遗址公园规划建设,基本建成外秦淮河景观带。要加强核心景区的整治,实施建筑立面出新和亮化改造等工作,维护好景区明清建筑特色;健全景区综合管理联合执法机制,提升管理水平和服务功能。要进一步整合旅游文化资源,建设旅游文化中心,继续办好四大传统活动,繁荣夜间旅游经济,不断提高景区整体竞争力和综合效益。明年夫子庙秦淮风光带要力争创成国家5A级旅游景区和全国文明风景旅游区示范点。

加强精神文明建设,培育和凝聚秦淮人文精神。人文精神是不断拓展人的全面发展的基础,是建设“人文秦淮”的内在支撑。要以秦淮人文精神的培养和塑造为重点,加强精神文明建设,不断提升地区文明程度,塑造文明的、文化的秦淮人。要通过秦淮人文精神的讨论,不断提炼和升华秦淮人文精神的内涵,引起广大群众对秦淮文化、秦淮精神的关注和思考,强化广大市民对秦淮和秦淮文化的认同感和归属感。要以迎“十运会”、创文明城区等为抓手,继续开展各类精神文明创建活动;加大思想道德建设力度,特别是要加强和改进未成年人的思想道德建设;积极推进学习型城区建设,不断提高全社会的学习力和创造力。明年要力争首批跨入全市文明城区行列。

发展社会主义民主政治,营造良好的法治社会环境。只有加快推进民主政治建设,才能不断满足人民群众的政治诉求,真正体现执政为民的本质要求。广大党员特别是领导干部必须增强民主法制意识,带头贯彻依法治区基本方略,督促、支持国家机关在法治轨道上开展工作。要坚持和完善人民代表大会制度,使人大

的监督和作出的决定、决议更好地反映民意、集中民智、符合民愿；使党的主张和重大决策通过法定程序变为人民的意志。继续推进人大街工委的建设。坚持中国共产党领导的多党合作和政治协商制度，加强同民主党派合作共事，坚持重大决策协商在前，发挥好政协在政治协商、民主监督、参政议政方面的职能作用。积极发展基层民主制度，保证人民群众充分享有知情权、参与权、选择权和监督权。进一步完善决策机制和决策程序，对涉及全区经济社会发展全局、同群众利益密切相关的重大事项，要广泛征询意见，实行公示制度、听证制度等，实现决策的民主化、科学化。

四、以提高党的执政能力为重点，进一步加强和改进党的建设

落实科学发展观，实现"发展秦淮、富裕秦淮、人文秦淮"的目标，关键在党，关键在人，关键在各级领导干部。要认真贯彻落实党的十六届四中全会精神，紧紧围绕提高执政能力这个主线，以建设高素质干部队伍为关键，以加强党的基层组织和党员队伍建设为基础，持之以恒地加强和改进党的建设。

树立科学的执政理念。执政理念关系执政行为，关系秦淮发展全局。我们要牢固树立立党为公、执政为民的执政理念，密切党与广大人民群众的血肉联系，巩固党的执政根基。牢固树立科学执政、民主执政、依法执政的执政理念，加快依法治区进程，加快政府职能转变，把科学、民主、法治的精神贯穿发展的全过程。牢固树立发展是第一要务的执政理念，坚持科学的发展观，不断提高驾驭社会主义市场经济的能力。牢固树立求真务实、开拓创新、勤政高效、清正廉洁的执政理念，永远保持先进性和纯洁性，努力成为秦淮现代化建设的坚强领导核心。

加强干部队伍建设。领导干部是党执政的骨干力量。要深入研究新形势下领导班子建设的特点和规律，切实加强思想政治建设，加强理论武装工作，提高理论思维和战略思维水平。认真执行《区委工作规则》，切实加强和改进区委的领导。坚持民主集中制，提高领导班子决策的科学化、民主化水平。深化干部人事制度改革，坚持把公开选拔、竞争上岗作为干部任用的重要方式，扩大选人视野。认真执行任用干部常委会票决制，对街道党政正职人选实行全委会票决。进一步落实和完善民主推荐、民主测评、差额考察、任前公示等制度，不断提高干部工作的透明度和开放性。加大干部培训力度，建立和落实领导干部学习考核和激励机制，努力把干部培训工作提高到一个新水平。

强化党的基层组织建设。党的基层组织是党执政的基础。要以改革创新的精神推进基层组织建设，大力实施"强基工程"。社区、非公企业党建是新时期基层组织建设的重要内容，蕴含着巨大的创新空间。秦淮在这些方面具有较好的工作基础，做了一些有益的探索。要进一步完善做法，总结规律，建设社区党委、楼幢党支部、"四位一体"管理等既有时代特点，又有秦淮特色的"党建品牌"。要以"扩大覆盖面、增强有效性"为目标，进一步加强非公企业的党建工作，不断巩固建党成果。按照中央和省市委统一部署，组织开展好保持共产党员先进性教育活动，切实解决党员队伍在思想上、组织上、作风上存在的突出问题。

抓好党风廉政建设。党风廉政建设和反腐败斗争关系党的生命，关系民心向背。要进一步加强和改进党的作风建设，弘扬求真务实、真抓实干的良好风气，落实领导干部联系基层和群众的制度，密切与人民群众的血肉联系，维护好、实现好、发展好人民群众的根本利益。要认真落实党风廉政建设责任制，坚持标本兼治、综合治理、惩防并举、注重预防的方针，进一步建立健全预防和惩治腐败的工作机制。各部门、各单位要认真落实全区预防和惩治腐败体系的要求，结合自身实际，研究制订相应的配套措施，用制度规范权力的运行，约束干部的从政行

为。各级领导干部特别是区委委员和区委常委,要带头廉洁自律,信守廉政公约,认真执行好禁止收受"红包"等廉洁从政有关规定,发挥好示范带动作用。

同志们,明年全区改革发展稳定的任务十分繁重。让我们在市委的领导下,以邓小平理论和"三个代表"重要思想为指导,牢固树立科学发展观,同心同德,艰苦奋斗,求真务实,锐意进取,全面落实区第九次党代会确定的目标任务,努力开创各项工作的新局面!

秦淮区人大常务委员会工作报告

——在区第十五届人民代表大会第三次会议上

区人大常务委员会主任　时呈忠

(2005年1月6日)

各位代表:

我受区十五届人民代表大会常务委员会的委托,向本次大会报告工作,请予审议。

2004年工作回顾

2004年,区人大常委会以邓小平理论和"三个代表"重要思想为指导,在区委的领导下,深入贯彻党的十六大和十六届三中、四中全会精神,紧紧围绕发展这一主题,认真履行宪法和法律赋予的职责,积极发挥地方国家权力机关作用,圆满完成了区十五届人大二次会议确定的各项工作任务。全年共召开常委会会议7次、主任会议5次,听取和审议"一府两院"工作汇报25项,作出决议、决定6项,依法任免国家机关工作人员130人次。

一、在推进全区民主法治建设上取得了新成绩

促进了区人民代表大会制度建设。召开了全区人大工作会议、人大工作座谈会、人大工作理论研讨会,组织制作了内容丰富的展板,在夫子庙广场和各街道进行巡回展示,举行了全区宪法和人民代表大会制度知识竞赛,开办了不同层次的专题讲座,编制了《秦淮区纪念人民代表大会50周年系列活动图集》,宪法和人民代表大会制度进一步深入人心,"一府两院"的人大意识有了进一步增强,区人大常委会的履职环境进一步优化。

推动了依法治区进程。专题审议了"一府两院"贯彻执行计划生育法、未成年人保护法、治安管理处罚条例等法律法规情况,听取了区法院老年审判工作汇报,检查了区政府及有关部门贯彻落实行政许可法、安全生产法、律师法、档案法等13项法律法规的情况,视察了科技创安、普法、民调等工作,对"一府两院"在依法行政、公正司法方面的工作,提出了一系列建议:区法院要针对老年维权这一新的司法热点,成立编制独立的老年法庭,提高老年审判工作的专业化程度,切实保障老年人的合法权益;区检察院要从强化未成年人犯罪预防机制入手,继续保持在青少年维权上所取得的佳绩,不断创新,为未成年人身心的健康成长提供坚强的法制保障;区司法局要适应人民群众日益提高的用法维权的意识,进一步加快律师事业以及律师队伍建设,构筑及时、便捷的法律援助网络。上述工作的扎实开展,推动了依法治区的进程。

加强了基层民主建设。认真借鉴外地和总结我区红花人大街工委的实践经验,积极做好成立人大街工委的各项筹备工作。深入宣传城市居民委员会组织法和村民委员会组织法,加大对"两法"落实情况的检查力度,全过程参

与、指导、监督村民委员会的换届选举,保证了换届选举工作依法圆满完成;针对社区居委会(村民委员会)工作中存在的以行政职能代替自治事务、任务过重等问题,提出要进一步落实机关部门工作进社区"准入制",不断完善自治功能,提高自治水平。坚持公民旁听人民代表大会、人大常委会、主任会议制度,全年有43人次旁听了人代会、常委会会议、主任会议,组织30多位市民参与了《南京市城乡居民最低生活保障条例》、《南京市大气污染防治条例》、《南京市关于禁止燃放烟花爆竹的规定》的座谈、调研,并将他们的意见、建议及时反馈给立法机关,公民有序政治参与作用得到发挥,人民民主权利得到了体现。

加大了对政府工作部门和被任命干部履职的监督力度。组织了市人大代表参与评议市司法局、市园林局工作;认真开展了评议区审计局、区环保局工作,安排了1名副区长和3名政府工作部门的主要负责人述职。要求被评议部门以及述职个人,将重点放在依法履行职能和职责上,使评议和述职工作具有更强的针对性;注重参评人员的代表性和广泛性,不仅安排述职人员所在系统或分管系统的市、区人大代表,也安排其他方面的代表,既邀请干部,也邀请普通市民参与这项工作。组织参加评议的人员听取被评议部门的工作汇报,了解述职人员的履职情况,列席旁听常委会会议,参与审议,发表意见,提出问题,并由评议部门和述职人员进行现场解答,拿出解决问题的措施;在听取述职人员述职和参会人员审议意见的基础上,常委会组成人员对述职人员进行了测评,并当场公布测评结果,增强了评议工作的公开性和权威性,强化了人大对选举和任命干部履职的监督,提高了述职人员为民用权、为民谋利的公仆意识和责任感。

发挥了代表在基层民主法治建设中的积极作用。认真进行代表培训,定期召开代表组长联席会议,适时组织代表视察,坚持代表向选民述职和填写履职卡,及时向代表通报区政要情;建立社区和企业代表接待点,设立代表公示栏,完善代表工作的基层网络;依法补选了出缺的区人大代表13名、市人大代表2名;重视发挥先进代表组和代表活动积极分子的示范作用,组织开展了评选、表彰先进代表组、代表活动积极分子、代表工作先进个人活动,编撰印制了《代表风采录》。这些做法,较好地发挥了代表在基层民主法治建设中的桥梁纽带作用。

二、在促进全区经济社会协调发展上取得了新进展

高度关注经济发展大局。年度国民经济和社会发展计划、财政预算的确立和执行情况,是决定全区经济发展大局的关键,常委会始终对此加强监督不放松。在政府编制计划和预算之初,积极参加有关调研和会议,了解掌握编制计划和预算的依据,及时组织初审,拿出有效的建议和意见;当计划和预算在年度人代会通过后,即进行全过程跟踪监督,深入开展调查研究,在做好年中、年末常委会常规性专题审议的同时,坚持将监督的着力点放在大明路汽车街建设、夫子庙地区提档升级工作、纬七路西段市场群规划、楼宇经济及红花地区一批重点企业的发展上。专题视察了区国税分局、地税分局、工商分局、质量技术监督分局的工作,对评议外经局工作进行回头看,对这些部门在行风建设等方面的工作,提出要以高质量高效率的政策服务、人本宽松的政务环境,进一步增强我区投资兴业的吸引力;关注夫子庙旅游股份公司、城镇开发公司等单位的改制工作,重视各项改革中遇到问题的调查研究,提出切实可行的建议,促进了全区改革的稳妥推进;强化对"三小车"、"低保"、"防非"等专项资金使用情况的监督,要求有关职能部门开展专项审计和延伸审计,并公开审计结果,促进了资金使用的规范化、制度化。

积极促进优化人居环境。专题审议新拆迁管理办法的实施情况,提出要结合秦淮实际,进一步发挥政府宏观调控的作用,合理规划并加

快中低价商品房、经济适用房、廉租房“三房”建设,增加供应量,一方面有效解决拆迁难的问题,另一方面更快更好地改善拆迁居民的居住条件。组织代表参与外秦淮河整治、路字铺危旧房改造、双桥门立交桥建设工程等拆迁工作的宣传和监督,化解了一些影响稳定的矛盾和问题。听取了区政府拆违工作方案汇报,视察了扫帚巷、江宁路、长乐路等地段的拆违现场,有针对性地提出了既要不折不扣地完成拆违任务,又要积极稳妥地解决好一批确实依靠违建生活的困难群体的实际问题。开展了红花响水桥等地水污染问题专题调查,要求从对人民身体健康负责的高度出发,有关职能部门要尽快拿出水污染综合治理方案,有效控制水污染加剧的势头。检查了绿化工作管理条例的落实情况,建议及时做好新建小区绿化及拆违后补绿工作,加速优化人居环境。

大力推进社会事业发展。为进一步提高我区高中教育水平,常委会将高中教育列为重点议题,集中时间、精力,开展了深入细致的调查研究,在听取了区政府关于我区高中教育现状汇报的基础上,进行了认真的审议,提出要确立高起点的办学思路,从加强硬件建设,加快师资队伍建设,深化教学及管理模式改革,优化生源结构等方面入手,提高高中教育质量,促进全区教育水平整体提升。听取了区政府关于公共卫生体系建设情况汇报,提出要加快疾控中心硬件建设,健全疾控中心功能,提高对重大疫情和流行性疾病的防控防治能力;加速合理调整医疗机构布局,解决新老城区医疗水平发展不平衡的问题;加强食品卫生和药品管理,保障人民群众的身体健康。组织视察文化、体育工作,指出要进一步完善文化发展规划,加强文化资源的有效保护和开发利用;处理好市场化运作和满足普通群众健身需要的关系,把体育中心建成既是培养竞技体育人才的基地,又是普及全民健身运动的一流场馆。

三、在实践执政为民理念上作出了新努力

全力以赴督办代表意见、建议。全面认真梳理代表提出的建议、批评、意见,从中列出一批重点建议,由常委会领导分工督办。武定新村农贸市场周围违建多,脏、乱、差,是周边人民群众反映强烈的一个老大难问题。常委会领导及相关工作委员会多次深入实地进行调研,邀请提出建议的区人大代表列席了现场召开的承办部门联席会议,让承办部门直接听取代表的办理要求。会后,区建设局、秦虹街道、四十二中等立即行动,集中财力、物力、人力,拆除了违建,搬迁了占道的摊位,翻建了道路,出新了沿街建筑立面,加强了管理,还整洁的环境于周边群众。对代表联合提出的解决社区居委会办公经费不足、工作人员待遇偏低的建议,常委会领导高度重视,召开了多场调研座谈会,向区政府提出了为社区居委会、社区工作者分别增加经费、工资的建议,区政府及时采纳,很快实施,调动了社区工作者的积极性,推动了社区居委会工作的开展。自2002年以来,开源小区每逢雨季,就造成大面积淹水,90多户受淹群众不仅出行难,而且家庭财产遭受损失。市、区两级人大代表在常委会组织下多次视察,实地研究拿出解决问题的建议方案,区政府积极实施,于汛前投入120万元,采取降低坡度、埋设大口径管道等措施,初步解决了这一问题。目前,交由区政府办理的103件代表建议已全部办结,其中代表满意率达99%,办成率达64%。

努力促成解决人民群众反映强烈的热点难点问题。常委会全年共受理群众来信66件、来访91人次。来信来访反映的热点难点问题主要集中在低收入群体住房、失地农民的生活保障和低保等方面。常委会对此高度重视,听取了区政府关于社会保障工作方面的情况汇报,组织市、区人大代表实地视察了市调配给我区的经济适用房建设情况;深入红花地区了解了失地农民的生活状况,听取了关于失地农民就业安置和社会保障工作情况的汇报;视察检查了低保工作,走访了低保家庭,召开了民政部

门、街道、社区和低保群众等参加的座谈会。建议区政府加强失地农民就业、低保、医保和养老保障等工作,落实最低收入家庭住房租金补贴、廉租房供应和困难家庭承租公房的租金减免政策,按政策解决低保户的医疗、子女教育等费用,确保社会稳定。区政府对这些建议高度重视,有的已在2004年工作中落实,有的正在解决之中。

四、在加强常委会自身建设上有了新提高

坚持执政党领导的意识进一步确立。常委会围绕区委中心工作行使各项职权,主动将年度议题和工作要点、重大活动、组织建设以及制度建设等大事向区委报告,积极争取区委支持,发挥了人大及其常委会在保证党的路线、方针、政策落实中的作用。

责任意识和履职能力进一步提高。常委会组成人员不断适应新的形势,以理论学习为先导,更加明确了新形势下人大工作的指导思想、根本任务和工作重点,进一步增强了使命感和责任感;积极开展人大工作创新,坚持与"一府两院"召开联席会议制度,人事任免全部采用票决制,述职评议时列席代表参加分组审议;根据宪法、组织法、代表法,积人大工作多年的实践,制定和完善了50多项人大工作制度,讨论通过并实施,有力推进了人大及其常委会工作的规范、有序运转,提高了履职能力和水平。

求真务实的作风、团结和谐的氛围进一步形成。常委会深入实际,深入基层,深入群众,通过视察、检查和信访等各种途径加强与人民群众的联系,了解民情、反映民意,集中民智。加强对调查研究取得的第一手资料的综合分析,注重转化调查研究成果,从中确定人大工作的重点和切入点,从而提出有关本区经济建设、社会发展和民主法制建设的意见、建议。撰写了20余篇有质地的视察、调查报告,编辑印制了《人大工作专题理论研讨会论文集》认真总结了常委会的工作,提升了理论层次。常委会组成人员充分发扬民主,集体行使职权,形成了整体合力,营造了团结和谐、积极向上的工作氛围。

各位代表:

回顾一年来的工作,区人大常委会能够取得一定的成绩,主要是得益于区委的领导,得益于全体人大代表的共同努力,得益于广大人民群众的大力支持,得益于"一府两院"的积极配合。在此,我谨代表区人大常委会,向全区人民和各级人大代表,向关心和支持人大工作的所有同志和各界人士,表示衷心地感谢和崇高地敬意!

回顾过去,我们也清醒地认识到,用宪法和法律的要求来衡量,与党和人民群众的期望,我们的工作还存在差距。主要是:审议质量有待进一步提高;对作出的决议、决定落实工作的监督力度不够大,监督效果还不够显著;发挥代表作用仍然不够;人民代表大会制度的宣传工作有待加强。这些都要在今后的实践中改进。

2005年工作任务

2005年,区人大常委会工作的指导思想是:以邓小平理论和"三个代表"重要思想为指导,深入贯彻党的十六大和十六届四中全会精神,认真履行宪法和法律赋予的各项职责,坚持做到进一步加强区域民主法治建设,进一步加大工作监督力度,进一步维护人民群众合法权益,进一步提高代表履职能力,进一步加强常委会自身建设,为圆满完成区第九次党代会确定的工作任务,作出积极贡献!

一、进一步加强区域民主法治建设

认真行使重大事项决定权。制定并实施行使重大事项决定权的程序,推进决策的科学化和民主化,保证党的路线、方针、政策及区委重大决策的贯彻落实;在深入调查研究、广泛征求意见、依法论证的基础上,适时就区国民经济和社会发展第十一个五年规划等事关全局的大事作出决议、决定,确保各项决策真正体现民意,符合富民强区、"两个率先"发展的要求,推进科学执政、民主执政、依法执政。依法做好任免工作。严格依法执行干部任免程序,实现党委工作程序和人大常委会法定程序的有机结合,开展拟任人员任前法律知识考试和拟任职发言实践,提高干部依法履职的意识。强化对人大所选举和任命干部的监督。扩大述职评议覆盖面,开展评议区计经局、区教育局工作,对审计局、环保局工作进行"回头看",安排区政府、区检察院各一名副职领导和科技局、监察局、民政局、人事局主要负责人述职评议;扩展述职评议的内容,把《南京市预防职务犯罪条例》的执行情况纳入述职评议的范围;转化评议成果,把评议结果提供给区委,建议将其作为考核和评价干部工作实绩的重要依据。不断促进提高依法治区的水平。加大对政府行政执法部门落实行政许可法、劳动法、食品卫生法等法律法规的监督力度,听取区法院行政审判工作汇报,审议区检察院预防职务犯罪工作,检查社会治安综合管理工作,强化个案监督,及时查错纠错,促进提高依法行政和公正司法水平。

二、进一步加大工作监督力度

强化对经济工作的监督。围绕发展第一要务,加强对国民经济和社会发展目标制定及运行情况的监督,加强对财政预决算的监督,着重开展对干部群众关心的重点部门、重点项目、重点行业经费和专项资金使用情况的延伸监督,听取和审议区政府预算外资金管理使用情况及审计后整改情况,督促审计部门依法加强同级预算执行和其它财政收支情况的审计监督,推进依法理财,规范政府财政行为。加强对企事业单位体制改革情况的监督,推进各项改革的进一步发展。加强对以夫子庙为核心的城南商贸圈、大明路汽车街、中山南路商务楼宇、纬七路经济带等特色经济片区发展情况的监督;围绕红花地区规划建设给我区带来的新机遇,着重做好驻区企业资源挖掘、利用、整合情况的视察调研、论证工作,适时提出科学合理、可操作性强的意见、建议,为政府决策提供支持。强化对城市建设、城市管理工作的监督。听取区政府关于外秦淮河环境整治工作情况汇报,继续关注"三房"的规划建设工作和拆迁拆违工作,争取通过市、区两级人大代表的多方建议和呼吁,切实为我区多解决一批经济适用房,以及经济适用房用地问题,加快改善群众居住条件;加强对环境污染治理问题的检查,监督落实市容卫生长效管理措施,视察全区生态环境和公共环境的建设情况,全面优化改善城市面貌和人居环境。强化对社会事业发展的监督。高度重视全区教育整体水平的提升工作,检查区政府贯彻落实民办教育促进法工作情况;检查文化、体育工作;听取区政府关于重大传染病控制工作汇报,视察关于创省级社区卫生服务示范区工作,促进我区各项社会事业全面协调发展。

三、进一步维护人民群众合法权益

密切关注百姓生活。加强对新修改的《南京市城乡居民最低生活保障条例》等法律法规实施情况的检查,推动完善社会保障体系建设;加强对劳动监察执法工作的检查,切实维护劳动者合法权益;加大对就业再就业工作的推进力度,大力倡导创业致富,营造优良的创业环境,让更多的群众充分享受到发展带来的实惠。继续抓好建议办理工作。坚持与"一府两院"的定期联系制度,加强沟通协调,形成办理合力,督办并办成一批重点建议,切实解决那些事关人民群众切身利益的突出问题,提高办成率和代表满意率。做好信访接待工作。坚持常委会领导信访接待日制度,对重点来信来访,常委会领导亲自督办,促进解决一批难点、热点问题;组织代表参与并监督拆迁、改制、建设"平安秦淮"等重点工作和重大活动,积极化解矛盾,为维护社会稳定作出努力。

四、进一步提高代表履职能力

提高代表素质。组织代表学习邓小平理论、"三个代表"重要思想、党的十六大和十六届四中全会精神,学习宪法等法律法规,学习先进代表的事迹,进一步增强代表履职为民的政治责任感和使命感;开展专题培训,加强对人大业务知识、代表工作知识的学习,提高代表的履职能力。加大人大工作向基层推进的力度。成立人大街工委,制定和完善人大街工委各项工作制度,促进人大街工委运转的规范化、制度化;畅通选民反映情况、监督代表履职的渠道,加强常委会与委员、委员与代表、代表与代表之间的工作交流,进一步完善代表工作网络,为代表履职提供良好服务和创造有利条件。强化落实代表工作制度。进一步提高代表活动的组织程度,丰富代表活动内容,改进和完善视察、检查形式,提倡持证视察,尝试部分议题成立专业性的代表小组,加强不同层次、不同行业代表之间的联系,开展市人大代表向区人大代表述职活动,提升代表提出建议、批评和意见的层次和质量,努力提高代表活动质量和实效。

五、进一步加强常委会自身建设

切实加强理论学习,保持奋发有为的精神活力。不断增强在新形势下加强理论学习的紧迫感和自觉性,提高立党为公、履职为民的意识,积极推进理论创新,把人民群众的实践经验提升为理论总结,用理论创新成果指导工作实践。兴求真务实之风,密切与人民群众的联系。不断改进工作作风,努力在决定中做到唯实,在实施中做到务实,在总结中做到真实,促进人大各项工作取得成效。积极研究热点、难点问题,深入基层,倾听群众呼声,关心群众疾苦,在维护群众利益上下功夫,真心实意为群众办实事,自觉把常委会工作置于人民群众的监督之下。加强制度建设,努力提高工作水平。进一步完善适合国家权力机关特点的组织制度和运行机制。加强人大工作各项制度的落实力度,不断促进人大工作的制度化、规范化,充分发挥人大及其常委会在促进全区"三个文明"建设中的职能作用。

各位代表:

2005 年是深入贯彻党的十六届四中全会精神,加强执政能力建设的重要一年,也是全面实现我区"十五"计划,衔接"十一五"规划的决战之年。在新的一年里,让我们在区委的领导下,按照"发展秦淮、富裕秦淮、人文秦淮"的方向,振奋精神,开拓创新,同心同德,扎实工作,为实现富民强区和"两个率先"做出新的更大的贡献!

秦淮区人民政府工作报告

——在区第十五届人民代表大会第三次会议上

代区长　冯亚军

(2005 年 1 月 4 日)

各位代表:

现在,我代表秦淮区人民政府向大会作工作报告,请予审议,并请区政协各位委员和其他列席人员提出意见。

2004 年工作回顾

2004 年,全区人民在市委、市政府和区委的正确领导下,以"三个代表"重要思想为指导,深入贯彻党的十六大、十六届三中、四中全会精神,认真落实科学发展观,以"富民强区、加快发展"总揽全局,积极实施"旅游商贸兴区"发展战略,依据"文化立区、旅游兴区、商贸富区、品牌强区"发展要点,进一步解放思想,抢抓机遇,真抓实干,较好地完成了区十五届人大二次会议确定的各项目标任务。

一、顺应宏观调控,区域经济保持良好发展态势

全区经济实力进一步增强。着力优化经济结构,切实转变经济增长方式,经济持续健康发展。预计全年实现地区生产总值17.37亿元,同比增长20.2%;完成社会消费品零售总额36.42亿元,同比增长18.5%;完成固定资产投资25.34亿元,同比增长16.7%;实现财政总收入8.16亿元,其中地方财政收入2.24亿元,同比分别增长16.7%、22.6%。

新经济增长点培育有了新发展。加快汽车产业集聚,国际汽车城1万平方米展厅建成开业,金融商务中心等项目加快建设,汽车街全年销售整车2.3万辆,税收同比实现翻番。放大夫子庙品牌效应,建成又一坊文化商业楼、平江府商务楼,咸亨酒店、格莱美娱乐中心等一批企业实现开业。充分发挥创业中心政策优势,成立青年科技创业园,建成秦淮科技创业基地5万平方米标准厂房,引进华邮通讯等160多家高科技企业。盘活15.8万平方米楼宇,鸿意地产大厦、投资大厦等重点楼宇入驻率达74%,家居乐建材超市建成开业。

改革开放加快推进。完成城镇开发公司改制,引进战略投资商组建秦淮建设集团。街道挂靠企业和部门隶属企业改制工作基本结束。市政、绿化、环卫三所改制完成资产审计评估,区房产经营公司改制方案基本确定。全年共完成企事业单位改制16家。精心组织金秋招商月等活动,强化项目跟踪推进,全年合同利用外资9468万美元、实际利用外资4058万美元,同比分别增长33.8%、29.4%;新发展私营企业1336家、个体工商户3830户,新增注册资本14.47亿元。

二、加强组织协调,城市建设积极推进

夫子庙扩容升级取得新进展。建成桃叶渡沿河文化碑廊、江南贡院科举人物雕塑。向全国征集楹联佳句,打造了“夫子庙楹联街”新品牌。翻新文源桥,改造美食街(西段)及乌衣巷路面,完成四福巷、来燕路20幢建筑及美食街部分建筑的立面出新;完善了北牌坊、西牌坊重点地段亮化设施。加大景区综合管理联合执法力度,有效遏制了流动摊点,基本消除了盲流乞讨现象;拆除夫子庙地区一批广告牌,明清建筑风格得到有效维护。

市政基础设施建设加快推进。拓宽了弘学路,整修翻新了升州路,出新改造了江宁路、武定南路、节制闸路等10条道路。实施了秦虹铁路涵洞、九龙泵站进水渠扩建、开源小区管道重新铺设等项目,防汛排涝能力进一步增强。重点解决了人大代表、政协委员和人民群众关注的文安里小区、弘学路等处的路灯建设问题。

拆迁工作平稳有序。注重新老政策的衔接,坚持依法拆迁、以德拆迁,全面完成双桥门立交第二次增拆项目,确保了纬七路、双桥门立交顺利通车。外秦淮河(秦淮西段)拆迁工程加快推进,保证了市重点工程的顺利建设。加大协调力度,基本解决了拆迁历史遗留问题。全年累计拆迁居民1400多户,工企单位20多家,拆除面积7万多平方米,提供经济适用房等“三房”1400多套。

房地产开发力度加大。建成罗马假日、九龙盛世园、华静爱家园等10多家精品楼盘并实现销售。皇册家园一期建设基本竣工。路字铺地块顺利挂牌转让,589户居民居住条件得到改善。开工建设石婆婆庙地块、龙翔鸣翠苑二期、良城美景等片区。全年新开工52万平方米,竣工51万平方米。

三、突出整治重点,城市管理明显加强

拆违取得显著成效。制定了《秦淮区违法建筑查处暂行办法》,建立健全违建查处网络。开展了声势浩大的拆除违法建筑专项整治行动,拆除违法搭建23.4万平方米。在拆违工作中,突出整治重点,全力清除主次干道两侧、景区(景点)周边以及群众反映的热难点地区的违建,注重成线成片成景整治,拆建并举、拆管并重,新建绿地3800平方米,江宁路、洋珠巷等

地段面貌明显改观。

老城整治加快推进。全面实施铁路沿线环境综合整治，清除了沿线垃圾、粪坑，砌筑出新围墙3500米，栽植树木8万株，建成3公里绿化带，启动了宏光路北侧、东集合村路等处铁路沿线的改造；建成仙鹤桥、秦虹路等一批公共绿地。加强农贸市场周边环境整顿，堵疏结合，建成武定新村和扇骨里农贸市场，取缔多处马路市场。

环境管理扎实推进。加大占道摊点整治力度，取缔各类违章经营摊点4100余处。加强市容长效管理，探索分段竞标管理、错时管理等新举措，管理成效进一步增强。实施"零点行动"，强化渣土运输管理。加强市容硬件设施建设，新建6座公厕，出新改造33座公厕和3座垃圾中转站。组织开展市容卫生管理"争先创优"活动，创建了一批市容达标路和规范路。认真做好环保工作，文德桥社区创省级"绿色社区"，建康路创市餐饮业污染控制示范街，全面完成市、区长环保目标任务，顺利通过"国家卫生城市"复查。

四、加强精神文明建设，社会事业协调发展

教育、卫生事业不断进步。投入1000万元配备教育设备，建成文枢中学初中部（二期）教学楼、18中综合楼、社区大学辅助楼等教育设施，全区新增校舍面积3.3万平方米。教育创建活动成果丰硕，旅游营养职教中心通过国家级重点职业学校评估验收，42中、考棚小学被评为省教育技术现代化学校，秦淮实验小学通过省实验小学验收。全面实施食品安全专项整治，建立区、街、社区三级防控网络，开展了水发产品、豆制品等10项专项整治，设立"放心早餐"网点52处。积极开展卫生进社区活动，建成5个社区卫生服务中心和4个社区卫生服务站，社区卫生服务布局调整基本完成。投资1500万元建成全省一流的区级疾病预防控制中心，全区公共卫生设施得到根本改善。

科学、文化工作成果丰硕。多种形式开展科普进社区、进校区、进景区活动，我区被评为"全国科普示范城区"和"全国科教进社区活动先进集体"。文化特色活动丰富多彩，精心组织"秦淮神韵"大型历史名篇音乐朗诵会和"全国歌手唱秦淮"大赛，成功举办第十八届金陵灯会、"名城会"中国南京夫子庙文化庙会。出版发行了《秦淮区志》、《桨声灯影》丛书，《秦淮年鉴》在方志系统年鉴评比中获全国特等奖。建成全国首家社区民间艺术馆，区文化馆荣获国家一级馆称号。

就业和社会保障工作取得新进展。完善区、街、社区三级劳动保障平台，加强职业技能培训；加大再就业援助力度，投入662万元开展"政府购岗"活动。全年新增就业岗位10500人次，成功推荐就业15810人次，帮扶特困人员实现再就业1575人次。积极扩大社会保险覆盖面，新增参加养老保险8300人、医疗保险5909人。加强低保规范化管理，全年共为3556户困难家庭发放保障金1046万元。组织开展"送温暖"、"慈善一日捐"等活动，全年共发放各类救济金500多万元。

民政、体育等工作稳步推进。实施机关部门工作进社区"准入制"，建立创建示范社区奖励制度，提高了社区工作者的工资待遇和社区居委会的工作经费，圆满完成第七届村委会换届选举工作。加大无障碍设施建设力度，建成盲道4000多米、坡道527处。我区被评为"全国老龄工作先进区"和"全国社区红十字服务示范区"。新增4个全民健身点，圆满完成体育场地普查工作，考棚小学被评为"全国射箭重点学校"。区情展示厅全面建成并对外开放。征兵、军转干部和退伍士兵安置工作顺利完成，成功举办国防动员、防空袭演练。区人事局被省政府授予"人民满意的公务员集体"。

五、强化自身建设，政府工作水平不断提高

社会稳定局面进一步巩固。成立了区、街两级矛盾纠纷调处中心，完善突发事件应急处置预案，妥善处置了拆迁拆违、改革改制等方面矛盾。认真做好群众信访接待工作,全年共接待来访2476人次,办结市、区长电子信箱来信210件。深入开展"春雷"行动,切实加强综合治理、"科技创安"和禁毒工作;强化安全生产分类管理,认真开展道路交通安全、燃气安全等专项整治活动,保障了一方平安。

依法行政进一步落到实处。认真执行人大及其常委会决议,自觉接受人大的法律监督、工作监督,积极支持政协履行民主监督、政治协商、参政议政职能。加强人大代表建议、政协委员提案办理工作,办成率达57.5%,满意和基本满意率达99.5%。深入贯彻《行政许可法》,完成行政许可规定和行政许可实施主体的清理。积极落实收费工作"二证一卡"制,进一步规范教育、医院收费。全面开展集体土地清理整顿活动,顺利通过市基本农田保护工作检查验收。

廉政建设进一步加强。深入学习贯彻"两个条例",严格落实"四大纪律"、"八项要求",认真执行党风廉政建设责任制,坚持领导干部述廉,严格领导干部任期经济责任审计。完善政府采购、建设项目招投标等各项制度,认真开展纠风和专项治理工作,积极推动公车管理改革试点。全面完成清房工作,顺利通过上级验收。

过去的一年,我们紧紧抓住发展第一要务不动摇,聚精会神搞建设,一心一意谋发展,全力以赴保稳定,综合经济实力得到了新提高,城市面貌发生了新变化,社会事业实现了新发展。这些成绩的取得,是我区在宏观调控下趋利避害的结果,是市委、市政府和区委正确领导的结果,是社会各界通力合作、广泛参与的结果。我在此代表秦淮区人民政府,向辛勤工作在各行各业的全区人民,表示崇高的敬意!向给予政府工作有力监督和大力支持的人大代表、政协委员,表示衷心的感谢!

回顾过去一年的工作,我们也清醒地认识到,秦淮加速发展进程中还有不少问题亟待解决。一是经济发展载体还不多,新项目、特别是大项目还比较少,区域经济增长后劲不足;二是部分建设项目推进缓慢,市容卫生长效管理机制有待进一步完善,改善人居环境的任务仍然艰巨;三是就业再就业形势严峻,困难群体帮扶工作需进一步加强,维护稳定的压力较大;四是政府职能还需进一步适应改革发展的要求,行政效能有待进一步提高等等。这些都需要我们在今后的工作中高度重视,采取有力措施,认真加以解决。

2005年政府工作的总体要求

分析我区面临的形势,机遇和挑战并存,优势和困难同在。中央继续实行宏观调控,"分类指导,松紧适度"的调控方式是今年最大的特点;南京人均GDP突破3000美元,已经进入了经济发展的快速攀升期、产业结构的加速转型期,长江三角洲将成为我国区域经济发展的重要增长极。作为南京市主城区之一的秦淮,既站在较高的起点上,拥有良好的发展平台,也面临着兄弟区县在综合实力上占优势的压力;既有文化底蕴深厚、旅游资源丰富等潜在优势,也有发展空间较小、载体不足的现实困难。

面对宏观环境偏紧的挑战局面,面对发达城区率先发展的逼人态势,秦淮的新一轮发展必须抢抓机遇,顽强拼搏,努力实现国民经济持续快速健康发展和社会全面进步。

2005年政府工作的总体要求是:以邓小平理论和"三个代表"重要思想为指导,深入贯彻十六大和十六届四中全会精神,牢固树立科学发展观,围绕富民强区和"两个率先"目标,坚持发展和创新,以经济结构调整为主线,以改革开放为动力,解放思想,奋力开拓,着力提高综合经济实力,进一步改善区域面貌,协调发展社会事业,全面完成今年经济和社会发展的各项目标任务。

围绕上述总体要求,必须重点把握以下几点:

（一）以经济建设为中心，加快发展不动摇。发展是解决一切困难和问题的关键所在。落实科学发展观，第一要务是加快发展，特别是经济的发展。只有全力以赴加快发展，做大做强综合经济实力，才能促进经济社会协调发展。我区正处于奋力爬坡的关键时期，更需要牢牢把握经济建设这个中心，狠抓发展不放松。我们要集中全区力量加快发展，聚集各种要素促进发展，整合所有资源用于发展，一切工作服从服务于发展，营造全区浓郁的发展氛围，形成全区强大的发展合力。

（二）集约化经营，切实转变经济增长方式。集约经营是现代城区经济发展的现实要求，转变经济增长方式是可持续发展的根本手段。我们要抓住中央“有保有压”进行宏观调控的有利机遇，强化特色，放大优势，切实把经济发展的着力点放在优化结构、深化改革、转变增长方式上，真正摆脱粗放型经济增长模式。充分利用创业中心政策优势，加速科技成果转化，大力发展高新技术产业，提升科技对全区经济发展的支撑力；充分发挥夫子庙、大明路、纬七路等载体功能优势，优化经济结构，加速发展以旅游业、汽车业、物流业为重点的现代服务业，促进企业集群、产业集聚发展，提升全区经济增长的质量和效益。

（三）开拓创新，有效解决发展的制约因素。创新是发展的内在动力。“空间不大、载体不足、项目不多”是我们加快发展的瓶颈，我们必须更新观念，创新理念，认真研究并切实解决这些制约因素，创造性地工作、超常规地发展，才能缩小与发达城区的差距。牢固树立税源经济和区域经济观念，加强区域资源整合，千方百计地拓展发展的空间；拓宽招商思路，强化优商选资，大力发展总部经济、楼宇经济，着力提高资源利用率；高度重视规划的龙头带动作用，把经济发展和城市建设有机结合起来，通过加快城市建设，构建发展平台，开辟富民渠道，促进经济发展和城市建设良性互动、共同发展。

（四）以人为本，协调发展经济社会。落实科学发展观，核心是以人为本，关键是坚持统筹兼顾，通盘考虑，正确处理发展中的重大关系，协调好各方利益，实现经济社会全面协调可持续发展。我们要按照“五个统筹”的要求，紧扣协调发展的主题，紧跟协调发展的步伐，以实现好、维护好人民群众的根本利益为出发点，妥善处理好事关人民群众切身利益的实际问题，重点解决人民群众关注的热点、难点问题，协调发展科教、文化等各项社会事业，努力促进人的全面发展。

2005年重点工作

2005年全区经济社会发展的主要预期目标是：地区生产总值同口径增长15%，力争17%；财政总收入增长16%，力争18%；社会消费品零售总额增长16%，力争18%；城镇居民人均可支配收入增长12%以上，农民人均纯收入增长10%以上；城镇登记失业率控制在4.5%以内。

一、打造最佳投资环境，进一步深化改革开放，全面激发区域经济发展活力

区域经济要加快发展，投资环境是基础，招商引资是关键。2005年，我们将突出发展主旋律，构筑最佳投资平台，破除阻碍发展束缚，集聚加快发展要素，全面增强区域经济发展的活力与动力。

全力打造政策洼地。市场经济是“非均态、不平衡”经济，生产要素总是向环境好的区域流动和富集。我们将坚持环境为基，努力形成政策落差，吸引资本、技术、人才等各类生产要素加速向我区集聚。一是以“政策宽、规费低”为目标，全力争取省、市支持，切实加大区级政策优惠力度，千方百计降低企业发展成本，努力形成比较优势，建设最适宜企业发展城区。二是树立“政策有限、服务无限”意识，完善区域经济综合服务功能，全面推广一站式、一门式服务举措，为企业提供全程代办服务；简化行政

审批手续,建立绿色通道,切实提高办事效率;从企业需求出发,积极提供人才、法律、信息等服务,提高服务质量,努力构建服务高地。三是以“做活、做大、做强”区域企业为着力点,建立贷款担保基金,有效缓解中小企业融资难问题;加大科技投入,加速企业技术改造、新品开发和科技成果转化,完善品牌奖励、“质量兴市”等政策,培育一批优质企业和名牌产品;健全重点企业领导联系制度,及时解决企业发展中所遇问题,扶持一批龙头企业做大做强。

强力推进招商引资。招商引资是加快我区经济发展的第一手段,是增强我区经济综合实力的最有效举措。我们一要增强抓项目的意识,牢固树立“抓项目才是抓发展”的观念,以项目为载体,加大招商力度,努力形成全员抓招商、全面抓项目、全力抓落实的良好氛围。二要严格上项目的责任,把招商引资作为一项硬目标、硬任务,强化组织领导,实行“一把手”负责制;完善目标责任制,加大督查力度,强化目标考核。三要拓展引项目的思路,深入挖掘区域资源,精心包装优势项目;强化招商选资理念,瞄准沿海地区和日本、韩国、欧盟等重点区域,引进一批体量大、占地少、科技含量高的项目;认真组织金秋招商月和重大项目投资洽谈会,多种形式举办主题招商活动,切实提高招商引资的成效。四要强化促项目的措施,对重点项目实行区领导挂钩督办,定期召开例会,及时沟通信息,快速解决项目推进中遇到的困难和矛盾;建立重点项目每月通报制度,强化部门间配合协作,促进项目早投产、早见效。全年注册外资实际到账4000万美元;新办私营企业1200家,个体工商户2500户,新增注册资本10亿元。

加快推进改革改制。改革的根本目的是加快发展,是通过体制机制创新、引进外来资本,做活做大经济存量。我们将以市场化为取向,以产权制度改革为核心,规范改制程序,坚持阳光操作,实现政府、企业、职工的多方共赢。一是加快推进企业改制,全面完成旅游、商贸系统企业和街道劳务公司改制工作,加快推进区属房地产开发企业、民政福利企业改制。二是进一步深化事业单位改革,全面完成区房产经营公司和市政、绿化、环卫三所改革工作,积极推进卫生、文化、教育等系统经营性事业单位改革。三是加快构建投融资平台,切实做好国有资产监管和保值增值工作,进一步盘活国有资产,为全区重大项目建设提供资金保障。四是认真抓好改制企业“回头看”,促使养老统筹、医疗保险等问题得到有效落实;妥善处理改制企业债务、房产等遗留问题,为改制企业创造宽松的发展环境。

二、全面整合区域资源,着力搭建发展平台,促进区域经济集约发展

2005年,我们将拓宽思路,以载体建设为突破口,充分整合利用区域资源,着力搭建一流的承载平台,大力引导优势产业、特色产业集群发展、集约发展。

推动“二次创业”,实现汽车街“二次腾飞”。汽车街优势明显,挑战也很现实。要跟踪市场发展走向,实施四大策略转移,延伸汽车产业链,通过“二次创业”,进一步做大做强汽车街品牌。一是从单一品牌专卖店建设向培育综合性汽车卖场转移。加大沿街地块调整力度,新建3家汽车专卖店,扶持一批有实力的经销商连锁经营。重点建设汽车综合卖场,大明路国际汽车城二期实现开业,三期启动建设;扩大旧机动车交易市场规模,规划进口二手车交易市场。二是从品牌汽车整车销售向优质零部件物流转移。规划建设零部件物流中心,鼓励商家开设品牌零部件专卖店,大力发展零配件销售地区总代理,加快培育和发展零部件集散基地。三是从销售汽车产品向优化汽车服务转移。建成大明路汽车金融商务中心和机动车检测线,全力引进与汽车相关的中介、媒体等企业,进一步完善汽车街服务功能。四是从扩大市场规模向提高整体竞争力转移。完成大明路汽车服务业标准制订工作,并全面推广。充分

发挥汽车街行业商会作用,加强企业合作,实现商家有序竞争、良性互动、共同发展。

突出三大基地建设,大力发展都市高科技企业。都市工业是秦淮优势产业,要充分利用现有资源和比较优势,提高工业经济区域化、集约化、现代化水平。一是加快中小企业孵化基地建设。进一步发挥省高新技术创业服务中心优势,扩容区创业中心空间,重点培育青年科技创业园,切实做好中小科技型企业的孵化工作。二是加大都市工业生产基地建设力度。进一步明确秦淮科技创业基地发展定位,加强园区基础设施建设,大力发展都市型高效工业。运用经济、行政等多种手段,调整置换占用资源多、贡献率小、发展前景差的企业,腾笼换鸟,进一步促进机电、服装和加工制造业等优势产业集聚发展。三是全面启动晨光高新科技园开发建设,重点培育科技研发基地,着力引进软件企业、高科技企业研发总部。

加强规划引导,加速市场群和通信产业发展。做好产业规划,引导企业集聚,是培育新兴特色经济片区的重要手段。要制定纬七路市场产业发展规划,明确沿线整体用地性质,留足产业发展空间;运用经济杠杆,加强行政推动,鼓励沿线企业加快调整;加大对银桥市场、润泰市场扶持力度,促进市场群整体繁荣。大力培育仙鹤街通信产业片区,用好地区企业资源优势,建设省电信综合楼,加快中山南路 G3、G4 地块开发,着力建设通信产业集团总部与研发中心汇聚的特色片区。积极实施大企业推动战略,切实发挥驻区大集团、省部属企业优势,全面加强与市各大产业集团合作,加快推进宏光厂土地开发,促进楼宇经济、总部经济发展。

三、放大夫子庙,打造精品,推进旅游产业发展

经济决定地位,文化决定魅力。夫子庙是秦淮的名片,旅游业是我区的特色产业。2005年,我们要着力在旅游产业化上下功夫,拓展夫子庙外延,强化核心区管理,做强旅游产业,切实将我区文化资源的特色转化为经济发展的优势。

加快建设,做大夫子庙。挖掘开发夫子庙周边优势资源,是做足夫子庙文章,做大旅游业蛋糕的关键。我们要以夫子庙扩容升级增效为重点,搭建旅游产业发展新平台。一是将白鹭洲、东水关融入夫子庙。完成东关头景观改造,建成东水关至文正桥景观带、东水关至长乐路沿城墙绿化带;整体规划建设白鹭洲公园,建设特色鲜明、文化内涵丰富的主题公园。通过改造,贯通夫子庙、白鹭洲、东水关三大景区,产生集群效应。二是打造全新瞻园路。完成瞻园路北侧改造,按照明清建筑风格建设店招店牌,同步进行亮化建设、绿岛改造;实施瞻园商城二期建设,出新南侧住宅楼立面,建成景区新的特色景观街。三是基本建成外秦淮河(饮马桥至中和桥)景观带,规划建设七桥瓮生态广场,积极推进金陵大报恩寺琉璃塔暨遗址公园建设。

强化运作,做强旅游业。旅游业是关联度高的朝阳产业,对相关行业有极强的先导作用。我们将按照政府引导和市场机制相结合的思路,通过旅游要素的完善与互动,加速推进旅游产业发展。一是在钞库街规划建设区域旅游文化中心,集购物、旅游、文化、娱乐诸功能于一体,依托秦淮深厚的文化积淀,带动夫子庙地区旅游业发展。二是搭建共融共生平台。整合全区旅游文化资源,逐步打通夫子庙至中华门水陆交通关节,串点连线,提高风光带景点的综合竞争力。创新四大传统节庆活动运作模式,景点互动,企业互补,进一步放大旅游整体效益。三是壮大旅游相关产业。进一步优化夫子庙产业结构,加大娱乐休闲业引进力度,繁荣夜间旅游经济。在继续扶持景区传统特色商业街的同时,逐步打造新的特色商业街,着重培育旅游纪念品、土特产、民间工艺品等特色市场。推陈出新秦淮小吃,进一步确立“美食中心”地位。

加强管理,做美核心区。核心区硬件建设已日趋完善,2005 年,我们将以创建全国文明风景旅游区示范点为抓手,将工作着力点转移

到景区管理服务上来。一是突出管理重点。对重点地段、管理难点开展综合整治,拆除影响景观的商业广告,改造美食街(东段)地面,引导店家注重"横匾竖招"总体风格,维护景区明清建筑特色;强化对景区出入口的管理,重点整治流动摊点、车辆停放秩序,优化景区与外围结合部环境。二是提高管理水平。积极协调,通过立法程序完善执法依据,加大核心区管理力度。健全景区综合管理联合执法机制,完善景区日常维修制度,确保景区安全、有序、整洁。三是完善管理服务功能。建成秦淮风光带信息化平台,切实提高信息服务水平;进一步发挥风光带游客中心的作用,联接全国各大旅游网点,及时为游客提供导游、票务、投诉等全方位服务。

四、加快建设,强化管理,进一步提升区域环境水平

强化城市建设和管理,对老城区尤为重要和迫切。2005年,我们要以迎接十运盛会为契机,高度重视规划的龙头带动作用,全面提高城市建设与管理水准,努力塑造优美、整洁的城区形象。

不断完善城市基础设施。全力以赴推进重点项目建设,完成鸣羊街、宏光路、育仁路、光华路西延等道路的拓宽改造,整治出新长乐路、军师巷等9条道路,重点解决鞍辔坊、开源等小区的路灯问题。积极配合做好外秦淮河整治、城东干道高架桥建设工程,形成全市内环东南线快速通道,进一步提高全区道路通行能力。加强水利设施建设,完成"五一沟"水系和红花河(西段)整治,扩建秦虹泵站,不断提高全区防洪排涝能力。

加快发展房地产业。房地产业是我区的支柱产业之一,对改善区域面貌有着至关重要的作用。我们要切实提高市场运作水平,大力发展房地产业。一要提高房地产开发品位。坚持开放式建设,强化精品意识,积极鼓励外资、民资参与我区建设,着力引进实力雄厚的品牌企业来我区投资开发,新建一批高品位、高层次的住宅小区。二要做好房地产项目储备。加强与市有关部门联系,积极参与规划、引导规划、争取规划,尽可能储备更多的土地和房地产开发项目。加大组织协调力度,积极做好门东、门西、中华门地区储备项目的市场运作,争取早日实施改造。三要大力培育房地产市场。进一步优化环境,不断完善区域功能,切实提升区位优势。加强包装宣传,政企联动,促进房地产市场的进一步繁荣。全年新开工50万平方米,竣工50万平方米。

优化老城环境。加大重点地块景观改造力度,完成宁芜铁路沿线环境整治,实施双桥门立交西侧和节制闸北侧等地块的景观改造。美化道路景观,整治出新双桥门立交沿线等建筑立面,实施中华路、大明路等20幢楼宇及灯桥的亮化建设。提升老城环境水平,加快胡家花园规划建设步伐,开工建设窨子山文化广场。认真做好环境保护工作,强化污染源监测管理,启动内秦淮河水质改善工程,全面完成夫子庙景区餐饮业污染控制工作,再创一批省、市级绿色人居环境社区。

提升城市管理水平。更加注重落实城市长效管理,进一步完善长效管理机制,积极探索新方法、新举措,强化管理的针对性和有效性,不断提升城市管理效能。坚持集中整治和长效管理相结合,加大重点地区市容整治力度,突出整治占道摊点、城市"三乱",精心打造平江府路、龙蟠中路、中华路、建康路、长乐路等5条市容景观路。继续开展无违章道路(社区)创建活动,巩固扩大拆违整治成果。

五、坚持富民优先,协调发展社会事业,努力构建和谐社会

2005年,我们将从满足人民群众和社会进步需要出发,关注民生,完善社会保障体系,提高百姓富裕程度,努力建设"三个文明"协调发展的特色区域。

切实做好就业再就业和社会保障工作。积极提倡创业精神,建立创业项目库,及时提供小

额贷款服务，努力形成全民创业的良好氛围；大力拓展就业渠道，继续开展政府购岗活动，突出做好困难人员再就业工作。全年新增就业岗位10000人次，成功推荐就业16000人次，帮扶特困人员实现再就业1500人次。积极开展灵活就业人员参加医疗保险工作，建立健全失地农民社会保障机制，全区新增养老保险5000人，失业保险金征缴率达96%以上。加强劳动监察执法和纠纷调解工作，切实维护劳动者合法权益。健全社区群众评议"低保"制度和监察、财政等监督机制，进一步规范"低保"工作。规划建设经济适用房，着力解决中低收入群体住房困难。组织开展"送温暖"等访贫问苦活动，建立临时救助资金，切实解决困难群体生活问题。

加快发展教育、卫生事业。认真普及义务教育，大力发展高中教育，努力提高学校整体办学水平，打造秦淮教育品牌。争创"三星级"、"四星级"学校各1所，力争全区中小学全部达市级以上办学标准。做大做强职业教育、成人教育、民办教育，努力培养一批市场欢迎的实用技术人才。加快建设旅游营养职教中心综合楼，建成秦淮第二实验小学、秦淮幼儿园、双塘小学体育馆；建成教育局域网，实现全区教育资源的共享。争创省级社区卫生服务示范区，提高社区卫生服务的质量和水平；稳步推进医疗卫生体制改革，实现多元化办医；完善疾病预防控制体系，组建区突发公共卫生事件应急处置中心，提高应对突发事件的能力和水平。

协调发展文化、民政、体育等社会事业。精心组织首届南京民间艺术节，开展系列秦淮民俗文化演出，组织好第十九届金陵灯会，举办"名家话秦淮"、"人文秦淮"研讨促进会等活动；强化各级文保单位和老民居的保护，加强文化市场管理，加快文化娱乐产业发展。以争创省双拥工作先进区为抓手，拓宽双拥共建渠道，认真落实各项优抚政策；深化社区建设，扎实推进示范社区创建工作，加大培育社区民间组织力度。积极做好"十运会"体育场馆参观接待工作，新增一批健身场所和设施，红花街道争创全国体育工作先进街道。迎接"十五"期间人口与计划生育工作的检查，争创省人口与计划生育工作示范区。争创"省三星级"档案馆。继续做好兵役、人防设施建设等工作。

加强执政能力建设

我们要按照"为民、务实、清廉"的要求，切实加强政府自身建设，不断提高行政能力和管理水平，努力建设廉洁、高效的服务型政府。

一、求真务实，狠抓关键措施的落实。务实才能取信于民，务实才能凝聚力量。思路、目标和任务确定以后，埋头实干是政府工作的第一要求，狠抓落实是政府的首要职责。要进一步增强事业心和责任感，克服浮躁心理，潜心抓落实，真正把抓落实作为事关秦淮发展大业的重要举措来抓。积极倡导实干作风，力戒官僚主义、形式主义，压缩会议，减少文件，深入实际，开展调研，问计于民，求教于基层。建立健全一抓到底、督查到位、考核到人的工作运行机制，对区委、区政府作出的重要决策和事关全局、难度较大的重要工作，集中力量、攻坚克难，确保抓出成效。

二、科学决策，不断提高政府依法行政水平。健全科学决策制度，完善公示、听证等制度，对事关全局、与群众利益密切相关的重大事项，广泛征求意见；认真开展经济普查工作，推进决策科学化、民主化和规范化。以深入贯彻《行政许可法》为契机，强化行政执法责任制，全力建设法治秦淮，切实提高依法治区能力。自觉接受人大的法律监督、工作监督，认真落实有关决议、决定。加强与政协的联系、沟通，积极支持政协履行政治协商、民主监督、参政议政职能。切实把办理人大代表建议、政协委员提案作为政府一项重要工作来抓，注重办理实效，不断提高办成率。

三、从严治政，树立廉洁奉公的政府形象。

大力加强公务员队伍建设,按照“八个坚持、八个反对”和“两个务必”的要求,严加管理、严格考核、严肃纪律,规范政府工作人员特别是领导干部的从政行为。注重从源头上预防和治理腐败,加强领导干部任期经济责任审计,严格执行政府采购、建设项目招投标、工程竣工决算审计、产权交易进市场等各项制度。坚决纠正部门和行业不正之风,重点解决群众反映的突出问题;加大违纪违法案件查处力度,严厉惩处腐败,切实维护政府机关良好形象。

四、执政为民,始终把群众利益放于首位。服务百姓是政府的天职,是政府一切工作的出发点和落脚点。要进一步强化宗旨意识,思想上重视群众,感情上贴近群众。牢记“群众利益无小事”,认真解决群众关注的住房、就业、就医等热点难点问题,及时解决事关人民群众利益的实际问题。加强信访和人民调解工作,完善社会矛盾纠纷调处中心工作机制,认真办理市、区长信箱来信,切实做好群众来信来访工作,及时化解各种不稳定因素。认真开展食品卫生整治工作,坚持不懈地抓好生产、交通、消防等安全管理,防止重特大事故发生;严厉打击各类刑事犯罪活动,切实加强社会治安综合治理,确保人民群众的生命财产安全。

雄关漫道真如铁,而今迈步从头越。让我们在市委、市政府和区委的正确领导下,认真落实区第九次党代会精神,以“发展秦淮、富裕秦淮、人文秦淮”为方向,顽强拼搏,奋力开拓,为把我区建设成为古都特色与现代文明交相辉映的现代化旅游商贸区而努力奋斗!

政协南京市秦淮区第九届委员会常务委员会工作报告

——在区政协第九届委员会第三次会议上

区政协主席　丁长森

(2005 年 1 月 3 日)

各位委员:

我受政协秦淮区第九届委员会常务委员会的委托,向大会作工作报告,请予审议。

2004 年工作回顾

一年来,区政协在中共秦淮区委的领导下,以邓小平理论和“三个代表”重要思想为指导,认真贯彻和落实科学发展观,紧紧围绕富民强区和“两个率先”中心工作,依靠全体政协委员,团结各民主党派、工商联、人民团体和各界人士,切实履行政治协商、民主监督、参政议政职能,为促进全区“三个文明”协调发展做出了积极贡献。

一、立足全区发展大局协商议政

围绕总体目标进行协商。第 7 次、9 次常委会议分别听取了区政府及有关部门“2004 年上半年经济和社会发展、精神文明建设情况及下半年工作意见”和“2004 年全区国民经济、社会发展奋斗目标完成情况及 2005 年奋斗目标编制情况”通报,并进行了认真的协商讨论,提出了许多建设性意见和建议;主席办公会还协商讨论了中共秦淮区第九次代表大会工作报告(征求意见稿),为我区今后 5 年的发展战略、发展思路、发展重点建言献策,有效促进了党政决策的科学化、民主化。

围绕经济发展进行协商。第 8 次常委会议就大明路汽车街和纬七路经济带建设发展情况进行了视察,听取相关情况的通报并进行讨论,提出了要强化宣传,营造良好的投资环境;规划先导,科学合理实施发展布局等建议,得到区政府充分肯定，并将建议内容印发给有关部门，认真加以落实。针对科技创业基地环境建设和非公有制经济发展问题，区政协领导走访了多家民营企业，先后召开了主席约谈会和第15次、18次主席会议，听取并讨论了有关情况通报，提出了要重点扶持，减少政策限制，提供公平竞争的发展环境，做大做强民营经济；加强与市规划等部门的联系，尽快完成创业基地的整体规划；畅通融资渠道，进一步完善基础设施建设等建议。

围绕社会事业发展进行协商。第16次主席会议围绕全区教育卫生工作议题，提出了要坚持创新思路，树立教育卫生事业的品牌意识，深化教育、医疗卫生单位改革；超前规划、合理布局，以红花、洪家园地区为重点，完善社区卫生服务网络，构建公共卫生服务体系等建议。第23次主席会议针对市容管理问题，建议把广泛宣传与强化监督、科学规划与综合治理、集中整治与长效管理有机结合起来，不断改善区域环境面貌。积极配合省、市政协来我区视察调研"老字号"企业、历史文化街区等情况，提出了运用政府支持、市场运作和依法保护等多种方法，凸现秦淮文化优势的意见。

二、关注民生积极建言献策

促进富民举措的落实。第17次主席会议听取了我区富民举措的情况通报，提出了降低创业门槛，营造全民创业的发展环境；积极开发挖掘就业岗位，促进就业和再就业；进一步完善社会保障体系，巩固和提高社会保障覆盖面的建议。主席办公会议视察了全区职工医疗保险工作，提出了扩大医保资金来源，完善医疗保险体系等建议，引起了区委、区政府的高度重视，并将此建议报送市有关部门。

促进改革改制工作稳步推进。第20次主席会议、主席办公会分别听取了全区改革改制工作和区城镇开发公司改制情况的通报，提出了坚持"公平、公开、公正"原则，积极稳妥地推进全区改革改制工作；坚持"先安置、后转制"，加大保障力度，搞好职工安置，切实维护职工的合法权益；理顺关系，明确责任，妥善解决好企业遗留问题；建立和完善企业产权交易监管机制，防止国有资产流失等建议。

促进热点难点问题解决。第19、21次主席会议听取了党风廉政建设和司法工作的情况通报，提出了加大反腐倡廉教育力度，强化对"一把手"的监督；坚持司法为民，积极主动地化解社会矛盾纠纷等建议。第6次常委会议、22次主席会议和主席办公会，围绕全区城市建设、拆迁、拆违工作，提出了适当提高拆迁补偿标准，提供充足的经济适用房和廉租房，妥善解决弱势群体的安置问题等建议。主席办公会视察了我区道路出新改造工程，提出了彻底解决一些街巷小区无路灯等问题的建议，被有关部门积极采纳，并逐步实施。

三、认真开展民主评议工作

慎重选择评议对象。本届政协首次开展了民主评议工作。在总结过去经验的基础上，把对部门整体工作的评议改变为评议部门专项工作。召开务虚会、主席约谈会和主席办公会，广泛听取意见，协商确定了与人民群众切身利益息息相关的区法院民事审判工作作为评议对象，为民主评议的顺利实施创造了良好的前提条件。

精心组织评议活动。成立了民主评议工作领导和调研小组，制定了评议工作方案。采取"学、听、谈、看、查、访"等办法，集中学习相关民事审判工作的法律知识，先后召开8次座谈会，旁听典型民事案件庭审的全过程，走访各街道、有关社区、律师事务所、案例当事人和市中级人民法院，发放问卷调查表，认真听取不同层面的意见和建议。

确保评议效果。在广泛收集各方面意见的基础上，认真分析、整理、归纳，形成了5篇发言材料；召开常委会进行民主评议，在肯定成绩的基础上，对区法院的民事审判工作、审判作风、队伍建设等4个方面提出了不少具体意见和建议;区法院制定了整改方案,落实了整改措施,促进了审判工作的公正与效率。此次评议工作达到了“区委满意、委员满意、法院满意”的效果,为今后工作积累了经验。

四、加大提案工作力度

努力提高提案质量。举办学习培训活动,发放提案撰写提纲,认真进行宣传和动员,提高了委员撰写提案的方向性和针对性;改变以往在全会期间立案的做法,把立案工作放在会后进行,使收集、归类、整理和确定承办部门的时间更为充分,保证了立案的准确性和可操作性。

加大提案办理力度。坚持政协领导督办、提案委协调、各专委会协办的制度;积极尝试全会现场办理提案的做法,由分管区长、分管主席联合督办和区政协提案委、政府办联席会办等方式,提案办理力度明显加大,有力促进了提案的落实。省、市政协对这些做法给予了充分肯定。

注重提案办理实效。突出提案办理的办结率,收到了良好效果。如“关于做好武定新村菜场管理的建议”的提案,引起了区委、区政府领导的高度重视,取缔了多年自发的占道经营市场,新建了1300平方米的室内农贸市场,改善了当地居民的生活环境。提交区政府办理的90件提案,已全部办结。其中45件提案所提问题得到解决。

五、调研信息工作成绩突出

调查研究广泛深入。围绕“品牌强区”调研课题,区政协深入基层,深入实际,召开了综合经济、社会事业部门和有关品牌企业座谈会,广泛听取意见,集中各方智慧,形成调研材料;主席办公会、主席会议多次研究,经第7次常委会议讨论通过了《关于实施“品牌强区”工作思路的调研与思考》建议案。区政府专门复函采纳了所提建议。组织委员通过专题座谈、视察考察等多种形式,认真开展调查研究,形成了《关于加快我区改革改制步伐的建议案》等调研成果;专门下发了征集九届三次会议建言献策大会发言的通知,各民主党派、各专委会和委员们积极响应,踊跃参与,撰写了《关于加快中华门景区开发建设构想》等30多篇发言材料。

信息渠道更加畅通。在原有信息员队伍的基础上,去年又在夫子庙街道莲子营社区建立了“政协委员了解社情民意联系点”,坚持周三区政协委员接待群众来访,对反映的问题给予认真答复,受到群众好评。反映社情民意注重把握重点,选准角度,力求贴近社会热点、难点。如《关于改善洪家园地区居民生活环境的建议》,区政府积极争取市里将此建议列入2005年城建项目。一年来,共编发《秦淮社情民意》21期,区委、区政府领导对12期作了13人次的批示,向区委、区政府报送各种信息50多条,其中有4条被市委办公厅和省、市政协采用。区政协被市政协评为2003~2004年度信息工作先进集体。

六、专委会活动丰富多彩

对口协商成效明显。各专委会选择了区委、区政府高度重视、人民群众普遍关注和有条件做的专题,与有关部门开展对口协商。学习文史委员会对秦大士陈列馆的布展方案进行了协商,提出的意见得到了区政府充分肯定,并责成有关部门在运作中尽可能采用。提案法制委员会就进一步加强未成年人思想教育问题,深入社区、单位、部门进行专题协商活动。经济科技委员会针对禽流感疫情,及时走访街道、有关社区,视察了农贸市场,迅速形成书面建议报送区委、区政府,得到采纳。城市建设委员会围绕淹水片区改造和新区开发等重点工程项目开展视察协商活动,提出了一些建设性的意见和建议。教育卫生委员会在举行庆祝第20个教师节活动时,对全区教育事业的发展进行了协商。

专业优势进一步凸现。各专委会根据各自的职能,充分发挥专业优势,围绕区政协重点工作,以不同角度展开调查研究,为提高区政协工作实效打下了扎实的基础。学习文史委邀请10多位专家学者,积极收集整理有关文献资料，组织编印了《十里秦淮烟水间》一书和参与了市政协出版的《百里秦淮话沧桑》一书编撰工作，进一步宣传了秦淮悠久的历史文化和建设成就。

主体作用得到充分发挥。深入开展优秀专委会主任、优秀委员、优秀提案等创先争优系列活动，进一步调动了委员参政议政的积极性。委员们在本职岗位上为秦淮的发展争做贡献，有6名委员兴办的企业年纳税达到了100万元以上。积极参与部门监督工作，68名委员担任了区市容、物价、审计等部门行风监督员。先后派出12名委员参与了瞻园路北侧改造、外秦淮河环境整治等拆迁工作，为全区重点工程的推进做出了贡献。

七、充分发挥统一战线凝心聚力作用

加强团结联谊工作。举行了庆祝人民政协成立55周年活动，召开了各界人士春节联欢会和中秋茶话会，组织了两次各民主党派参加的政情通报会，开展了中共秦淮区委领导与各民主党派成员的交流考察活动，增进了互相之间的团结和友谊，增强了凝聚力，营造了和谐、团结、稳定的社会氛围。

维护祖国和平统一。召开各民主党派、无党派人士座谈会，学习讨论中台办、国台办“5.17公报”，弘扬爱国主义精神，严厉声讨台独势力叛国罪行。在台湾当局“公投”和香港“立法会”选举期间，发挥海内外联系广泛的优势，开展多渠道、多形式的两岸交流活动，动员爱国人士积极投身有利于香港稳定与繁荣、有利于维护台海局势稳定的和平统一大业之中。重视发挥民主党派作用。从形势与区情出发，修订了《进一步加强与民主党派基层组织联系的办法》，加强了区政协领导、各专委会与各民主党派的联系，帮助协调解决民主党派基层组织活动经费等问题，提高了活动质量和水平。通过组织党派团体大会发言、征集和办理提案、了解和反映社情民意、参与民主评议和参加政协有关会议等，为各党派团体知情参政创造了条件。

八、政协自身建设得到加强

加强政治学习。大力发扬注重学习的优良传统，把加强学习、统一思想认识作为做好政协工作的基础，摆上重要位置。通过主席会议、常委会议、专委会活动、学习报告会、专题讲座等多种形式，精心组织全体委员、机关干部，认真学习新修订的《政协章程》和全国、省、市政协会议精神；重点学习《中共中央关于加强党的执政能力建设的决定》和胡锦涛同志在庆祝人民政协成立55周年大会上的重要讲话，不断提高委员的思想素质、政策水平和履行职能的能力。

加强理论研究。不断强化创新意识，努力适应时代发展的需要，认真把握新形势下政协工作的特点和规律，探索研究履行职能的新渠道、新思路、新举措，在省、市政协杂志发表了5篇论文。

加强机关建设。积极弘扬求真务实精神，以“创建学习型机关、服务型机关、团结型机关”为目标，坚持不懈地抓好思想、组织、作风建设，夯实了工作基础；安排了5次委员活动日，为委员们学习、生活提供服务，使政协真正成为“委员之家”。政协机关连续两年在全区评议机关作风活动中位居前列。

各位委员，过去的一年，区政协工作取得了一些成绩，这是中共秦淮区委的正确领导，区政府的大力支持，各方面积极配合，全体委员、各民主党派、人民团体和各界人士团结合作的结果。在此，我谨代表区政协常委会表示衷心感谢！

主要工作体会

九届二次会议以来，我们坚持解放思想，实事求是，与时俱进，不断探索新时期政协工作的规律，在工作实践中深深体会到：

一、必须坚持自觉服从和维护党的领导，才能不断增强政协工作的实效性坚持中国共产党的领导，是人民政协坚定正确的政治方向的思想保证，是人民政协履行职能的行为准则。我们始终把坚持区委的领导放在政协工作的首位，充分发挥政协党组和政协组织中中共党员的带头作用，无论是建言献策，还是批评监督，都从有利于加强和改进区委的领导出发，确保了政协的各项活动在区委的领导下开展。按照区委的重要决策、工作部署，我们主动出题目、定任务、提要求，认真加以落实。工作中的重要问题主动向区委反映汇报，主要工作安排及时呈送区委，以取得关注和支持。在对区法院民事审判工作进行民主评议时，由于区委的重视和支持，增强了号召力，整合了社会方方面面的力量，保证了民主评议取得明显成效。

二、必须坚持围绕第一要务履行职能，才能显现政协工作的生命力

政协工作要有所开拓、有所建树和有所作为，就必须紧紧围绕区委、区政府的工作中心，自觉服从和服务于改革、发展、稳定的大局。区政协把为实现富民强区、“两个率先”献计出力作为中心任务，把促进发展作为履行职能的第一要务，把“为民”作为开展工作的根本出发点和落脚点。对秦淮全面协调可持续发展和人民群众关心的热点、难点问题，如“文化立区”、“品牌强区”工作思路的实施、红花中心地带开发规划等，发挥人才荟萃、联系广泛、智力密集的优势，加强调查研究，积极建言献策，使政治协商、民主监督、参政议政，不仅成为广泛听取群众意见和建议的过程，而且成为推动全区重要问题切实得到解决的过程，充分展现区政协工作的不竭活力和蓬勃生机。

三、必须坚持推动履行职能的“三化”建设，才能发挥政协工作的优势

政协工作的规范化、制度化、程序化，不仅是政协履行职能、提高工作水平的重要保证，也是发扬社会主义民主，促进决策民主化、科学化的必然要求。区政协自觉适应新形势、新任务的要求，结合工作实际，制定和完善了《常务委员会会议工作规则》、《关于政协委员参加政协会议、活动的请假规定(试行)》等规章制度。政治协商中坚持全委会议整体协商、常委会议专题协商、主席会议重点协商、专委会对口协商制度；吸收民主党派成员、委员和专业人士列席区政协常委会议、主席会议制度；民主监督中实施例会监督、视察监督、提案监督、对口监督、民主评议监督制度；参政议政中积极拓宽渠道，在全市率先建立了政协委员了解社情民意联系点制度。这些规章制度的建立与实施，体现了时代性，把握了规律性，富于创造性，开创了区政协工作的新局面。

在肯定成绩的同时，还应清醒地看到工作中仍存在一些薄弱环节。比如：民主监督的方式方法还有待进一步改进；开展调研、视察活动有时不够深入，形式还要进一步创新；自身建设中还有一些需要加强和完善的地方等。这些问题必须在今后工作中切实加以解决。

2005年工作任务

2005年，是秦淮加快“两个率先”的关键之年。区政协工作的指导思想是：高举邓小平理论和“三个代表”重要思想伟大旗帜，全面贯彻中共十六届四中全会精神，紧紧围绕中共秦淮区第九次代表大会提出的总体要求，依靠全体政协委员，充分调动各民主党派、工商联、人民团体和各界人士的积极性，把促进发展作为第一要务，突出团结和民主两大主题，切实履行政治协商、民主监督、参政议政三项职能，为我区“三个文明”建设作出新的贡献。

一、进一步增强责任感和使命感，充分发挥人民政协在推进民主政治建设中的重要作用

中共十六届四中全会是在我国改革发展处在关键时期召开的一次重要会议，会议提出了建设社会主义政治文明的战略任务，为人民政协事业注入了强大动力。胡锦涛同志在庆祝人民政协成立55周年大会上的重要讲话，对人民

政协的历史贡献作出了新概括，对人民政协的基本经验进行了新总结，对新时期人民政协的历史使命作出了新论述，对人民政协的三项职能作出了新阐明，对人民政协的自身建设提出了新希望，充分体现了新一届中共中央领导集体对人民政协的高度重视，是指导新时期人民政协工作的新纲领。

新的理论、新的纲领，为新时期人民政协事业的发展提供了强大的精神动力和思想保证。因此，全体政协委员、各专委会和政协机关要把加强学习继续作为今年的一项重要任务。要以“三个代表”重要思想为指导，深入学习，全面领会，切实把握，统一思想，明确任务，振奋精神，进一步增强做好政协工作的责任感和使命感。要把学习贯彻胡锦涛同志的重要讲话同贯彻中共十六届四中全会精神结合起来，把学习与推进区政协工作结合起来。按照区委对政协工作提出的新要求，协助区委做好健全民主制度、丰富民主形式、完善民主决策、强化民主监督等工作，使人民群众享有更加广泛的民主权利，更加有序地参与政治生活，加速推动我区民主政治建设步伐。

二、紧紧围绕发展第一要务，认真履行政协职能

发展是中国共产党执政兴国的第一要务，也是人民政协履行职能的第一要务。要遵循围绕中心、服务大局的重要原则，把促进发展贯穿到履行职能的各个环节之中。

紧扣第一要务，深入调查研究。开展调查研究是政协履行各项职能的前提和基础。要围绕全区经济和社会发展中的一些具有宏观性、战略性的重大问题搞好调查研究。今年，我们将把“科教为先、文化为源、商贸为重、环境为基”、“十一五”规划的制定、区域经济发展载体建设、为“十运会”召开营造良好社会氛围等作为重点调研课题，通过深入调研，提出具有前瞻性、针对性和可操作性的意见建议，为区委、区政府的科学决策服务。

体现第一要务，合力营造发展环境。一要积极凝聚人心，共谋发展环境。最广泛、最充分地调动一切积极因素是政协义不容辞的责任。要把集聚人和之力作为工作基调，充分发挥政协的优势，努力在共同目标下把上上下下的智慧集中起来，把方方面面的力量凝聚起来，把各界人士的积极性、创造性充分调动起来，形成全区上下共图发展大业的生动局面。二要加强民主协商，和谐发展环境。就事关全区发展大局的热点、重点问题进行广泛协商，交换意见，沟通情况，协调关系，增进理解与共识，积极为区委、区政府建言献策，共同营造优良的发展环境。三要强化民主监督，优化发展环境。把监督的重点、方向都摆到为科学发展服务上来，围绕发展抓监督，抓好监督促发展。今年，我们将认真汲取过去民主评议的经验，积极稳妥地开展对重点部门办理提案情况进行民主评议工作，促进提案办理质量的提高。

突出第一要务，动员委员建功立业。找准履行职能与促进发展的切入点，引导委员一心一意谋发展，鼓励经济界委员力争在更大范围、更宽领域、更高层次上参与国内国际市场竞争，把企业做大做强；把委员的注意力和创造力凝聚到促进秦淮更快更好地发展上来，为我区的经济建设和社会发展想实招、鼓实劲、办实事。

三、牢牢把握团结和民主两大主题，为构建和谐社会多做贡献

团结和民主是构建社会主义和谐社会的前提。我们要认真研究当前发展过程中出现的新情况、新问题，适应社会的深刻变化，把和谐社会建设摆在重要位置。

一要增进团结。充分发挥委员、界别的上下沟通、联系各界的作用，多形式、多渠道、多领域地开展工作，引导党派团体、各界人士正确认识和处理个人利益和集体利益、局部利益和整体利益、当前利益和长远利益的关系，在共同的政治基础上，进一步巩固和发展生动活泼、安定团结的政治局面，共同致力于社会主义和谐社会的建设。

二要发扬民主。既要注意反映多数人的共同愿望，也要反映少数人的合理要求，使各界人士的利益诉求得到充分表达，使区政协的工作能够更加体察民情、尊重民意、广集民智。要针对社会阶层的结构变化以及利益主体多元化的现状，着眼于改革发展中多种利益的合理调整，发挥政协包容性作用，引导新兴社会阶层运用理性合法的形式，维护自己的权益。

三要关心群众。进一步树立"为民、富民"观念，更加自觉地关注群众的生产、生活和工作中的"小事"、"琐事"，坚持情为民所系，利为民所谋，围绕群众最现实、最关心、最直接的增加收入、弱势群体、医疗、教育等问题及时提出意见和建议，积极协助区委、区政府为群众诚心诚意办实事，尽心尽力解难事，全心全意做好事。

四、不断推进政协工作制度化、规范化、程序化，努力加强自身建设

认真研究新形势新情况下政协工作的特点和规律，努力探索加强和改进政协工作的新举措、新形式和新途径。一要积极推进政协履行职能的制度化、规范化、程序化建设。按照新修订的《政协章程》和全市、全区政协工作会议精神，进一步制定完善各项规章制度，使政协的会议、视察、调研、提案、委员活动等各方面工作有章可循，努力使区政协的各项制度更加健全、程序更加明确、工作更加规范。二要广泛发挥委员的主体作用。倡导全体委员在发展自己的事业，做好本职工作的同时，积极参与政协活动，搞好调查研究，认真撰写提案，反映社情民意。在互联网上开办区政协网页，设置电子信箱，为委员知情议政开辟新的渠道、搭建新的平台。三要强化专委会的基础作用。各专委会要结合委组特点和优势，选好活动主题，提高活动质量，增强活动实效。四要切实加强政协机关自身建设，着力提高思想素质、组织能力、业务水平，努力造就一支政治坚定、作风优良、学识丰富、业务熟练的政协干部队伍，进一步提升为政协履行职能服务的能力和水平。

各位委员，人民政协事业任重道远，大有可为。让我们在中共秦淮区委的领导下，高举邓小平理论和"三个代表"重要思想伟大旗帜，求真务实，开拓创新，不断提高政治协商、民主监督、参政议政的水平，为促进富民强区、"两个率先"目标的早日实现而努力奋斗！

秦淮区 2004 年国民经济和社会发展奋斗目标

一、经济发展

1. 地区生产总值同比增长 15%，力争增长 17%，其中第二产业增加值增长 14% 以上，第三产业增加值增长 16% 以上；财政收入增长 16%，力争增长 20%，其中地方财政收入增长 14% 以上；社会消费品零售总额增长 15%，力争增长 17%；固定资产投资 25 亿元。

2. 秦淮科技园完成三期道路建设，新建标准厂房 5 万平方米，引进规模企业 20 家；加大对产值超 500 万元规模企业的扶持力度，积极培育服装、电子、机械加工等产业集群发展。新增产值超 1000 万元企业 10 家、超 3000 万元企业 5 家、超 5000 万元企业 3 家、超亿元企业 1 家。

3. 充分发挥夫子庙地区商贸、饮食文化优势，调整优化经营业态，培育 2～3 家大型餐饮企业，引进 10 家强势品牌企业；开发 2～3 项夫子庙特色旅游产品。

4. 调整置换 5 处以上大明路沿街地块，新增营业面积 5 万平方米，建成大明路汽车展销中心，新建 8 家 4S 专卖店并实现开业；引进部分餐饮、娱乐、休闲服务等综合配套服务企业，建设大明路机动车检测线。全年实现税收 3500 万元。

5. 加快推进中华广场、中商大乐超市建设，全线开发纬七路，重点培育纬七路西部市场群，建成3万平方米东方家园建材超市一期工程并实现开业。新增年经营额超亿元市场1家，新建集贸市场1家，创建绿色农贸市场2家。

6. 配合晨光集团、宏光空降装备厂等驻区企业调整转型，协助做好晨光高新科技园规划建设和招商引资；积极促进中山南路商贸商务区高科技通信产业集聚发展；培育10座楼宇经济发展载体，其中鸿意地产大厦等3座实现开业；创业中心大楼新引进孵化企业30家，使用率达100%。

7. 继续开展省知识产权试点区工作，实现专利申请120项，完成新产品研发21项，其中重点项目8项，实现科技成果转化2项，完成民营科技企业技工贸收入7亿元，争创全国科普示范城区。

8. 培育3~5个省、市名牌产品，5家企业通过ISO 9000族标准质量体系认证，新办企业标准生产覆盖率98%以上，工业产品质量监督检查合格率85%以上。

二、改革开放

9. 加快服务型政府建设，按省、市部署开展政府机构改革；完善行政执法责任制，规范行政执法行为；开设网上政务大厅，基本建成涵盖全区机关部门的局域网。

10. 改革现行统计方法，全面推行在地统计管理，形成以块为主的区域经济发展格局，充分发挥新组建的区城调队作用，建立全区小康指标统计体系。

11. 全面推进区属房地产开发企业改制工作，完成街道劳务公司改制任务，做好区属工商企业改制收尾工作；加快区属房产、旅游等系统经营性事业单位改制转企步伐；推进建设系统综合管养改革。

12. 合同利用外资8000万美元，实际利用外资4000万美元，三资企业出口创汇3200万美元，劳务输出营业额80万美元，引进重点外资企业15家，其中投资额1000万美元以上企业1家。

13. 新发展私营企业1000家，个体工商户2400户，新增注册资本8亿元。

三、城建城管

14. 加快秦淮风光带建设，继续推进夫子庙景区扩容升级，结合钞库街地块改造，建设综合性文化旅游设施，完成东水关至文正桥危旧房拆迁和沿河整治，实施瞻园路北侧景观改造亮化工程，完成来燕路东侧、四福巷建筑立面出新，翻新文源桥、来燕桥，改造美食街东西入口地面；全面建设中华门景区，实施金陵大报恩寺琉璃塔暨遗址公园复建工程，建成东干滨河公园；规划建设胡家花园。

15. 拓宽改造鸣羊街、宏光路、东风路、弘学路、育仁路；出新江宁路，配合做好纬七路三期东进工程。

16. 开工建设梅家廊至凤台桥全长8.3公里的外秦淮河景观带，实施七桥瓮生态公园建设工程，扩建秦虹泵站，改造秦虹铁道涵洞，完成疏通五一沟防涝工程；建成绕城公路内侧77.5亩绿化带；新建压缩式垃圾中转站1座，复建公厕2座；新增人防工程面积1万平方米。

17. 整体实施门东地区危旧房改造；完成中山南路G3、G4、船板巷、龙蟠南路、路字铺等地块危旧房改造；新开工中牌楼、石婆婆庙地块等住宅区共50万平方米，竣工龙翔鸣翠苑三期、洪家园风光里三期等住宅区共50万平方米。

18. 保持国家卫生城创建成果，巩固龙蟠南路等10条市容管理示范路，争创秦虹路等10条达标路、江宁路等10条规范路；重点做好夫子庙、中华门城堡2个窗口地区占道摊点整治，完成中华门城堡内部及周边环境改造，规范中华路等主次干道店招店牌设置和管理；进一步提高区域亮化美化水平，完成10幢楼宇灯光亮化工作；实施大明路景观改造及沿路过街亮化灯桥建设工程,建设窨子山文化广场。

19.争创1个省级、1个市级绿色人居环境社区,完成1个省级绿色宾馆、3所绿色学校创建任务;年内实现工业企业污染源排放全面达标;区域内烟气、烟尘、噪声等指标达相应标准,完成10项水气声污染源治理。

四、社会事业

20.推荐就业15000人次,其中新增就业岗位5000人次,成功推荐就业8500人次,帮扶特困就业1500人次,创充分就业社区20个;开展转业转岗培训3000人次;新增参加养老保险5000人,失业保险征缴率达96%以上;切实做好最低生活保障工作,进一步落实应保尽保。

21.全力办好以18届金陵灯会为重点的品牌节庆活动,创新文化庙会、秦淮之夏、金秋美食节等系列群众文化活动,举办首届秦淮文化艺术节、"梦里秦淮"征歌作品演唱会;完成沈万三故居布展,建成秦大士故居陈列馆、文化旅游图书馆;编撰《民间艺术集锦》、《秦淮古建筑》等图书;争创省级文化示范区。

22.扩建东关头小学、夹岗门小学,建成红光中学、文枢中学初中部(二期)、社区大学、旅游营养职业教育中心等教学综合楼。

23.大力实施名学校、名校长、名教师"三名"工程,高考本科达线率和录取人数有新的突破,争创国家四星级高中1所,国家级重点职业高中1所,省实验小学1所,市示范学校2所,省教育技术现代化实验学校2所。

24.加强公共卫生体系建设,建设区疾病预防控制中心;健全社区卫生服务网络,积极争创全国社区卫生服务示范城区,创市级示范站2个;完善公共卫生突发事件应急预案,做好非典长效管理,法定报告传染病总发病率控制在国标范围内,计划免疫四苗覆盖率98%以上。

25.计划生育率99%以上,人口出生率低于7‰,流动人口管理服务率80%以上,社委会、村委会计划生育合格率95%以上。

26.组团参加市十八届运动会,力争实现团体总分位次前移;以区体育中心为载体,大力开展全民健身活动,新增1~2个省级全民健身点。

27.继续开展创建达标社区居委会活动,建成夫子庙街道、秦虹街道两个"一站式"服务中心,做好按比例安排残疾人就业工作,争创全国老龄工作先进区、省级"双拥模范区"。

28.全面落实社会治安综合治理责任制,开展"创建最安全城区"活动,创市首批最安全街道1~2个,力争首批跨入全市最安全城区。继续实施"四五"普法教育,推进法律进社区工作,矛盾纠纷调解成功率98%以上。

29.企业职工生产安全事故死亡率0.055‰以内,重伤率0.17‰以内。

30.物价调控和治乱减负目标综合达标。

秦淮区2004年精神文明建设奋斗目标

2004年全区精神文明建设的指导思想是:以邓小平理论和"三个代表"重要思想为指导,全面贯彻党的十六大和十六届三中全会精神,按照"三贴近"的要求,紧紧围绕加快"富民强区"、推进"两个率先"目标,以"迎接十运盛会,创建文明南京"为契机,大力加强精神文明建设,为秦淮改革开放和现代化建设提供强有力的精神动力、思想保证和智力支持。

一、深入学习贯彻党的十六大和十六届三中全会精神,坚持用科学理论武装广大干部群众

1.加强理论学习。组织全区党员干部认真学习"三个代表"重要思想,学习党的十六大和十六届三中全会精神。全年中心组集中学习不少于22次。不断丰富区委中心组学习的内容

和形式，适当组织外出参观调研。加强对基层党工委（党组）中心组学习的指导。认真抓好领导干部自学理论工作，定期举办理论学习报告会。

2. 结合区情深入调研。紧密结合我区经济发展、城市建设、精神文明建设和党建工作，定期开展理论调研活动，举办“秦淮区‘三个文明’协调发展”理论研讨会。

3. 积极做好理论宣传工作。采取板报、宣传栏、橱窗、网络等多种形式宣传党的十六大和十六届三中全会精神。编发通俗理论读物，使理论宣传进企业、进学校、进社区、进家庭。加强区委党校和各党工委基层党校建设。

二、深入做好宣传文化工作，坚持用正确的舆论引导和影响人

4. 积极做好社会宣传工作。精心组织“同唱祖国好，建设新秦淮”系列活动，举办演唱会、图片展、知识竞赛和座谈会等，营造30万秦淮人民欢庆建国55周年的浓厚氛围。大力开展“当好十运东道主、建设文明南京城”系列活动。

5. 大力加强新闻宣传工作。围绕区委、区政府中心工作，积极宣传我区在富民强区、加快发展、推进“两个率先”进程中取得的新成就；与南京日报、南京电视台等新闻媒体联手，建成新闻媒体、各职能部门、街道及社区及时沟通、相互支持的互动新闻网络。

6. 认真抓好典型宣传。在全区干部职工中广泛开展向郑培民、李元龙等先进人物学习的活动，积极挖掘和培养身边典型，用身边的事教育身边的人。充分利用《今日秦淮》电视新闻栏目，不断扩大秦淮的影响力。

7. 抓好精品生产和群众文化活动。组织编辑出版《秦淮三百六十行》等图书画册；创新“四季歌”活动组织形式，举办“秦淮神韵”大型历史名篇音乐朗诵会、“梦里秦淮”歌曲演唱会、首届秦淮文化艺术节和秦淮文化月月红系列广场文艺活动；启动秦淮文化艺术中心建设工程，建成区文化旅游图书馆；制定《文物规划纲要》；争创省级文化示范区，举办全区第九届读书节。发挥区文联作用，大力弘扬秦淮文化。

三、深入开展群众性精神文明创建活动，坚持抓住“十运会”契机塑造秦淮人的良好形象

8. 大力开展以诚信为重点的公民道德建设。进一步加大公民道德宣传教育力度，在全区各商业街开展“质量信得过”活动，在大明路开展创建“示范诚信街”活动，在夫子庙景区开展“文明服务承诺”活动。在全区不同层面开展职业道德、社会公德、家庭美德教育；继续开展“改陋习、树新风”活动。大力弘扬和实践新时期市民精神，举办“公民道德建设宣传月”等大型宣传服务活动，评选“百名优秀秦淮人”。

9. 大力加强以文明城市为龙头的文明城区、文明社区和文明行业的创建工作。按照市里要求，积极开展争创市级文明城区活动。认真组织科教、文体、法律、卫生“四进社区”活动。进一步拓展创建文明社区、文明楼幢、文明家庭等活动，争创15～17个市级文明单位。加强车站、夫子庙风景区等重点“窗口”部位的创建工作。深化“结对共建”工作，把建设“平安秦淮”、学习型社区作为重点，上半年召开支部“结对共建”经验交流会。在窗口行业和执法部门中开展“争一流、创品牌”的文明行业创建工作，积极开展“争做文明驾驶员、文明导游员、文明营业员”等活动，在公安、卫生、教育、税务等部门开展行风评议活动。

10. 认真做好卫生、计生、环保等项工作。不断完善卫生三级服务网络，加强现有“中心”和卫生服务站的内涵建设，争创1～2个市级示范站。继续开展“婚育新风进万家”活动。加强环保宣传，普及环保知识，创建绿色人居环境社区和“绿色学校”。

11. 切实加强全民国防教育、人防教育、“双拥共建”和“双带双扶”工作。积极开展国防知识学习教育活动，认真做好民兵预备役工作。继续做好争创省“双拥模范区”活动，深化

科技拥军、"爱心献功臣"和"一助一"等活动。

12. 继续开展文明班组、巾帼文明和青年文明号创建活动。在全区职工中开展争创文明班组、争当文明职工活动,开展争创"巾帼文明示范岗"、争当"巾帼岗位明星"活动。深化"五好文明家庭"、"文明楼幢"创建工作,突出抓好"女性素质工程"。进一步实施"巾帼助困工程"和"春蕾计划"。积极开展创建青年文明号、青年文明社区、秦淮发展青春行动、希望工程等活动。

13. 积极开展创建"全国科普示范城区"和全民体育健身活动。加强市民科技知识教育,完善"秦淮区科技工作之家",创办科普学校,建立科普示范基地,在全区各新建小区规划建设一座15~20平方米的科普画廊。认真贯彻落实《全民健身计划纲要》,举办全民健身启动仪式,组织参加元旦长跑及大型健身操比赛。

四、深入开展思想政治工作,坚持培育"四有"新人

14. 突出抓好理想信念教育。坚持开展马克思主义学习教育活动,引导人们进一步坚定社会主义理想信念,牢固树立科学的世界观、人生观、价值观。针对人民群众普遍关心的热点、难点问题,及时解惑释疑。召开全区思想政治工作经验交流会。继续加强市民学校、职工政校和爱国主义教育基地建设。

15. 注重把解决思想问题与解决实际问题结合起来。加强对失业人员、下岗职工、贫困人口等弱势群体的关心和爱护,尽量为他们解决一些实际困难。利用市民学校、职工学校、家政学校加强技术培训,帮助他们二次就业。继续实施"结对帮扶"工程。

16. 进一步加强党风廉政建设的宣传教育。在全区开展"廉洁从政,优化环境"主题教育活动,深入推进党风廉政宣传教育进社区、进家庭、进学校。

五、深入推进建设学习型城区工作,坚持在学习、创业、创新中促进人的全面发展

17. 继续抓好建设学习型组织的典型培育工作。抓好学习型机关和学习型企业建设。在机关,开展争当"学习型干部"和"结对共建学习型党支部"活动。在企业,开展创建学习型工会、评比"岗位创新能手"等活动,大力推行厂务公开。举办第三届学习节,组织评选"十佳学习标兵"。

六、深入做好维护社会稳定工作,坚持依法治区,不断增强人们的法制意识

18. 加大法制宣传力度。在政法系统开展争先创优活动,充分发挥政府法律顾问团的职能作用;在政府机关推行普及性的法律知识考试制度;积极推进中小学设置法制副校长工作,不断加强青少年法制教育;认真组织开展"四五"普法教育。

19. 切实加强社会治安综合治理。全面开展"建设平安秦淮、创建最安全城区"活动;不断加大"黄、赌、毒、娼"查禁力度,继续开展"无毒社区"、"平安社区"、"无刑事案件社区"创建活动;深入开展"严打"整治斗争,做好流动人口规范管理和刑释解教人员的帮教工作。切实加强信访工作,严格控制集体上访和越级上访。

20. 继续深入开展同"法轮功"等邪教组织的斗争。大力开展宣传科学、揭批"法轮功"等邪教的宣传教育活动;加大群防群治工作力度,遏制"法轮功"等邪教非法宣传品案件的发生;继续加大对"法轮功"重点人员的教育转化力度,实现"三个确保"和"一个零指标"。

秦淮风光带 大明路汽车街 专辑

建设秦淮风光带

·文件摘录·

加快夫子庙·秦淮风光带建设

加快夫子庙·秦淮风光带建设，是凸显南京历史文化名区特色的现实需要，是提高秦淮影响力和竞争力的重要举措。

继续实施夫子庙扩容升级　进一步细化夫子庙景区的文化功能、旅游功能、商贸功能、环境功能和服务功能，严格按照规划实施夫子庙扩容升级。完善景区硬件设施，建成桃叶渡遗址公园和秦大士故居陈列馆，增添新的人文景观。完成夫子庙北牌坊两侧及瞻园路北侧景观改造，出新来燕路东侧建筑立面，做优夫子庙外围环境。实施东水关至文正桥、武定桥至镇淮桥西侧沿河景观改造，逐步开通五华里内秦淮河水上游览线。继续做好景区美化亮化绿化工作，对金陵路小商品市场等路段进行综合治理，提升重要景点和沿河地段的景观水平。加大经营业态调整力度，强化精品购物、娱乐休闲、餐饮服务、小商品批销等经营特色。加强景区综合管理，开展“诚信经营景区”创建活动，不断提升管理水平和服务层次。

规划建设中华门景区　抓住纬七路通车、外秦淮河整治等机遇，全面启动以中华门城堡为中心、以外秦淮河和明城墙为依托的中华门景区建设。抓好金陵大报恩寺开发建设有限公司运作，全面实施金陵大报恩寺琉璃塔暨遗址公园复建工程，建设遗址公园，并力争开工建设琉璃塔。进一步整合中华门一带旅游资源，修缮中华门城堡，建成开放沈万三故居、太白滨河公园，努力将中华门地区打造成继夫子庙之后我区又一个标志性景区，并最终实现夫子庙、中华门、雨花台三大景区的连接。

进一步彰显老城文化魅力　妥善处理好老城改造与文化保护的关系，重视保护好历史文脉和文化遗存，进一步彰显秦淮老城特色。要保护性开发门东、门西片区，规划建设蒋百万故居、胡家花园等一批旅游文化景点，实现景点的连接和风光带的西延，让历史文化资源以多种方式透出来、靓起来，努力把门东、门西打造成南京特色鲜明的历史文化街区。

促进旅游经济效益的全面提升　精心组织各项传统旅游文化活动，努力办出规模，办出效益。加强旅游项目开发，打造夫子庙·秦淮风光带“一日游”品牌。有效整合区域旅游资源，探索风光带景点统一宣传、整体运作模式，将更多的游客吸引到景点来。加快旅游业和商贸业的有机融合，研究开发具有夫子庙传统特色的小商品和工艺品，提升旅游消费水平。充分利用夫子庙·秦淮风光带的知名度和影响力，吸引更多的社会资金参与风光带的建设和旅游业的发展，为实现旅游倍增目标增添后劲。

（摘自中共秦淮区委八届十一次全体会议工作报告）

精心打造秦淮风光带

新的一年，以文为脉，以水为魂，以明城墙为纽带，继续推进老城环境整治，充分挖掘全区旅游文化资源,全力打造秦淮旅游强势品牌。

做精做透夫子庙景区　继续实施景区扩容拓展工程,翻修文源桥、来燕桥,增添景区绿化小品,整治店牌店招,建成仿古电子显示屏,实施东水关至文正桥沿河景观改造,建成平江府路北口广场,完成瞻园路北侧景观改造,出新四福巷、来燕路建筑立面,使夫子庙周边地区与核心景区整体风格相协调。充分发挥景区综合管理联合执法大队作用,组建景区绿化、亮化、建筑维修出新队伍,完善灯光亮化监控中心、游客咨询服务中心功能,提高规范管理和文明服务水平。加强资源整合,精心打造"夜泊秦淮"旅游品牌,进一步开发白鹭洲公园,实行免费开放。夫子庙景区税收同比增长25%以上。

全面建设中华门景区　修缮中华门城堡,将办公场所从城堡内搬出。建成金陵大报恩寺遗址公园,力争开工建设琉璃塔。高起点做好沈万三故居布展经营和管理工作,规划周处读书台等景点建设,启动白酒坊地块河厅河房建设,加快夫子庙与中华门两个景区的对接。此外,以鸣羊街道路拓宽改造为突破口,拉开建设开发以胡家花园为中心新景点群的序幕,综合规划重建凤凰台、杏花村等景点,加大周边古民居保护力度,建设历史文化保护街区。同时,认真规划,积极引导,构建沿景点、沿城墙、沿秦淮河旅游特色经济带。

全线打造外秦淮河景观带　按照把外秦淮河建设成"流动的河、美丽的河、繁华的河"的要求,积极寻求各方支持,加快推进外秦淮河景观带建设。投入3亿元资金,开工建设梅家廊至凤台桥,全长8.3公里的外秦淮河景观带,全面建成东干滨河公园,开工建设占地33万平方米、融遗址与景观于一体的七桥瓮生态公园,同步建设沿河绿地、休闲场所、游船码头等设施。开发利用武定门公园。

(摘自2004年1月5日秦淮区十五届人大二次会议政府工作报告)

关于金陵大报恩寺遗址公园项目立项批复

为发掘传统文化、弘扬中华文明,增加南京城市历史文化内涵,经研究同意在原址恢复建设金陵大报恩寺琉璃塔暨遗址公园。

一、建设规模:总建筑面积35000平方米,主要建设内容包括重建大报恩寺琉璃宝塔、建设遗址公园以及相应的配套服务设施。其中报恩寺6000平方米,琉璃塔4000平方米,地下停车场5000平方米,配套设施20000平方米。

二、总投资及资金来源:该项目总投资4.2亿元。其中拆迁费用3亿元,工程资金1.2亿元。所需建设资金由你公司自筹解决。

三、建设地点及占地规模:该项目建设地点位于中华门外大报恩寺原址,占地面积7.6公顷,具体四至边界由市规划总目标划定。

(摘自南京市发展计划委员会宁计投资字〔2004〕6号)

·规划措施·

【编制金陵大报恩寺遗址公园项目规划方案】 4月14日,经区政府与市规划局协调,委托东南大学建筑设计研究院编制金陵大报恩寺琉璃塔暨遗址公园项目总体规划方案,潘谷西教授任项目组组长。7月初,项目组完成两套概念性规划设计方案。7月20日,市规划委员会办公室召开专家咨询会,对规划方案进行论证和评审,会议认为该项目实施的关键是晨光宾馆的搬迁和遗址的考古挖掘。大多数专家看好第一套方案,但需在考古挖掘之后方可确定。

7月23~26日,市长蒋宏坤主持召开规划项目审批小组会议,原则同意金陵大报恩寺琉璃塔暨遗址公园概念规划方案的基本思路。金陵大报恩寺琉璃塔不在遗址位置复建,在做好晨光宾馆拆迁工作的基础上抓紧进行遗址考古挖掘,视考古结果对方案进行完善。

金陵大报恩寺琉璃塔模型

9月5日，市规划局在城建展览馆举行为期15天的方案公示。11月22日至12月31日，方案模型参加由南京市规划局主办的“历史文化名城——2004南京城市特色地区规划设计展”。

【完成金陵大报恩寺遗址公园项目经济策划】 3月15日，南京金陵大报恩寺开发建设有限公司与河海大学合作开展项目经济策划。至12月，先后完成1个总报告3个分报告。

报告综合运用宏观经济、区域经济、产业经济、财务管理和金融工程等多学科知识，借鉴国内外类似项目的成功经验，从项目外部条件、招商引资和市场运作等方面进行深入分析研究。认为项目的启动实施和成功运作，取决于政府扶持政策落实到位。

【复建金陵大报恩寺遗址公园项目拟分3期实施拆迁】 1月5日，复建项目批准立项后，金陵大报恩寺开发建设有限公司先后办理《建设用地规划许可证》、《建设用地批准书》以及拆迁冻结手续。5月，经市拆迁办批准，项目拟分3期实施拆迁：一期为居民区，二期为雨花路商业大厦，三期为晨光宾馆及其他建筑。同月，在市拆迁办公室主持下，以抽签方式选定江苏华盛兴伟咨询有限公司和江苏世联房地产咨询评估有限公司两家评估机构。7月，两公司完成一期拆迁摸底调查和评估概算。（许可苹）

【夫子庙核心景区计划扩大5倍】 2004年，按照区政府制定的夫子庙景区扩容升级实施方案，随着平江府路景观改造、乌衣巷拓宽等工程竣工，夫子庙核心景区东面将从原来的平江府路延伸到东关头，西面从瞻园路连接中华路，南面从琵琶路扩到长乐路。景区面积从0.21平方公里增加到1.12平方公里，是原景区的5倍多。将白鹭洲、东关头融入夫子庙，完成东关头景观改造，整体规划建设白鹭洲公园，贯通夫子庙、白鹭洲、东水关3景区。打造全新瞻园路，建成瞻园路特色景观街。并逐步打通夫子庙至中华门水陆交通关节，将景点串成风景线。

【门西地区计划修复3座历史名园】 11月公示的《秦淮区门西地区保护与更新规划》提出修复3座历史名园方案。位于花露岗的愚园将以清代愚园总平面图为依据复原，按照中国古典园林的造景手法进行造景布景，达到园中有园，别有洞天的效果；凤凰台遗址公园的修复，着重恢复凤凰台三林：碑林、竹林和古林，再现唐代诗人李白在此饮酒作诗的意境；城墙遗址公园规划在中华门城堡西侧城墙旁设置城墙文化展示长廊，向世人述说南京城墙经历600年的风雨沧桑。同时，以明城墙遗迹为景色主题，在遗址遍植草坪、花木，通过绿化带连接东、西城墙，显现浓郁的城墙风采。

【门西地区规划新增5个登城点】 11月,根据公示的《秦淮区门西地区保护与更新规划》将在门西明城墙段新增5个登城点。这5个登城点分为两种模式,其中3处采用外镶式,即在城墙外部建登城台阶,其他两处则采用内置式,即利用原有城墙洞把人们从城墙肚中送上城墙顶部。5个登城点建成后,各自形成一个小景区,内设咖啡座、茶座、书吧和老年活动场所,成为市民休闲健身的好去处。

门西规划5个登城点一览表

表1

序号	地　点	模式	结　构
1	位于集庆门公园西侧20米	外镶式	登城步道由轻质钢材和木面板构成
2	位于规划之路和城墙路交叉口	外镶式	登城步道用仿古城砖搭建
3	位于凤游寺南端对面	内置式	原有城墙洞
4	位于鸣羊街南端	内置式	原有城墙洞
5	位于水斋庵和规划城墙路交叉处	外镶式	登城步道用仿古城砖搭建

【西水关至武定门段明城墙修复计划】 8月,市政府原则通过市建委关于南京明城墙未来保护与建设的设想,其中西水关至武定门段明城墙修复计划的具体内容包括:将被晨光机械厂宿舍楼所占的中华门西侧约300米城墙缺口按原状修复;恢复中华门城堡两侧城门,使被两侧道路隔断的城墙连通;在江宁路南端重建被拆除的雨花门;武定门公园南侧城墙转角约200米城墙缺口处被多幢7层居民楼占据,将恢复该段城墙,使两侧连通;在长乐路东段重建被拆除的武定门,使两侧城墙连通。

计划用3年时间,通过城墙修复,内外侧环境整治等措施,使全线贯通,基本形成整体景观。 (束德成)

【开展金陵大报恩寺遗址公园项目可行性研究】 12月7日,金陵大报恩寺开发建设有限公司委托南京工程咨询中心编制完成复建金陵大报恩寺琉璃塔暨遗址公园项目可行性研究报告。同日报市计委待批。报告从经济效益、社会效益、环境效益等方面进行研究评估,认为在市政府及社会各界的大力支持下,该项目的建设是十分必要的,也是可行的。 (许可苹)

金陵大报恩寺遗址公园复建规划论证会

·年度概况·

2004年,按照文化立区,旅游兴区,商贸富区,品牌强区的发展要点,夫子庙扩容升级取得进展,建成桃叶渡沿河文化碑廊、江南贡院科举人物雕塑,完成沈万三故居复建工程,金陵大报恩寺遗址公园复建项目立项。翻新文源桥,改造美食街(西段)及乌衣巷路面,夫子庙地区增加绿化品种,完成瞻园路亮化长廊及北牌坊、西牌坊等重点地段亮化工程。随着平江府路景观改造、乌衣巷拓宽等工程竣工和东关头景观工程实施,夫子庙核心景区面积从0.21平方公里增加到1.12平方公里。

扩容升级后,夫子庙地区管理办公室更名

为夫子庙·秦淮风光带管理办公室,加大景区执法力度,有效遏制流动摊点,基本消除盲流乞讨现象。拆除夫子庙地区一批违章广告牌,明清建筑风格得到有效保护。

向全国征集夫子庙楹联街楹联佳句,打造夫子庙楹联街新品牌。夫子庙7景点首次联办夫子庙春节灯会,举办文化庙会、金秋美食节和秦淮之夏群众文化活动。

扩大国内、国际客源市场。先后组织参加南京国际梅花节花车巡游活动、国内旅游交易会、中国北方旅游交易会、长三角旅游交易会、南方三市(广州、佛山、中山市)旅游促销活动。着手制作《魅力秦淮·夫子庙秦淮风光带旅游指南》书籍,在多家广播电台、旅游刊物中宣传夫子庙·秦淮风光带。11月23日,来自45个国家和地区的180位外国来宾以及300位中国旅游界高层管理者聚会状元楼宾馆,品尝秦淮风味小吃。

全年,夫子庙·秦淮风光带接待游客1785.6万人次,实现旅游收入27.14亿元,分别较上年增长20%和23%。(谢淮生)

·景区变化掠影·

夫子庙景区

【6景点入选南京新55景】 12月,经市政府批准,由市园林局和南京日报社联合主办的南京新55景评选结果揭晓,夫子庙景区的夫子庙、江南贡院、瞻园、白鹭洲公园、吴敬梓故居·桃叶渡和明城墙风光带入选。明城墙风光带是南京新55景中份量最重、内涵最丰富的景点,其中夫子庙景区的东水关遗址公园是明城墙风光带东南角的一颗璀璨明珠。在新55景中夫子庙被列为十佳之星。

在清代,由文人骚客评出的金陵四十八景中,桃渡临流、秦淮渔唱、来燕名堂、长桥选妓和青溪九曲5个景点也在夫子庙地区。

(束德成)

【大成殿举办大型微缩景观博览会】 11月30日,夫子庙展览馆与苏州市大世界彩灯工艺厂在大成殿两廊、两庑联合举办南京夫子庙"中国世界文化遗产"大型微缩景观博览会,展期5个月,展出38组全红木微缩雕刻壁灯作品。该作品曾获世界吉尼斯之最。(常希远)

【江南贡院科举人物青铜雕塑落成】 7月20日,6尊科举人物青铜雕塑在江南贡院明远楼前中轴线上安装完毕,正式与游人见面。雕塑落成为夫子庙地区增添一处人文景观,是展现秦淮人文画龙点睛之笔。新落成的科举人物雕像高达2.4米,分别为唐寅、吴承恩、郑板桥、吴敬梓、林则徐、张謇6位历史名人。该工程由区文化局组织实施,投资近50万元。经过专家对雕像的人选、神态、服饰及制作材料的多次讨论认定,由区建设局招标,爱涛艺术有限公司设计制作。(孟伶　谢淮生)

江南贡院科举人物青铜雕塑

【建成夫子庙楹联一条街】 5月,区政府决定在夫子庙大石坝街建设楹联一条街。6月上旬,以街面40家店铺和部分景点为创作题材,召开新闻发布会,公布夫子庙楹联街建设方案,在《中国楹联报》及新闻媒体、网站刊登楹联征集广告,广泛征集楹联。组织人员向全国各地楹联协会邮寄征联专刊2000份,邀请知名楹联名家和爱好者参赛。在征联大赛一个月内,共征得楹联1万条,楹联撰写者有江苏、天津、陕西、内蒙古等省市及美国、加拿大和海外华人华侨,其中年龄最大者逾九旬,最小仅8岁。个人投稿最多的为一位天津籍楹联撰写者,寄13封信,撰写楹联达500条。8月初,由楹联、诗词专家及学者等10人组成楹联征联大赛评委会,评出一、二、三等奖58个,优秀奖92个。8月中旬,邀请书法名家张杰、赵绪成、言恭达、朱寿友等书写获奖楹联40条。经过精心刻制,其中30条悬挂于美食街店面及有关景点。9月28日(中秋节)举办夫子庙楹联一条街揭联仪式。

夫子庙楹联街石刻

【完成瞻园路亮化长廊及北牌坊亮化工程】 7月6日起,开始实施瞻园路亮化长廊及北牌坊亮化工程,由夫子庙·秦淮风光带管理办公室投资50万元承建,上海丽光灯饰设计工程有限公司南京分公司设计施工。瞻园路亮化长廊采用红色柔光灯勾勒沿路墙壁顶端与壁沿,用白色灯光反射墙面。入夜后,红色柔光灯好似一条天际线将天地一分为二,墙面朦胧白光,使人恍如白昼。北牌坊亮化用陶瓷金卤灯装饰屋角四条小龙和屋顶瓦梁,金黄色泛光灯照射斗拱,白色灯光俯射匾额,四根立柱则稍加灯光以增强效果。入夜后,小龙形状清晰明亮,屋角飞檐星光闪烁,斗拱金碧辉煌。两处亮化工程于9月20日竣工。

【完成文源桥长虹卧波亮化景观改造】 9月16日起,实施文源桥长虹卧波亮化景观改造工程,由夫子庙·秦淮风光带管理办公室投资18万元建设,上海丽光灯饰设计工程有限公司南京分公司设计施工。桥栏和桥拱安装柔光管带,桥拱上端用光纤管勾勒顺梁而下,顶端用光纤组成无规则星空。桥身两侧绿化用绿光灯投射,两侧拱口用美耐灯盘入拱身,形成动态。夜色中银色光带横跨两岸,倒映水中,两侧桥拱光圈缓缓移动,水中倒影时隐时现,灯光彩带时动时静,水上水下相映成辉。9月28日,完成亮化景观改造。 (还建军 郁 蕾)

【白鹭洲公园九竹斋扩建竣工】 10月,由九竹科技实业有限公司投资380万元,在白鹭洲公园原景点藕香居地址扩建的九竹斋竣工,占地面积700平方米。建成的九竹斋举办林散之书画展,设亚明画廊、休闲茶社。九竹斋产权属白鹭洲公园,九竹科技实业有限公司使用15年,每年交给公园15万元,期满后经营权归白鹭洲公园。 (吴嘉同)

【桃叶渡文化碑廊建成】 12月,由秦淮网点开发公司建设的桃叶渡文化碑廊落成。该碑廊位

桃叶渡文化碑廊

【瞻园吉祥峰和如意峰新景点落成】 2004年，太平天国历史博物馆开发建设吉祥峰、如意峰新景点。新落成的吉祥峰、如意峰位于瞻园大门内两侧，两峰用太湖石近35吨。吉祥峰主体高3.75米，由两块造型如羊和象的山石组成，寓意吉祥；如意峰主体高3.28米因外型酷似古吉祥器物——如意而命名。两峰石玲珑剔透，姿态奇巧，既峻峭挺拔又婀娜多姿，既相互映衬又相映成辉，极具"瘦、皱、漏、透"的特点。寄托瞻园送游客千年吉祥，领略万事如意的美好祝愿。

【瞻园建成兰台新景点】 12月，瞻园新景点兰台正式落成。兰台景点紧挨瞻园陈列展厅出口处，占地面积40平方米，用太湖石25吨，主峰高2.8米，由错落有致的峰石，幽雅清香的兰草，蜿蜒曲折的小径组成。兰台景点意在游客观看陈列展览产生视角疲劳之时，欣赏园林之美，可观峭拔峰石，可闻幽香兰花，领略兰台深邃意境。　　（易家胜　鲁维敏）

瞻园一角

【白鹭洲公园新建江南韵府】 9月，由省财政拨款20万元，江南诗词协会集资25万元，在白鹭洲公园鹫峰寺后侧新建江南韵府，占地面积约250平方米。江南韵府建成后辟为匡亚明纪念馆，内竖匡亚明半身竖像，厅堂主要用于公益性事业，展览诗画。江南韵府所有权属白鹭洲公园。至12月，主体工程封顶，预计2005年5月竣工。

中华门·外秦淮河景观带

【中华门城堡举办龙凤呈祥灯彩展】 2004年春节，中华门城堡举办龙凤呈祥灯彩展，由龙凤呈祥、金猴闹春、吉庆有余和仿古聚宝塔等大型灯彩组成。投资10万元在北券门顶部建造一座长18米、宽6米、高10米的灯光绞闸楼，主骨架用钢管、木材搭建，表面为玻璃钢仿古材料。绞闸楼主体轮廓用软管灯勾勒，泛光灯照射，两侧各展出一条长达30米的舞龙和飞凤。在城堡的第一瓮城设有金猴闹春灯组，由100只栩栩如生的闹春金猴组成。第三瓮城内搭制仿古聚宝塔，宝塔周身布满装饰彩灯，经泛光灯照射，交相辉映。塔下布展金光四射的巨大金元宝，周围是吉庆有余灯组，有麒麟送子灯、年年有余灯、松鹤长寿灯、宾客满堂灯、聚宝莲子灯、佛手灯、走马灯、西瓜灯等几十种。在第四道券门内，由南京传统的荷花灯、宫灯等工艺灯贯串其间，并配有灯谜，凡猜中者有奖。为衬托灯展气氛，城堡四周悬挂近千盏明代马灯和大红灯笼，一直延伸到夫子庙瞻园路口，和夫子庙灯展连点成片，遥相辉映。中华门城堡灯彩展历时一个多月，于2月底结束。（吴嘉同）

【沈万三陈列馆馆舍落成】 12月，沈万三陈列馆(又称沈万三故居)馆舍建成。该馆位于中华门城堡东侧,南依明城墙,北临内秦淮河,占地面积8100平方米(其中含中华门城堡东广场2000平方米),建筑面积2000平方米。由区城镇开发有限公司负责,东南大学设计研究院负责建筑设计,北京东方利禾园林环境设计院负责景观设计,苏州香山古建公司承建,于2003年9月开工。前期拆迁180户2480万元,建设投入1420万元,总投资3900万元,整体建筑南北长108米,东西宽75米。自东向西分成3组:第一组为古民居五进式宅院,宽19米,进深94米,建筑面积1200平方米。前设照壁,依次为门厅、轿厅(茶厅)、正厅(楠木厅)、前楼和后楼。其中正厅仿马道街七号院内保留的楠木厅复建,该厅3间宽11.8米,厅深9.8米,檐高4.5米。第二组为读书楼、农厅及西花园回廊,面积800平方米。第三组为花园,占地面积2000平方米。 (孟 伶 赵艳民)

【建造南都繁绘图石刻浮雕】 10月,由市秦淮河建设开发有限公司承建的巨型青白大理石浮雕南都繁绘图动工建造,该浮雕坐落于长干桥东侧外秦淮河北岸,刻于防洪墙上。浮雕长廊长100米,高2.5米。明代永乐皇帝迁都北京后,南京被称为南都。南都繁绘图依据明代宫廷美术作品《南都繁绘景物图卷》所作,再现明代南都皇宫、丹陛仪仗、民俗风情、戏曲杂艺等都市风貌。

南都繁绘图雕刻长廊

【青梅竹马两小无猜新景点建成】 11月,由秦淮河建设开发有限公司建造的青梅竹马、两小无猜铜制雕塑,于东干长巷外秦淮河北岸落成。此雕塑源于唐代李白《长干行》诗:"郎骑竹子来、绕床弄青梅,同居长干里,两小无嫌疑"。有男、女孩童6组计13人像,在城墙河沿旁玩耍嬉戏,象征秦淮人天真无邪,活泼可爱,融洽相处。

青梅竹马两小无猜铜制雕塑

【武定门公园免费开放】 5月24日,武定门公园正式免费对外开放。该公园占地面积4.4万平方米,南北长约755米,东西宽15米~80米。西依明城墙,东临外秦淮河,北起长乐路,南至雨花桥,以休闲绿地为主,采用传统的柳树,松树作基调,广种樱花、枫香等灌木花卉植物。游人可由南、北两端台阶登上城墙,再由梯道下行公园,形成旅游环路。公园建有沿河复古亭廊、综合服务用房、运动休闲场地和灯光亮化设施。

【中华门城堡一日游客流量增长54%】 2004年，中华门城堡先后派人参加在烟台举行的全国北方旅游交易会和在杭州举行的全国旅游交易会，加强和外地旅游单位交流，签订旅游合同50份，吸引大批外地游客到城堡参观游览。在市内，先后向各旅行社和各大宾馆散发宣传册200份。多次组织在沪宁高速公交车上宣传介绍中华门城堡，坚持在雅高巴士公司游2、游4公交车上售中华门景点门票。至年底，中华门城堡接待一日游客流量同比增长54%。

【牧童遥指杏花村铜制雕塑建成】 11月，由市秦淮河建设开发有限公司建造的牧童遥指杏花村铜制雕塑，于西干长巷沿河落成。该雕塑按唐诗《清明》诗意所作，一牧童身骑牛背，右手遥指凤凰台杏花盛开之地，再现古代清明时节，行旅之人借酒消愁的动人景象。（吴嘉同）

牧童遥指杏花村铜制雕塑

繁荣大明路汽车街

·文件摘录·

做优做强大明路汽车街

进一步做优做强大明路汽车街，全面启动汽车街整体景观改造工程，完善大明路综合服务功能，加快推进华兴地块、汽车展销中心等项目建设，巩固和扩大汽车街产业聚集优势。力争通过3年的时间，把大明路建设成为华东地区影响较大、功能完善的汽车专业市场。

（摘自中共秦淮区委八届十一次全体会议工作报告）

打造全新大明路汽车街

全面实施大明路景观改造，建设窨子山汽车文化休闲广场，实施灯光亮化建设，塑造大明路新形象。加大沿街用地调整置换力度，加快推进汽车展销中心等重点项目建设，新建8家汽车专卖店，新增营业面积5万平方米。建成机动车检测线，进一步完善综合服务功能。全年实现税收3500万元。

（摘自2004年1月5日秦淮区十五届人大二次会议政府工作报告）

加快发展大明路汽车服务产业

调整置换5处以上大明路沿街地块，新增营业面积5万平方米，建成大明路汽车展销中心，新建8家4S专卖店并实现开业；引进部分餐饮、娱乐、休闲服务等综合配套服务企业，建设大明路机动车检测线，全年实现税收3500万元。

（摘自秦淮区2004年国民经济和社会发展奋斗目标）

关于扶持大明路汽车街加快发展的若干意见

为进一步培育发展大明路汽车街，鼓励从事经营汽车服务、汽车零配件销售的代理商投资兴业，做大做强大明路汽车街品牌，促进经济持续快速协调发展，提出以下意见：

1. 以大明路汽车街二次创业为契机，有效发挥销售、维修、服务、配件、信息等汽车服务环节之间的联动、聚合效应，在业已形成的汽车销售和维修行业基础上,以强化个性化售后服务为重点,大力引进规模型、总部型的区域性汽车零配件、连锁服务和汽车用品销售服务企业,进一步提升汽车街的综合竞争力。

2. 所有新引进的区域性汽车服务产业、汽车零配件销售企业,在项目申报、工商注册、税务登记、用水、用电、环保、建设等方面,由区有关部门和街道提供便捷的"一条龙"服务,无偿为企业代办各种审批手续,其开办登记费用全部减免(不含验资费)。

3. 对新办的汽车服务产业、汽车零配件销售企业,第一年度企业所得税全免,后两年按所得税留区财力的全额用于该企业经营管理人才的引进与培养。

4. 对新办的汽车服务产业、汽车零配件销售企业交纳的增值税、营业税,按不同年度纳税总额,其留区财力按以下比例用于该企业营销服务和广告宣传。年缴纳增值税、营业税 20 万元以上的,前两年按留区财力的 20%,第三年度按新增留区财力部分 20%。年缴纳增值税、营业税 50 万元以上的,前两年按留区财力的 50%,第三年度按新增留区财力部分 30%。年缴纳增值税、营业税 100 万元以上的,前两年 100 万元以内按留区财力 50%,超 100 万元以上部分,按留区财力 100%;第三年度按新增留区财力部分 50%。

5. 为鼓励中介机构和个人引荐客商投资,对提供可用信息且协助成功落户的,奖励信息费 1000 元;引进项目年纳税 50 万元以上的,年底再一次性增加奖励 4000 元;引进项目纳税 100 万元以上的,年底再一次性增加奖励 8000 元。

6. 大明路汽车街管理服务办公室及各街道对所有引进项目,提供高效率的跟踪服务。所有引进项目均推荐加入大明路汽车街服务行业商会,在大明路汽车街网站中免费进行宣传,扩大企业知名度;免费为企业提供信息支持服务,帮助客商及时掌握市场动态;在汽车街开展大型活动期间,提供宣传服务;及时办结客商投诉,全力保障投资客商合法权益;对外地来宁投资的企业,协助办理进宁户籍手续,帮助其子女就地解决入托、入学问题。

7. 以上优惠政策适用于 2005 年度起在秦淮区新办并就地注册(独立核算)、纳税的汽车服务业、汽车零配件销售企业。享受以上政策的企业,在秦淮区的经营期限必须满五年。在秦淮区注册经营并就地纳税的大明路以外的汽车服务、汽车零配件企业,可参照本政策执行。

8. 本政策所列之优惠,以每个纳税年度为单位,由企业向驻地的街道办事处提出申请,报经大明路汽车街管理办公室审核后,由街道负责兑现落实。

9. 本意见由大明路汽车街管理办公室负责解释。

(摘自 2005 年 2 月秦淮区政府关于印发《关于扶持大明路街"汽车服务产业汽车零配件企业"加快发展的若干意见》的通知)

·规划措施·

【提出大明路汽车服务产业向西延伸思路】 1月15日,区长徐耀新在第十五届二次政府工作报告中,提出以纬七路建成通车为契机,以汽车服务产业为重点,加快大明路汽车服务产业向西延伸的工作思路。5 月,建成通车的纬七路,以双桥门立交为中心,向东延伸至大明路汽车街北端,向南由晨光路(原土城头路)、宁溧路和大明路南端实现环形相接,为大明路汽车服务产业片区发展创造机遇。至年末,区政府相继安排有关汽车服务厂家落户该地区。

【制定扶持发展大明路汽车街实施意见】 2004 年末,区政府着手制定关于扶持大明路汽车街加快发展的若干意见,主要内容包括进一步提升汽车街的综合竞争能力、加大汽车行业招商引资的奖励措施、给予税收政策的优惠待遇、创造优良的投资环境、提供高效便捷的跟踪服务等方面。一共归纳为9条,计划于2005年上半年出台,并付诸实施。　(束德成)

【金融服务片区动工建设】 2004年下半年破土动工。该项目位于大明路汽车街南端,占地面积1万平方米,由华兴汽车销售公司投资建设,集金融、保险、汽车商务办公于一体,服务于大明路汽车街。2003年下半年开始动迁。

(火　毅)

【举办汽车服务产业招商会】 6月9日,在状元楼酒店举行当代汽车服务产业论坛暨大明路汽车街招商会,有300位政府官员、专家学者、汽车厂商及各地客商参会。市政府副秘书长汪振和、全国工商联汽摩配协会副主席王逢麟、东南大学集团经济和产业组织研究中心主任胡汉辉教授等作演讲。与会代表对汽车服务产业发展的现状、理论、模式、方向等问题进行研讨,提出许多新的、富有创见的建议和措施。当天区委书记杨福明点击正式开通大明路汽车街网站,同时在大明路汽车街进行招商。在夫子庙北牌坊广场举办小型家用汽车展,促进南京及周边地区汽车服务业的发展。

(徐　勤　汤　昊)

大明路汽车街招商活动

【计划调整置换大明路沿街地块】 2004年初,区政府在加快发展大明路汽车服务产业奋斗目标时,计划调整置换大明路沿街5处地块用于发展汽车服务产业。具体项目为:宁溧路香叶树清泉浴室地块,占地面积约2000平方米;大明路大校场路口鸿润铝型材料有限公司地块,占地面积约3000平方米;大明路来得利汽修厂地块,占地面积约2500平方米;大明路新亮汽修厂地块,占地面积约2000平方米,宁溧路夹岗门金陵啤酒厂地块,占地面积约15000平方米。至年末,香叶树清泉浴室地块、鸿润铝型材料有限公司地块和来得利汽修厂地块工程开始付诸实施,其他两地块尚在规划调整中。

【计划筹建大明路汽车配件市场】 2004年,为完善大明路汽车产业链结构,发展汽车服务市场体系,区政府决定筹建大明路汽车配件市场,以此推动大明路汽车街的二次腾飞。9月,大明路汽车街将该市场的建设计划提交市有关部门审批,待立项后开工建设。

【大明路汽车检测线建设】 9月,按照2004年区政府发展国民经济奋斗目标,大明路汽车检测线经市交管局批准动工兴建。该项目位于江苏金泰天创汽车有限公司旁边(麦德龙超市对面),建成后主要用于城南地区车辆的年审、检测,同时对各类机动车辆实行上牌服务。该项目计划于2005年5月建成开业,届时市车辆管理所大明路汽车街上证处迁入该址办公。(火　毅)

【筹建大明路窨子山文化休闲广场】 2004年立项上报市政府有关部门,计划把古文化遗址与现代汽车文明融为一体,既保护文物古迹,又凸现汽车文化。项目位于大明路窨子山古文化遗址处,占地面积2.3万平方米,是市级文物保护单位,属新石器古文化遗址。规划投资4500万元,同时建配套设施及管理用房1000平方米。该广场建成后,将定期举办新车信息发布、车友、车迷聚会等活动以蕴积大明路汽车街汽车文化内涵。同时,给市民提供一个休闲娱乐场所。(火 毅 吴嘉同)

【大明路汽车街上证处办理车牌证】 2003年9月1日,市交通管理局车辆管理所大明路汽车街上牌处建成开业,购车者在大明路汽车街购车后可直接办理车牌证,为城南汽车销售商及广大客户提供方便快捷的服务。2004年,为市内免检机动车上牌18668辆,日均上牌51辆。

【市车辆购置附加费征收管理办公室划归国税系统管理】 12月,根据国家编委、财政部、交通部、人事部、税务总局等委部局联合发文规定,将原隶属于交通系统的大明路车辆购置附加费征收管理办公室划归国税系统进行统一管理。大明路车辆购置附加费征收管理办公室位于大明路611号汽车街服务中心一楼。于2003年12月,由市交通局与秦淮区政府达成协议,成立该机构开征车辆购置税。2004年,征收汽车购置附加税2.52亿元,占全市该税种总税额的40%。(火 毅)

·年度概况·

大明路汽车街包括大明路和宁溧路北侧半边街。大明路北起中和桥,南至宁溧路全长3.4公里,宁溧路东起双龙街立交桥,西至卡子门段全长2.2公里,两条路呈T字型框架,是2001年5月由市政府正式批准的特色汽车商业街。

经过3年多的培育与建设,初步实现区委、区政府提出的"一年初见成效,两年基本建成,三年全面繁荣"的阶段性目标,成为南京市汽车贸易"三路一园"(大明路、宁溧路、纬九路、中弛汽车园)中发展最快、户数最多、服务功能最全、名气最大的汽车经营特色街。

2004年,大明路汽车街有汽车及相关企业220家,其中从事品牌汽车销售服务3S、4S专营店43家,出租车客运公司7家,江苏省最大的汽车快修市场1家,旧车交易市场1家,汽车检测、配件销售、燃油供应等相关企业67家,汽车制造及配套企业2家,国际汽车城1家,总生产经营面积近46万平方米。引进投资总额9.1亿元,拥有汽车品牌41个,系列82个(全年新增品牌16个),全年整车销售2.3万辆。年营业额达32.3亿,实现税收4500万元。

服务机构齐全 省工商联大明路汽车行业商会、大明路汽车街服务中心、市消费协会大明路汽车街管理办公室服务站、区工商分局12315投诉举报中心大明路汽车街投诉站,发挥桥梁纽带作用,开展大明路汽车产业论坛、夫子庙汽车展、花车巡游、明码标价、诚信一街条等活动,服务于沿街汽车商家和消费者。市车管所大明路汽车街上证处为免检机动车上牌18688辆,征收车船税304万元,为区财政增加一项新税源。

大明路汽车街服务中心

非公经济党、团组织等塑造

好形象　3月5日,汽车街党总支开展学雷锋、树新风活动。宏达客运出租公司党员示范岗爱心车队与红花敬老院开展“我为老人敬份心,踏青金陵一日游”活动,创造良好的社会效益。5月,团组织开展“大明杯”足球联赛等青年喜闻乐见的文体活动。增强向心力和凝聚力。11月,大明路非公经济计划生育协会成立,非公经济企业人民武装部、工会组织进入筹备组建阶段。

政府明确建设思路和投资政策　从单一的建设品牌汽车专卖店向培育综合性卖场转移,从品牌汽车的整车销售向优质零部件物流转移,从销售汽车产品向优化汽车服务转移,从扩大汽车街市场规模向提高汽车街整体竞争力转移。同时,制定各种投资政策,出台《扶持大明路汽车街加快发展的若干意见》。

（火　毅）

·市场企业撷英·

大明路国际汽车城　9月19日,大明路国际汽车城一期工程,由九龙开发公司承建,在原上海鼓风机厂址(宁溧路欧倍德超市对面)基础上,经过改造装修开业。新开业的国际汽车城建筑面积1.8万平方米,经营面积1万平方米,改变以往以4S品牌销售店为主的经营模式,成为大明路汽车街新的汽车大卖场。至12月底,销售汽车688辆,销售收入8230万元。二期工程也即将竣工,将新增经营面积1万平方米,计划于2005年1月对外营业。

旧机动车交易市场　位于大校场路西口,占地面积2.07万平方米,营业用房4150平方米,场内可停放各类机动车辆600辆。同时另设有江北分市场和东方城分市场。南京旧机动车交易中心有限公司暨市旧机动车车辆交易市场是经过市政府推荐、原国内贸易部批准于1986年成立的,是省内规模最大的、国家级的旧机动车交易场所。经营服务内容丰富,集新旧车辆展示、交易、代购、代销、评估定价、检测维修、租赁拍卖、信息咨询、通讯服务、代办过户上牌于一体,交易业务辐射全国各地。2004年度交易量达6000辆,交易额3.37亿元,实现税收近160万元。

瑞恒汽车快修市场　位于大明路汽车街中段,面积1.5万平方米。2002年开业,拥有三类汽车维修资质门点60家,维修工位近200个,是集汽车维修、保养、装潢等功能于一体的集中服务区域。2004年全年共实现收入2940万元。

新奇特汽车维修美容市场　位于大明路汽车街中段,面积6000平方米,2003年9月开业,是全国汽车服务连锁企业新奇特汽车服务有限公司在南京的第一家超市维修美容市场。2004年有维修工位60个,实现收入近2000万元。

大明路国际汽车城

江苏万帮汽车有限公司　位于大明路168号,是出售北京现代汽车的江苏地区授权4S店。江苏万帮汽车有限公司属省内一类汽车维修企业,为现代系列车型提供服务,包括保险、装潢、索赔及定期保养、维修、抢修等系列服务。2004 年实现销售收入近 3 亿元,入库税收 120 万元。该公司于 2003 年通过 ISO 9002 质量认证,有职工 200 名。

南京协众汽车有限公司　位于大明路 28 号,是一汽——大众销售公司的特许经销商店,建筑面积 3000 平方米,投资额 1500 万元,主要从事捷达、宝莱、高尔夫轿车的销售及服务。2004 年,销售业绩取得江苏地区第一名的好成绩,实现年销售收入近亿元。

南京福联汽车贸易服务有限公司　位于大明路南段,是中国长安福特汽车制造厂授权的全国首批经销商之一,销售福特蒙迪欧、福特嘉年华一个品牌两种系列轿车。2004 年初,将福特蒙迪欧汽车引入南京市场,为中高档轿车贸易服务注入新的活力,全年累计实现销售收入近 2 亿元,税收 70 万元。该公司是四位一体的全功能经销公司,提供各款新车销售、专业保养维修、正厂配件供应。所有硬件设施、软件配置、人员培训等完全依照福特品牌经销商全球统一的设施标准构造,并通过美国福特汽车公司论证。

一汽马自达南京金泰天创销售服务店　位于宁溧路下坞营(麦德龙超市对面),占地面积 2 万平方米,主体建筑分为 3 层:负一层为地下车库、停车场,一层为汽车展厅、客户接待室、维修中心、配件仓库,二层为办公区和培训中心,形成全方位服务。公司以销售一汽马自达品牌为主,2004 年取得一汽卓越者轿车代理权,实现销售收入 2.1 亿元,入库税收 256 万元。

宝铁龙起达汽车销售服务有限公司　位于大明路 280 号,是东风悦达起亚南京 4S 专营店,专营起亚——千里马汽车。2004 年,实行整车销售、配件供应、售后服务、信息反馈业务,取得起亚远舰、起亚嘉华商务车的南京销售代理权,实现销售收入 7000 万元。

南京宁德汽车服务有限公司　位于大明路 277 号,经营面积达 5000 平方米,建筑整体设计由德国原厂设计师设计,其中现代化销售展厅 1500 平方米,可同时停放 5 台 BMW 车。维修厂区拥有 BMW 全功能保养与维修系统,可同时给 8 台 BMW 提供维修与保养。专事代理经销国产宝马车,为全国 24 家国产宝马车一级代理商之一。2004 年 11 月,南京汽车用户购得第一万辆国产 BMW5 系轿车,公司为此举行隆重的交车仪式。全年,实现销售收入 3 亿元,税收 382 万元。该公司是江苏省设立的第一个全功能 BWM 旗舰服务中心,目标是打造现代化、专业化的 BMW 服务中心。

南京菲亚特雨田都灵专营 4S 店　位于大明路汽车街南端,经营面积 4000 平方米,经营菲亚特派力奥、西耶那品牌家用轿车。该公司维修服务中心设备先进,许多关键设备从意大利进口,如四轮定位仪、烤漆房、车身矫正器、电脑故障检测仪等。2004 年实现销售收入 9000 万元,入库税收 161.7 万元。

南京奥特佳冷机有限公司　位于大明路中段,是集专业研究发展、生产及销售新一代涡旋式汽车空调压缩机为一体的中外合资企业。注册资本 1.2 亿元,投资总额 2.2 亿元,年生产能力 60 万台。2004 年实现销售收入 6 亿元,入库税收 624 万元,成为大明路汽车街 2004 年纳税状元。公司总经理钱永贵获秦淮区“十佳优秀企业家”称号。　(火　毅)

大 事 记

1 月

1日　区创建最安全城区工作领导小组成立，与区综合治理办公室合署办公。

5日　市人大常委会主任胡序建、副市长蒋裕德一行走访慰问秦淮区困难职工。

6日　秦淮区被省委、省政府授予2003年度社会治安安全区称号，成为全省首批进入平安区县的城区之一。

12日　代市长蒋宏坤、市人大常委会主任胡序建一行到秦淮看望参加市第十三届人民代表大会第二次会议代表。

18～19日　由秦淮区政府主办、区文化局承办的“秦淮神韵”大型历史名篇音乐朗诵会在秦淮剧场举行。

19日　2004年中国南京夫子庙春节灯会举行亮灯仪式。

23日　全国人大常委会副委员长何鲁丽视察太平天国历史博物馆。

31日　区委、区政府召开全区机关作风建设暨表彰动员大会，大会表彰2003年度建设秦淮有功单位、有功个人和先进单位。65个部门(单位)与区委、区政府分别签订2004年经济和社会发展、精神文明建设和党建工作目标责任书，13个党工委与区委签订党风廉政建设目标责任书。

2 月

4日　团区委被共青团中央、全国绿化委员会、国家环保总局等部门联合授予2003年度全国保护母亲河行动先进集体称号。

△　中国体育彩票南京市秦淮区全民健身活动中心揭牌仪式在秦淮体育中心举行。国家体育总局副局长张发强、群体司司长郭敏、省体育局局长李一宁等领导参加揭牌仪式。

10日　省政协副主席陆军、市政协副主席张伯兴率省、市政协文史委员会部分委员视察夫子庙地区扩容升级工作和老字号企业布局情况。

17日　全区政法工作会议召开。

20日　秦淮区社会矛盾纠纷调处服务中心挂牌成立。

27日　全区经济工作会议召开。会议总结2003年全区经济运行情况，部署2004年经济工作任务。

3 月

2日　全省首家环境保护合议庭在区法院挂牌成立。

4日　全区贯彻实施《中华人民共和国行政许可法》工作会议召开。

9日　区政府召开全区开放型经济工作会议。会议总结2003年全区开放型经济工作，部署2004年全区招商引资的目标、任务。

16日　全区党建工作会议召开。

△　秦淮区年鉴编纂委员会成立。

21日　中国南京世界历史文化名城博览会组委会大型活动部和秦淮区委宣传部、区文化局在夫子庙广场，联合举办以展民间艺术精彩，迎文化名城盛会为主题的倒计时40天宣传活动。

25日　区委、区政府《关于创建文明城区的工作意见》出台。决定在全区开展争创全市首批文明城区活动。

4　月

4日　秦淮区与甘肃省嘉峪关市在南京国际会议大酒店签订《缔结友好市区协议书》，双方缔结为友好市区。

7日　秦淮区召开"清真八绝"研讨会，启动夫子庙"清真八绝"研制工作。

8日　全区改革工作会议召开。

9日　秦淮区创建文明城区动员大会召开，区长徐耀新代表区委、区政府与41家单位签订创建目标责任书。区委书记杨福明就争创文明城区，促进秦淮"三个文明"协调发展提出要求。

△　历时9天的秦淮区即开型体育彩票销售活动圆满结束，共销售体育彩票750余万元，创南京市近年来彩票销售的最高纪录。

15日　秦淮区获省婚姻登记工作先进单位称号。

18～19日　牡丹江市东安区赴南方友好区学习考察团到秦淮参观考察。

21日　全区人口与计划生育工作会议召开。

△　秦淮区通过全国科普示范城区省检查组检查验收。(2002年8月，中国科学技术协会批准秦淮区为第二批全国科普示范城区创建单位)

23日　中华人民共和国第十届运动会会徽揭幕仪式在中华门城堡举行，国家体育总局局长袁伟民、江苏省省长梁保华为十运会会徽揭幕。

28日　依法治区暨"四五"普法中期总结表彰会召开。会议表彰37个先进集体和45名先进个人。

29日　全区机关作风建设工作现场观摩会在区地税分局召开。

30日　清真老字号"蒋有记包饺店"复业庆典在夫子庙举行。全国政协常委、省政协副主席李剑虹参加庆典仪式。

是月　2004年全区企业离退休(职)人员增加养老金工作结束，此次增加养老金人数约6400人，月增加养老金32万元，人均月增加50元。

5　月

1日　2004"名城会"中国南京夫子庙文化庙会开幕。

△　双桥门立交桥主体工程竣工通车。

2日　参加首届中国·南京世界历史名城博览会的中外市长代表到瞻园参观游览。

10日　秦淮区在夫子庙广场举行南京市学习贯彻《中国共产党党内监督条例(试行)》、《中国共产党纪律处分条例》宣传日活动。

12日　秦淮区首次承接经济适用房高桥门项目委托建设签字仪式在区房地产局举行。

24日　武定门公园正式免费对外开放。

26日　市委书记罗志军一行到秦淮调研。实地考察秦淮体育中心、秦大士故居、沈万三故居、南京旅游国际购物中心。

27日　国家体育总局调研组一行15人到秦淮体育中心参观考察。

30日　中国少年先锋队南京市秦淮区第四次代表大会在第二十七中学开幕。

6　月

7日　秦淮区被团中央、民政部、建设部、国家工商行政管理总局联合命名为全国青年文明社区示范城(区)称号。

8日　国务院副总理吴仪视察夫子庙景区。

9日　南京市重大项目投资洽谈会秦淮区专场活动—当代汽车服务产业发展论坛暨大明路汽车街招商会在夫子庙状元楼酒店举行。

10日　副省长何权、省体育局局长李一宁视察秦淮体育中心,并到白鹭洲公园观看社区群众体育健身活动。

11日　中共中央政治局常委李长春在省委书记李源潮、市委书记罗志军、市长蒋宏坤、区委书记杨福明、区长徐耀新的陪同下视察夫子庙景区。

16日　区委、区政府《关于进一步加强和改进未成年人思想道德建设的实施意见》出台。

18日　区委召开八届十二次全体(扩大)会议,区委书记杨福明代表区委常委会做题为《以科学发展观为指导,推动秦淮经济社会更快更好发展》的工作报告。

24日　秦淮区第一部地方志《秦淮区志》出版发行。全国政协委员、南京大学教授伍贻业,省、市地方志办公室领导及区四套班子主要领导参加首发式。

△　秦淮区第18届"秦淮之夏"社区文化艺术节在中华门城堡拉开帷幕。

26日　区禁毒办、公安分局、文化局、教育局等部门联合在夫子庙广场举行"六二六"国际禁毒日宣传活动。呼吁市民远离毒品,参与禁毒。

30日　全区机关工作人员行政许可法全员培训工作结束,863人参加培训。

是月　秦淮区首次采取公推公选方式,选拔任用5名区管正职领导干部。

7　月

1日　市长蒋宏坤一行视察秦淮区铁路沿线整治和外秦淮河环境整治工作。

△　经市委决定,刘凡任秦淮区委宣传部部长。

△　夫子庙地区管理办公室自7月1日起更名为南京市夫子庙·秦淮风光带管理办公室,其管理区域和管理职能同时做相应调整。

6日　区政府发出《关于开展经济普查工作的通知》,明确秦淮区第一次经济普查对象范围和内容,经济普查的时间节点和进度,以及经济普查的职责分工和要求。

21日　状元文化街在夫子庙建成。

26日　国家民政部检查组检查秦淮婚姻登记执法工作。

27日　夫子庙—秦淮风光带创建全国文明风景旅游区示范点工作推进会召开。

是月　新民坊路和康居路命名,土城头路更名晨光路,均竖立新路牌。

8　月

1日　市重点工程项目——外秦淮河整治工程秦淮段拆迁工作全面展开。

6日　秦淮区人民政府、南京同创信息产业集团、南京豪阁房地产开发有限公司共同组建的南京青年创业园在区科技创业中心挂牌成立。

△ 社区民间艺术馆——东水艺苑在区内建成。

23日 团中央书记处书记王晓一行视察秦淮南京青年创业园工作。

24日 最高法院授予区法院全国法院思想宣传工作先进单位称号,这是该院连续4年获此殊荣。

25日 秦淮区2004年慈善爱心助学金发放仪式在区社区服务中心举行,向全区低保家庭的700名特别困难在校大学生和高中生发放助学金10万余元。

是月 江宁路出新改造竣工。此次出新改造北起长乐路,南至雨花桥,全长约700米。

9 月

4日 中共中央政治局委员、书记处书记、国务委员、公安部部长周永康视察全国模范派出所——夫子庙派出所,省委书记李源潮,省长梁保华,省委常委、政法委书记孙安华,省委常委、南京市委书记罗志军,市长蒋宏坤陪同视察。

5日 金陵大报恩寺琉璃塔暨遗址公园概念规划设计方案在城市规划展览厅公示。

8日 市长蒋宏坤率领市建委、房产局、城建集团等有关部门领导对秦淮城市建设拆迁工作进行调研。

10日 区政府召开第一次全国经济普查工作动员大会。

△ 区检察院被共青团中央、中央综治办、最高人民检察院联合授予优秀青少年维权岗。并于10月21日在北京人民大会堂第四届全国优秀青少年维权岗表彰大会上作经验介绍。

19日 南京大明路国际汽车城一期工程开业。

20日 2004中国南京金秋经贸洽谈会秦淮区投资环境说明会暨签字发照仪式在白鹭宾馆举行。

23日 纪念人民代表大会制度建立50周年暨全区人大工作会议召开。

△ 庆祝人民政协成立55周年暨秦淮区各界人士中秋茶话会在秦淮体育中心召开。

27日 世界步行日发起者国际健身与大众体育协会主席帕尔墨先生,在国家体育总局群体司司长郭敏和省、市体育局有关领导陪同下参观秦淮体育中心。

28日 2004中国 · 南京夫子庙金秋美食节开幕式暨夫子庙楹联街落成仪式在夫子庙广场举行。

29日 “九二九”世界步行日——秦淮区沿明城墙万人健身徒步行活动开幕式在中华门城堡举行。

△ 首部《秦淮年鉴》(2004年卷)出版发行。

10 月

10日 秦淮区被中国科学技术协会命名为全国科普示范城区称号。

12日 在希腊雅典举行的第十二届国际残疾人奥林匹克运动会上,残疾运动员朱明霞获女子75公斤级举重银牌。

14～15日 中国音乐家协会表演艺术委员会、江苏省音乐家协会和秦淮区人民政府联合举办的“梦里秦淮”全国歌手唱秦淮大赛决赛在南京电视台演播厅举行。

19日 无锡市人大考察团到秦淮考察街道人大工作。

30日 经市委研究并报省委同意,徐路任秦淮区委书记。

11 月

1日 省军区司令员陈一远、省政府副秘

书长徐国柱一行到秦淮区视察征兵工作。

2日 区基本农田保护检查工作领导小组成立。

△ 红花街道东风行政村撤销,分别划归曙光里社区和春天家园社区。

3日 区委召开全区负责干部大会。区委书记徐路做重要讲话。

4日 区委、区政府召开创建文明城区,迎接十运盛会再动员大会。

9日 市长蒋宏坤率领市建委、市容局、园林局、规划局、铁路分局等相关部门的主要负责人,到中华门地区视察铁路沿线的环境整治情况。

△ 秦淮区人武部第一书记武装工作交接仪式在南京警备区举行,徐路担任秦淮区人武部第一书记。

12日 内环东线南高架主体工程开工建设。

15日 秦淮区被中国科协、中央文明办联合表彰为2002~2004年全国科教进社区活动先进集体。

17日 秦淮区举行学习党的十六届四中全会精神专题报告会。

19日 副省长王湛、省卫生厅厅长郭兴华视察大明路社区卫生服务站工作。

24日 经市委决定:冯亚军任秦淮区委副书记。

30日 中国共产党南京市秦淮区第九次代表大会开幕,12月3日结束。

是月 《门西地区保护和更新规划》出台。

是月 秦淮城镇建设综合开发总公司实行改制。改制后新名为秦淮城镇建设综合开发有限公司。

12 月

1日 东水关沿河环境整治工程前期拆迁工作启动。

6日 考棚小学获全国重点射箭学校称号,国家体育总局射箭部部长周元参加揭牌仪式。

15日 首部《秦淮年鉴》获南京地区综合年鉴特等奖。

△ 雨花医院并入市第一医院,并更名为南京市第一医院南院。

20日 汉府街长途汽车站搬迁至中华门长途汽车站。

23日 南京门西地区保护与更新规划专家评审会召开。

24日 冯亚军任秦淮区人民政府代区长。

25日 区委召开九届二次全体(扩大)会议,区委书记徐路从六个方面报告区委常委会2004年工作,部署2005年工作任务及审议全区"三个文明"建设工作目标。

△ 南京市青少年羽毛球训练基地在秦淮体育中心挂牌。

△ 秦淮区第十五届人民代表大会代表补选工作完成,此次补选涉及全区5个街道、2个系统共13个选区的1.4万名选民。

△ 夫子庙景区的夫子庙、江南贡院、瞻园、白鹭洲公园、吴敬梓故居、桃叶渡和明城墙风光带入选南京新55景。

△ 沈万三陈列馆馆舍(又名沈万三故居)落成。

△ 中和桥扩建工程竣工。

区 情 概 貌

基 本 情 况

【自然地理】 秦淮区地处南京主城区东南部，因十里秦淮贯穿全境而得名，自古以来人文荟萃，商贾云集。区域面积22.36平方公里。东西分别至外秦淮河，南至宁溧公路，双麒路，北至建康路、升州路，与江宁区、雨花台区、建邺区、白下区相邻。区境地貌以平原为主，间有若干座小山岗，中华门内有赤石矶(一部分)、花露岗，城外有宝塔山，红花街道内有窨子山、夹岗，山岗高度10米~30米。区内自然河、人工河错落，有内秦淮河、青溪、玉带河、响水河、运粮河及小运河等。有瞻园、白鹭洲公园、武定门公园、中华门城堡等园林景点和东水关、东干滨河、水西门等近十处休闲广场，还有中外闻名的4A景区夫子庙·秦淮风光带。2004年，实施外秦淮河东西干长巷段清淤工程，基本建成外秦淮河景观带。

【历史沿革】 秦淮区是历史文化名城南京的发祥地，有着悠久的历史。春秋战国时期，范蠡于区域西南部的长干里筑越城，为金陵建城之始。当时秦淮区境属金陵邑，秦代改称秣陵，六朝改称建业、建康，六朝衙署在宫城门外朱雀航(今镇淮桥)至天津桥(今内桥)御街两边。朝廷大臣和文人学士多居住淮水两岸，东吴有顾、陆、魏、虞巨族，东晋王导、谢安两大世族居住乌衣巷。唐代重置江宁县后，上元、江宁两县同城而治，区境亦在其辖。清代中叶，以古运渎和东通青溪一线为界，南为江宁，北为上元，区境遂全入江宁县。民国时期经过几次调整，至1927年，南京实行区划，区境基本在三区、四区范围内。中华人民共和国成立后，在原区划基础上建立人民政权。1950年6月，市人民政府重新划区，称第三区，区域以旧四区为基础，增加旧三区之大部分及十一区一部分。1955年定名秦淮区，1966年8月，改称遵义区。1973年12月恢复秦淮区原名。

【区域交通】 区域内外有较完善的交通运输网。南北向有中山南路、中华路、龙蟠中路、龙蟠南路和大明路；东西向有升州路、建康路、长乐路、集庆路、纬七路等主干道；有南京南站(中华门火车站)和通往南郊及苏南地区的中华门长途汽车站，有20多条公交线路经过区境，居民出行、商贸运输方便快捷。南京绕城公路，禄口国际机场高速、沪宁、宁马、宁杭等多条高速公路和建成通车的双桥门立交桥在区内交汇，交通畅达，周边辐射力较强。2004年，双桥门立交桥、纬七路秦淮段竣工通车，城东干道高架桥(双桥门口至七里街)开工建设，因汉府街公路客运站所在地将进行改造，经南京市人民政府批准，汉府街客运站经营的26条107辆班车全部调整到中华门长途客运站发车。

【行政区划】 1955年，区内建立夫子庙、石坝街、饮虹园、白酒坊、李府巷、中华门、钓鱼台、双塘、菱角市、珍珠巷、雨花路11个街道，辖86个居委会。1959年、1960年、1962年、1988年作过四次街道调整合并，1995年4月红花镇划入，辖10个居委会，8个村委会。1997年4月，成立秦虹街道，全区划分为中华门、钓鱼台、饮虹园、夫子庙、双塘、秦虹6个街道和红花镇，共辖104个居委会、8个村委会。2001年2月，按宁秦政字〔2001〕文批复，红花镇改为红花街道。2003年初经省人民政府批准，双塘街道和钓鱼台街道合并为双塘街道，夫子庙街道与饮虹园街道合并为夫子庙街道。2004年11月，红花街道东风村撤销。年底，全区划分为中华门、夫子庙、双塘、秦虹、红花5个街道，辖68个社区居民委员会和6个村委会。

2004年秦淮区行政区划表

表2

街道名称	社区(居委会)、行政村数	社区(居委会)、行政村名称
红花街道	15	双桥新村、龙苑新寓、响水桥、九龙新寓、阳光里、风光里、龙翔雅苑、曙光里、春天家园、红花村、广洋村、翁家营、七桥村、果园村、夹岗村
夫子庙街道	18	金陵路、夫子庙、四福巷、东关头、大石坝街、文德桥、乌衣巷、莲子营、七里街、白酒坊、小西湖、马道街、饮虹园、新民坊、三条营、中营、转龙巷、江宁路
双塘街道	19	金沙井、弓箭坊、颜料坊、玉带园、胭脂巷、渡船口、西关头、来凤街、五福街、金粟庵、太平苑、实辉巷、糖坊廊、饮马巷、磨盘街、荷花塘、高岗里、花露岗、凤游寺
中华门街道	11	金工里、扫帚巷、开源、正学路、雨花村、雨花路、西街、珍巷里、下码头、路字铺、双桥门
秦虹街道	11	乔虹苑、集虹苑、旭光里、武定新村、文安里、康居里、岗虹苑、中牌楼、扇骨里、七里村、怡馨花园

【气象】 2004年，月平均最低温度2.5℃，月平均最高温度28.9℃，全年降水量882.14毫米，月降水量最少2.3毫米，月降水量最多234.34毫米，全年晴天140天，阴天71天，雨天99天，多云天气56天。

（金德智）

2004年秦淮区气象资料统计表

表3

2004年	1月	2月	3月	4月	5月	6月	7月	8月	9月	10月	11月	12月
平均气温	2.5	7.5	9.6	16.6	20.8	24.5	28.9	27.4	22.6	17.0	12.2	6.2
月降水量	53.4	28.7	28.6	98.5	111.6	234.34	95.3	108.9	32.3	2.3	54.1	34.1
月晴天数	10	9	6	7	8	10	14	14	9	19	18	16
月阴天数	8	10	10	7	6	4	4	6	3	4	4	5
月雨天数	10	5	9	9	14	10	11	7	9	3	5	7
月多云天数	3	5	6	7	3	6	2	4	9	5	3	3

注：表中降水量单位为毫米，气温单位为℃。

（何宏让）

【人口】 根据秦淮公安分局户政科统计资料， 300082人,其中户籍人口240424人,1年以上
2004年底全区居民总户数94265户,总人口 暂住人口59658人。 (金德智)

2004年秦淮区户籍人口统计表

表4

单位	年末总户数(户)	年末总人口(人)						
		合计	性别		年龄			
			男	女	18岁以下	18~35岁	35~60岁	60岁以上
秦淮区	94265	240424	120108	120316	34620	55594	108363	41847
红　花	10616	26078	12783	13295	4231	7171	10771	3905
夫子庙	25399	66175	32898	33277	10387	14290	29749	11749
双　塘	29900	76000	37576	38424	10164	17408	35091	13337
中华门	12916	32157	16563	15594	4328	7411	14642	5776
秦　虹	15434	40014	20288	19726	5510	9314	18110	7080

2004年秦淮区户籍人口变化情况表

表5　　单位:人

单　位	出生			死亡			迁入		迁出	
	合计	男	女	合计	男	女	省内迁入	省外迁入	迁往省内	迁往省外
秦淮区	1686	864	822	1655	854	801	3388	1654	761	350
红　花	306	158	148	112	59	53	600	271	197	41
夫子庙	410	218	192	461	238	223	809	362	144	93
双　塘	425	220	205	553	270	283	975	360	258	78
中华门	213	107	106	264	142	122	409	267	65	92
秦　虹	332	161	171	265	145	120	595	394	97	46

(蔡爱冬)

2004年秦淮区暂住人口统计表

表6

项　目	合计	性别		暂住时间			来自地区					
							省内		省外		港澳台	国外
		男	女	1月以下	1~12月	1年以上	市	县	市	县		
合　计	127822	81898	45924	16901	51263	59658	15537	44480	17768	49793	207	37
务　工	58236	43303	14933	2839	25507	29890	4573	21874	6773	25006	9	1
务　农	2111	1611	500	296	1103	712	127	931	657	396	—	—

续表

项目	合计	性别		暂住时间			来自地区					
		男	女	1月以下	1~12月	1年以上	省内		省外		港澳台	国外
							市	县	市	县		
经　商	23580	15728	7852	801	5078	17701	3875	7550	4076	7962	103	14
服　务	18124	6120	12004	2317	8521	7286	3096	5283	2871	6874	—	—
因公出差	2146	1632	514	1787	121	238	690	431	540	484	1	—
借读培训	3599	2915	684	429	2468	702	375	1430	510	1282	1	1
治病疗养	2801	1713	1088	2288	387	126	516	1168	324	793	—	—
保　姆	2280	6	2274	27	2011	242	14	1023	14	1229	—	—
投靠亲友	5854	3275	2579	363	3341	2150	514	1851	531	2948	9	1
探亲访友	4056	2339	1717	3171	797	88	941	1443	503	1094	62	13
旅游观光	1758	971	787	1597	90	71	455	439	482	358	20	4
其　他	3277	2285	992	986	1839	452	361	1057	487	1367	2	3

（张　葵）

综合实力

【概述】 2004年，全区以科学发展观为指导，以富民强区，加快发展总揽全局，实施旅游商贸兴区发展战略，依据文化立区、旅游兴区、商贸富区、品牌强区发展要点，解放思想，把握机遇，全区经济运行呈现稳中有升、适度增长态势。

特色商贸片区集聚优势增强，工业经济规模和效益同步提升。夫子庙地区经营业态进一步优化，建成又一坊文化商业楼，全面推进大明路汽车街建设，建成全市最大单体汽车卖场——大明路国际汽车城，全街实现税收4500万元。推进秦淮科技创业基地建设，新建标准厂房5万平方米。加大对服装、机电、货架等骨干特色企业扶持力度，实施品牌强区战略，引导支持企业加大技改投入，飞天玻璃等4家企业完成市名牌产品申报，南京凯德印刷有限公司等8家企业通过ISO 9000族标准质量体系认证。完成第二产业增加值8.8亿元，同比增长16.9%；完成规模工业产值21.67亿元，同比增长18.9%。资源整合工作取得较大进展。成立驻区大企业结构调整工作小组，协助晨光集团做好晨光高新科技园的规划建设及招商引资工作，家居乐建材超市建成开业。加强楼宇经济培育发展，一批商务楼宇和闲置资产得到有效利用，升州商务楼、中华园写字楼、秦虹工业园等都市经济园通过区政府考核验收，正式挂牌。民营经济发展提速。全区新发展私营企业1336家，个体工商业3830户，新增注册资本14.47亿元，分别完成全年目标的133.6%、159.6%和180.9%。

对外开放不断扩大，各项改革稳步推进。完善区领导分工负责制和重大项目责任制，积极组织参与市重大项目洽谈会、金秋经贸洽谈会等招商活动，成功举办当代汽车服务产业发展论坛，引进科倍隆科亚、南京海隆信等21家外资和港、澳、台资企业。改革区级统计体系，成立区城市调查队，全面实施在地统计管理，健全小康指标统计体系。区属房地产开发企业改制全面推进,城镇开发公司基本完成改制任务。区燃料公司、新兴商厦等5家单位完成改制。

*着力改善人居环境,区域形象继续提升。*夫子庙景区扩容升级继续推进,完成来燕路、四福巷等20幢建筑立面出新及部分屋面“平改坡”(平顶改坡顶)工程,东干滨河公园建成开放,建成沈万三故居,赛虹桥至中和桥段全长6.8公里外秦淮河景观带拆迁任务完成过半。基础设施建设步伐加快。市重点工程纬七路秦淮段建成通车,江宁路、弘学路等道路出新改造工程竣工,完成秦虹泵站扩建等工程,全区防洪排涝能力进一步提升。老城改造和新区开发稳步推进。路字铺地块危旧房改造完成拆迁并顺利挂牌转让,新开工住宅区52万平方米,竣工住宅51万平方米。城市管理扎实有效。保持国家卫生城和国家环保模范城创建成果,开展全市“大拆违”(拆违法建筑)整治专项行动,拆除违法搭建23.4万平方米,综合治理全区59条道路街巷,继续推进绿色人居环境社区创建工作,文德桥社区被评为省级绿色人居环境社区。加强控制管理污染源,完成10项污染源治理。

*积极开展创建活动,社会事业统筹发展。*继续开展省知识产权试点区工作,实现专利申请136项,完成新产品研究开发27项,实现科技成果转化2项,民营科技企业技术、工业、贸易收入7.5亿元,获全国科普示范城区和全国科教进社区活动先进集体称号。建成文枢中学初中部(二期)教学楼,高考本科达线率提高,文化体育活动丰富多彩。开展争创省文化示范区活动,创新第十八届金陵灯会、文化庙会、秦淮之夏、金秋美食节等品牌节庆活动,成功举办“秦淮神韵”大型历史名篇音乐朗诵会、全国歌手唱秦淮大赛等系列活动。大力开展全民健身活动,组队参加市第十八届运动会取得较好成绩。完成区疾病预防控制中心建设并投入使用,建成5个社区卫生服务中心和4个社区卫生服务站。积极做好禽流感防治工作,将防“非典”纳入长效管理,免疫“四苗”覆盖率98%以上。举办国防动员演练,开展创建无刑事案件社区、平安社区活动。全区无重大安全生产事故。社会保障体系不断完善,合理调整各类社会保障标准,扩大社会帮扶和社会保障覆盖面,最低生活保障金得到及时足额发放。秦淮区被评为全国老龄工作先进区和全国社区红十字服务示范区。

【经济保持良好发展态势】 2004年,优化经济结构,转变经济增长方式,经济持续健康发展。全年实现地区生产总值17.37亿元,同比增长20.2%;完成社会消费品零售总额36.63亿元,同比增长19.1%;完成固定资产投资25.75亿元,同比增长18.6%;实现财政总收入8.16亿元,其中地方财政收入2.26亿元,同比分别增长16.8%、23.5%。

加快汽车产业集聚,国际汽车城1万平方米展厅建成开业,金融商务中心等项目加快建设,汽车街全年销售整车2.3万辆,税收同比实现翻番。放大夫子庙品牌效应,建成又一坊文化商业楼、平江府商务楼,咸亨酒店、格莱美娱乐中心等一批企业。发挥创业中心政策优势,成立青年科技创业园,建成秦淮科技创业基地5万平方米标准厂房,引进华邮通讯等160多家高科技企业。盘活15.8万平方米楼宇,鸿意地产大厦、投资大厦等重点楼宇入驻率达74%,家居乐建材超市建成开业。纬七路西段市场群建设步伐加快,培育金虹有色金属市场,引导润泰,木材市场等沿街企业调整用地,强化资金有效利用,完成第三产业增加值8.53亿元、同比增长24.3%。

【改革开放成效明显】 2004年,完成城镇开发公司改制工作。街道挂靠企业和部门隶属企业改制工作基本结束。市政所、绿化所、环卫所完成资产审计评估,区房产经营公司改制方案基本确定。全年完成企事业单位改制工作16家。精心组织金秋招商月等活动，全年合同利用外资9478万美元、实际利用外资4063万美元，同比分别增长32.7%、28.8%；新发展私营企业1336家、个体工商户3830户，新增注册资本14.47亿元。

【城市建设积极推进】 2004年，夫子庙扩容升级取得进展。建成桃叶渡沿河文化碑廊、江南贡院科举人物雕塑。向全国征集楹联佳句，打造夫子庙楹联街新品牌。翻新文源桥，改造美食街（西段）及乌衣巷路面，完成四福巷、来燕路20幢建筑及美食街部分建筑立面出新；完善北牌坊、西牌坊重点地段亮化设施。市政基础设施建设加快推进。拓宽弘学路，整修翻新升州路，出新改造江宁路、武定南路、节制闸路等11条道路。实施秦虹铁路涵洞、九龙泵站进水渠扩建、开源小区管道重新铺设等项目，防汛排涝能力增强，拆迁工作平稳有序。坚持依法拆迁，全面完成双桥门立交桥二次增拆项目，确保纬七路、双桥门立交桥顺利通车。外秦淮河西段拆迁工程加快推进，全年累计拆迁居民1400多户，工企单位20多家，拆除面积7万平方米，提供经济适用房1400套。房地产开发力度加大，建成罗马假日、九龙盛世园、华静爱家园等10多家精品楼盘并进行销售。皇册家园一期建设基本竣工。路字铺地块顺利挂牌转让，589户居民居住条件得到改善。开工建设石婆婆庙、龙翔鸣翠苑二期、良城美景等片区。全年新开工52万平方米，竣工51万平方米。

【城市管理力度加大】 2004年，拆除违法建筑（简称违建）取得显著成效。制定《秦淮区违法建筑查处暂行办法》，建立健全违建查处网络。开展拆除违法建筑专项整治行动，拆除违法搭建23.4万平方米。拆建并举、拆管并重，江宁路、洋珠巷等地段面貌明显改观。老城整治加快推进，全面实施铁路沿线环境综合整治，清除沿线垃圾粪坑，砌筑围墙3500米，栽植树木8万株，建成3公里长绿化带及仙鹤桥、秦虹路等一批公共绿地。加强农贸市场周边环境整顿，堵疏结合，建成武定新村和扇骨里农贸市场，取缔多处马路市场。环境管理扎实推进，加大占道摊点整治力度，取缔各类违章经营摊点4100处。加强市容长效管理，强化渣土运输管理。组织开展市容卫生管理争先创优活动，创建一批市容达标路和规范路。认真做好环保工作，文德桥社区创省级绿色社区，建康路创市餐饮业污染控制示范街，全面完成市、区长环保目标，通过国家卫生城市复查。

【精神文明和政治文明建设加强】 2004年，教育、卫生事业不断进步。旅游营养职教中心通过国家级重点职业学校评估验收，第四十二中学、考棚小学被评为省教育技术现代化学校，秦淮实验小学通过省实验小学验收。全面实施食品安全专项整治，建立区、街、社区3级防控网络，开展豆制品等10项专项整治，设立放心早餐网点52处。开展卫生进社区活动，投资1500万元建成区级疾病预防控制中心，公共卫生设施得到改善。科学、文化工作成果丰硕，开展科普进社区、进校区、进景区活动。文化特色活动丰富多彩，精心组织“秦淮神韵”大型历史名篇音乐朗诵会和全国歌手唱秦淮大赛，成功举办第十八届金陵灯会、名城会中国南京夫子庙文化庙会。出版发行《秦淮区志》、《桨声灯影》丛书，《秦淮年鉴》在方志系统年鉴评比中获全国特等奖。建成全国首家社区民间艺术馆，区文化馆获国家一级馆称号。区人大代表建议、政协委员提案办成率57.5%，满意和基本满意率99.5%。深入贯彻《中华人民共和国行政许可法》，落实收费工作“二证一卡”制，规范教育、医院收费。全面开展集体土地清理整顿工作，顺利通过市基本农田保护工作检查验收。

【社会事业协调发展】 2004年，就业和社会保障工作取得进展。完善区、街、社区3级劳动保障平台，投入662万元开展政府购岗活动。全年新增就业岗位10500个,成功推荐就业15810人(次),帮扶特困人员实现再就业1575人次。扩大社会保险覆盖面,新增参加养老保险8300人、医疗保险5909人。加强低保规范化管理,全年为3556户困难家庭发放保障金1046万元,发放各类救济金500多万元。实施机关部门工作进社区准入制,完成第七届村委会换届选举工作。新增4个全民健身点,完成体育场地普查工作,考棚小学被定为全国射箭重点学校。区情展示厅全面建成并对外开放。征兵、军转干部和退伍士兵安置工作顺利完成,成功举办国防动员、防空袭演练。区人事局被省政府授予人民满意的公务员集体。成立区、街两级矛盾纠纷调处中心,妥善处置拆迁拆违、改革改制等方面矛盾。加强综合治理和禁毒工作;强化安全生产分类管理,道路交通安全、燃气安全等专项整治活动,取得明显成果。（金德智）

机构设置及负责人

区领导机构

中共秦淮区委员会

书　记　杨福明(10月30日免)
　　　　徐　路(10月30日任)
副书记　徐耀新(11月23日免)
　　　　许顺和(1月15日免)
　　　　冯亚军(11月23日任)
　　　　王付荣　孔令友
常　委　徐　路(10月30日任)
　　　　徐耀新(11月23日免)
　　　　冯亚军(11月23日任)
　　　　许顺和(1月15日免)　王付荣
　　　　孔令友　曹路宝　王小建
　　　　刘　苏(7月1日免)
　　　　刘　凡(7月1日任)
　　　　郭庚明(7月1日任)
　　　　王根宝(12月3日任)

秦淮区第十五届人民代表大会常务委员会

主　任　时呈忠
副主任　许顺和(1月7日任)　陆小平
　　　　俞家道　刘运平

秦淮区人民政府

区　长　徐耀新(12月24日免)
副区长　曹路宝　王根宝　赵永兰　黄唯佳
　　　　金　辉　高　洪

政协秦淮区第九届委员会

主　席　丁长森
副主席　俞　萍　张来发　曾宪苓　刘　军
　　　　周蜀江
秘书长　黄元春

中共秦淮区纪律检查委员会

书　记　王付荣
副书记　胡百放　楼江华
常　委　王付荣　胡百放　楼江华
　　　　张用平(3月5日免)
　　　　沈　英(12月3日免)
　　　　宗弘亚(12月3日任)
　　　　徐敏祥(12月3日任)

军事·审判·检察机构

秦淮区人民武装部

部　长　郭庚明
政　委　刘　苏(3月31日免)
　　　　李洪忠(3月31日任)
副部长　朱振南

秦淮区人民法院

院　长　王忠义
副院长　申世亮　金丹捷　谢智明

侯庆丰

纪检组长　王汉山

秦淮区人民检察院

检察长　任兆清

副检察长　戴乔木　杨建萍

葛　冰(5月19日任)　胡金彪

纪检组长　韩文辉

反贪污贿赂局局长　戴乔木

区委工作机构

区委办公室

主　任　韦立平

副主任　赵久明(12月31日免)　徐向东

余　峻　陈吉学

保密办

主　任　刘　玲

信访局

局　长　余　峻

副局长　黄炳一　吴　杰

组织部

部　长　王小建

副部长　张国全　张传宝

组织员办公室

副主任　张传宝　孙红亮

直属工委

书　记　张国全

副书记　冯　尧

党史办公室

主　任　陈桂岭

老干部局

局　长　陆　慧

副局长　张　敬

宣传部

部　长　孔令友(7月1日免)

刘　凡(7月1日任)

副部长　许金孝　陈　宁

文明办

主　任　许金孝

副主任　徐宝军

统战部

部　长　俞　萍

副部长　刘　华　刘伟清　于可弟

政法委

书　记　王付荣

副书记　张正贵　李广明

综合治理办公室

主　任　张正贵

副主任　顾庆生

610办公室

主　任　赵志华

副主任　王大顺

机关工委

书　记　郭　兰

副书记　李云俊

区纪委内设机构

办公室

主　任　王赵海

信访室

主　任　沈　英

监察室

主　任　徐敏祥

党风廉政室

主　任　宗弘亚

宣教室

主　任　王　媛

区委直属事业单位

党　校

校　长　孔令友

常务副校长　李小华

副校长　赵荣林　王精仁

区人大内设机构

办公室

主　任　李　筠

副主任　於朝勇(9月1日免)

内务司法委员会

主　任　李德龙

副主任　程天赐

财政经济委员会

主　任　吴伯成

教育科学文化卫生委员会

主　任　周　超

城市建设环境保护委员会

主　任　戎开国

人民代表联络委员会

主　任　许士贵

副主任　盖玉山

区政府工作机构

政府办

主　任　陈　琳

副主任　何素玉(7月28日免)　薛正大

孟广池　王学军

法制办公室

主　任　何素玉(7月28日免)

台湾事务办公室

副主任　刘伟清

经济体制改革办公室

主　任　邹金生

副主任　庆启全　石克明

发展计划与经济局

局　长　苑春勇

副局长　吴　克　於朝勇(7月28日任)

邢久畴　张乃胜　傅　海

安全生产监督管理局

局　长　吴　克

统计局

局　长　於朝勇(7月28日任)

副局长　胡红星

教育局

局　长　王正勇

工委副书记　王正勇

副局长　彭卫新　于　琳　张加强　张登华

科学技术局

局　长　缪建荣

副局长　任爱平　李晓莉

监察局

局　长　胡百放

民政局

局　长　徐　鸿

副局长　魏正萍　吴其昌　黄　宁　杨　宁　李沪宁(6月1日任)

司法局

局　长　周　迅

副局长　魏福厚　张　恝

财政局

局　长　孙如汉

副局长　尹　溢

秦淮公安分局

局　长　朱建国

副政委　金万童

副局长　汪　冰　梁学来　吉学友

国税秦淮分局

局　长　李维贵

副局长　吴昌明　钟　山

地税秦淮分局

局　长　姜　健

副局长　张元年　马玉宁

人事局

局　长　阎文斌

副局长　叶君艳　刘立新

劳动和社会保障局

局　长　杨晓冬

副局长　黄　佳　方世伟　卢小兵

审计局

局　长　陈良华

副局长　徐　楠　刘乃强

物价局

局　长　何享宝

副局长　李　彤　朱露宪

秦淮工商分局

局　长　王忠林

副局长　徐文才　缪经斌　洪夏宁　葛　军

秦淮质量技术监督分局

局　长　魏锦龙

副局长　徐克宝　杨　英

环境保护局

局　长　陈立祥

副局长　张广义　王兴喜　华慧娟　黄　俊

市容管理局

局　长　崔纪存

副局长　肖仁玖　孔庆意　皮年宝　王　健

建设局

局　长　焦建华

工委书记　马应嘉

副局长　许正贵　王怀珠　陈文达　王真理　魏远征

房地产管理局

局　长　刘　伟

工委书记　孙德昭

副局长　邵永泉　潘春宁　戴　新　赵凌宏

商业贸易局

局　长　杨和平

工委书记　张宝华

副局长　杨黎曙　江　淳

对外贸易经济合作局

局　长　童泽民

副局长　张韶东　雷　明　陈建中

文化局

局　长　高安宁

副局长　李新海　吴　杰

卫生局

局　长　孙兴林

工委书记　武根娣

副局长　施大柱　范慧明　金宝强

计划生育局

局　长　徐泽霖

副局长　潘苏薇

人民防空办公室

主　任　王　勇

副主任　袁高峰　夏贵根　徐勇耕

夫子庙·秦淮风光带管理办公室

主　任　汪琼琳

副主任　张继荣　赵明生　还建军　韩文秀

体育局

局　长　何　建

副局长　庆　兰　项　军　张　勤　钱晓红

旅游局

局　长　郑晓明

副局长　姜勇美　汪　芳

档案局

局　长　王　南

副局长　王振芳

地方志办公室

主　任　杨献文

副主任　戴定平　朱汉宁

大明路汽车街管理办公室

主　任　常积成

副主任　周　云　严春波

区政协内设机构

办公室

主　任　黄元春

副主任　王克瑶(7月23日任)

汤启祥(7月23日免)　李　军

学习文史委员会

主　任　陈少游

副主任　汤启祥(7月23日任)

提案法制委员会

主　任　薛　芳(12月20免)

经济科技委员会

主　任　张德宽

副主任　李德全

城市建设委员会

主　任　李万淼

教育卫生委员会

主　任　梅贤武

群团组织

总工会

主　席　张友斌

副主席　王东明　章丽荣　马选华

团区委

书　记　方　芳

副书记　潘志刚

区妇联

主　席　余文秀

副主席　陈裕林

街道

红花街道党工委

书　记　张立龙

副书记　程　军　潘成德　谢　慧

红花办事处

主　任　程　军

副主任　刘岐山　王正保　张旭静　方迎春
　　　　袁利群

夫子庙街道党工委

书　记　周　峰

副书记　刘益军　雷文飞

夫子庙办事处

主　任　刘益军

副主任　王美英　郭昌方　奚巍蔚　杨胜利
　　　　杨永和　袁胜先

双塘街道党工委

书　记　陈晓军

副书记　焦安宁　钟　勤

双塘办事处

主　任　焦安宁

副主任　洪礼恭　芮伦发　张　敏　张　欣
　　　　刘希德　袁东萍

中华门街道党工委

书　记　陈光辉(7月28日任)

副书记　王长青

中华门办事处

主　任　陈光辉(7月28日免)
　　　　何素玉(7月28日任)

副主任　曹丽莉　申艄良　吴成标　杨永生
　　　　张洪亮

秦虹街道党工委

书　记　冯雯兰(7月26日免)
　　　　黄苏勇(7月26日任)

副书记　赵久明(12月31日任)　张　燕

秦虹办事处

主　任　黄苏勇

副主任　陈定亮　陈德锦　张培清　宋曼琴
　　　　赵幸田(6月1日任)　陈泰林

区政府直属事业单位

区城镇建设综合开发总公司

经　理　唐玉华

副经理　鲁广清　刘庆华　单震宇

南京风光建设综合开发公司

经　理　张开荣

副经理　马文斌　陈永新　马铁军

区商业网点房地产开发公司

经　理　张　军

副经理　尹小兵　范　宁　胡　健

区房屋拆迁安置办公室

主　任　邵永泉

副主任　任　明　沈露露

秦淮区商业网点建设办公室

主　任　姜建生

大报恩寺塔复建工程项目公司

董事长　陆　朴

副董事长　唐玉华

总经理　丁志和

副总经理　刘庆华

(张殿林)

驻区单位(部分)及负责人

交警三大队
大队长　张永林
教导员　金　良
副大队长　党　生　刘余荣　张栋梁　刘万良

区消防大队
大队长　李长根
副教导员　黄晓东
副大队长　杨业华

南京二机床有限责任公司
董事长　刘传玲
书　记　胡亚平
总经理　胥卫平

南京晨光集团有限责任公司
董事长　杨少华
书　记　万来源
总经理　杨少华

南京宏光空降装备厂
书　记　刘新安
副厂长　王根富

南京北方光电有限公司
董事长　陈士达
书　记　曹星星
总经理　陈友春

南京市中医院
院　长　李　俭
书　记　高　虹

南京市第一医院
院　长　潘淮宁
书　记　马振华

太平天国历史博物馆
馆　长　易家胜
书　记　胡　坤

南京航天管理干部学院
副院长　廖建平　查锦成　刘建华
副书记　白韩荣　顾建兵

南京市中华中学
校　长　朱其麟
书　记　沈方晓

南京市财经学校
校　长　施卓仁
书　记　马苏文

南京南站(火车)
站　长　王　诚
书　记　邱春荣

银桥市场
总经理　郝鸣飞

润泰市场
总经理　薛永保

(金德智)

城市建设与管理

综　述

【概述】 2004年,区城建工作以科学发展观为指导,一手抓市政设施养护体制改革,一手抓城市建设、市容环保,各项工作取得一定成绩,全面完成区委、区政府下达的各项任务。区建设局全年完成地区生产总值3000万元,完成社会消费品零售总额2000万元,完成固定资产投资7000万元。

加强旧城改造,提高城市建设水平。全年累计拆迁居民1400户,工企业单位20家,拆除面积7万平方米。改造出新11条道路,摊铺沥青路面3.82万平方米,铺设路牙沿5557米,铺人行道1.56万平方米,改造下水道878米。绿色秦淮工程再上台阶。完成集庆路、瞻园路、中山南路中心绿岛改造工作,全年种植大树1300株,垂直绿化4000米。

房地产开发力度加大,全年开工52万平方米,竣工51万平方米,提供经济适用房1400套。共销售商品房4万平方米,销售金额2.9千亿元,回笼资金2.2亿元。

区房产局加强主业的经营管理,回收租金1200万元,住宅租金收缴率达98.1%,非住宅达92.5%。接收应交未交房屋1500平方米,清理欠租25.6万元。完成平屋面维修6325平方米,综合维修1.2万平方米,进行裸露水管防寒保暖保养2.5万米,清理疏通化粪池1157座。重点工程建设顺利推进,一批重点工程按时竣工。

区市容局在市容环境长效管理、专项整治及队伍自身建设方面取得成绩,有力攻克城管五大顽症(摊点占道经营、违法搭建、渣土运输抛洒滴漏、城市"牛皮癣"、街巷卫生死角)。完成楼宇灯光亮化30幢,围墙美化7211米。通过灭鼠先进城区复查,接受健康咨询5000人次,清运垃圾10.03万吨。规范店招店牌564处,清理横幅广告2800条,整治违章摊点和清理"三乱"(乱贴、乱画、乱涂)4万处。

区环保局全年完成建设项目审批111家,执行"三同时"(即污染治理设施与主体工程同时设计、同时施工、同时投产使用)验收企业73家,审核发放企业排污许可证369家,共转移医疗危险废物121吨,转移率100%,转移工业危险废物19.3吨,交换转移手续办理率100%。查处无证、无照、无环保设施的餐饮业50余家,完成企业的污染源治理11家,立案查处环境违法行为73起,处罚额达31.65万元,全年征收排污费296.2万元。增加水环境监测点监测频次,重点水域由每季测试1次改为每月测试1次,共获取监测数据5025个,其中质量控制数据1042个。全年区域环境质量与2003年相比有大幅度提高。

加快改革步伐,积极稳妥地推进市政设施养护体制改革,基本完成区市政管理所,区绿化管理所两家事业单位的体制转换工作,由靠政府差额拨款的事业型单位,转为自收自支的企业型单位。改革推动发展,调动职工积极性,进一步推动城建工作迈上新台阶。

(吴嘉同)

规划设计与工程拆迁

·规划设计·

【发布《门西地区保护与更新规划》】 11月27日,市区规划部门发布《门西地区保护与更新规划》,拉开门西旧城改造的序幕。门西地区位于老城区西南角,北接集庆路,南临外秦淮河,东起中华路,西至凤台路,占地约1平方公里,是南京历史文化底蕴最丰富的地区之一,也是南京主城区最后一片尚未开发的古民居。

根据规划,门西地区由外向内形成三个级别的保护层次,分别是核心的两个风貌保护区,过渡的风貌协调区和外围的风貌改善区,其中重点保护的花露岗风貌区和外秦淮河风貌区,分列中山南路两侧。

在旅游景点开发方面,修复和重建愚园、凤凰台遗址公园和明城墙遗址公园。为凸显明城墙在门西旅游资源的地位,计划从集庆门至中山南路的城墙之间设5处登城点,便于游客登城观赏秦淮风光。 (東德成)

【鸣羊街道路拓宽项目立项】 1月17日,经宁建综字〔2004〕40号批准,市建设委员会同意鸣羊街道路拓宽改造工程立项。工程实施内容包括前期拆迁、道路、排水、路灯、绿化及相关配套设施改造,投资约1亿元,需拆迁居民347户,工企单位7家,拆迁面积约13万平方米。工程实施范围北起集庆路、南至明城墙,长约1000米,道路由原2米~3米拓宽为16米~24米。鸣羊街道路的拓宽将进一步完善城南地区道路网络,提高路网通行能力,方便周边市民出行。

(吴嘉同 邵兰兰)

【大校场搬迁进入实质性运作阶段】 9月,经市政府批准及中央军事领导机构原则同意,大校场整体搬迁工作进入实质性运作阶段。

早在2003年,市政府就开始研讨其搬迁的可行性,由市规划局邀请中国规划院的专家,对大校场的定位进行调查论证,基本理念是打造成南京第二个河西,引进商务机构,建设商贸中心,开发中高档住宅区,合理安排产业布局。

大校场机场位于南京主城区南侧,西起大明路,东至绕城公路,南接宁溧路,北临外秦淮河。区域地形近似于三角形,计划先投资20亿元,完成征地拆迁和基础设施建设工作,于2005年开始实施。 (東德成)

【规划开发中牌楼地块】 2004年,规划开发中牌楼地块。是秦淮城镇建设综合开发公司(简称城镇开发)城东干道工程的补偿用地,位于宏光路和秦虹南路交叉口的西南侧,东邻三五二一厂劳动服务公司,西靠南京晨光集团宿舍。地块呈Z形,规划用地面积2.92万平方米,拟建地上建筑面积4.09万平方米,分A、B两个片区建设,主要以住宅楼为主,并配套建设商业设施和物管办公用房。地块中部规划建设一条宽24米、长260米的道路,开通后与秦虹南路相接。

【规划开发中华广场项目】 2004年,城镇开发规划开发中华广场项目。该项目位于建康路和中华路交界的东南角,东面毗邻夫子庙,西面临近建设中的地铁1号线,地处繁华闹市区。规划拆迁占地面积1.76万平方米,项目出让面积1.39万平方米,拟建地上建筑面积4.1万平方米,将以商业办公用房和酒店为主,绿化覆盖率50%,容积率为2.5。

【申报中山南路G3和G4地块项目】 2004年,城镇开发重新申报中山南路G3、G4地块改造设计要点,华艺建设设计顾问公司修改总规划方案,使开发更具可行性。两地块位于中山南路秦淮段以西,内秦淮河以东,集庆路以北,洋珠巷以南，占地面积7万平方米。这是城镇开发1991年中山南路一期拓宽改造的补偿用地。2003年8月，市政府将两地块列入市危旧房片区改造计划。（赵艳民）

【下码头淹水片区前期工程测算】 6月24日，根据市长办公会议精神和区政府第22期会议纪要精神，确定由南京风光建设综合开发公司对下码头淹水片区改造进行前期调查和测算。

该项目用地位于中华门西侧，东临中山南路，西至南珍珠巷，北依秦淮河畔，南至北珍珠巷，沿河约1.5公里，改造占地面积约5万平方米。有居民1500户，计4452人，工企单位2家，拆迁面积6.27万平方米。

根据区政府统一布置，6月24日至6月28日，南京风光建设综合开发公司完成该片区前期调查摸底工作，编制成《外秦淮河沿线景观改造和下码头淹水片区改造初步测算》。

（叶 飞）

【新"南京南站"设计方案通过审查】 2004年，新"南京南站"设计方案通过铁道部审查。即将异地新建的南京南站设计为"四场一站"式，即高速车场、宁芜普速车场、沪汉蓉车场、预留城际车场。预计规模为南京火车站的8倍，建成后将满足沪汉蓉、宁芜、京沪线车流畅通的需要。（曹 峰）

【外秦淮河东西干长巷段清淤方案】 11月，市秦淮河建设开发有限公司制定的外秦淮河东、西干长巷段清淤实施方案获市政府批准。该段东起雨花桥，西至凤台桥，全长4公里。计划在北岸河坡处挖一条深0.7米、宽3米～4米的沟槽，再由水上挖掘机沿沟槽中心线两侧清淤，宽度6米。然后在河中心线挖一条约2.5米的河槽，作为主航道。整个工程计划于2005年2月开工，至5月汛期前竣工，为外秦淮河开通水上游览线创造条件。（吴嘉同）

·工程拆迁·

【完成纬七路东延工程增补红线内拆迁】 12月31日，纬七路东延工程增补红线规划范围拆迁任务完成。受市城市建设（控股）有限公司委托，按照宁拆许字〔2004〕005号房屋拆迁批准的内容，5月12日起，区房屋拆迁安置办公室对纬七路沿线范围实施拆迁。该项目是按照市政府第227号令发布的《南京市城市房屋拆迁管理办法》实施的拆迁项目。市领导专程召开拆迁工作现场会，区领导直接同被拆迁居民对话协商。共拆迁并货币补偿居民134户，工企单位1家，拆除房屋建筑面积5831平方米。

（周 泉）

【外秦淮河环境综合整治工程拆迁】 7月28日起，区房屋拆迁安置办公室受市秦淮河建设开发有限公司委托，按照宁拆字〔2004〕027号房屋拆迁许可证批准的内容，对外秦淮河主城段环境综合整治剩余区段（秦淮段）工程实施拆迁。该区段位于外秦淮河南侧，沿上下码头、扫帚巷、养虎巷、双桥门到秦虹农贸市场，长6.8公里，需拆迁并货币补偿居民1318户，工企单位22家，拆除房屋建筑面积7.47万平方米。

全体动迁人员严格按照依法拆迁，文明服务，阳光操作，接受监督的原则，大力宣传经济适用房、中低价商品房和廉租房的"三房"政策，耐心细致地解释新拆迁法。与此同时，区政府成立整治工程拆迁指挥部，分2批抽调138名有丰富经验的干部，充实拆迁第一线，与动迁人员组成10个动迁大组，40个动迁小组，明确责任分工，耐心宣传政策，逐户细致动员，推进拆迁工作进展。至12月底，完成总工作量的76%，取得阶段性工作成果。

（周 泉 许定秋）

【城东干道快速内环北上工程拆迁调查】 10

月起,区房屋拆迁安置办公室受市城市建设(控股)公司委托,对城东干道快速内环北上工程龙蟠中路秦淮段建设项目进行拆迁调查摸底和前期准备工作。该项目计划于2005年5月实施,需拆迁并货币补偿居民15户,工企单位7家,拆除房屋建筑面积约5000平方米。

【七里街79号地块拆迁调查】 3月,区房屋拆迁安置办公室受南京实佳基础设施建设开发有限公司委托,对七里街79号地块老城改造项目进行拆迁调查摸底和前期准备工作。该项目需拆迁并货币补偿居民45户,工企单位7家,拆除房屋建筑面积2263平方米。(周 泉)

【东关头沿河环境整治工程拆迁】 该项目是2004年秦淮区唯一的老城改造项目,由区商业网点房地产开发公司负责实施。拆迁范围东起东水关,西至文正桥,南临白鹭小区,北至内秦淮河,全长300米,占地面积9000平方米,总投资5000万元。12月1日,领取该项目拆迁许可证,12月15日进场实施拆迁,共拆迁居民140户,其中个体工商户38家,工企单位10家,拆除面积6817平方米,其中无证房、临时建筑1600平方米。(马 静)

【路字铺地块危房改造拆迁结束】 10月,路字铺地块危房589户改造拆迁工作结束。被拆迁居民人口多,居住面积小,特困家庭多,加上新旧拆迁政策的交替等因素,使拆迁工作遇到前所未有的困难。面对种种不利因素,区拆迁公司不断强化内部管理,并根据被拆迁户数逐步减少的实际情况,撤并动迁小组,减员增效。同时继续采取多种有效措施,坚持依法拆迁、以德拆迁和亲情拆迁,使得拆迁工作得以按期完成。

【铜坊苑增拆地块拆迁】 5月,经市房产局宁拆许字〔2004〕008号拆迁许可证批准,区房产开发公司委托秦淮城市房屋拆迁有限公司实施铜坊苑增拆地块拆迁,拆除居民61户,拆除建筑面积2617平方米。此次拆迁是实施新政策227号令的项目,坚持依法拆迁、以德拆迁,想方设法解决被拆迁群众的实际困难,努力维护拆迁户的合法利益。至12月完成该地块拆迁任务。

【土城头土地储备项目拆迁】 9月,由市房产局宁拆许字〔2004〕036号拆迁许可证批准,受市土地储备中心委托,秦淮城市房屋拆迁有限公司实施土城头土地储备项目拆迁。该地块位于南京汽车半轴厂内,有居民7户,拆除建筑面积648平方米。至12月,该地块完成拆迁任务。(邵兰兰)

道路与公共设施建设

·道路建设·

【完成9条道路改造出新】 3~10月,区政府投资273.11万元,由区市政所负责施工,完成下水管道清疏125.07公里,路面维修2.29万平方米,其中工作量较大的为仙鹤街、节制闸路、双塘路等9条道路改造出新工程。

2004年秦淮区部分道路改造出新一览表

表7

道路名称	铺沥青(平方米)	铺人行道(平方米)	铺面材料	铺路牙(米)	下水道(米)	窨井(个)	新砌雨水井(个)
节制闸路	766557	1510	舒波洛克砖	624	220	23(新砌)	8

续表

道路名称	铺沥青（平方米）	铺人行道（平方米）	铺面材料	铺路牙（米）	下水道（米）	窨井（个）	新砌雨水井（个）
仙鹤街	15045	5201	面包砖	1496	100	63(换盖)	48
双塘路	10165	1594	仿花岗岩	557	100	59(换盖)	62
文安街	3610	2159	水　泥	907	253	26	64
大四福巷	2410	1485	仿花岗岩	715	–	–	–
武定南路	2158	640	面包砖	951	730	53(新砌)	57
水斋庵	1800	1300	面包砖	800	–	–	–
秦状元里	1416	498	面包砖	280	–	–	–
状元境	376	445	仿花岗岩	99	–	10(换盖)	12

注：江宁路、升州路出新改造工程在条目中记述未列入此表。　（吴嘉同）

【内环东线南高架主体工程开工建设】 11月12日，由中联总公司十四局承担的城东干道秦淮段高架桥开工建设。该高架桥南起双桥门立交，北至家居乐建材超市（原金陵啤酒厂）落地，全长1167米，按双向6车道行车时速80公里设计。其中秦虹大桥南段属正在施工的双桥门立交北延工程。在高架路跨越秦虹大桥时，加建匝道桥和人行桥各2座，以发挥快速内环的疏导作用。

施工技术人员对1997年建城东干道时，预留的40个桩基承台进行超声波测载仪检测。原预留承台是按高架双向4车道设计的，在改成双向6车道设计后，需加建新桩基增大承载力。在秦虹大桥河面，原桩基承台建造在河床底下，经检测包括原露出地面约4米高的桥墩无法留用，全部敲碎重建，新做的承台体量较大，每个直径均达10米左右。

预计工程于2005年9月30日竣工，通车后车流量将提高1倍，车速提高3倍~4倍，上下两层每小时可通行机动车万余辆。

【中和桥扩建工程竣工】 12月，横跨外秦淮河的新中和桥建成通车。该桥是大明路四期拓宽改造配套工程，全长111米，其中主桥长96米。桥面宽45米，含快慢车道37米，两侧人行道各4米，大桥结构为斜腿钢构。工程由南京城开集团于2003年11月动工建设，工程竣工后，将有效解决南京主城东南侧及大明路汽车街交通不畅的矛盾。　（束德成）

【文安街排水管道改造工程竣工】 4月，文安街排水管道改造工程开工。该路宽不足7米，地下排水管道口径狭小，多年失修，一遇暴雨，经常堵塞。区市政工程队采用全路段交通封闭，路面开挖运土的方法，共埋设直径600毫米的钢筋砼泵插口管195米，直径500毫米的钢筋砼泵插口管58米，建窨井26个，新建雨水井64个。工程于6月汛期前竣工，彻底根治文安街易涝问题。　（吴嘉同）

【双桥门立交主体工程竣工】 5月，市政府投资14亿元，由城市建设（控股）有限公司承建，铁道部第二勘探设计院设计，中铁十八局集团施工的双桥门立交主体工程建成通车。该立交位于南京主城区南端，通过纬七路高架西接赛虹桥立交枢纽，东至大明路，南接卡子门高架，北至龙蟠南路秦虹路口。东西向主干道为双向6车道，南向道路为双向4车道，设计时速为80公里。有匝道16条，设计时速为60公里。主桥面距地面约32米，高架桥长4654.9米，面积

5.44 万平方米。地面道路长 1557 米,面积 5.78 万平方米。（周 泉 吴嘉同）

【江宁路出新改造工程竣工】 江宁路北接长乐路,南至雨花桥,全长 700 米,是连接主城区和双桥门、晨光路的主要通道。随着晨光路拓宽改造完成和双桥门立交、纬七路工程竣工,江宁路交通堵塞日益严重。

5 月中旬,由区商业网点房地产开发公司负责实施江宁路出新改造工程,投资额 500 万元。拆除道路两侧违章建筑、亭棚和占道房屋 885 平方米。铺设沥青行车道长 700 米,宽 12 米,面积 8400 平方米。出新改造人行道板及路牙 4200 平方米。出新改造沿街两侧建筑 26 幢,计 2.34 万平方米。8 月底工程竣工后,该路交通流畅,环境美化,成为没有违章建筑的示范街。（马 静）

【完成美食街西入口路面改造】 8 月 1 日,美食街西入口和乌衣巷路面改造工程开工。由夫子庙·秦淮风光带管理办公室承建,市建委顾问总工叶菊华设计,苏州香山古建公司施工,总投资 120 万元。路面改造面积 2700 平方米,美食街西入口铺设花岗岩石板路面,乌衣巷铺设花岗岩弹石路面。工程于 9 月 10 日竣工。（还建军 郁 蕾）

【改造瞻园路北侧景观】 6 月,南京风光建设综合开发公司实施瞻园路北侧景观改造工程。拆迁居民 8 户,工企单位 3 家,拆除房屋面积 709 平方米,其中非住宅建筑面积 665 平方米,住宅建筑面积 144 平方米。瞻园路北侧景观改造工程分为两部分,航天干部管理学院大门西侧至教敷营段由航天干部管理学院自筹资金进行改造;航天干部管理学院大门东侧至大四福巷段改造由南京风光建设综合开发公司负责改造,承担瞻园路沿街 300 米杆线下地工程,以及太平天国纪念馆围墙开窗工程和瞻园路亮化工程(包括瞻园路浮雕亮化工程)。截至年底,拆迁居民 4 户,工企单位 2 家。

【建成光华路西延工程秦淮段】 11 月,南京风光建设综合开发公司根据宁建综字〔2002〕1071 号文批复,以及市建委 2003 年第 44 期会议纪要精神,受秦淮区人民政府委托,承担光华路西延一期工程秦淮段建设任务。

因建设资金筹措和沿线拆迁工作难度较大,根据市城市快速内环东线工程建设领导小组办公室“城东办〔2004〕6 号”文件精神,决定该工程暂实施建设便道方案。便道全长 420 米,路幅宽 8 米,工程投资 130 万元。工程于 2004 年 12 月竣工,实行由西向东单行线。（叶 飞）

【来燕路至四福巷沿街立面整治出新】 5 月,区房产经营公司承担来燕路、四福巷沿街平改坡及立面整治出新项目。投入资金约 650 万元,涉及 21 幢建筑,建筑面积 7.02 万平方米。9 月底,整治出新项目完成,其中乌衣巷 41 号 ~45 号平改坡工程及来燕桥商场立面出新工程被评为 2004 年市房十佳优良工程。（邵兰兰）

【完成道路无障碍设施建设 9673 米】 10 ~12 月,区建设局与有关部门协作,投资 114 万元,清理占用无障碍设施各类摊点 126 处、占道灯箱 85 只、书报亭 12 个,拆除亭棚 16 处。共 320 平方米。在集庆路、长乐路、瞻园路、建康路、秦虹路、贡院街及大石坝街建盲道 1305 米,坡道 136 个。并在文安街、四福街、状元境、节制闸路、马道街、箍桶巷、仙鹤街、双乐园等路段维修无障碍设施 8368 米。

2004年秦淮区建设无障碍设施一览表

表8

道　路	盲道(米)	坡道(个)
集庆路	150	—
长乐路	—	120
瞻园路	520	—
建康路	430	6
秦虹路	150	—
贡院街	55	—
大石坝街	—	10
合　计	1305	136

【完成升州路改造主体工程】 11月初,区建设局投资1000万元,实施改造升州路工程,埋设直径400毫米的钢筋砼泵插口管140米,直径600毫米的钢筋砼泵插口管365米。建甲级窨井8个,乙级窨井14个,维修10个。改造快车道长1125米、宽18米,分别铺塑钢栅、玻璃纤维布各一层以及0.7厘米厚的沥青两层。改造慢车道长1040米、宽3米。改造人行道长1590米、宽4.5米,全部铺设面包砖,同时建成盲道和坡道。主体工程12月底完工。(吴嘉同)

【实施东风路拓宽改造工程】 该路北起永乐路,南至明匙路,长350米,计划从6米拓宽到24米,工程估算投资2000万元,由区商业网点房地产开发公司承建,6月工程开工。至12月底,完成杆线迁移和路面结构层施工。(马　静)

·公共设施建设·

【秦淮社区大学综合楼竣工】 该综合楼位于七里村96号,4月动工,10月竣工。由区教育局基建办公室负责招标、监造,省教育设计院设计,凯盛建筑安装工程有限公司施工,总投资728万元。资金多渠道筹集,由秦淮社区大学、秦淮成人教育中心各出资100万元,区教育局投资140万元,共340万元启动工程。综合楼为“L”型建筑,共6层,建筑面积4800平方米。4层~6层为学生宿舍,共58间。大间32平方米至34平方米,小间28平方米,每间均有卫生设施和阳台。综合楼北面1层~2层为办公室,共9间,每间60平方米。综合楼东西第一层为食堂操作间,二楼为餐厅,三楼为多功能室,面积各为300平方米。其中食堂操作间、餐厅的布局设施,均按卫生防疫部门的要求建造和配备。(王继华　夏　琦)

【红花幼儿园建筑工程竣工】 4月,红花幼儿园建筑工程竣工,7月交付使用。该工程于2003年7月动工建设,投资260万元,建筑面积2495平方米,共4层,1层、2层为教室,3层、4层为辅助用房。红花幼儿园的建成,基本解决洪家园地区幼儿入托难的问题。

(邵兰兰)

【完成文源桥翻新工程】 8月4日,实施文源桥翻新改造工程,桥长40米,宽12米,高11米。由夫子庙·秦淮风光带管理办公室承建,南京市市政设计院有限责任公司设计,南京通达市政工程有限公司施工。总投资60万元,翻新改造面积(含侧面)650平方米,桥柱采用汉白玉石料,桥面为防滑大理石。工程于9月10日竣工。翻新后的文源桥成为夫子庙的又一景观。(还建军　郝　蕾)

【白鹭洲公园改造维修部分基础设施】 2004年,白鹭洲公园投资95万元,完成烟波桥、吟风桥、沁芳桥桥体出新,更换大理石桥栏杆。九竹斋沿湖边建造白玉栏杆30米、青石栏杆150米。疏通九竹斋南面湖道,清淤泥、垃圾,两岸新砌湖坡800多米,新增石凳50张,更换指示牌10块,新装路灯14盏。主要景点装轮廓灯15处,铺草坪砖地面2500平方米。按创建标准翻建厕所1座,增设残疾人座坑、洗手池、梳洗镜,提高服务档次。

【清理疏通低洼易涝地区下水道管网】 1~4月,区建设局重点清理疏通糖坊廊、煤灰堆、生姜巷、回龙街、东小市口、下码头、下码头一二三巷、桑树园、七里街68巷、扇骨营、七里村、三条营、中营、边营、双塘园低洼地区15处及其他易涝地区28处下水道管网。其中疏通下水道干管33.97公里,支管15.28公里,清捞窨井7971座次,雨水井1.25万座次,清淤380吨,确保汛期安全。

【落实防汛物资储备】 1月,区防汛防旱指挥部储存麻袋、编织袋1.61万条、木材30立方米(483根)、土砼880平方米、石块2000吨。3月,为增加红花泵站、东风泵站的排涝能力,区政府和红花街道共出资10万元购置潜水泵4台。红花街道投资6.4万元,添置麻袋1.5万条,检修秦虹泵站机泵3台、龙苑泵站机泵3台,大修玉带河泵站闸门,扩建秦虹泵站,整治秦虹铁路涵洞、九龙泵站及中牌楼(育人路)、武定南路、红花河低洼易涝地区排水管网。

【专业抢险队汛期抢险】 1月,区防汛指挥部成立专业抢险队,由区市政所、绿化所、环卫所3家组成共40人。专业抢险队配运输车2辆,抽水设备3台,电锯2台,吸粪车1台,负责汛期抢险工作。6月25日,特大暴雨6小时降雨130毫米,造成开源小区、扇骨营、高岗里、秦虹南路、升州路、剪子巷、秦虹路等多处淹水,其中开源小区、扇骨营地段,水最深处达1米。全区共有200多户居民受淹,严重影响居民生活及车辆通行。当日凌晨3时,区专业抢险队及有关领导30余人奔赴各受淹区,架起3台抽水机,掀开300个窨井盖放水,及时疏通下水道。扇骨营小区公厕漫溢,粪便堵塞下水道,区环卫所用抽粪汽车吸干粪池,及时排除粪便堵塞。7月9日凌晨,雷雨大风刮倒16棵大泡桐树,有的直径达0.5米,区绿化所12小时内把倒树全部处理完毕。

(吴嘉同)

【又一坊商业建筑工程竣工】 又一坊商业建筑位于贡院街33号,建筑面积3200平方米,2004年初开工建设,8月竣工,10月完成公共部位装修。区商业网点房地产开发公司利用其中870平方米,投资又一坊主题咖啡店,年底内部装修完毕,剩余房屋全部对外招商。

(马 静)

【完成第四十三中学校舍设施改造】 6月,区教育局投资280万元改造第四十三中学校舍设施。该工程设计单位为东南大学设计院,施工单位为溧阳建筑装璜工程公司。将原校舍三层教学楼加固处理后向上增加两层,新增建筑面积1000平方米。拆除原校园中间三分之二教学楼,拆除面积1000平方米。新建100平方米辅助用房,改扩建食堂,面积160平方米。校园内地面铺设花岗岩和面包砖,扩建操场,改造校园绿化环境。至12月底工程全部竣工。

【建成第二十七中学教学信息楼】 7月,由江苏三兴建工集团有限公司承建的第二十七中学教学信息楼全面竣工。该工程造价310万元,于2003年5月动工,为框架6层,建筑面积2328平方米。设计单位是南京金海设计工程有限公司,监理单位是南京银佳建设监理有限公司。该教学信息楼以计算机教室为主,并设有办公室和阶梯教室等。

8月,区教育局投入129万元对第二十七中学校园环境进行改造出新,施工单位为溧阳建筑装璜工程公司,操场铺设花岗岩3760平方米,运动场地铺沥青3800平方米,进行场地绿化1920平方米。

【文枢中学初中部教学楼竣工】 8月,由高邮市第二建筑安装有限公司承建的文枢中学初中部教学楼竣工。该工程投资1850万元，于2003年11月动工，建筑面积9641平方米，其中教学楼7236平方米，地下室1666.5平方米，多功能厅738平方米。工程分为二幢单体建筑，全框架结构。教学楼及实验楼第4层~5层，多功能厅为第2层。建筑风格以仿古为主与中华门城堡及秦淮河风光带景观融为一体。设计单位是江苏省建筑设计研究院，监理单位是南京银佳建设监理有限公司。

【完成中华路幼儿园校舍加层工程】 8月，区教育局投资40万元对中华路幼儿园校舍屋面进行加层处理，10月竣工，加层结构采用轻质材料，新增建筑面积260平方米，竣工后有利缓解该园校舍紧缺状况。

【建成考棚小学新增楼梯工程】 9月，由南京凯盛建筑安装工程有限公司承建，考棚小学新增楼梯工程竣工，造价16万元。该工程给教学楼增加一个上下楼梯通道，消除消防通道不达标的隐患。

【建成第十八中学实验楼】 8月，由高邮市第二建筑安装有限公司承建的第十八中学实验楼竣工。该工程于2003年4月动工，建筑面积5852平方米，为框架4层结构，工程总造价约900万元，设计单位是江苏省教育建筑设计研究院，监理单位是南京银佳建设监理有限公司。该实验楼内配备实验室、图书馆、办公室、室内体育馆及阶梯教室等。 （夏　琦）

房地产开发与管理

·房地产开发·

【大明花园风光里四组团工程竣工】 2004年，南京风光建设综合开发公司开发建设的大明花园风光里四组团竣工。该楼盘位于大明路和永乐路交汇处，于2003年开工建设，由4幢9层~11层小高层住宅楼组成，占地面积1.3万平方米，建筑面积3.4万平方米，套型318户。户型面积82平方米至130平方米，以82平方米至100平方米面积为主要套型。

该楼盘由南京民用设计研究院设计，造型新颖，色彩清新，小进深大开间，有利于通风采光，配有全地下车库和半地下自行车库。人性化和智能化设施齐全，管道煤气、周界报警、电子对讲防盗门等高科技含量设施为住户提供安全便利的生活条件。 （叶　飞）

【集合村90－2号AB楼交付使用】 3月，受南京市城市建设（控股）有限公司委托，南京地灵房地产开发有限公司承建的集合村90－2号A、B楼移位复建工程交付使用。共7层72套住宅，6间商业用房。工程投资900万元，建筑面积7600平方米。 （周　泉）

【建成龙翔·鸣翠苑住宅小区】 龙翔·鸣翠苑住宅小区位于永乐路108号，占地2.8公顷，建筑面积约6万平方米，共11幢商品住宅楼，计521套商品房，总投资1.3亿元。2003年2月开工建设，2004年12月工程竣工。整个小区风格明快简洁，清新现代，环境优美。

（马　静）

【平江府综合楼竣工】 2月，区房地产开发公司承担平江府综合楼工程建设任务。该工程位于平江府路2号，投资1500万元，占地面积1100平方米，建筑面积2072平方米，共4层，为商业办公用房。7月，工程竣工，10月交付使用。平江府综合楼的建成，为夫子庙商贸圈增添新网点。 （邵兰兰）

【钞库街综合楼3层封顶】 年底，由南京风光建设综合开发公司开发建设的钞库街综合楼3层主体结构封顶。该综合楼位于钞库街中段，占地面积约1000平方米，建筑面积1964.2平方米，上部为框架结构，下部采用钢筋混凝土筏板基础。由南京民用设计研究院设计，南京峪峰建设咨询监理有限公司监理，市第八建筑安装工程有限公司承建，总投资100万元。工程于2003年12月开工建设，预计2005年竣工。（叶　飞）

【明都雅苑住宅小区二期工程竣工】 9月，由南京地灵房地产开发有限公司开发建设的明都雅苑住宅小区二期工程竣工。楼盘由5幢混合6层住宅楼组成，有240套住房及幼儿园、人防配套设施，建筑面积2.05万平方米，其中04幢、05幢、06幢通过竣工验收，10月办理进住。由解放军海军建设工程总局建筑设计院设计，分别由南京天泉建筑安装有限公司、南京第六建筑安装有限公司和南京凯盛建筑安装有限公司承建。套型80平方米至110平方米。其中05幢、06幢被南京市建筑安装工程管理局评为优良工程。（周　泉）

【罗马假日高层商住楼竣工】 12月20日，罗马假日高层商住楼工程竣工。该楼盘位于升州路以南，洋珠巷以北，弓箭坊道路以西，大彩霞街以东，占地面积6550平方米，总建筑面积3.69万平方米，地上建筑面积3.39万平方米。住宅楼整体呈欧式风格，共33层，总高99.6米。其中1层、2层为会所，入口处为高档酒店公寓式大堂，高度为6.8米。地下1层建筑面积2990平方米，用于人防地下室、停车场及设备用房。另有裙楼2层。楼盘由华艺建筑设计顾问有限公司设计，海门德盛建安公司承建。绿化覆盖率46.2%，容积率5.63。工程于2002年12月开工建设，工期历时2年2个月。（赵艳民）

罗马假日高层商住楼

【皇册家园一期6幢商品房主体封顶】 4月，皇册家园一期工程由区房地产开发公司承建，投资约2.2亿元，建筑面积6.88万平方米。计6幢商品房，其中01幢、02幢、03幢由江苏中淮建设集团有限公司负责施工，08幢、10幢、11幢由南通市德胜建筑安装工程有限公司负责施工，南京银佳建设监理有限公司负责项目一期监理。至年底，一期6幢商品房主体封顶，预计2005年11月交付使用。（邵兰兰）

【开工建设丽景华庭住宅小区】 7月，丽景华庭住宅小区开工建设。该小区所在的石婆婆庙地块是城镇开发以地补路项目，位于大明路以西，永乐路以南，占地4.43万平方米，规划建筑面积10.5万平方米，含小高层9幢，多层住宅楼3幢，配套建设6班幼儿园1所、汽车停车位240个、半地下室自行车库及其他商业设施。由省建筑设计研究院和省建筑园林设计院设计，南京凯盛建筑安装公司承建。该地区紧临主干道大明路和次干道永乐路，交通便利，距夫子庙仅3公里。12月底，多层住宅楼接近封顶，小高层进入基础和主体施工，预计2005年底竣工。（赵艳民）

【网点开发商品房销售资金1.54亿元】 2004年，区商业网点房地产开发公司（简称网点开发）共销售商品房420套，建筑面积4.5万平方米，销售协议资金1.68亿元，实际回笼资金1.54亿元，销售收入首次超亿元。

（马 静）

【门西地区新建住宅控制高度】 根据2004年11月27日发布的《门西地区保护与更新规划》，门西地区在实行旧城改造时，控制新建住宅高度，以2层为主，局部3层。在中山南路沿线地块适当放宽建筑高度，其中5.15公顷的4个地块建筑高度控制在80米以下，建筑形式以小高层和高层为主，采用坡屋顶，适当增加古典风貌。对于原棉纺织厂4.6公顷地块，将全部采用低层高密度的建筑形式与明城墙、历史街区相协调。（束德成）

【城镇开发新办公楼装修工程竣工】 5月25日，经市发展计划委员会批准，7月，城镇开发投资近300万元，实施新办公楼装修工程。该工程由南京装饰工程有限公司中标承包，土建改造由南京九建十三分公司施工，空调、消防等安装工程由第十四化建公司施工。12月，装修工程竣工。新办公楼位于仙鹤街117号，属商业办公用房，建筑面积约4037平方米，其中地上1层至4层3334平方米，地下室703平方米。"城镇开发"计划2005年4月底由中华路465号迁至新址。

【城镇开发进入南京房地产企业贡献10强】 5月，根据市房地产企业纳税额排序，城镇开发被市地税局、房产管理局评为2003年度南京房地产十大贡献企业第四名。2004年，城镇开发缴纳各类税金2891万元。

【城镇开发进入省房地产50强】 2004年，城镇开发以提升品牌、诚信经营作为赢得市场的根本立足点，以改制为契机，锐意进取，建立现代企业制度，提升运作水平和整体实力，实现新开工面积13.54万平方米，竣工面积7.58万平方米，商品房销售面积4.36万平方米，工程质量合格率100%。12月底，被省建设厅、统计局评为江苏省房地产50强企业。

【城镇开发第三产业营业额2.41亿元】 12月，城镇开发实现第三产业营业额2.41亿元，其中经营收入达2.38亿元，固定资产房产经营租金达0.03亿元，被市政府评为"2003年度发展第三产业先进企业"。（赵艳民）

·房地产管理·

【房地产开发公司中层干部竞聘上岗】 2月，区房地产开发公司所有中层干部实行竞争上岗。通过宣传发动、自主报名、笔试、演讲、民主测评、组织考察、任前公示等环节，最终竞聘上岗中层干部14名。竞争上岗后的中层干部平均年龄从原先的43岁降到37岁，大专以上学历由50%上升到89%，整体素质得到提高。以后中层干部将实行一年一聘，形成干部任用能上能下的机制。

【秦淮城市房屋拆迁有限公司成立】 4月，根据上级的文件精神和区房地产局工委的要求，组建秦淮城市房屋拆迁有限公司，由1名经理、3名副经理、2名副科长和11名工作人员组成。该公司具备承接各类拆迁项目的条件，除按股份公司的章程运作外，还制订较全面的管理规章，全体员工行有标准，言有规范，独立运作。

（邵兰兰）

【秦淮城镇建设综合开发有限公司成立】 11月,秦淮城镇建设综合开发总公司实行改制,在股权竞价转让工作结束后,成立改制过渡时期管理委员会,确保出让的股权、公司资产交接到位,筹建新公司,实现企业平稳过渡。12月28日,在政府各部门支持下,完成新企业注册变更手续,成立秦淮城镇建设综合开发有限公司。注册资本达1.01亿元,成功组建股东会、董事会、监事会,聘任新的经营层,积极建立产权清晰,权责明确,管理科学的现代企业制度,发挥混合所有制经济优势,增强企业抗风险能力。

(赵艳民)

【秦淮区房屋修缮公司成立】 9月,区房产经营公司继续探索房产服务新的发展方向,成立秦房房屋修缮公司,拓宽服务对象,及时快捷地为私房住户服务。 (邵兰兰)

【实施"一企两制"改制】 2004年,城镇开发对企业各类人员身份置换采取"一企两制"(即一个企业两种政策)方案,共计提改制成本912万元。老年职工按照事业单位标准给予提退,使其老有所养,生活得到保障;中青年职工经济补偿金按照企业的平均收入计提。正确处理国家、企业、职工三者利益关系,确保国有资产保值增值,企业效益最大化,充分维护职工的合法权益,全面完成公司改制。

【城南物业管理迈上新台阶】 城南物业管理有限公司是城镇开发下属企业。2004年实现经营收入355.43万元,物业平均收费率81.74%,房租收费率73.24%。该公司本着绿色的、生态的、文化的、人性的管理模式,在所属龙蟠花苑、怡馨花园、弓箭坊、莺虹苑、康安里、康美里成立业主委员会,增强公司与业主之间的互信关系,形成保安、保洁、维修、绿化、收费全方位岗位职能管理服务体系。11月,公司被评为市绿化先进集体、三信三优单位,怡馨花园、龙蟠花苑被市房产局和市物业管理行业协会评为市优秀住宅小区。 (赵艳民)

【直管公房租金收缴率98.1%】 2004年,区房产经营公司回收租金1203万元,其中住宅租金631.7万元,按户收缴率97.5%,住宅租金收缴率98.1%;非住宅租金571.5万元,租金收缴率92.5%。处理遗留问题3件,接收应交未交房屋建筑面积1501平方米,清理欠租25.6万元。成套住宅申请购买978户,建筑面积4.85万平方米。

【发放低保户住房租金补贴62万元】 2004年,区房地产局按市政府《关于批转市房产局等部门〈南京市城镇居民最低收入家庭住房保障试行办法〉的通知》(宁政发〔2001〕157号)及《关于印发〈南京市最低收入家庭住房保障实施细则(试行)〉的通知》(宁房改〔2001〕6号)文件的规定,继续对住房困难的低保家庭实施住房保障。政府按人均住房使用面积8平方米,每平方米每月补助20元的标准向保障对象提供租房补贴,其中无房的按8平方米全额计发,有住房未达标的按原住房面积与8平方米的差额计发。全年,会同民政和街道办事处经严格审核,办理退出保障24户,新增59户。全年共发放低保户住房租金补贴62万元。做到应保尽保,应出尽出,对承租公房的低保户,按房改的有关规定给予租金减免。

【办理申购经济适用住房1067户】 2004年,区房地产局根据《关于印发〈南京市经济适用住房供应细则〉的通知》(宁房改〔2002〕168号)及《关于印发〈被拆迁困难户购买或承租经济适用住房〉的通知》(宁房拆〔2002〕181号)文件规定,对具有区内常住户口,货币补偿金额10万元以下(按照市政府166号、180号、203号、227号令或按照宁政发〔2001〕21号文拆迁),同一户籍家庭成员无他处住房,家庭人均年收入在全市上年度平均收入标准以下的家庭，继续办理申购经济适用住房工作。

全年办理经济适用住房1067户，安置2003~2004年申请的1551户。同时为“拆除违法搭建专项整治工作”被拆违户的住房保障开辟“绿色通道”，优先为其中34户办理经济适用住房申请。

【房屋租赁登记管理】 2004年，全区房屋租赁在册登记管理1281户，其中新增257户。区房地产局积极组织人员对区内主要街道、重点单位、出租大户商业用房进行调查摸底，实行抓大管小、稳步推进、有机协调、综合管理的方针，有效地促进出租大户在区内落户。同时，积极与区地税局协调，对一些长期不交税的出租户依法进行查处，全年完成房屋租赁代征税1721万元，比上年增长521万元，增幅为30.27%。

【落实私房政策22户】 2004年，区房地产局根据宁政发〔1996〕243号文件精神，审查1958年以来对私改造的房产，对拆私房产进行作价补偿结案，全年落实政策22户，其中对私改造18户，“文化大革命”期间遗留房产1户，改造家园3户，退还私房面积1878.5平方米，作价补偿款103.84万元。 （邵兰兰）

市容管理

【30幢楼宇完成灯光亮化】 2004年，区市容局投入176万元，对龙蟠中路、长乐路、秦虹路、集庆路、中华路、弓箭坊等路段30幢楼宇实施灯光亮化建设。采用霓虹灯、LED灯管作为亮化灯源，通过勾勒楼体顶部和墙体泛光等形式实现亮化效果，为秦淮夜景建设做出贡献。

【围墙美化7211米】 2004年，区市容局组织各街道及相关单位美化围墙32处7211米。其中重点美化围墙道路为中华路、中山南路、龙蟠南路、大明路、秦虹路、凤台路、升州路、建康路、集庆路、长乐路、双塘路、仙鹤街、大四福巷、节制闸路、武定南路、状元境、秦状元巷、水斋庵及文安街，道路两侧围墙因地制宜实施美化出新，有条件的建成文化围墙或留空透绿。

【加大环卫设施建设投入】 2004年，区市容局投入234.45万元用于全区环卫设施建设和维修。新建公厕7座（东干长巷2座、西干长巷1座、双桥门立交2座、新民坊1座、来凤街1座），改建公厕3座（凤台路、义兴巷、秦虹村北各1座），维修粉刷出新公厕30座，垃圾中转站3座，更换节制闸中转站电动设备1套。

改建的义兴巷公共厕所

【通过灭鼠先进城区复查】 1月，区市容局组织春季灭鼠培训，围绕第十六个爱国卫生月清洁南京，从我做起主题综合整治环境，全面清理卫生死角，清除老鼠栖息、繁殖场所。3月25日，市爱卫办到区进行春季灭鼠考核。3月30

日,通过省爱卫会灭鼠先进城区复查,取得灭鼠行动全市第一名的成绩。

【恢复建立区除“四害”服务站】 1月,区除“四害”服务站在夫子庙街道恢复建立。以社区除“四害”工作为基础,使除“四害”服务由突击性活动变成经常性工作。全年投入灭害药械大隆1800公斤,磷化锌拌油条1.1万根,粘鼠板2000张,“高保”250公斤,粘蝇彩条2500条,速安宁5000包,灭蚊蝇气雾剂150瓶,灭蟑毒饵4000包,灭蟑胶饵250支。6月9日,副市长许仲梓到夫子庙街道除“四害”服务站进行调研,对恢复建立除“四害”服务站给予充分肯定。

【接受健康咨询5000人次】 4月7日,区市容局在夫子庙广场,组织驻区11家医疗卫生单位医务人员开展健康咨询活动,共设咨询点18个,参加咨询服务的医务人员65名,发放宣传品1.5万份,接受咨询5000人次。同时还利用广播宣传车向居民播放爱国卫生倡议书,设立爱国卫生举报台。

【及时办理两会代表建议和提案】 2004年,区市容局共办理有关市容环境治理提(议)案48件,其中主办25件,协办23件,至12月全部办理完毕,群众满意率为87%,基本满意率为13%。根据提案内容,结合实际,分为重点提案和一般提案、即办提案和规划提案。对“好又多西侧区域环境急待解决”、“整治康居里粉尘污染问题”等提案,作为重点提案进行办理。对“关于解决节制闸汽配店占道经营问题”、“更改区内旅游景点公厕指示牌书写内容”等符合实际能够立即改进和落实的提案,立即组织整改。对一些因为客观条件限制,不能立即实施的建议,如“晨光路段建公厕的建议”,根据实际情况,纳入规划,分步落实。市容局被区政府评为年度办理人大代表建议和政协委员提案先进单位。

【坚持渣土运输长效管理】 年初,区渣土管理办公室以“零点行动”为依托,以渣土整治月为契机,强化工地源头管理,建立早巡夜查机制,对渣土运输实施集中整治50次,累计出动执法人员1468人次,执法车辆320台次,查处各类违章车辆512台次,清除污染渣土1万余平方米,有效遏制主干道渣土运输过程中抛洒滴漏现象,及时解决群众反映强烈的渣土抛洒、扬尘污染问题。3月初,市容局召开施工工地和渣土运输现场会,就工地物料堆放、食堂垃圾袋装化、清洁燃料使用、内部公厕保洁、毒饵站设置等作统一规定,并定期进行执法检查。

【清运垃圾10.03万吨】 1~12月,区市容局共组织清运垃圾10.03万吨,日清扫干道155万平方米(包括代清扫纬七路地面20万平方米),日清扫公厕109座,按照“五净五无”(路面净、路牙净、隔离桩下净、树根墙边净、分隔绿岛净,无垃圾堆、无积灰尘土、无污水、无果皮塑膜等杂物、无焚烧垃圾现象)、“两通六无”(沟眼通、管道畅通,无明显臭味、无积灰蛛网、无污水、无尿碱污迹粪迹、无蝇蛆鼠、无乱涂乱画)等标准,做到垃圾日产日清不积压,各中转站街道保洁车无排队现象,确保环境卫生整洁。

【校园及周边地区市容环境整治】 2004年,区市容局对37所中小学校园及周边地区市容环境进行整治,出动城管队员120人次,车辆20余台次,取缔违规摊点46处,拆除违法搭建16处120平方米,规范停车场24处。通过整治,校园门前无占道摊点和违章经营活动,校园周边市容环境整洁、道路畅通。

【规范店招店牌和户外广告】 2004年,区市容局按照市、区政府有关要求,积极开展整治和规范店招店牌工作,将中华路、长乐路、大明路、集庆路列为整治店招店牌工作重点地区,对区域内的所有广告牌、灯箱进行登记造册,坚持严格要求,规范标准,提高店招店牌质量。全年共规范店招店牌564处,面积2236平方米,其中组织强拆不规范广告牌和店招店牌36处,面积412平方米。区市容局组织有关人员,利用节假日和休息时间及时清理一些楼宇及主次道不规范广告、横幅2800条,保证全区市容市貌整洁,为广告横幅步入规范轨道打下基础。

【整治违章经营摊点】 2004年,区市容局开展春雷行动、夏季市容整治、百条街巷整治等专项活动,集中力量对箍桶巷、彩霞街、中华门车站、市第一医院等39个地段及农贸市场周边地区进行整治120次,出动执法人员7500人次,车辆400台次,取缔各类违章经营摊点4100处,暂扣各类经营物品、作业工具4500件,教育当事人2000人次。

【清理"三乱"4万处】 3月,区市容局成立治理"三乱"领导小组,并设立办公室,全面协调主次干道、街巷市容环境整治及"除癣月"工作。利用宣传车、公共广告栏等开展宣传活动。采用街道中队、机动中队巡查清洗与专人清洗相结合,遏制"三乱"的蔓延,并将清理重点由主干道延伸至居民社区,逐步减少居民区"三乱"现象,对举报协查"三乱"有功者予以奖励,至12月,共治理"三乱"4万处。

【整治占道经营】 3~8月,区市容局遵循"突出重点、标本兼治、疏堵结合、长效管理"的原则,开展联合执法行动56次,集中整治夫子庙地区占道经营、倚门经营等违规活动,规范、疏导摊群点24处,印制公共广告栏97处,在主次干道及小区设置新型灯箱式广告栏20个。通过疏导整治,夫子庙地区所有修旧摊点全部退出主干道,摊群(点)管理工作取得明显成效。

【抓拆除违法搭建专项整治工程】 8月16日至年底,区市容局开展拆除违法搭建专项整治活动,先后组织2.43万人次,车辆6400台次,累计拆除违法建筑23.4万平方米,其中单位606处15.02万平方米,私人1935处8.74万平方米。拆违专项整治工作重点是,全区主次干道及窗口周边地区,"五沿"(即过境铁路沿线、出入城干道沿线、河道沿线、城墙沿线、高架桥沿线)地区,群众反映强烈的重难点地区,环境较差的街巷小区,拆迁改造地区,水电气等管道上的违法搭建。红花街道与大校场机场协调,一次性拆除大校场机场周边违建3000平方米。中华门街道、秦虹街道、双塘街道以"五沿"地区为主线,拆除扫帚巷、明城墙和过境铁路沿线的违法建筑。夫子庙街道以景区为核心,拆除四福巷、箍桶巷、平江府路南口等景区周边的违法建筑。洋珠巷、江宁路、节制闸路、机场环绕路、彩霞街等市容环境得到改善。

【强制拆除外秦淮河沿线违法搭建】 8月,区市容局配合外秦淮河整治拆迁工作,对沿河扫帚巷地区违法搭建实施强制拆除。至12月底,累计实施强拆7批168户,有效化解违建户点汽油等抗法活动,推动外秦淮河拆迁工作进程,为老城环境改造提供经验。 (江 源)

环境保护

【全年降尘量同比下降17%】 2004年,区环保局落实市政府《关于第二阶段控制大气污染改善环境空气质量的通告》(简称《二号通告》)精神,在对主城区4吨以下燃煤锅炉进行改造使用清洁能源的基础上,巩固锅炉改造成果,全部拆除1吨燃煤锅炉13台,实现夫子庙清洁能源片区。同时按照《二号通告》精神,加强对建筑施工工地二次扬尘的控制,联合相关部门重点对施工工地是否围档、封闭运输、洒水频次进行检查,使城市二次扬尘得到有效控制。在全区按4平方公里网格布点,共设6个降尘监测点,监测数据表明,全年降尘量为14.79吨/平方公里·月,同比下降17%。中华门大气国控点全年空气污染指数API值为95.0,达到国家二级标准,空气质量明显好转。

区环保局定期检测秦淮河水质

【环境噪声监测治理】 2004年,借创建绿色社区和创模巩固工作,区环保局对辖区内小五金加工点进行调查登记,与有关部门组成联合执法队伍,着重对扰民加工点限期整改、限时经营。至年底,有关噪声污染扰民的180件有效投诉举报中,90%以上得到解决。区环保局共处罚违规施工案件46件,罚款23.2万元,有效遏制施工扰民事件的发生。

区环保局与有关部门通力合作,重点管理夫子庙敏感窗口地区和居民集中区社会生活噪声的控制。为减轻机动车辆带来的交通噪声污染,除大校场机场路范围外,区域内其他道路都划为禁鸣路段,悬挂禁鸣标志牌。由于采取严格和科学的交通秩序管理措施,主次干道交通噪声平均值为69.3dB(A),控制在国家标准之内。区域环境噪声昼间平均值为54.5dB(A),夜间为45.9dB(A)。噪声声源的构成以社会生活噪声为主,均优于相应环境噪声标准。

(马拥军)

【区域水环境水质检测】 2004年,区环保局协同建设局加大对内外秦淮河水环境的治理力度,建立每周定人、定点、定时巡查制度,增加监测点位和打涝水面漂浮物的频次。内秦淮河东水关、西水关及国控点文德桥的水质由于河道整治、埋设截流管网及沿河禁止各类餐饮废水的排放,水质有所好转,达到《地面水环境质量标准》V类水质标准。1~11月,氰化物、六价铬、总砷、总汞、总镉等一类污染物均未检出。

【路检390辆机动车尾气排放量】 3月,区环保局与交警三大队组成联合检测小组,依据《中华人民共和国大气污染防治法》,在全区范围内开展机动车尾气排放检测,以流动式路边抽检为主,对排放尾气不合格车辆暂扣驾驶证附本,责令到二级以上有资质汽车修理厂安装尾气净化器,检测合格后放行。全年路检机动车390辆,合格率82%,抽检不合格的治理率100%。 (张东宇)

【联动清查不法排污企业】 7月27日,区环保局依据市环保局"清理整顿不法排污专项行动方案",联合区工商分局、计经局、安监局、司法局、卫生局等7部门对区域范围内的政府重点督促限期治理企业、违法排污重点整治单位进行执法检查。其中,德辰涂料厂、城南涂料厂、南京音飞货架有限公司等多数单位能依据环保要求加大整治力度,环保设施运转正常。

同时发现市政府督办企业南京天一无机化工厂未按原先承诺停产整治,污染处理设施未正常运行,仍继续使用高污染散装原煤,联合执法小组当场下达预处罚通知书,并对企业相关负责人进行惩罚处理。

(黄 斌)

【建康路命名为餐饮业污染控制示范街】 4月，区环保局根据年度区长环保工作目标要求，投入49.99万元，在建康路开展创建餐饮业污染控制示范街活动，对照创建标准逐条进行整改。其中16家餐饮业的废水、噪声、油烟和废渣经过整治，达到市环保局的创建要求。11月2日，建康路通过市环保局考核验收，被命名为餐饮业污染控制示范街。 （陈 新）

【创建5所绿色学校】 年初，区环保局、教育局对照《南京市绿色学校（幼儿园）考核验收标准》，发动文枢中学、考棚小学、双塘小学、武定新村小学和秦淮实验小学开展创建市级绿色学校活动。5所学校有113名教职员工参加环保讲座和培训班，抽测学生环保教育问卷89份。

5月12～14日，通过市教育局和市环保局的检查考核，这些学校的环境宣传和环境治理以及学生的环保意识等重要指标均符合标准。6月17日，5所学校均被命名为南京市绿色学校。 （戴建军）

【4个社区通过绿色人居环境社区复查】 5月，区环境保护委员会（简称区环委会）根据市环委会《关于绿色人居环境社区复查考核的实施意见的通知》要求，对2002年命名的红花街道风光里、龙苑新寓、九龙新寓及秦虹街道岗虹苑4个绿色人居环境社区开展创绿巩固工作。

区环委会共召开8次会议进行布置协调，投入46.3万元，在4个社区内修整路面1178平方米，补植草坪6100平方米、绿篱树苗3500余株、各类花卉1330株，拆除违法建筑面积3150平方米。10月22日，经市环委会组织8个部门的联合复查考核，4个绿色人居环境社区均符合市级标准，保持原绿色人居环境社区命名。 （陈 新）

【开展练三功活动】 9月，区环保局开展以内强素质、外树形象为主题的“练三功”活动，即练嘴功，执法人员要熟练掌握相关法规知识，接待和处理案件时做到准确无误；练手功，执法人员会起草规范性文书，人人会用电脑，加快环境审批和环境纠纷的处理速度；练腿功，执法人员需熟悉区内每个社区、每条街巷和每个企业，只要市民有投诉，就以最快的速度到达现场。12月，区环境监察大队和环境保护监测站参加市环保系统与“练三功”相关的业务竞赛，有8项获前3名。

【组织“六五”世界环境日活动】 6月5日上午，区环保局联合区法院、教育局、团委和妇联，投入4.8万元在夫子庙广场举办迎“六五”世界环境日大型宣传活动。在广场设立环境维权咨询台、环保投诉台和室内监测咨询台，开展环保知识竞赛和中、小学环境保护黑板报比赛，121名环保志愿者在广场四周散发环保宣传资料，到场观众6000余人。环保知识竞赛由第四十二中学、文枢中学等4所学校参加，参赛题内容涉及环保及绿色生活常识，重点突出与家庭装潢密切相关的室内空气环境质量知识。室内监测咨询台由区环境保护监测站在广场设立展示台，展示室内空气监测仪器，宣传室内污染可能给人们带来的危害，提醒人们关注室内污染，提高生活质量。

【送温暖送健康到社区】 12月中旬，区环保局投入2.1万元在全区分3个片，对68个社区开展送温暖、送健康活动，向社区发放环保节能取暖器350只，教育市民在生活中正确使用环保日用品；向社区发放《市民环保行为规范读本》427本，使市民懂得保护自己，在日常生活的衣、食、住、行方面了解环保与健康知识；免费为社区和街道订阅《中国环境报》62份，使市民及

时掌握环境保护知识和动向;向社区发放慰问信272份,广泛征求意见,对涉及的环保问题进行现场办公,及时解决。(戴建军)

【环境监察大队成为国家一级达标单位】 2004年,区环境监察大队根据《全国环境监察机构标准化建设标准》,共投资70多万元,配齐交通工具、通信工具、取证设备、监测设备、办公设备等。在进行硬件建设的同时,建成一支高效快捷的监察队伍,通过理顺管理体制,完善工作制度,规范执法程序,加强环境监察人员的思想政治教育和业务学习,全面履行环境监察工作职能,使内部管理、人员素质、现场执法能力等方面均有显著提高。5月12日,区环境监察大队通过国家环境监察机构达标验收,成为国家一级达标单位。(王智莉)

【获省环保知识竞赛优秀组织奖】 5月,区环保局组织南京宏光空降装备厂、北方光电有限公司、南京印染装饰总厂等13家企业400名职工,参加由省环保厅与省总工会联合举办的仪化杯——江苏企业环保知识竞赛活动。环保局发放环保知识读本50本、报刊400份,并在10天内,将全部答案及时送交省环保厅宣传教育中心,成为市内最佳送达单位。8月,区环保局获省环保厅、省总工会联合颁发的优秀组织奖。(戴建军)

园林绿化

【区绿地面积达96.65万平方米】 2004年,秦淮区有各类绿地96.65万平方米。其中公共绿地(广场、游园、街头绿地)31.49万平方米,生产绿地约1万平方米,成片造林绿地31.02万平方米,道路绿化18.70万平方米,公园绿地14.43万平方米。

【白鹭洲公园扩大绿化覆盖面】 2004年,白鹭洲公园在原有绿化基础上,进一步扩大绿化覆盖面。沿湖栽海桐球50株,鹭峰寺周围栽桧柏20株,沿公园内围墙栽法青230株。为保护草坪,心远楼前围栽栀枝花100株,九竹斋前围栽金叶女贞、龟甲冬青、蜀桧等300株。为搞好垂直绿化,在武定门东侧围墙300米、鹭峰寺至东关头围墙400米、生态广场护栏100米处栽植藤本蔷薇、爬山虎、云南云罄等7000多株。九竹斋前铺设马里拉草坪4000平方米,公园办公室及沿湖种书带草1500平方米。还种植草本花卉1.6万盆,供节日期间摆放。

白鹭洲公园生态广场一角

【建成双桥门广场及纬七路绿化景观带】 4月,市政府投资640万元实施双桥门广场及相关地段绿化工程。以双桥门广场为中心向西至中山南路段2.3公里,面积3.8万平方米,由南京城南园林绿化工程公司负责施工,投资额260万元。双桥门向东至大明路段1.8公里、向南至土城头段0.9公里,面积4.5万平方米,由南京中山园林实业工程公司负责施工,投资额380万元。整个工程绿化花木品种达38个,约196万株。主要乔木有银杏、香樟、雪松、高杆女贞等,灌木有杜鹃、红花木、瓜子黄杨、金叶女贞、红叶小檗等。(吴嘉同)

【夫子庙地区增加绿化品种】 3月初，由夫子庙·秦淮风光带管理办公室负责，投资18万元，更新增加泮池、乌衣巷沿线的绿化品种。其中泮池照壁处移植松柏2棵，种植桃树20株，铺种迎春花120米，铺设草坪600平方米，该地区绿化于4月底完工。

（还建军　郁　蕾）

【中华门城堡绿化调整】 3月，中华门城堡景区绿化进行调整，在城堡内栽植大黑松6株、银杏15株。移栽雪松6株、蜀桧60株、海棠60株、海桐球11株。在21个主体花坛移植杜鹃750株。结合修建东西两侧马道，沿藏兵洞两侧新建凹字形小绿地16块，栽植金叶女贞6000株、小蜀桧300株，铺百慕大草坪1800平方米。在城堡北广场绿岛补栽小蜀桧750株、红花继木500株。中华门城堡新调整的绿化成活率达95%。

中华门城堡绿地

【15个地段栽植大树533株】 3～6月，区绿化所在晨光路、东水关、秦虹南路、马道街、仙鹤街等15个地段栽植大树533棵，主要树种是法桐、榉树、栾树和女贞，其中64棵榉树属珍贵树种。

【12个地段新增花灌木31897株】 2004年，区绿化所在来凤街、大明路、水西门、卡子门、集庆路、瞻园路等12个地段栽植花灌木31897株，绿化品种包括红花继木、金叶女贞、海桐、大叶黄杨等13个品种，其中大桂花属珍贵品种。11～12月，区绿化所还修枝和剥芽主次干道行道树4440棵。

2004年秦淮区15个地段栽植大树一览表

表9　　单位：株

地　段	法桐	榉树	栾树	女贞	合　计
晨光路	225	–	–	–	225
东水关	–	64	50	–	114
秦虹南路	45	–	–	2	47
马道街	37	–	–	–	37
仙鹤街	30	–	–	–	30
洋珠巷	29	–	–	–	29
秦虹路	11	–	–	–	11
大明路	–	–	9	–	9
永乐路	–	–	–	7	7
边　营	–	–	–	6	6
城东干道	–	–	–	5	5
长乐路	2	–	–	3	5
马家圩	4	–	–	–	4
集庆路	–	–	–	3	3
中山南路	1	–	–	–	1
合　计	384	64	59	26	533

2004年秦淮区12个地段栽植花灌木一览表

表10　　单位：株

地　段	瓜子黄杨	洙青	金叶女贞	海桐	红花继木（小）	大叶黄杨	大桂花	杜鹃	红叶小檗	蜀葵	龟甲冬青	孝顺竹	红花继木（大）	合计
来凤街	–	–	3000	–	7000	–	–	–	–	–	–	–	–	10000
大明路	–	–	1500	500	–	1500	–	500	1000	77	–	–	–	5077
水西门	200	–	2500	–	–	–	–	1000	1200	–	–	–	–	–

续表

地段	瓜子黄杨	法青	金叶女贞	海桐	红花继木(小)	大叶黄杨	大桂花	杜鹃	红叶小檗	蜀葵	龟甲冬青	孝顺竹	红花继木(大)	合计
卡子门	200	–	3000	–	–	–	–	–	–	–	–	–	–	3200
集庆路	–	–	–	3100	–	–	–	–	–	–	–	–	–	3100
瞻园路	–	–	–	800	100	1200	–	–	–	–	–	–	–	2100
中山南路	50	–	500	500	200	–	–	–	–	–	–	–	207	1457
平江府路	550	–	–	–	–	–	–	–	–	–	400	120	–	1070
小心桥	–	–	–	–	–	400	–	–	–	–	–	–	–	400
东水关	–	–	100	–	–	180	3	–	–	–	–	–	–	283
夫子庙小游园	–	100	100	–	–	–	–	–	–	–	–	–	–	200
晨光路	–	100	–	–	–	–	–	–	–	10	–	–	–	110
合计	1000	200	10700	4900	7300	3280	3	1500	2200	87	400	120	207	31897

【沈万三陈列馆西广场完成绿化布局】 4月,在沈万三陈列馆西广场移植大香樟6株、大银杏8株、补栽香樟12株、银杏8株、2米冠径大海桐球12株、蜀桧100株、红叶小檗1000株。在广场主要进出口栽植倒槐8株,在广场外围栽植金叶女贞、红花继木、瓜子黄阳等2000株,铺草坪2000平方米。沈万三陈列馆西广场是从中华门城堡东广场划入的。

【中华门城堡举办职工盆景展】 10月1日起,中华门城堡和市总工会、市工人文化宫联合举办南京市职工盆景展。共展出各类盆景150多盆,其中有树桩盆景、山水盆景、微型盆景、插花盆景、奇石盆景,均出自职工盆景爱好者个人家庭。特别是雀梅树桩盆景在全国盆景大赛中获过奖。城堡第二个瓮城是主要展区,在券城内还设有盆景知识咨询处,解答游客提出的有关盆景、花卉方面的问题,并配有各种盆景、花卉制作栽培资料。为满足广大盆景爱好者的要求,展览会还配备一些紫砂池盆、精美花钵供游客选购。中华门城堡盆景展于11月底结束,吸引观赏盆景游客2万人。

(吴嘉同)

公用事业

【南京南站运输收入同比增长30.9%】 南京南站位于雨花路194号,系上海铁路局直属二等客货运站,下设客运、货运、运转3个车间,管辖紫金山、沧波门、光华门、南京南、西善桥、建宁、古雄、江宁镇和铜井9个中间站,运行线路53公里。南京南站主要担负宁芜、皖赣客货列车的到发与通过,承担南京和华东及邻近区域部分客货运任务。2004年,全站运输经营收入9203.2万元,同比增长30.9%,创历史新高。同年,职工人均年收入2.33万元整,比2003年增长13.6%。

【南京南站办公楼及售票大厅工程竣工】 由南京铁路分局投资,南京雷威公司负责施工的南京南站机关1号办公楼工程,于2003年10月开始施工,2004年2月峻工交付使用。该办公楼及售票大厅主体3层,全框架结构,内部设施齐全、宽敞明亮。该办公楼建成有利于进一步完善车站客运服务场所。

【南京南站实现行车安全2832天】 2004年，南京南站贯彻《中华人民共和国安全生产法》，落实安全生产逐级负责制，健全3级管理网络和相应考核机制，规范专业管理、百日安全动态管理和“三源”（即危险源、行车事故隐患源和劳动安全伤害源）监控管理，强化过程监督和现场作业控制，实现安全生产有序可控。截至年底，实现第七个行车安全年和第十个人身安全年。行车安全2832天，职工人身安全无重伤3914天，无轻伤250天，消防安全5479天，党员安全生产6268天，团员安全生产2832天。

【南京南站客运服务突出六送六代】 2004年，南京南站主动适应市场变化，强化客运营销，优化运输组织，深入挖掘运输潜力，进一步提高服务质量。围绕客运安全、质量、效益、路风等目标，为旅客提供“六送六代”（即对特殊旅客实行送到候车室、送到站台、送上车、送出站、送医院、送回家；代叫出租车、代签车票、代办信件电报、代缝衣服包裹、代写向导签、代买信纸信封邮票）服务，树立铁路服务新形象。同年，客运车间获江苏省“巾帼示范岗”荣誉称号。（曹　峰）

【铁路沿线环境进行综合整治】 2004年，区市容局配合秦虹街道和中华门街道完成铁路沿线环境调查工作，制定“秦淮区铁路沿线环境综合整治工作方案”和“秦淮区铁路沿线绿化建设方案”。8月中旬，彻底封闭马家圩铁路道口，发动北方光电仪器厂、南京晨光集团有限公司、南京液化气公司分部等沿线企事业单位职工和社区居民120人对铁路沿线进行全面清理，秦虹街道投资40多万元对铁路沿线进行美化、绿化，修建两标段铁路护栏网245米，在空地新建小公园，种植冬青、雪松，实施环境卫生承包管理，保证铁路沿线干净整洁。至年底，共组织力量清理铁路沿线积存垃圾2000余吨，拆除旱厕6座，填平露天粪坑60个，填埋臭水沟2处，拆除违法搭建7357平方米，取缔无执照废品收购站3个，修砌围墙1962米，立面出新2960平方米，取缔违法搭建猪圈113平方米，疏导出新农贸市场2个。

（江　源　曾益海）

【汉府街长途车站临时搬迁至中华门车站】 12月20日，汉府街长途汽车站内107辆客运班车，全部临时调整至集合村路88号中华门长途汽车站过渡始发。汉府街车站位于长江路296号，紧靠国家4A级风景区南京总统府，该站所在地块被列入改造范围。

汉府街站临时过渡到中华门站，正在扩建的中华门汽车站站场面积大，接纳能力强，用于临时停靠面积达2.59万平方米的所街停车场，离中华门站仅2公里。该站紧邻中华门火车站和地铁一号线零距离，高架纬七路横贯站前，连接城东、城西主干道及绕城公路，同时有10条公交班车到达，进出站方便快捷。

【中华门长途汽车站扩建方案出台】 12月，由市交运集团制定的位于集庆路88号中华门长途汽车站扩建方案出台。按照方案扩建征地范围位于车站北部，计划2005年6月，完成第一期征地6300平方米，2005年6月至2006年6月，完成第二期征地1.5万平方米，同时建成综合大楼1.5万平方米，投资额7亿元。届时，中华门车站达到1级站标准，总面积3万平方米，发车班次1500班，最大客流4万人次，成为城南最大交通营运集散中心。

（束德成）

【4条公交线路终点站设在润泰市场】 5月，纬七路（原集合村路）高架桥建成通车后，位于集合村路（原路名）96号的润泰市场腾出场地1600平方米辟为公交停车场，场内建造站房6间96平方米。11月起公交车16路、39路、49路、111路终点站移至润泰市场内，给润泰市场和纬七路市场群带来良好消费商机。

（孙宝兰）

商　贸

综　述

【概述】 2004年,商贸工作以建设特色商贸区街为着力点,以招商引资为手段,开创开放型经济发展新局面,加速夫子庙商贸圈繁荣进程。年内,利用夫子庙景区扩容升级带来的辐射效应,引进企业318家,其中有新襄阳服饰商场、南京古玩城、家居乐建材超市等企业,提升夫子庙商贸圈对全区经济的贡献率。

全线开发纬七路市场群建设。以纬七路通车为契机,加强整体规划。以西部市场群、中部旅游商贸区和东部汽车服务产业为重点,启动纬七路沿线全面开发,创建新的经济发展带。年内完成银桥市场扩建工程,巩固发展润泰市场,建成金虹有色金属建材市场,完成木材市场调整置换工作。

区直属商业企业继续抓好企业整治工作,促进企业经营稳步发展。通过盘活闲置资产、招商引资,为直属商业发展开辟新途径,为完成各项指标奠定基础。全年直属商业销售额44809万元,完成计划的100.04%;社会消费品零售总额11636万元,完成计划的101.89%;地区生产总值3014万元,完成计划的101.48%。

(徐庆贞)

夫子庙商贸圈

【概述】 20世纪80年代中期,夫子庙即被确定为全市商业文化副中心。2000年以后,区委、区政府加大这一地区商业文化市场优化组合力度,新建的有家居乐建材超市、南京古玩城、新襄阳市场、咸亨酒店、又一坊文化茶楼等。以夫子庙为核心的城南商贸圈布局定位逐步形成。2004年,商贸圈内有夫子庙东西市文化用品市场,贡院西街服饰鞋帽街,美食一条街,南京车辆城等商业群体;有状元楼、秦淮人家、晚晴楼、白鹭宾馆、新香园、丁山美食城、永安集团等大中型企业;有江苏酒家、老正兴菜馆、魁光阁茶社、张小泉刀剪店、盛锡福帽店等老字号企业;有金榜大市场、玉桥市场、地下商场、琵琶街小商品街市、花灯市场、花鸟宠物市场等专业市场。融餐饮、休闲、品茗、娱乐、欣赏、购物于一体,且各具特色。服装鞋帽注重时尚,中低档价位;餐饮集京、广、苏、川、扬各大派系名菜;小吃有秦淮"八绝"、京城冰糖葫芦、川湘米线等特色名吃;古玩字画不乏名人手笔,品位高雅,为收藏者所关注。全年商贸圈市场繁荣活跃,购销两旺,"五一"黄金周旅游商贸收入1.5亿元,春节期间销售收入1.38亿元,同比增长15.8%,其中餐饮业同比增长23.5%。

(杨献文　徐庆贞)

【迎春灯市繁荣活跃】 秦淮传统彩灯是春节夫子庙市场销售一大亮点。2004年,灯市由夫子庙管理办公室统筹安排,设于琵琶街。1月20日(农历十一月二十九日),灯市拉开帷幕,三条营、剪子巷等传统花灯商户、扎灯艺人,将手工扎制的花灯带入市场,品种有:荷花灯、飞机灯、兔子灯、菠萝灯、蛤蟆灯、鱼灯、宫灯等,形态各异，每盏价格由几元至十几元不等。灯市历时 20 天，2 月 8 日（农历正月十八日）结束，上市花灯达 30 万盏。同时，本地和外地所产塑料制品灯、光导纤维制品灯也大量上市，红红火火。各色彩灯不仅得到儿童游客喜爱和购买，不少成年游客也是人手一盏，兴致盎然。（杨献文）

夫子庙金秋美食节展台

【文枢阁酒店成为盱眙龙虾会员店】

7 月 9 日上午 9 时，在夫子庙文枢阁酒店隆重举行盱眙龙虾会员店暨全国十大示范店揭牌仪式。秦淮区区委书记杨福明和盱眙县县委书记王友富为活动揭牌。盱眙县县委副书记梁月清和秦淮区副区长黄唯佳分别致辞，祝贺文枢阁酒店成为盱眙龙虾会员店及全国十大示范店之一，并预祝第四届中国龙虾节取得圆满成功。（邓　蕙）

【启动夫子庙清真小吃研制工程】　夫子庙清真小吃第一次研讨会于 4 月 7 日在区政府召开，市宗教局、商贸局领导及市伊斯兰教协会、市饮食协会、南京农业大学、中国药科大学、江苏美食杂志社的专家、学者参加会议。市政府将研制夫子庙清真小吃纳入 2004 年度目标任务，确定奇芳阁菜馆为研制基地。夫子庙清真小吃突破传统秦淮八绝小吃的制作方法，坚持用料讲究、配方量化、制作精到。7 月和 10 月召开第二次、第三次研讨会。（於长贵）

【举办夫子庙金秋美食节】　9 月 28 日至 10 月 7 日，由区政府主办的 2004 年夫子庙金秋美食节暨夫子庙楹联一条街开联仪式在夫子庙中心广场隆重举行。副市长蒋裕德、区委书记杨福明、区长徐耀新等出席开幕式。以弘扬秦淮饮食文化，展示美食艺术精彩为主题，以景区各餐饮店家为分会场，展示烹饪制作厨艺和特色佳肴。其中新香园大酒店举办杭帮菜美食节，咸亨大酒店举办绍兴菜美食节，盛德食府举办徽菜美食节，夫子庙大世界举办台湾名小吃美食节，品种繁多，各具特色。还邀请省市烹饪协会专家开展烹饪精品展评比活动和创新奖评比活动。美食节活动期间游人食客 200 万人次到夫子庙赏景尝鲜。（还建军　郁　蕾）

【62 家书画古玩商店开业】　4 季度，瞻园路南侧建成的南京古玩城，有 62 家书画古玩商店陆续开业。大多数商店是私营企业，以购置商住楼方式入驻经营，其中有规模较大的荣宝斋南京分店，有著名书画家齐昆工作室。店堂装饰古朴雅致，商品陈列档次较高，有的已达豪华标准，购物环境宜人。整个商城品种繁多，有古今书画、石刻、木刻、玉器，还有古红木家具等。年内，开业不久，受到书画古玩爱好者关注，中外顾客络绎不绝。（杨献文　孟　伶）

【京城冰糖葫芦抢占市场】　11 月，一批京城冰糖葫芦在夫子庙地区抢摊上市，2 个月内，在琵琶东街、来燕路、贡院街西牌坊处，先后开设 3 家京城冰糖葫芦店。同时在魁光阁旁和贡院西街的 5 个商店门口，摆出京城冰糖葫芦代理销售柜台。这些店和柜的销售方法、品种、价格都与地产传统不同:店营业员穿着红色制服,头戴红色帽子,外扎白色围裙,清洁又卫生;柜台分为3至4层,以方形金属盘陈列。品种有山楂果、山楂果夹桔子片、山楂果夹哈密瓜等,价格分1元、3元、5元。（杨献文）

【蒋有记锅贴有限公司成立】 5月,蒋有记锅贴有限公司成立,并对“蒋有记”商标进行登记注册。蒋有记锅贴有限公司开有夫子庙、秦虹两家连锁店。“蒋有记”创业于上世纪30年代,主营牛肉锅贴、牛羊肉汤和牛肉水饺。其锅贴油黄喷香、多汁娇嫩。上世纪50年代开始,不仅供应锅贴,还经营煎包、开洋烧卖、松子牛肉蒸饺、牛肉馄饨、牛肉面条等清真食品,很受消费者青睐。（於长贵）

【南京新襄阳服饰广场开业】 12月4日,南京新襄阳服饰广场开业。该服饰广场位于贡院街与瞻园路交汇处,占地面积8000平方米。首期开发产权式,由浙江专业市场经营管理公司统一策划、招商及经营管理,店中店商铺近300家。新襄阳服饰广场自10月上旬起,在不到两个月的时间内吸引上海、杭州、广州、福建及南京客商入场,创造秦淮招商速度之最。新襄阳服饰广场的成功开业,将与夫子庙传统名小吃形成互动态势,进一步促进秦淮区域经济发展,成为夫子庙地区提档升级的重要部分。（邵兰兰）

新襄阳服饰广场

【陆海波被评为中国清真烹饪名师】 11月16日,夫子庙饮食有限公司副总经理兼奇芳阁菜馆经理陆海波被中国烹饪协会授予“中国清真烹饪名师”称号(南京获此称号的仅两人),并于12月15日受市清真企业厨师表彰大会表彰。陆海波到奇芳阁菜馆工作20余年,热爱清真饮食文化,善于根据现代人的饮食特点,创新清真菜肴,曾多次在国家、省、市清真餐饮比赛中获得大奖。

【两家老字号企业被编入《百年江苏》】 区内“老字号”餐饮企业奇芳阁菜馆、蒋有记包饺店被编入2004年12月出版的《百年江苏》一书。《百年江苏》由江苏省政协编撰,南京有12家“老字号”企业被收入其中。（於长贵）

纬七路市场群

【概述】 2004年,区委、区政府以纬七路建成通车为契机,启动纬七路全线开发工程,其中凤台路至雨花路一段长1728米,打造为商贸市场群。原集合村粮库改建的润泰市场,规划营业面积20万平方米,是区域内最大的综合性市场。由市木材公司木材场改建的木材市场完成调整置换,占地24000平方米的银桥市场完成扩建工程。由建邺区引入的金虹市场年初开业。纬七路市场群成为新的经济发展带。（徐庆贞）

【银桥市场年营业额7亿元】 银桥市场位于集合村路162号,创办于1994年,属大型交易批发市场。2003年,因赛虹桥立交桥建设征地,该市场占地面积由2.4万平方米缩减到

0.8万平方米，经营面积由2万平方米减少到1.3万平方米。2004年，随着新大楼竣工和赛虹桥、纬七路建成通车，给银桥市场带来新的发展机遇。市场内部及时调整经营规模和品种，调整食品、农副产品类，加大服饰、五金建材、装饰材料为主的经营，取得明显成效。至年末，实现营业额7亿多元，税收600万元。被评为2003～2004年江苏省文明市场，列入省供销社十大特色商品批发市场之一。

【银桥市场复建商业楼工程竣工】 2003年，因建设赛虹桥立交工程，银桥市场拆除营业主楼面积4000平方米和东侧五金厅面积3200平方米，计面积7200平方米，获赔偿金3000万元。同年5月，复建商业楼工程动工，投资额2000万元，建筑面积1万平方米，地上4层，地下1层。由南通建设总公司承建，工程于2004年6月8日竣工。

银桥市场

【润泰市场年租金收入1466万元】 润泰市场位于集合村路96号，创建于2002年4月，由集合村国家粮食储备库改制而成。2004年，经营面积达20万平方米，分A、B、C、D 4个片区，主要经营五金、陶瓷、建材、油漆、塑料、日杂、灯具、百货、食品等品种。有业主2200户，安置下岗再就业人员1000人，年租金收入1466万元。

【润泰市场获赛虹桥立交10年冠名权】 5月，双桥门立交和纬七路高架桥建成与赛虹桥立交形成内环快速路网。润泰市场在全市基础设施冠名权拍卖会上，以竞价64万元中标，夺得赛虹桥立交10年冠名权，命名为润泰市场立交桥。该立交处于市区快速内环西南角连结点，也交汇融合宁沪、宁合、宁马、宁高等多条高速公路。

【市木材市场实施个体租赁承包经营】 南京市木材市场位于集合村路90号，占地9万多平方米，紧靠外秦淮河第二十号码头。拥有室内仓库5处5800平方米，营业用房148间3552平方米。2004年，负责经营该市场的森昊木业集团实施企业改制，租赁承包给个体经营，至年底个体经营承包户达130家。

【金虹市场建成开业】 金虹市场创建于2000年4月，专营不锈钢、铜、铝等金属材料。2004年1月，因原址拆迁从建邺区的集庆门大街2号迁至集合村路95号，经营面积2000平方米。截至年底，营业额7000万元。该市场发展潜力较大，关键是扩大经营面积，搬迁前的经营面积1.6万平方米，年营业额3亿元。（孙宝兰）

【培育发展纬七路市场群】 2004年，中华门街道重点扶持纬七路的润泰市场、银桥市场和木材市场。7月，润泰市场一处五金摊位用房失火，街道与工商、税务部门联系通过减免有关费用等方式加大扶持力度，帮助其灾后重建。9月，银桥市场1万平方米商业楼扩建完成之后，街道帮助其调整经营理念，增加食品、五金、建材等经营品种，注重培养企业的品牌意识。通过对三大市场的指导和帮助，纬七路市场群初具规模。（许定秋）

【纬七路市场群增设税务征收点】 4月,秦淮区税务部门分别在润泰市场和银桥市场设立国税、地税代收点。服务对象为纬七路沿线规模企业及个体工商户,服务内容为代征国税和地税、代办税务登记证,进行税务政策咨询。

(孙宝兰)

【纬七路旅游商贸市场待开发】 2004年,纬七路建成通车后,给旅游商贸市场开发带来商机。纬七路饮马桥至双桥门段处于古越城、古长干、古淮水、古寺庙核心地段,北依中华门景区和外秦淮河景观带,南接雨花台风景区,加之即将复建大报恩寺遗址公园,旅游资源丰富,旅游价值显现,逐步推出旅游商贸市场,和夫子庙商贸圈相辅相成,遥相呼应。

【汽车服务产业商圈带来机遇】 5月,纬七路建成通车后,以双桥门立交为中心,向东延伸至大明路汽车街北端,向南通过晨光路(原城头路)、宁溧路和大明路汽车街南端相接,形成三角形框架区。汽车服务产业将给纬七路东段约3公里地段带来机遇。 (柬德成)

举办当代汽车服务产业发展论坛

【电线老化导致营业用房失火】 7月13日晚9时许,位于集合村路96号一处五金摊位用房,因电线老化失火。烧毁房屋200平方米,部分商品受损,造成一定经济损失。事后清查更换老化线路,消除安全隐患。至8月底,受损房屋修复营业。 (孙宝兰)

外 经 外 贸

【概述】 2004年,全区接待海外客商近1000人次,引进三资企业22家,实现合同外资9478万美元,同比增长32.7%,实际利用外资4063万美元,同比增长28.8%,全面完成开放型经济目标任务。外经局被市外经局评为对外经济工作优胜单位,区被市政府评为开放型经济工作优胜单位。

目标责任制的实施使全区利用外资的点和面得到拓展,双塘街道、夫子庙管理处办公室(简称夫管办)、区域办公室(招商中心)、夫子庙街道超额完成合同利用外资目标任务,中华门街道、红花街道、秦虹街道、大明路汽车办、房产局实现合同外资零的突破。夫管办、区域办、中华门街道完成实际利用外资任务,房产局、红花街道、风光开发也有新的进展,所有街道都完成劳务输出任务。

外经局衔接产业规划,结合区情特点,上门摸底、征集,精选房地产开发及建设项目、商务楼宇及公共服务、科技园及工业用地用房、都市工业及技术合作4大类53个项目,制作出新版招商项目册和多媒体光碟,打造外商投资绿色通道。

深入外资企业走访、座谈、调研,与外资企业老板做朋友,听取投资商对发展开放型经济工作的意见,解决急需政府帮助解决的困难和问题。以诚信服务打造良好投资环境。

面对区境土地匮乏,缺乏发展空间,特别是受拆迁影响,开发进度放缓,工业、商业用房建设难以推进的情况,区外经局在招商理念上创新,实行无地招商,精心组织有效招商活动,着力推进项目,在增资扩股和外资并购上做足文章。

建立与涉外部门、贸促会、商会、专业协会的联系,不断开辟新的客商源。加强与驻区单位联系,拓展招商资源,主动与晨光集团有限责任公司协调,共同打造晨光高新科技园。建立与市轻工、纺织、机电等集团的联系,争取资源进行招商。

秦淮区对外开放经济座谈会

【举办开放型经济成果巡展】 9月19~20日,区政府举办开放型经济成果巡展,展示区开放型经济成效,宣传良好投资环境,参展企业有集专业研发、生产及销售新一代涡旋式汽车空调压缩机为一体,投资总额2664万美元,注册资本1446万美元的南京奥特佳冷机有限公司,有投资总额2990万美元、注册资本1345万美元的南京翡翠金轮置业有限公司以及投资总额614万美元、注册资本307万美元的南京金轮房地产开发有限公司。有年纳税近5000万元的英业达集团(南京)电子技术有限公司和南京宁德汽车服务有限公司等18家企业。展览于9月19日在白鹭宾馆举行,20日移至政府一楼大厅继续展示。

【投资环境说明会暨签字发照仪式】 9月20日下午,投资环境说明会暨签字发照仪式在白鹭宾馆举行,市委副书记杨植、副市长蒋裕德、市政协副主席钱继红及160位海内外客商出席,区长徐耀新向来宾介绍区经济发展环境。会上有5个项目签约,7个项目发证,4个项目发照,项目总投资额达8亿多元。南京新世界礼品有限公司,在巩固发展5家公司的基础上年内又新建南京恒纺纺织公司。全年有14家公司增资扩股,其中南京金轮房地产开发和翡翠金轮置业有限公司年累计增加注册资本1300万美元。

【印尼华商考察区投资环境】 10月7日,印尼华商投资考察团一行20人到区考察投资环境。外经局局长向客人介绍区投资环境,考察团重点了解房地产、商业、物流等服务业利用外资的现状和发展前景。

【为台商提供全程无偿代办服务】 8月25日,台商顾洪钧先生到区进行投资咨询后,当即决定投资兴办玩具厂,在填完相应表格留下定金后回台湾处理其他事务,该公司的所有事务委托区外经局全程代理。9月18日,顾先生从台湾赶到南京,得知开办公司的所有手续均办妥,心情激动,在投资环境说明会暨签字发照仪式上即席发言,赞誉秦淮区投资环境。

【德国科倍隆收购南京科亚公司】 8月,世界知名的塑料机械公司——德国科倍隆国际有限公司收购南京科亚实业有限公司部分股权,投资总额2500万美元,注册资本1000万美元,成立科倍隆科亚实业(南京)机械有限公司,实现强强联合。此前,原科亚实业有限公司主要产品双螺挤出机产品质量、技术,产品开发、销售居全国同行业首位。

【30 家企业自营出口】 2004 年,通过执行出口退税、出口贴息政策和对中小企业国际市场开拓资金的扶持,全年区内有出口实绩的 33 家企业,出口创汇 4141 万美元,完成年计划的 124.7%,同比增长 40.30%。

2004 年区出口企业及金额

表 11　　单位:万元

企业名称	本期金额	上期金额
北盛制衣有限公司	190.08	331.41
斯通柯电子科技有限公司	7.79	14.17
派格远东户外用品有限公司	114.45	86.82
顾威制衣有限公司	557.18	567.56
宏光天鹏户外用品有限公司	67.54	4.73
曼奈柯斯电器有限公司	7.77	8.77
晨光东螺波纹管有限公司	478.06	388.99
奥特佳冷机有限公司	2.71	—
宁禄科技有限公司	4.53	14.52
金源造明灯饰有限公司	8.51	—
华德仓储设备制造有限公司	50.17	31.38
科亚科技发展有限公司	100.79	—
三丽时装精品(南京)有限公司	16.75	74.97
新世界礼品有限公司	130.91	30.96
世富制衣有限公司	7.16	293.16
利鹏工艺品有限公司	—	43.04
富华制衣有限公司	142.73	98.28
美华达轻纺有限公司	6.14	—
美华达礼品有限公司	—	6.26
美东纺织品有限公司	107.07	—
鸿科电子有限公司	61.42	34.33
强新企业有限公司	505.94	473.90
恩宝盛园艺品制造有限公司	384.28	199.74
佳盛(南京)服饰有限公司	189.01	75.34
优宝工艺品有限公司	—	1.29
信昭(南京)电子有限公司	5.35	—
世富岗田服饰有限公司	294.77	49.93
飞天玻璃实业有限公司	79.86	72.29
万润达科贸实业有限公司	56.97	26.56
百安贸易有限公司	197.71	24.07
金鑫兄弟实业有限公司	75.23	—
锦绣宝服饰有限公司	4.14	—
必隆工贸有限公司	285.94	—
合　计	4140.96	2952.47

【内资企业出口增幅提高】 2004 年,区内资企业出口增势强劲,全年通过审核拥有出口权的内资企业 25 家,有出口实绩的自营出口内资企业由 2003 年的 3 家增至 6 家,出口额由 123 万美元增至 700 万美元,同比增长 467%。

2004 年成立外商及港台商投资企业一览表

表 12　　单位:万美元

类型	企业名称	投资者名称	合同外资
工业	南京好生活家用电器设备有限公司	程雨(美国)	12.75
	南京东鹏服装有限公司	章光晨(美国)	400.00
	南京昡晟包装机械有限公司	朱永源(台湾)	7.50

续表

类型	企业名称	投资者名称	合同外资
工业	南京艺美晶透光人造石装饰材料有限公司	CATHAY DEPOT INC(美国)	10.00
	万诺邦(南京)电子有限公司	美商万邦国际集团(美国)	10.00
	南京磊业纺织品有限公司	程小磊(香港)	400.00
	南京高享电子有限公司	董俊德(台湾)	600.00
	南京笃田服装有限公司	日本笃田株式会社(日本)	6.10
	科倍隆科亚(南京)机械有限公司	德国科倍隆国际有限公司(德国)	1000.00
	凡太奇精品玩具(南京)有限公司	顾洪钧(台湾)	10.50
	南京恒纺纺织品有限公司	LPF服饰有限公司(美国)	80.00
	南京嘉仁电子有限公司	嘉信科技公司(英属维尔京群岛)	25.00
	南京中航宏光户外用品有限公司	香港鸿程发展有限公司(香港)	9.75
服务业	南京诚隆商娱购物中心有限公司	英属维尔京群岛	295.98
	南京百骏餐饮管理有限公司	香港金达投资有限公司(香港)	80.00
	南京圣力达炜烨投资咨询有限公司	香港炜烨国际投资集团(香港)	10.00
	南京卡美汽车装饰服务有限公司	梁正朝(台湾)	5.40
	南京海隆信担保有限公司	邱雪梅(台湾)	2926.00
	南京天乐美食有限公司	李世耀(台湾)	260.00
	南京雄厚餐饮有限公司	蔡　丁(台湾)	100.00
	南京悦世餐饮有限公司	吴慧萍(台湾)	100.00
农业	南京世外桃源农业发展有限公司	彭金凤女士、谢淑玲女士(台湾)	12.00
合计	—	—	6360.98

(戴大梁)

管理与监督

【商贸局转变管理职能】　2004年,区商贸局根据市商贸局和市规划局的要求,完成全区大型商业网点调查标图、夫子庙美食一条街和大明路汽车街专项统计与分析,并上报给市政府相关部门。完成《南京秦淮特色商贸发展规划研究》初稿。在2003年试行的基础上,启动、运作全区限额以上商贸企业、餐饮行业和亿元以上市场的在地统计工作,建立辖区内12家餐饮企业、5家汽车企业、2家大型商贸企业、1家亿元市场的每月必报经济信息网络。为企业提供良好服务,依据区政府《关于扶持重点企业发展的工作意见》精神,走访新香园酒店、盛德食府、钱塘人家大酒店、润泰市场等多家规模企业。对南方钢板实业有限公司、江苏夫子庙购物中心有限公司给予跟踪服务。

【商贸局118家企业完成改制】　2004年是商贸局直属企业改制的第四个年头,前三年经济效益相对好,矛盾问题相对少,债务相对单一的企业先行完成改制,剩下的企业存在着债务大,产权不清晰等问题,改制操作比较困难。商贸局立足自身,克服困难,在确保规范操作和工作质量的前提下,稳步推进企业改制工作。年内完成新兴商厦、区燃料公司两家企业的产权改制,两公司由博脊商贸实业公司以零资产整体收购,带走职工541人(其中在职173人、退休340人、保养28人)。至12月底,全系统累计完成118家企业改制任务,占应改制127家企业的93%。改制完成企业带走职工6929人(在职职工3266人,退休职工3454人,保养209人),占职工总数7293人的95%。有2874名在职职工与新企业签定劳动合同,并经过劳动部门的鉴证。

【查处不合格猪肉及豆制品】 2004年,商贸局根据市政府对放心蔬菜、放心肉、放心豆制品工程建设政策要求,加大对猪肉、豆制品销售的监管力度。1月,查处武定新村农贸市场和秦虹农贸市场注水肉2起,没收注水猪肉100公斤并销毁;6月21日,查处、没收南珍珠巷农贸市场5位小刀手违法经营未检疫猪肉150公斤,并给当事人以罚款处理;8月,取缔红花街道广洋村和大校机场附近私屠乱宰2起。7月,在市场检查中,发现三个农贸市场所售凉粉无生产日期,及时给予没收并限期整改。9~10月,4次突击检查夫子庙农贸市场东大门口自发的豆制品批发交易场所。对全区挂牌农贸市场的豆制品经营户进行审查后,申报市豆制品整顿办公室批准,发放公示牌35块。

【14个农贸市场建立检测室】 2004年,全区14个室内农贸市场建立蔬菜检测室(点),配备专(兼)职检测人员14人。部分农贸市场还配备检测仪、电冰箱等设备。6月4日,举办辖区各农贸市场全体蔬菜检测员培训班,提高检测人员工作技能和检测精确度。"三一五"期间,各农贸市场向消费者免费散发如何识别问题猪肉、问题豆制品宣传单2000份。

【建立50家放心早餐点(店)】 2004年,引进三鸿放心早餐有限公司和大点放心早餐有限公司,本着方便居民生活的原则,商贸局与相关街道和夫子庙管理办公室共同磋商放心早餐车、放心早餐店的具体布点位置,完成放心早餐工程50个点(店)的目标任务。其中玉荷塘饭店、奇芳阁茶社、莲湖糕团店被评定为示范店,蒋有记包饺点、四鹤村面馆、包顺兴面馆被评定为达标店,并授予放心早餐达标店牌匾。

【落实安全生产检查措施】 2004年,商贸局联合工商、消防、安监等部门对辖区内润泰市场、银桥市场、木材市场、金榜大市场、好又多超市、长乐路苏果店及13家市场进行安全联合大检查。全年共组织检查18批次,参加人员70人次。6月,组织改制单位26名分管安全的领导、保卫干事进行消防知识培训,请省消防总队专家进行消防知识讲座,增强参训人员安全防范意识,熟悉安全工作技能。强化安全工作责任制,并与各代管公司签订安全生产责任状。全年组织安全教育培训8场,其中特殊工种培训2期,参训人员220人次。加强宣传,做到群防群策。共出安全生产黑板报12块,张贴安全工作宣传标语180张,悬挂安全生产横幅4条。

【商贸局领导深入基层调研】 2004年,区商贸局组织全局人员深入基层调查研究,掌握第一手资料,为机关服务基层提供平台。局领导和机关干部结合工作实际,每人撰写调研文章。局工委书记张保华和办公室主任於长贵以夫子庙饮食有限公司改制后用新机制促进企业经济效益大幅度提升为题材,撰写的《企业发展的本钱》调研文章,分别在《金陵瞭望》、《南京商贸》杂志上登载。副局长江淳和罗君对全区23家"老字号"企业的现状、近年来开发、利用中遇到的问题进行调研,就如何加快"老字号"的发展提出建议,文章在《秦淮调研》第2期上刊登。同时完成"十一五"计划前期调研"加快商贸服务业的发展与整合的思路与对策"、"对特色商业街区培育之思考"两个专题。

【完成《南京秦淮特色商贸发展规划研究》初稿】 2003年7月,区商贸局邀请专家、学者参与撰写《南京秦淮特色商贸发展规划研究》,2004年完成初稿。初稿对秦淮特色商贸发展进行比较客观的评估,分析今后的发展有利机遇,提出2005~2012年全区商贸经济发展的基本思路和发展重点。 (於长贵)

工　业

综　述

【概述】 2004年,区委、区政府把发展工业作为实现富民强区的第一方略。坚定不移地加快都市型工业发展,提高工业经济运行质量。年内,全区集中精力培育和发展优势工业项目,重点向高新技术产业、制造业等方面转移,提高产业聚集、辐射能力,形成竞争优势。同时加强扶持规模企业,实施"四定"(定领导、定部门、定目标、定责任)联系制度,引导企业进行结构调整和产业升级,争创名牌产品。有效整合区域发展资源,发展楼宇经济,打造工业企业发展平台,全年新办注册资金1000万元以上企业13家。全区工业经济保持持续、稳步的发展态势,实现工业总产值34.34亿元。其中43家年产值500万元以上规模企业实现总产值21.68亿元,同比增长18.9%,增加值4.73亿元,同比增长24%,销售收入20.67亿元,同比增长19%,产销率达96.7%。工业利税1.42亿元,同比增长10.5%。全年完成工业投入3亿元,同比增长33%,其中,1000万元以上工业投资项目8个。全年新产品开发10项,完成新产品销售额6.44亿元,新产品产值率达29.9%,其中,通过国家级鉴定的7项,获国家级知识产权的3项。强化企业内部管理,着力提高产品质量,积极参与市场竞争,全年8家工业企业通过ISO 9000质量体系认证,2家企业的商标获市著名商标,3家企业产品获市名牌产品。

（冯锦明　朱仕伙　徐庆贞）

【8家工业企业通过ISO 9000质量认证】 2004年,工业企业贯彻落实质量第一方针,抓企业管理与产品质量,南京凯特印刷有限公司、南京由尔达金属制品有限公司、南京信昭电子有限公司、南京紫燕食品有限公司、南京国泰消防设备有限公司、南京东风电器设备厂、南京虹达印务有限公司、南京旭飞光电有限公司8家企业通过ISO 9000质量体系认证,截至年底,全区累计通过ISO 9000质量体系认证的工业企业达40多家。

【扶持重点企业发展】 2月25日,区政府出台《关于扶持重点企业发展的工作意见》,主要扶持措施有实行定点联系责任制,实施"四定"(定领导、定部门、定目标、定责任),帮助企业做好指导、服务和协调。成立区扶持重点企业办公室,及时协调解决重点企业问题,实行不定期联审制度,对重点企业扩大生产经营用地,实行优先保障,实施低标准收费。严格实行不告不查制度,组织重点企业参加各类项目经济招商活动。凡企业创建研发中心获得市级以上验收通过的给予扶持资金,鼓励重点企业发展名牌产品,对获得市级以上名牌产品和著名商标的企业,区政府给予一次性奖励。

【推行重点企业挂钩联系服务制】 4月28日,区委、区政府联合下发《秦淮区关于实施重点企业挂钩联系服务的通知》,全区排出62家重点企业分别与19位区四套班子领导和28个责任部门建立挂钩联系制度。建立62家重点企业基本情况资料库,编发5期扶持重点企业简报,架起政府与企业沟通的桥梁。主要措施是各责任部门按照分工,全面深入了解企业基本生产经营情况及需政府协调解决的问题。区领导、责任部门与企业建立常规的联系制度,区领导每年不少于两次,责任部门每季度不得少于一次。区政府每年召开一次工作通报会,专题听取有关部门汇报。

【计经局落实扶持企业措施】 2004年,秦淮区发展计划与经济局(简称计经局)走访企业40余家,针对能源紧张、工业原材料涨价,部分工业企业生产受到影响等因素,及时帮助南京新香园、钱塘人家大酒店、南京科亚、南京长澳医药4家企业解决夏季用电紧张问题。分别为南京凯特印刷有限公司、南京科亚实业有限公司等企业争取省市工业扶持资金20万元和20万元以上。为南京金源造明、南京蓝雁电器等8家企业协调解决生产经营过程中遇到的困难。

(冯锦明 朱仕伙)

【20家农村企业向银行贷款4957万元】 2004年,区计经局帮助20家农村集体企业以农村集体资产产权证做抵押向银行贷款4957万元,解决企业因扩大生产规模造成资金不足的困难。其中储运中心贷款210万元,扩大储运物流规模。广洋村贷款180万元,扩大再生产。翁家营村贷款100万元,兴办仓储物流,村级财政收入年递增5%。珠江客运公司贷款500万元扩大经营规模,建设6000平方米综合楼宇,形成集汽车销售、客运、餐饮、旅游、宾馆服务一条龙经营。惟思得贷款300万元,解决流动资金短缺困难,增加销售500万元,新增税收50万元。南京金源造明灯市有限公司贷款595万元,新增销售收入800万元,税收60万元。 (喻耀祺)

【晨光集团推行专项质量管理取得成效】 2004年,晨光集团开展企业专项质量整顿工作,查找薄弱环节,制定切实可行的措施,完善落实各级责任制。通过新时代认证中心军品换证后的第二次、第三次监督审核。

企业推行6S管理及股份公司推行精细化管理取得成效,全面完成清产核资工作,并通过航天科工集团和国资委审核。加强全面预算管理,建立预算反馈制度,重点做好预算组织、协调、监控、检查等工作,形成闭环管理。企业还启动"十一·五"规划及"十一·五"科技发展规划的编制工作,参与国防科技工业"十一·五"发展规划编制,有16个课题进入航天科工集团规划编制计划。

【晨光集团党委获省先进基层党组织称号】 "七一"前夕,中共晨光集团公司党委分别被江苏省委和航天科工集团第四事业部党组授予先进基层党组织称号。多年来,晨光集团公司党委积极探索新形势下党建和思想政治工作的新途径、新方法,形成一整套党建和思想政治工作制度。公司党委努力做到聚精会神抓党建,全心全意为发展,使公司连续多年保持全国思想政治工作优秀企业、省市文明单位等称号。

【晨光集团获国家守合同重信用企业】 4月,人民日报等7家中央新闻媒体公示晨光集团被列入国家工商行政管理总局命名的守合同重信用企业名单,晨光集团一贯重视合同暨信用管理工作,企业建立合同管理网络,制定22个与合同暨信用管理相关的管理制度,并能注重强化内部监控,严格规范合同管理。

【4位领导视察晨光集团】 3月22日,航天科工集团公司总经理殷兴良一行到晨光集团调研视察。晨光集团董事长陈孟荦向殷兴良一行汇报公司改革与发展、事业部改制等情况。之后,殷兴良一行在公司党委书记万来源、总经理杨少华等陪同下,视察晨光集团。6月11日,解放军第二炮兵政委彭小枫一行到晨光集团检查指导工作。航天科工集团副总经理薛利、总经

理助理李跃和晨光集团主要领导参加接待。6月12日，中国机械联合会会长于珍一行到晨光集团检查指导工作。晨光集团科技委主任陈孟荦向于珍一行介绍公司发展历程。股份公司副总经理吴启宏介绍民品市场开发和5大类民品的经营生产情况。8月3日上午，南京市副市长奚永明视察晨光集团公司。肯定晨光集团改革创新工作取得成绩。　　（宋安勤）

2004年秦淮区规模企业工业产值一览表

表13

序号	单　　位	工业产值
1	佳安思时装(南京)有限公司	23388
2	江苏科亚化工装备有限公司	23940
3	南京斯威特新技术创业有限责任公司	22600
4	南京富华制衣有限公司	13753
5	南京顾威制衣有限公司	7631
6	南京奥特佳冷机有限公司	9324
7	南京八达通信设备厂	6521
8	江苏盛世华依有限公司	1238
9	南京北盛制衣有限公司	7464
10	南京普天鸿雁电器有限公司	7800
11	南京音飞货架制造有限公司	7300
12	南京恒星自动化设备有限公司	4996
13	南京飞龙游乐设备有限公司	4950
14	南京华德仓储设备有限公司	5880
15	南京浦江稀土合金厂	6003
16	南京强新企业有限公司	4106
17	南京金源造明灯饰有限公司	2668
18	南京鸿发铝型材有限公司	3020
19	南京索特包装制品有限公司	2918
20	南京惟思得机电有限公司	3088
21	南京旭飞光电有限公司	1945
22	南京世富制衣有限公司	1707
23	三丽时装精品(南京)有限公司	860
24	南京弘达汽车维修有限公司	534
25	南京虹园清真食品厂	1468
26	南京贵金属厂	3912
27	佳盛(南京)服饰有限公司	724
28	南京始兴电子有限公司	1300
29	南京远东香精香料有限公司	705
30	南京赛立克服装皮件有限公司	4236
31	南京西普尔电子有限公司	610
32	南京正欣达锻造机械厂	1673
33	南京大宝服饰有限公司	1005
34	南京无线电五厂	628
35	南京金拓工具制造有限公司	1051
36	南京鸿科电子有限公司	2315
37	南京广龙厨具工程有限公司	2146
38	南京西丽食品有限公司	1751
39	南京天盛混凝土有限责任公司	4533
40	南京三和铝业制造有限公司	4118
41	南京擎天电力器材有限公司	2651
42	南京虹达印务有限公司	3261
43	南京兴盛纺织有限公司	5044
	合　计	216765

2004年秦淮区新办企业一览表
（注册资金1000万元以上）

表14

序号	企业名称	注册地址	注册时间	注册资金（万元）
1	南京世鑫杉盛汽车销售服务有限公司	大明路276号	01.17	1000
2	南京中船绿洲物资有限公司	中华路510号	04.20	1100
3	南京夫子庙市场服务有限公司	长乐路131号	05.11	1000
4	江苏米兰汽车贸易有限公司	大明路60号	05.24	1000
5	南京联盛汽车销售有限公司	大明路168号	06.03	1000
6	江苏泰富投资实业有限公司	大校场路9号	06.09	1000
7	南京保利城置业有限公司	中华路518号	07.01	1000
8	南京威富投资担保有限公司	大校场路28-1号	09.08	1000

续表

序号	企业名称	注册地址	注册时间	注册资金（万元）
9	南京家居乐龙蟠建材有限公司	龙蟠中路403号	09.08	2000
10	南京宏光汽车附件有限公司	红花双桥新村	09.17	1000
11	科倍隆科亚(南京)机械有限公司	中华路278号	09.20	1000(美元)
12	南京厦华石业(集团)有限公司	果园村柴园北路127号	11.05	265(美元)
13	南京居易置业有限公司	实辉巷10-1号	12.16	1800

（冯锦明）

技术改造

【凯特印刷引进高速多彩印一体化生产线】 南京凯特印刷有限公司(简称凯特印刷)是从事书刊杂志、样本画册、商业宣传、零件印刷等生产型企业。2004年企业实现销售产值1000多万元,完成工业利税100多万元。为加快企业发展,投入950万元加大技术改造。其中,投入92万美元从德国引进海德堡CD-102-4胶印机、高速多彩印一体机生产线。该项目投产后,增加广告、包装、彩色等系列印刷品种,预计新增产值3200万元,利税550万元,该技改项目获省赠予加快民营企业发展扶持资金20万元。

【广龙厨具工程公司技改后竞争力增强】 南京广龙厨具工程公司是从事宾馆、饭店厨具设计、加工生产型企业,2004年实现工业总产值2146万元。为扩大企业生产品种,增强企业竞争力,投入200万元购置液压式数控冲床、数控电液服同步折弯机,加快生产设备改造,该项目的投入使用,提高企业产品加工精度和加工效率,拓宽销售渠道,新增销售产值将比上年度增加一倍以上,利税100万元以上。

【宏佳机械制造有限公司引进海外技术】 南京宏佳机械制造有限公司是生产汽车专用零部件生产型企业,2004年实现销售910万元,实现工业利税200多万元。为拓展国外市场,投资1850万元进行生产、实验设备技术改造,其中,利用外汇115万美元从德国、中国台北引进贝氏体热处理设备和自动成型机等设备。该设备建成投产后提高企业生产能力,增强企业产品在国外市场竞争力,预计新增销售产值4000万元,利税550万元,创汇100万美元。

（冯锦明　朱仕伙）

【晨光集团引进德国RTP管生产线】 南京晨光集团有限公司(简称晨光集团)引进德国Krauss Maffei公司的RTP管生产线项目,于2004年3月正式签约。这笔价值210万欧元的合同是国债项目,包括制带、制管两条生产线,生产具有防腐、耐压性能和有良好柔性、极高性价比的增强塑料复合管。该项目计划一年后投产,届时晨光集团将成为全国首家生产RTP管的厂家,其产品主要用于石化行业。（宋安勤）

【北方光电新建兵器工业信息化产业基地】 9月27日,中国兵器工业集团公司批复同意南京北方光电有限公司(简称北方光电)在江宁经济技术开发区建设兵器工业信息化产业基地。信息化产业以信息技术引领光电产业发展方向,公司与有关院校、研究所联合开发高技术含量和高附加值的军需品和民品,实现企业军民品跨越式发展。该项目建设共投资8.17亿元,占地30万平方米,按照一次规划、分步实施的

原则,年内完成前期工作。（戴世友）

【二机床公司创新基金项目通过验收】 4月2日,市科技局受国家科技部创新基金管理中心委托,组织专家验收第二机床有限责任公司(简称二机床公司)申报的“数控高速滚齿机设计与制造”项目,经过审查相关资料和现场考察,项目综合评分为92分,一致通过国家科技部项目验收。该项目2000年9月申报,2001年8月签订责任书,经2年半努力实现的。（王　宇）

【二机床公司抢救供水管爆裂被淹设备】 1月31日下午,凤台路高架路段,一根直径800毫米的主供水管突然爆裂,路面最深处积水达30厘米,第二机床有限责任公司在此地段的外围墙也被水流冲击倒塌,大件、轴齿、装配等制造部门相继遭受水淹,部分设备和待加工零件被浸泡水中,主供电电缆遭水淹,导致这几个制造部门停电,生产受到影响。事故发生后,该公司领导立即赶赴现场,组织80名员工加班堵水抢救设备,8个小时后排除险情,恢复正常生产,事故造成的经济损失由有关部门妥善处理。（徐廷华）

【二机床公司25名员工获高级技工证书】 年初,在二机床公司倡导提升工作技能,增强整体素质的政策鼓舞下,技术岗位员工通过不同途径,自觉参加岗位技能培训。截至10月底,一线在岗员工中车、钳、刨、磨、镗、数控加工中心及维修电工等8个专业共25人分别通过市职业技能鉴定中心考核,获高级技工资格。至此,该公司高级技工队伍比例由2003年的13%上升到18%,一级、高级技工队伍扩大,为公司发展奠定基础。（刘曙光）

【晨光集团科技人员获国家多项奖】 6月9日,通过考查和面试,博士姜守达进入晨光集团博士后科研工作站工作,为该站引进的第二位博士。姜守达是航天系统计算机测控技术方面的青年专家,主持过国家自然科学基金、航天创新基金、航天支撑基金和总装预研项目,先后获得国家及部级以上6个奖项。7月2~6日,在北京举办有近百名选手参加的第二届中国航天科工行业技能竞赛中,晨光集团七名选手夺得团体总分第三名。其中,鲍延华获铣工比赛第三名,被国家劳动和社会保障部授予全国技术能手称号;吕明获钳工比赛第四名,被航天科工集团授予航天技能大奖。万浩、张毅分获钳工比赛第五、第六名,被航天科工集团授予航天技术能手称号。（宋安勤）

生产与经营

【区域工业投入3亿元】 2004年,区计经局以科学发展观为指导,坚持工业第一方略不动摇,抓重点项目和载体建设。全年投入3亿元,在62个重点工业投资项目中,用于技术改造的项目有10个,投资0.8亿元。用于新产品开发的项目有9个,投资0.31亿元。用于基础设施建设和标准厂房建设的项目有33个,投资1.9亿元。

【区域6项产品获市名牌称号】 2004年,全区工业企业进一步落实品牌强区发展战略,强化品牌意识,南京飞天玻璃制品有限公司生产的钢化、中层、夹层、防弹玻璃,南京奥特佳冷机有限公司生产的奥特佳牌涡旋式无氟环保汽车空调压缩机,南京华德仓储设备制造有限公司生产的仓储钢制货架等6项产品获2004年度市名牌产品。南京音飞货架制造有限公司的“音飞”牌商标、南京飞天玻璃实业有限公司的“飞天”牌商标,获市著名商标。截至年底,全区工业企业累计有南京市著名商标4个、名牌产品9个。（冯锦明　朱仕伙）

【二机床公司2台新产品赴沪京参展】 4月12日,该公司研制开发的YD3612CNC数控干式滚齿机和W9500CNC数控卧式滚齿机参加在上海举办的2004年中国数控机床展览会。YD3612CNC数控干式滚齿机为环保型产品,整个加工过程不需冷却液。W9500CNC数控卧式滚齿机是从国外引进的八轴数控滚齿机,专为仪表、电动工具加工的配套机床。6月22日,上述新产品赴北京参加第七届国际机床工具产品展览交易会。送展前,根据上海展览会用户意见,对产品进行改进,各项技术性能进一步得到改善。 (徐廷华)

【晨光集团民品开发经营实现新突破】 2004年,晨光集团以民品为主的股份公司,通过合资合作引进先进技术,进一步巩固专用车辆和波纹管产品在行业中的龙头地位;以压缩式垃圾车为代表的环保科技产品,市场竞争力不断提高,产品多元化、经营专业化的格局基本形成,营销属地化工作逐步展开。全年实现订货额比上年增长15.3%,回款额比上年增长11.4%。

晨光集团所属地面设备公司,坚持开拓民用市场。其中,高压水射流技术的应用性研究取得突破性进展,具有国内先进水平的250兆帕和140兆帕两种高压清洗机样机问世,计量泵研发及批产得到客户认可。以卡特彼勒协作加工为代表的配套协作方式,为各专业加工分厂外协业务的发展,走出一条新路。

晨光集团民品龙头产品—低温液体运输半挂车

【晨光集团资本运作取得新成果】 2004年,晨光集团以1.6亿元受让航天科工集团持有的航天汽车34%的出资,由于航天汽车持有航天三菱(中国、日本和马来西亚3国5家公司组成的合资企业)30%股权。此次股权收购,晨光集团间接持有航天三菱10%的股权,并介入汽车发动机生产领域。

晨光集团托管经营苏北地区一家补偿器公司,并利用晨光集团的品牌、技术、营销网络以及当地用工机制灵活和低成本的优势,争夺热电(低端)补偿器产品市场,进一步扩大补偿器产品市场份额,巩固市场领先地位。

(宋安勤)

【北方光电完成工业产值1.88亿元】 2004年,北方光电形成从事光机电类军民品科研开发、批量生产和质量控制三大综合能力。全年完成工业产值1.88亿元,创企业历史最好水平。该公司是中国兵器工业集团公司直属的重点保军企业,是兵器行业中光电火控系统、陆用惯导产品、车辆综合电子和单兵武器作战单元等武器装备研制生产的重要企业之一。

(戴世友)

【晨光集团工业产值同比增长11.17%】 2004年,晨光集团围绕统筹兼顾,营造优势,创新发展,富民强企工作主题,实现年度奋斗目标。全年,工业成品产值同比增长11.17%;销售收入同比增长12.95%。全员劳动生产率同比增长1.67%,实现利润总额同比增长187.86%;职工年人均收入比上年增长18.1%。民品开发以新产品带动企业技术进步,市场竞争力不断提高,资本运作取得良好效果,股份公司获得新的利润增长点。推行6S管理及精细化管理收到实效,各项管理考核指标全面完成。至年末,先后获国防科工委国防科技工业质量先进单位、全国机械行业企业文化建设先进单位、首届航天科工质量奖和航天科工集团管理创新先进单位等称号。 （宋安勤）

【北方光电重点投资项目全面启动】 2004年，北方光电有限公司重点工程条件保障建设项目全面启动。该项目经过2003年的方案论证与实地考察，按计划完成投资2000万元的技改项目，完成63台/套产品开发设计应用硬件、软件及加工设备改造、检测及公司级单项验收，41台外购标准仪器和大型精密仪器投入使用。重大投资项目相继实施，提高公司在科研开发、生产制造、总装总校、试验检测等方面的综合能力。 （戴世友）

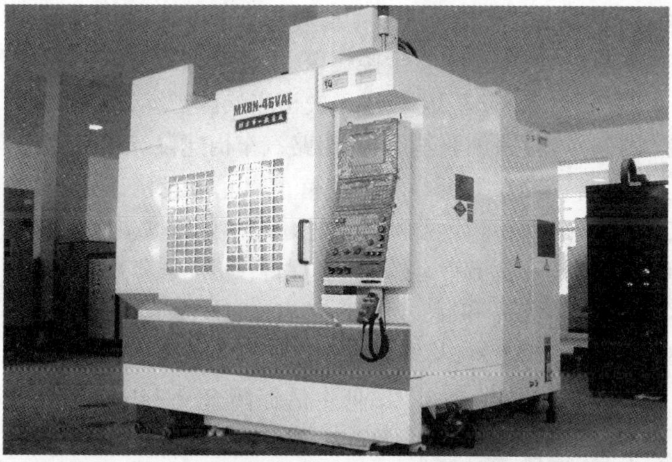

北方光电新购精密仪器

产权制度改革

【南京虹园清真食品厂完成改制】 5月12日，区经济体制改革办公室批复同意南京虹园清真食品厂企业改制方案。改制采取经营者收购方式，企业所有职工与企业脱离劳动关系，实现身份置换，改制后企业全部接收原企业职工，计提职工安置备付金，设立专项留存于新组建企业，用于职工劳动关系的变更和调整。5月19日，南京虹园食品有限公司正式成立，街道最大的一家集体所有制企业完成改制，注册资金122.5万元，原经营者等7人出资组建，有职工137人，占地面积3184平方米，其产品“夫子庙”牌炒货、蜜饯、糕点等，是南京名牌，在南京及周边地区有一定知名度。该厂原是隶属于街道劳动服务公司的一家集体所有制企业，始建于1991年8月16日，主要经营炒制品、蜜饯果脯、糕点等加工销售。 （徐汉铭）

【北方光电用人制度改革】 12月16日，北方光电用人制度改革通过中国兵器工业集团公司的评估验收。北方光电是中国兵器工业集团公司用人制度改革的试点单位。年初起，公司围绕一年打基础，构建新体系，两年上水平，再上新台阶的工作思路，实施战略前瞻、系统构思、分步实施、过程控制，力求实效、追求卓越的工作模式，在做好流程再造、岗位梳理、岗位分析、职位说明及建立制度、定岗定编定责等前期工作后，引入竞争机制，包括一般员工的竞聘和中层管理人员的竞聘，实施绩效工资制。全面推进用人、用工、分配制度的改革，初步建立人力资源管理与开发新体系。 （戴世友）

【6家校办企业完成改制】 2004年，校办企业公司按照区政府彻底改，改彻底总体要求，完成文枢中学城堡保安器材厂和城堡交通器材厂、第二十七中学城南机械厂、原红光中学水质测试剂厂、钓鱼台小学振教印刷厂、校办公司供销经理部6家企业的改制工作，按相关政策稳妥分流安置职工20多人。五洲电机厂、新洲饭店、凯福水电工程安装处和精艺木器厂4家校办企业改制工作延至2005年完成。 （宁 军）

财税·金融

财　　政

【概述】 2004年,区财政工作以科学发展观为指导,不断提高财政的执政能力,促进秦淮经济建设和社会各项事业的发展。年初起,区财政局组织财政收入,培植财源,深化区街财税体制改革,完善《区街财税考核办法》,夯实税基。同时,强化招商引资,完善经济发展扶持政策,新办企业1336家;全年完成财政收入8.17亿元,剔除出口退税及增值税"免、抵、调"因素,比上年增长16.8%;落实预算内支出4亿元,比上年同期增长18.3%,实现财政收支平衡。

财政部门采取多项措施,强化增收节支,全程监督管理部门预算编制、资金下达、资金使用情况,强化国库集中支付管理,不断完善行政事业单位工资福利统发工作;加强会计结算工作,完善会计集中核算运作程序;专户管理预算外资金,不断完善收支两条线管理程序;政府采购实行"阳光"操作,不断扩大政府采购项目,提高财政资金使用效益,促进党风廉政建设。

优化财政支出结构,确保重点事业发展。全年教育经费支出6771万元,同比增长37.1%,其中投入1462万元补助第二十七中学、文枢中学、第四十三中学及考棚小学等11所中小学教学楼建设,添置信息化教学设备;投入3337万元,用于夫子庙景区扩容升级和区科技园创业基地、大明路汽车街建设等项目支出;投入1543万元,扶持重点企业挖潜改造,科技创新和公益基础设施建设。区财政局在安排年度支出中,注重社会保障支出,全年用于抚恤、救济和社会保障支出1841万元,同比增长29.9%,其中与市配比安排524万元,发放城市最低生活保障金9.14万人次;安排397万元购买公益性岗位安置待业人员,确保社会稳定。

(徐庆贞　王永华)

开展依法征税宣传

【财政收入增长23.5%】 2004年,区财政局组织财政收入,大力培植财源,夯实税基。全区实现财政总收入81651万元,按照中央分税制和市区财政体制,全区财政总收入中,中央收入39170万元,市共享收入19931万元,地方财政收入22550万元,同比增长23.5%,比预期目标增加9.5个百分点。全区可用财力40701万元,其中当年可用财力32965万元,省市专项和上级政府补助7189万元,上年结余547万元。按照地方一般预算收入口径,主要收入项目:增值税4793万元,同比增长5.1%;营业税10453万元,同比增长32.6%;企业所得税2346万元,同比增长37%;个人所得税1125万元,同比增长18.9%;房产税1214万元,同比增长12.5%;印花税499万元,同比增长31.6%;车船税302万元,同比增长221.3%;罚没收入1093万元,下降4%;缴入国库管理的行政性收费400万元,其他收入313万元。此外,基金收入12万元。从收入结构看,对地方收入贡献率较高的税种比重上升,罚没收入等比重下降,全区可用财力增加。

【财政预算支出5.62亿元】 2004年,全区财政综合预算支出5.62亿元。预算内支出4亿元,同比增长18.3%,其中:省市专项和上级补助7189万元,区本级预算内支出3.28亿元,同比增长18.2%;预算外支出1.62亿元。

全年预算内财政支出较上年度有增有平,支出结构科学合理。按照国家预算支出科目划分:基本建设支出40万元,企业挖潜改造资金590万元;科学事业费支出37万元,同比增长32%;科技三项费用485万元,与上年持平;农水项目补助和农业、水利事业费支出62万元,与上年持平;工交事业费支出117万元,同比增长28.6%;其他部门事业费支出562万元,同比增长28.9%;文体广播事业费支出1146万元,教育事业费支出6771万元,同比增长37.1%;卫生事业费支出2223万元,同比增长18.6%;离退休人员经费支出5169万元,同比增长22.2%;抚恤、救济费和社会保障补助支出1892万元,同比增长33.5%;行政管理费支出6161万元,同比增长33.9%;检法司支出2231万元;城市维护费支出4623万元;其他支出5737万元,同比下降0.7%;专项支出(上级补助)2132万元;基金支出34万元。

【细化部门预算编制】 2004年,区财政部门采取综合、零基、滚动的方式,科学合理地编制部门预算。在编制过程中,充分考虑部门预算编制的科学性、规范性和可操作性,把每项资金安排在刀刃上。通过细化预算支出科目体系和较科学的定员定额标准,进一步细化机构经费预算编制;各预算单位所有的预算内外收支统一纳入部门预算;通过规范项目管理方式,审核和编制专项支出预算,改变过去预算内外资金分而治之、基数加增长、资金按系统切大片编制预算的做法,解决专项资金未落实到部门或项目的问题。财政部门对预算编制、预算下达、资金拨付到资金使用的全过程进行监督管理、追踪问效,从严控制支出预算总规模,确保当年财政收支平衡。

【强化国库集中支付管理】 2004年,区财政局坚持预算与资金相分离原则,加强国库集中支付管理,不断规范工资、奖金统一支付形式,进一步完善单位报盘、人事审核、财政支付、银行代发、个人取款工作机制。按照统一管理、集中运作、分户核算模式,深化会计集中核算工作,全区125个行政事业单位的财务工作实现财政、银行、单位业务流程一体化,保证各单位的部门预算数据、财政拨款数据、单位向核算中心报账数据三者一致。真实可靠的会计信息,为财政部门管好资金和财政支出管理改革向纵深拓展创造条件,为稳步推进国库集中支付工作奠定可靠信息资料。

【完善政府采购工作五项制度】 2004年,区财政局继续强化政府采购工作管理,完善五项采购制度:预算报批制度,年初编制采购预算,保证财政支出过程的规范性和采购目的的正确性;采购登记制度,单位注明物品的性能、规格、品牌,采购中心据实询价,择优采购;廉洁自律制度,保证单位所需物品按期使用,防止采购中心工作人员暗箱操作;商品验收制度,供应商送货、安装、调试,采购单位验收满意后签字;资金结算制度,采购价款由区财政局根据采购合同向供应商直接支付。政府采购实行"阳光"操作,全年采购713件(次),申请预算金额3678万元,实现采购资金2443万元,减少支出1235万元。

【完善会计集中核算工作】 2004年,财政结算中心按照统一管理、集中运作、分户核算的运行模式,进一步规范会计结算工作。在125个集中核算单位管理过程中,规范设置核算账套135个,装订凭证3180本,各种账簿438册,报表254册,整理2003年度会计资料,向核算单位移交记账凭证2672本,账簿568册,报表128册,规范会计档案管理;全区各部门查阅会计资料1600次,会计凭证3161本,账簿26册,报表23册,提高会计档案利用率;不断加强财务监督,规范支出管理,全年纠正和完善各种原始会计资料670次,涉及金额64万元,拒付不合理支出45次,金额22万元。会计信息真实可靠,为财政部门管好家、理好财,为财政支出管理改革向纵深拓展创造条件。

【街道税收完成2.54亿元】 2004年,区财政局结合秦淮区域经济发展情况,不断深化区街两级财税体制改革,完善收入分配方案,继续实行以税源属地化为原则、收支挂钩为主要特征的《区街财税管理办法》。实行区街财税目标考核,调动各街道招商引资,发展区域经济积极性和创造性,为全区完成年度财政收入任务奠定基础。各街道围绕税源抓经济,增强对属地企业和引进企业的服务意识,全年,5个街道属地企业纳税25359万元,同比增长21.5%。其中:红花街道10988万元,同比增长20.2%;夫子庙街道5250万元,同比增长18.5%;双塘街道5460万元,同比增长21.1%;中华门街道1919万元,同比增长30.4%;秦虹街道1742万元,同比增长32.6%。

【新办私营企业1336家】 2004年,区政府强化招商引资,全年新办私营企业1336家,其中,投资大厦、鸿意地产大厦等楼宇内共引进各类企业390家,闲置资产盘活率74%。科倍隆科亚(南京)有限公司、江苏世鑫汽车贸易有限公司、南京保利城置业有限公司、新襄阳服饰广场等大型企业入驻区内,大明路国际汽车城一期工程建成开业,以国有资本注入区科技创业基地,与同创集团合作组建南京青年创业园。均为扩展税源夯实基础。

完善扶持政策,为重点生产、贸易型企业,搞好技术创新、挖潜改造和引进人才。全年,全区房地产业、汽车销售业、信息产业、餐饮娱乐业相关企业纳税总额占全区财政收入的40.3%,为全区财政收入的稳步增长发挥支撑作用。

【完成127家改制企业资产审核】 区财政局始终把企业和事业单位改制中国有资产管理作为财政工作中心环节来抓,做好企事业单位改制过程中资产剥离工作。2004年,审核确认127家改制企业的资产清查、资产审计、资产评估结果,政策性剥离企业净资产,推动现代企业制度建设。行使国有资产出资者职能,整体运作存量资产,通过挂牌竞争,产权交易,整体出售秦淮城镇开发公司国有资产。在国有资产经营中,区国资经营中心与夫子庙旅游实业发展股份公司签订国有资产委托经营合同,进一步规范夫子庙展览馆、王谢古居、吴敬梓故居的国有资产运作方式,提高国有资产营运收益。努力把区国资经营机构建设成为区域内占主导地位、区域外有较强辐射能力的政府投融资平台。

【清理行政事业单位人员借用拖欠公款14.95万元】 2004年,区财政局会同区纪委、监察、审计部门全面清理区内74个行政事业单位人员借用、拖欠公款情况,清理范围主要包括:由财政拨款的所有行政事业单位人员(含离退休人员)应在2004年5月31日前归还而未归还的公款。经过自查和重点抽查,全区共有5个单位16人向单位借用或拖欠公款14.95万元,清理后大部分借款退还给有关部门。

【开展企业所得税税源调查】 2004年,按照市财政局统一部署,区财税部门开展重点企业所得税税源调查。调查的主要内容:2003年度企业(单位)财务基本状况、成本费用、所得税纳税申报和汇算清缴等资料。税源调查工作由区财政局牵头,区国税分局、地税分局配合。调查样本企业由市财政、税务部门共同确定,其中有南京肯德基有限公司、南京普天通信股份有限公司等17家内外资企业。进行企业所得税税源调查,是国家研究税制改革方案、制定财税政策、加强财税管理的一项基础性工作,也是财税部门共同摸清区域内企业所得税税源分布和构成、实现资源共享、加强税收征管的重要工作。

【整顿行政执法人员着装】 7~10月,根据市政府办公厅统一部署,区财政局会同监察局、公安分局在全区范围内开展整顿统一着装工作。按照谁着装、谁纠正的原则,解决执法部门统一着装中存在的过多、过乱以及仿制等社会反映突出的问题。重点整顿未经国务院批准、擅自扩大范围的着装部门及人员。同时,纠正对擅自降低自费比例,配发行业标志服或工作服的做法。整顿结果显示,区内未经国务院批准的着装部门有5个,涉及88人,仿制制式服装部门1个,涉及90人。通过整顿,全区执法人员着装得到规范,制止乱着装行为,维护制式服装的严肃性和权威性。

【落实农业税税率调整政策】 自1月1日起,区财政部门深化农村税费改革,全面调低农业税税率。以2003年在册农业税为基数,由7%调整为4%。农业税计税常产、计税价格一律不作调整。经测算全年少收农业税3.3万元。区财政部门不断完善农业税征收办法,按照农民依法纳税,村级集体代缴,政府全额补贴的原则征管农业税,切实减轻农民负担。

【开展财政票据管理使用情况检查】 8~10月,区财政局检查115家行政事业单位财政票据管理使用情况,其中行政单位41家、事业单位71家、其他单位3家。发现少数单位在票据管理中混用、串用结算凭证代替收据,用财政票据收取经营服务性收费;内部财务管理不规范,不重视票据管理、票据领用手续不健全;用财政票据收取未经物价部门批准许可的收费;票据缴验销号不规范、不及时,通过检查,进一步明确财政票据管理的重要性,完善票据管理规定,促进各单位严格管理票据的自觉性。

(王永华)

国家税收

【概述】 2004年,国税征管工作,加强收入预测,强化税源控管,提高征管质量,做到应收尽收。国税分局及时落实优惠政策,创新评估方法,深化纳税服务,引导纳税人遵从税法,全面完成各项税收任务。全年共组织区级税收收入4.62亿元,同比增长11.4%,落实各类优惠政策减免3419.12万元,促进区域经济发展。

全面提升干部素质,加强机关作风建设。从年初起,国税分局内抓教育与管理,强化绩效考核,严格首问负责制;外树国税良好形象,自觉接受社会监督。7月,开展纳税人满意度调查,发出调查卷600份,收回568份,满意率98%。分局年度内被市局评为文明单位、预防职务犯罪先进单位;被区政府评为建设秦淮有功单位、2003~2004年度文明单位,分局组队参加区行政许可法竞赛中获一等奖。

【推行税收责任区管理制度】 2004年初,国税分局全面推行税收片管责任区制度,以街道、社区行政区划为单位,划分33个责任区,配置24名税务管理员。结合6.0版上线,制定《秦淮分局税务责任区管理暂行办法》,片管责任区管理制度强化税源监控,实行二级巡查制度,堵塞漏洞,扫除管理盲区。并以日常征管工作质量和征管基础信息为层面,评选星级税务责任区和最佳责任区管理员。推行税收片管责任区制度效果明显,分局提前8个月超额完成全年所得税收入任务。 (宋鹏飞 李 凯)

【国税地税分局开展联合办税】 2004年,国税、地税分局从国税、地税工作结合点入手,开展联合办税工作。两分局以"服务、质量、效率"为原则,8月起联合办理注册税务登记、注销税务登记、所得税纳税评估以及联合检查个体工商户等工作。联办税务注销工作做到企业一次申请,税务机关一次实施检查、一次出具文书和一次完成注销手续办理,简化纳税人办理注销的手续和环节,提高税收检查质量和税收行政效率。至12月,共联合办理注销税务58户。 (宋鹏飞 李 凯 邢 恺)

【实行税源税户分层次监控管理】 2004年,国税分局实行分层次控管重点税源、特殊税源和零散税源户3个层面,建立重点税源台账,按月分户监控,按季专项分析,及时掌握其生产经营变化情况;跟踪监控管理小规模纳税人、新增未办证户、关停并转企业、失踪户、挂靠户和非经常性纳税户,全部专门登记造册,按照管理区域分户到人,定期开展清理检查;把好对零散税源户调查关,确保核定过程符合程序及核定结果公平、公正、公开,把好停(歇)业户监控检查关,防止假停业真逃税。全年,共组织个体税款入库2538万元,同比增长546万元。

【金税工程细化管理】 4月,分局制定《金税工程管理办法》,探索金税工程与片管责任区管理的有效途径,发挥片管责任区优势,利用防伪税控网络版信息,确保金税工程存根联采集率、发票抵扣联认证率、防伪税控抄报税面率达100%。5月,分局制定《增值税网上认证推行管理办法》,推行网上认证工作,借助航天金穗、中税华通两家发行单位的技术力量做好推行工作。截至12月,增值税网上认证率97.59%,位居全市系统第三名。10月,针对税务部门防伪税控发行信息与技术服务单位发售信息脱节,造成发行、发售信息不一致现象,制订《防伪税控金穗卡、IC卡信息维护核对操作办法》,清理230户次纳税人防伪税控"两卡",从制度上强化过程控管,消除隐患、堵塞漏洞。

【打击涉税违法行为】 2004年,国税分局与公安部门协作,先后查获多起涉税违法案件,其中南京冉日科贸公司骗购虚开增值税专用发票案,南京运盛机电设备公司和南京道里公司虚开增值税发票案,共查补增值税167.68万元,罚款335.35万元。杨某、王某某等多名案犯移送司法机关,受到法律严惩。还查处南京民安消防器材公司,开具大头小尾普通发票偷税案,涉税金额22.26万元,偷逃增值税税款3.21万元。其法人代表被判有期徒刑1年,缓刑1年,判处罚金3.5万元,公司会计被判有期徒刑1年,缓刑1年,判处罚金3.5万元。9月,查处区武新鸡蛋批发部王某某偷税124万元一案,创下秦淮区查处个体偷税大要案之最。全年共查税124起,查补各税共计577.11万元,滞纳金59.42万元,罚款485.64万元,移送司法部门案件11起。其中百万元以上和10万元以上税款案件各3件。

【重点税源税户入库税款8270万元】 2004年,国税分局结合税收片管责任区推行工作,调整重点税源岗设置,重点税源户由业务能力强、工作责任心强的部门和干部进行管理。加强与企业沟通联系，掌握企业生产经营状况和税收收入情况，监控重点税源户。同时为重点税源户提供税收政策等各项服务工作，做到管理服务两不误。重点税源入库税款8270万元，占总收入的23%。

【减免税款1721万元】 2004年，国税分局加大各项税收优惠政策落实力度。办理各项涉税审批项目，共审批各类政策性减免52户，减免税款1320.58万元。享受增值税直接减免政策30户，享受增值税民政福利企业先征后退23户，退还税款260.54万元，享受增值税软件企业6户，退还税款140.74万元，合计减免、退税款1721.86万元。做到在受理15天后审核完毕，退税款退到纳税人账户。

【开展纳税评估工作】 2004年，国税分局通过建立重点行业评估模型和建立增值税、消费税纳税评估数据分析模型，推进行业纳税评估工作。同时，通过实行纳税评估双向建议制度、开展纳税辅导讲座等多种方式，在分析评估案例基础上，加强向纳税人解释、辅导和服务工作，引导纳税人遵从税法。全年实施增值税纳税评估757户，经评估有问题50户，自查补报增值税305.59万元。企业所得税纳税评估对象27户，经评估有问题1户，自查补报所得税税款2.28万元。月评估使用百万元限额专用发票商贸企业达到100%。（宋鹏飞 李 凯）

地方税收

【概述】 2004年，区地税分局强化税收征管，加大服务力度，提高执法水平，全面完成各项工作任务。全年组织各项收入6.23亿元，其中税收收入3.36亿元，社保费2.38亿元，基金0.03亿元。

年初起，地税分局围绕建设服务型税务目标，推进网上申报、银行出票等服务措施，拓展为纳税人服务范围。认真落实税收优惠政策，发挥政策杠杆作用。以专项评估为重点开展纳税评估，促进企业依法纳税。规范辖区货运行业征收管理，以定额管理为重点，强化以票控税，个体征管工作平稳过渡。加强税源税户监控和管理，地税分局和工商、国税、公安等部门互通信息，联合公安部门打击贩卖假发票等涉税违法犯罪活动。国税地税在联合登记的基础上，实现联合办税，不断创新服务方式。强化执法监督和责任落实，推进个人所得税明细申报，规范行政事业单位个税扣缴，加强营业税、房产税等地方各税种管理。

【组织各级税收3.82亿元】 2004年，地税分局加大税收征收监管，实现中央、省、市、区4级税收收入3.82亿元，同比增收0.69亿元，增幅22.31%。市、区两级收入均实现新的增长，市级税收2.07亿元，增收0.33亿元，增幅18.97%；区级税收1.72亿元，同比增收0.36亿元，增幅26.47%。营业税完成1.82亿元，同比增收0.57亿元，增幅45.63%；个人所得税完成0.53亿元，同比增收920万元，增幅21.08%；企业所得税完成3779万元，同比增收285万元，增幅8.17%；房产税完成1966万元，同比增收237万元，增幅13.71%。

【征缴社会保险费2.38亿元】 2004年，地税分局加强社保费征缴力度，实行分局领导负责、跟踪管理欠费大户，促进社保费征缴工作，全年征收社保费2.38亿元，综合征缴率99%。清理社会保险欠费1069万元，清欠率30%。

【发展网上报税1324户】 2004年，地税分局全面推广网上申报和银行出票，提高纳税人办税效率。地税分局加强宣传服务和指导，构建起网上报税大厅，税收片管员为纳税人采取点对点服务和上门服务,帮助纳税人开展网上申报。全年共发展网上报税1324户,入库税款3.44亿元,平均申报率99.8%,网上申报报缴率在90%以上;银行出票率为99.7%,纳税人取票率90%。

【落实政策减免税款1382万元】 2004年,地税分局贯彻落实各项税收优惠政策,主动上门告知相关减免手续,为纳税人开辟绿色通道,提供一站式服务,协助纳税人填写申请表,全年减免各税1382万元。其中,为企业办理营业税、企业所得税、土地使用税、房产税等减免80户次,减免税款882万元;为辖区680户从事运输、工商业、修理修配等个体工商户办理税收减免500万元。

【提高税源税户管理效率】 2004年,地税分局与工商、国税、公安等执法部门加强配合,建立长期稳定的信息共享机制,全年进行税户信息互换2000户次,税务登记日常核查5086户次,其中税务登记注销核查企业264家,查补税款34.27万元,滞纳金20.85万元,罚款8.81万元。提请工商部门吊销营业执照167户。汇同征收所报缴堵截120户由于地址、电话变更无法联系的没有交税的企业。发挥街道、社区等护税协税网络作用,强化管理无证经营户,提高税源税户管理效率。

【纳税评估入库税款1350万元】 2004年,地税分局遵循分类实施、及时规范、简便高效原则,运用重点行业、重要税种指标体系,完善人机结合的纳税评估方法,提升纳税评估效率,全年评估1832户,评估税款1350.11万元。以专项评估为重点,突出抓好房地产业、汽车行业和行政事业单位个人所得税专项评估工作,完成专项评估115户,专项评估税款1435.13万元。通过评估,督促企业开展自查,房地产业自查入库税款2326.55万元。

【推进货运业税收征管改革】 2004年,地税分局实行货物运输行业征管改革,从交管站收回货物运输行业发票印制、开具、保管、缴销管理和监督权限,严格认定货物运输劳务纳税人,全年认定自开票纳税人31户,代开票企业30户,代开票个人630户,征收税款69万元。跟踪监控货物运输企业,逐户建立货运纳税人管理台账,专项检查48户货运纳税人2002年和2003年度发票购领、发售、开具、保管等情况,取消自开票纳税人3户。交叉稽核82户发票155份,未发现虚开、代开等违法违规行为。

【核定3880家个体工商户经营收入定额】 2004年,地税分局重新核定个体工商户经营收入定额,进一步强化税收征管工作。分局采取结合费用、结合发票用量、结合税收定额"三结合"方法,在原定额基础上,根据所属行业经济发展整体情况,结合每户经营实际状况,准确核定个体工商户经营收入,全年完成3808户个体工商户经营收入定额的重新核定工作。

【加强发票管理】 2004年,地税分局,采取以"以票控税",重点监控个体工商户的发票使用情况。重点检查个体餐饮行业月用发票量大的重点户、典型户,对违规使用发票的餐饮店进行5000元处罚。联合公安部门,坚决打击贩卖假发票等涉税违法犯罪活动,全年共查处发票违法犯罪案件3起,先后抓获犯罪嫌疑人4名,缴获假发票237余本,合计票面金额200余万元。

【推行个人所得税明细申报方法】 2004年,地税分局向辖区纳税人全面推行个人所得税明细申报方式,逐个申报代扣个人所得税,为交纳所得税个人开具完税凭证。分局向实行个税明细申报纳税人宣传解释个人所得税政策,动态监控集体企业承包者、股份有限公司股东等个税管理重点户。对内将明细申报工作与绩效考核挂钩,提高工作效率。全年,在4460户企业推行个税明细申报,入库个人所得税5600万元。

【行政事业单位个税扣缴1000万元】 4月,区政府召开全区行政事业单位个税扣缴动员大会,5~6月,分四批组织行政事业单位个税扣缴培训,学习扣缴义务人申报制度及个人所得税相关政策,帮助各行政事业单位明确权力、义务及法律责任,正确掌握代扣代缴的计算方法。在澄清税源的基础上,全面办理行政事业单位税务登记、个税扣缴自查补税以及纳税评估工作,全区行政事业单位登记面100%。地税分局以"主动服务、加强协作、全面登记、规范管理"为原则,进一步规范行政事业单位个税扣缴行为,扣缴个人所得税1058.4万元,比上年同期增长194万元,增幅22.43%。

【创立中学生税法辅导站】 4月29日,地税分局与文枢中学共同创办中学生税法辅导站,开辟中学生学习税法新课堂。辅导站旨在让学生了解税收历史、学习税法知识、强化纳税责任,教育学生从小树立知法守法的诚信意识。在成立仪式上,分局向文枢中学高一学生每人赠送一本《税收文化漫谈》,学校聘用4名税务干部,为高一年级税法课外辅导员,讲授税法知识。

(邢 恺)

金 融

【概述】 2004年,全区有各类银行分行、支行、分理处(储蓄所)、信用合作社和证券公司、保险营业部49家。其中属中国工商银行10家,中国农业银行5家,中国银行4家,中国建设银行8家,中国交通银行6家,华夏、光大、中信实业、招商、民生银行各1家,南京市商业银行3家,信用合作社4家,证券公司营业部2家,保险公司2家。

全区金融机构大部分集中在中华门内老城区,夫子庙街道19家,其中在夫子庙商贸圈内12家,双塘街道17家。其余分布为红花街道6家,秦虹街道5家,中华门街道2家。

全年,银行系统推行现代化管理,加强信息网络建设,引入竞争机制,改进服务,发展多种形式的储蓄结构,融通资金,合理安排信贷,加强区内重点企业和街镇企业扶持,促进经济发展。

(徐庆贞)

2004年秦淮区金融机构一览表

表15

名称		地址
中国工商银行	南京市白鹭分理处	江宁路1号
	南京市雨花支行	中华路475号
	南京市美食街分理处	钞库街11号
	南京市夫子庙分理处	贡院街69号
	南京市饮虹园储蓄所	长乐路172号
	南京市升州路分理处	升州路363号
	南京市秦虹分理处	秦虹园21号
	南京市雨花路分理处	雨花路131号
	南京市九龙新村分理处	大明路55号
	南京市大明路储蓄所	阳光里10号
中国农业银行	南京市江宁路分理处	江宁路18号
	南京市建康路分理处	建康路136号
	南京市集庆路分理处	集庆路127号
	南京市秦虹分理处	秦虹路108号
	南京市中华门支行	中华路428号
中国建设银行	南京市江宁路储蓄所	长乐路163号
	南京市扇骨营储蓄所	龙蟠中路418号
	南京市城南支行	中华路288号
	南京市集庆路储蓄所	仙鹤街1号
	南京市升州路储蓄所	升州路171号
	南京市秦虹南路储蓄所	秦虹南路9号
	南京市大明路储蓄所	永乐北路4号
	江苏省结算中心	中华路440号

续表

名　称		地　址
中国交通银行	夫子庙支行	平江府路 68 号
	长乐路支行	长乐路 106 号
	雨花支行	中华路 256 号
	集庆路支行	集庆路 198 号
	秦虹分行	秦虹路 258 号
	大明路支行	大明路 611 号
中国银行	南京秦淮支行	中华路 249 号
	南京夫子庙分理处	平江府路 189 号
	江苏省分行集庆路分理处	集庆路 118 号
	城南分行龙蟠中路分理处	龙蟠中路 459 号
商业银行	夫子庙支行	瞻园路 68 号
	秦淮支行	中华路 208 号
	升州路支行	升州路 205 号
华夏银行城南支行		升州路 1 号
光大银行		长乐路 9 号
中信实业银行城南支行		中华路 257 号
招商银行建康路自助银行		建康路 88 号
中国民生银行夫子庙自助银行		瞻园路 1 号
信用社	雨花信用社	双塘路 60 号
	红花信用社双桥门分社	双桥门 35 号
	红花信用合作社	大明路 111 号
	红花信用社双龙街分社	双龙街
太平洋保险公司秦淮支公司		中华路 416 号
中国人寿保险公司南京市营销三部		集庆路
南京证券长乐路营业部		长乐花园 07 幢
华泰证券中华路营业部		中华路 255 号

(宗庆生)

【存款利率执行新标准】 10 月,各银行储蓄存款执行新的年利率标准:整存整取定期储蓄存款利率 3 个月 1.98%,6 个月 2.16%,1 年 2.25%,2 年 2.43%,3 年 2.70%,5 年 2.88%;零存整取定期储蓄存款利率 1 年 1.98%,3 年 2.16%,5 年 2.25%;活期储蓄存款利率 0.99%;定活两便储蓄存款存期不满 3 个月按活期利率,存满 3 个月不足 1 年按同档整存整取利率 6 折计息,存期超过 1 年的按 1 年期整存整取利率 6 折计算。

2004 年银行代收费项目一览表

表 16

银　行	代缴项目
工商银行	水、电、气、电话、手机充值
交通银行	水、电、气、电话、手机充值
中国银行	水、有线电视、手机充值
建设银行	水、电、气、电话、手机充值
农业银行	水、电、气、有线电视、移动手机充值
招商银行	水、电、气、电话、手机充值
南京商业银行	水、有线电视、电话
光大银行	水、气、电话、移动手机充值
华夏银行	水、手机充值
中信实业银行	水

注:水费　抄表次月 25 日前交费。
电费　1~15 日抄表,16 日至月底交费。
煤气费　缴费通知单指定日期缴费。

(徐庆贞)

【农村集体企业获贷款 4957 万元】 2004 年,红花信用合作社筹措资金 4957 万元,以集体资产产权抵押办法贷给区内 20 家农村集体所有制企业,贷款期限分别为 6~12 个月,贷款数额较大的企业有南京金源照明灯市有限公司 595 万元,珠江客运公司 500 万元,南京惟思得交通设备有限公司 300 万元,储运中心 210 万元,广洋村社办企业 180 万元,翁家营村社办企业 100 万元。各贷款企业运用这些资金,改造厂房设备,扩大生产经营规模,增加销售额,增加税收,惟思得增缴税款 50 万元,金源公司增缴税款 60 万元。　(喻耀棋)

综合管理与监督

计划管理

【概述】 2004年，区委、区政府应对宏观调控新形势，强化招商引资，推动产业聚集，全区经济运行总体呈现稳中有升、适度增长的态势。全年完成地区生产总值17.37亿元，同比增长20.2%；完成财政总收入8.17亿元，同比增长16.8%，其中，地方财政收入2.26亿元，同比增长23.5%；完成社会消费品零售总额36.64亿元，同比增长19.1%；完成固定资产投资25.75亿元，同比增长18.6%。

年初，制定区国民经济和社会发展奋斗目标共4大项30条，其中经济发展8条，改革开放5条，城市建设6条，社会事业11条，一级分解为180个子项，全年奋斗目标实际完成163项，占目标数的91%。

秦淮区组团参加市重大项目投资洽谈会

发展目标更加明确。按照科学发展观要求，以富民作为建设小康社会第一目标，完善社会保障体系，发展民营经济，推动创业致富，不断优化人居环境，体现速度、结构、质量、效益相统一，经济增长与资源环境相协调的宗旨。

工作重点更加突出。把政府职能转移到宏观调控、政策引导、市场监管和公共服务上来，集中精力抓制约经济发展的关键环节，出台《关于扶持重点企业发展的工作意见》、《关于加快推进"品牌强区"战略的意见》、《关于加快推进招商引资重点项目的工作意见》等一系列促进富民强区、优化投资环境的政策措施，发挥较强的导向作用。

区域特色更加显现。外秦淮河治理、沈万三故居建设等一批项目的启动和建成，纬七路通车，旧城改造持续推进，夫子庙核心商业区、大明路汽车街等特色商贸片区的日渐繁荣，秦淮特有文化品牌和区域优势不断凸显。

经济运行更加协调。全区国民经济保持健康适度的发展态势，经济运行中不稳定、不健康因素得到有效抑制，外向型、民营经济持续增长，汽车、休闲等新的消费热点逐步形成，为长远可持续发展奠定良好基础。

【推进企事业改制进程】 2004年，商业企业改制工作基本结束，经营性事业单位推进改制转企，市政所、绿化所、环卫所完成资产评估,改制进入实质性阶段,区属房地产开发企业改制全面推进,区城镇开发总公司实现股权转让,夫子庙青年商场、李香君故居陈列馆餐饮部等14家企事业单位完成改制任务。

【出口创汇同比增长40.3%】 年初,完善区领导分工负责制和重大项目责任制,抓好招商引资重点项目的推进和落实。全年组织参与市重大项目洽谈会、金秋经贸洽谈会等招商活动,成功举办当代汽车服务产业发展论坛,抓住外资向服务业转移的动向,引进科倍隆科亚、南京海隆信等21家外资企业。合同利用外资9478万美元,同比增长32.7%;实际利用外资4063万美元,同比增长28.8%;出口创汇4141万美元,同比增长40.3%。

【特色商贸片区集聚优势增强】 2004年建成又一坊文化商业楼,引进咸亨酒店、新襄阳服饰广场等一批强势品牌企业。大明路汽车街建设全面推进,调整置换来得利汽车修理厂、清泉浴室等5处沿街地块,新增经营面积5万平方米,建成全市最大的单体汽车卖场——大明路国际汽车城。全年销售整车2.3万辆,实现税收4500万元。推进纬七路、中山南路等特色商贸街建设,培育金虹有色金属市场,引导润泰、木材市场等沿街企业调整用地,强化资产有效利用。全区完成三产增加值8.53亿元,同比增长24.3%。

【都市型工业经济规模效益同步提升】 2004年,推进秦淮科技创业基地建设,新建标准厂房5万平方米。加大对服装、机电、货架等骨干特色企业的扶持力度,引进厦华环境、三企食品等规模企业20家,新增产值超亿元企业1家、超5000万元企业3家。实施品牌强区战略,支持企业加大技改投入,飞天玻璃等产品获市名牌产品称号,南京凯德印刷有限公司等8家企业通过ISO 9000族标准质量体系认证。全区完成二产增加值8.8亿元,同比增长16.9%,完成规模工业总产值21.67亿元,同比增长18.9%,产销率98.48%,实现利税收入1.42亿元,同比增长10.53%。

【完善社会保障体系】 2004年,加大就业岗位开发,拓宽就业渠道,全区新增就业岗位1.05万人次,成功推荐就业1.58万人次,帮扶特困就业1575人次,创建充分就业社区31个,组织开展转业转岗培训6300人次。合理调整各类社会保障标准,扩大社会帮扶和社会保障覆盖面,最低生活保障金得到及时足额发放,新增参加养老保险8300人。

【改善区域面貌】 2004年,道路等基础设施建设步伐加快,拓宽改造弘学路、武定南路,出新升州路、江宁路、仙鹤街等11条道路,配合完成纬七路东延、双桥门立交建设工程,区域交通网络进一步完善。加强对易淹地区的改造,完成秦虹铁路涵洞排水改造、红花河清淤等防洪水利工程,地区防洪排涝能力进一步增强。推进老城改造和住宅区建设,完成路字铺、铜坊苑等地块危旧房改造任务,新开工住宅区52万平方米,竣工51万平方米,群众居住条件得到改善。秦淮风光带建设全面展开,建成东干滨河公园、沈万三故居,金陵大报恩寺琉璃塔暨遗址公园复建前期准备工作完成。巩固国家卫生城和国家环保模范城创建成果,开展拆违整治专项行动,拆除违法搭建23.4万平方米。继续实施"绿色秦淮"工程,文德桥、怡馨花园社区分别通过省、市绿色人居环境社区验收。

【加快社会事业发展】 2004年,建成文枢中学初中部(二期)教学楼、社区大学辅助楼、第十八中学综合楼。第四十二中学、考棚小学被评为省教育技术现代化学校,旅游·营养职业教育中心、秦淮实验小学分别通过国家级重点职业学校及省实验小学评估验收。开展争创省文化示范区活动，创新金陵灯会、文化庙会、秦淮之夏、金秋美食节等品牌节庆活动，成功举办"秦淮神韵"大型诗词音乐朗诵会、"梦里秦淮"全国歌手唱秦淮大赛等系列活动。加强公共卫生体系建设，完成区疾病预防控制中心建设并投入使用，建成5个社区卫生服务中心和4个社区卫生服务站。完善公共卫生突发事件应急预案，做好禽流感防治工作，将"非典"纳入长效管理，法定报告传染病发病率控制在国标范围内，计划免疫"四苗"覆盖率98%以上。继续深化社区建设，实施机关工作进社区"准入制"，增强社区服务功能。获得全国社区红十字服务示范区、全国首批青年文明社区示范城（区）等多项荣誉。举办国防动员演练，国防后备力量建设得到加强。开展创建无刑事案件社区、平安社区活动。强化安全生产管理，无重特大安全生产事故发生。

【楼宇经济培育工作初见成效】 2004年，区计经局紧紧围绕全区总体发展目标，切实加强楼宇经济培育工作，排出鸿意地产大厦等10座楼宇经济发展载体，将其分解到楼宇所在的街道，建立月报制度。4月底，在升州商务中心召开全区楼宇经济工作现场会，升州商务楼、中华园写字楼、秦虹工业园3座都市经济园通过区政府考核验收。全年引进楼宇企业390家，盘活房产面积15.8万平方米，利用率74%。

【启动"十一·五"规划编制工作】 5月26日，区政府召开由17个部门30余人参加的"十一·五"（2006~2010）规划编制工作会议，部署全区规划编制工作，由区计经局牵头组织，制定全区"十一·五"规划编制工作方案，拟定城市建设发展规划、旅游业发展规划等9个专项规划和19个前期研究课题，分解落实到16个责任部门和相关单位，明确责任人及时间节点，至12月底，"十一·五"规划纲要基本框架拟定，整个规划编制工作将在2005年结束。

【招商引资取得成果】 5月，出台《关于2004年度全区招商引资工作意见》，明确招商引资年度目标、主要任务、责任单位和时间节点。计经局牵头组织参加市重大项目投资洽谈会和西安洽谈会，成功举办当代汽车服务业产业发展论坛暨大明路汽车街专场招商活动，会同有关部门组织参加南京金秋金贸洽谈会，赴香港、义乌招商等活动，截至年底，共引进企业1000多家，注册资金近10亿元，其中注册资金在1000万元以上的13家。

【区经贸代表团赴嘉峪关考察商务】 8月下旬，应友好城市嘉峪关市市政府邀请，区政府组织计经局、红花街道和部分企业代表一行10人赴西北参加第十二届中国兰州投资贸易洽谈会，并与嘉峪关市市政府和部分企业代表进行座谈交流，实地考察当地工业园区、市政府建设项目及重点企业。经过考察，南京南方钢板实

秦淮区与嘉峪关市缔结友好城区

业有限公司与嘉峪关市工业园区达成1000万元的钢板精加工及销售项目的合作意向。

【固定资产投资同比增长18.6%】 8月,区计经局采取措施遏制固定资产投资回落,接连编发《关于全区1~7月份固定资产投资情况通报》、《关于全区重点招商引资项目推进工作情况通报》两个通报,并严格落实目标管理责任制,对年度投资计划进行再分解,进一步明确责任和要求。按照加速推进的原则,落实重点项目,抓进度、资金到位和工程质量。通过政策扶持、协调项目、筹措资金等手段,鼓励和引导各类投资主体参与区建设开发和改革改制,提高社会投资比重。超前谋划和储备一批重点项目,加快项目申报和审批进度,以刺激和扩大投资需求,全年完成固定资产投资25.75亿元,同比增长18.6%。 (徐 勤 汤 昊)

统 计 管 理

【概述】 2004年,区统计工作以提供优质统计服务为主线,组织第一次经济普查,完善在地统计管理模式,开展创建文明城区问卷调查和“黄金周”旅游商贸收入等专项调查,全面反映经济运行情况,完成各项统计工作任务,为促进区域经济健康发展提供数据。

【在地统计管理模式初步建立】 3月,区统计局制定《关于改革统计管理制度做好秦淮区在地统计工作的通知》,并由区政府和市统计局联合发文至各驻区单位,3月16日,联合市统计局召开划转单位业务衔接会,明确工作要求,建立报表关系,有153家划转单位实行报表双轨报送。统计局对在地口径指标进行分季试算和数据对比分析。

【区城市综合调查队成立】 3月,区编制委员会设立秦淮区城市社会经济调查队(简称城调队),核定事业编制10名,人员经费由区财政支付,隶属区统计局管理。

城调队负责组织实施城市住户综合调查,定期发布小康指标数据,承担民情民意等专项调查任务。协助区统计局做好对规模以上企业的统计管理等工作。10月,城调队对120户居民家庭进行试记账。初步统计,记账户人均住房建筑面积21.9平方米,每户平均拥有固定电话1.02台、移动电话1.32台,平均每9.2户家庭拥有汽车一辆。

【开展体育产业调查】 5月,区统计局问卷调查区域内22家体育相关企业。调查显示,22家体育产业企业2003年共实现营业收入1660万元,净利润132万元。在22家企业中,仅4家单位盈利。经营产品存在数量较少,品种单一、式样老化、前景不广等状况。

【监测“十五”妇幼发展规划执行情况】 5月,区统计局联合区妇联对全区“十五”妇女儿童发展规划执行情况进行统计。统计结果显示,妇女儿童事业发展情况良好,妇女参与决策管理情况总体稳定,女性管理人员占全部人员总数的57.11%;妇幼卫生保健服务不断完善,全区卫生经费投入同比增长达18.79%,孕产妇死亡率下降为0,农村妇幼保健覆盖率达90%;妇女儿童教育不断加强,接受成人高等教育和成人中等教育的女性分别占总数的63.9%和69.65%,小学生辍学率为0;女性就业与社会保障基本稳定,全区城镇单位人员中,女性占50.45%。参加养老、失业、工伤、生育保险的妇女占参保总人数的60%以上。

【启动第一次全国经济普查】 6月,区政府发布《关于开展经济普查的通知》,组建秦淮区第一次经济普查领导小组,常务副区长曹路宝任组长。红花街道、夫子庙街道、双塘街道、中华门街道、秦虹街道、夫子庙地区管理局同步完成经济普查机构、人员、经费三落实工作，全区共抽调普查人员342名。

截至10月底，通过各级普查人员的努力，完成普查准备阶段及清查阶段各项工作任务，共清查上报法人单位2548家、产业活动单位749家、无证个体户2552户、有证个体户5411户，单位清查数据通过市经济普查办公室质量验收。在此基础上，普查登记阶段培训工作全面启动。

【开展创建文明城区问卷调查】 12月，区城调队依据中央《全国文明城市测评体系》，问卷调查全区创建文明城区工作，共发放问卷1100份，回收有效问卷1054份，回收率96%。调查结果显示，市民对区委、区政府在服务态度、办事效率、联系群众等方面总体评价满意度为95%。

【开展假日"黄金周"调查】 2004年，区统计局修改完善"黄金周"调查制度，扩大统计范围，加强全区旅游商贸经济统计和假日"黄金周"旅游商贸收入统计，用具体数据展现夫子庙地区旅游商贸经济特色。"五一"期间，夫子庙地区共接待中外游客136万人次，实现旅游商贸收入1.5亿元。春节期间夫子庙地区共接待中外游客153万人次，实现旅游商贸收入1.38亿元，同比增长15.8%，其中餐饮业收入同比增长23.5%。

【开展统计工作执法检查】 为进一步规范基层单位统计工作，确保数据的准确性，经市统计局抽样，确定区内20家企业为年度监审单位。7月，区统计局进行执法检查，督促完善基础资料，健全统计台账。按规定程序处罚部分瞒报统计资料的单位，出具整改建议书和行政处罚决定书，实现多年来统计违法案件处罚为零的突破。 （陈小飞）

工 商 管 理

【概述】 2004年，区工商行政管理工作以创建好机制、好业绩、好形象为目标，全面落实鼓励私营个体经济发展的各项政策措施，为私营、个体经济发展创造良好发展环境。推行注册资本分期到位办法，鼓励民众创业热情。实施合同、商标、广告帮扶工程，增强企业在市场竞争中知名度。加强证照管理和市场监管，严把食品市场准入关。干部职工增强责任意识、大局意识和服务意识，求真务实，齐心协力，围绕促进区域发展这个中心，创新服务方式，开拓服务领域，全面完成各项任务，实现政府、企业、群众"三满意"。 （仲余年）

【新增私营个体经济5174户】 2004年，工商分局全面落实鼓励私营个体经济发展的各项政策措施，为私营个体经济发展营造良好环境。全年发展个体工商户3830家，私营企业1336家，新增注册资本14.47亿元，分别完成全年发展目标的159.6%、133.6%、180%。私营个体经济完成投资额5.2亿元，同比增长16.33%，实现税收1.36亿元，同比增长32.5%，实现增加值4.98亿元，占全区生产总值比重由上年的23.7%升至28.67%。新增就业岗位10080个，帮扶1519名下岗职工实现再就业。

（仲余年 徐 勤 汤 昊）

【采用注册资本验证新办法】 2004年，工商分局全面推行注册资本分期到位、企业预备期、先照后证、先办后补再规范等办法，支持和鼓励民众的创业热情，全年共有637家企业采用注册资本(金)验证新办法，减少企业投资成本529万元。432家企业享受注册资本分期到位的优惠，认缴注册资本6.8亿元，有232家企业实行改革后的经营范围核定办法。

实行免予验资、分期到位等政策的企业占新企业90%以上。

【新认定3件南京市著名商标】 2004年,工商分局实施合同、商标、广告帮扶工程,引导企业走品牌发展之路,增强企业在市场竞争中的知名度、信用度。先后派出76人次指导夫子庙旅游实业股份公司等22家企业完成商标注册申报工作,指导南京九竹电控门公司完成省著名商标申报工作,完成晨光集团、秦淮人家宾馆、晶品速冻公司等企业的著名商标回访和再认定工作。12月2日,南京科亚实业有限公司"科亚"商标、南京音飞货架制造有限公司"音飞"商标和南京飞天玻璃实业有限公司"FEITIAN"商标被市工商行政管理局认定为市著名商标。至此,全区有10件商标认定为市著名商标。

2004年秦淮区省市著名商标一览表

表17

序号	企业名称	商标	商标级别
1	南京晨光集团	三力	省、市著名商标
2	南京金龙灶具公司	金龙	省、市著名商标
3	南京秦淮人家	荷花娃娃	省、市著名商标
4	南京桂花鸭集团	桂花	省、市著名商标
5	南京晶品速冻食品	晶品	市著名商标
6	南京虹园炒货厂	夫子庙	市著名商标
7	南京九竹电控门制造	九竹	市著名商标
8	南京科亚实业有限公司	科亚	市著名商标
9	南京音飞货架制造有限公司	音飞	市著名商标
10	南京飞天玻璃实业有限公司	FEITIAN	市著名商标

【开展百日执法竞赛活动】 4月10日起,工商分局开展百日执法竞赛活动。成立以局长为组长的竞赛领导小组,开展执法竞赛活动,严厉打击制售假冒伪劣商品、商标侵权、虚假广告、商业贿赂以及仿冒、误导、欺诈等各种不正当竞争行为,取缔无照经营,打击传销活动。通过查处对各类经济违法行为,维护公平竞争市场秩序,提高全体执法人员法制意识和执法水平,促进区域经济发展和社会稳定。

【加强食品市场监督管理】 7月,工商分局以粮、肉、蔬菜、水果、奶制品、豆制品、水产品等11类食品为重点,加强监管分散在社区、城乡结合部和村镇的食品批发市场、集贸市场、小加工作坊、小食品店和小餐馆,严把市场准入关,清理不符合条件的食品生产单位,打击无照生产经营食品的违法行为。加强食品商标广告监管,打击虚假夸大宣传等违法行为。出动执法人员172人次,检查食品经营户412户,农贸市场12个,查处无证无照从事食品生产经营户54户,责令整改22户,取缔销售散装白酒等违法经营11户,销毁散装白酒100余公斤,查扣简易包装白酒300多公斤。

【扶持"拆违"工商户易地营业】 8月,按照区委、区政府拆违专项整治工作要求,工商分局出台扶持拆违工商户易地营业措施。违建中的持照经营户变更经营地点,免费办理变更手续;有正式营业执照暂时停业的,营业执照保留到2005年3月年检结束;违建中的无照经营户到新地点合法经营的,免费办理营业执照;拆违户从事经营的免费办理营业执照,免收一年个体工商管理费;主动上门服务,为拆违户寻找经营地点。拆违过程中,对31户违建中的持照经营户免费办理营业执照变更,为42户违建中的无照经营户到新地点经营免费办理营业执照,为19户违建中的经营户歇业的营业执照按规定给予保留。

【开展消费维权活动】 2004年,工商分局进一步完善一个中心(维护消费者权益)、三级(市局、分局、工商所)执法申诉网络。3月开设大明路汽车一条街投诉服务站,做到有诉必接,有假必打,有难必帮。广泛开展"三一五"诚信维权为主题的宣传教育,制作宣传展板8块,发放宣传单2100份。全年受理各种投诉484件,解答消费咨询116人次,办结率99%,为消费者挽回经济损失53万元。 (仲余年)

价格管理

【概述】 2004年,物价工作,坚持创新价格工作、夯实服务基础、关注市场供求、优化执法环境的工作理念,加快职能转变,拓展服务功能,营造诚信环境,切实履行职责。区物价局先后开展教育、医疗等专项检查,贯彻落实治乱减负、优化环境的各项政策措施,开展行政事业性收费年审和收费许可证换发工作,整顿和规范市场价格,引导企业参与诚信经营,拓展价格认证业务,强化物价干部队伍建设,落实岗位工作职责,抓住三个创建,(创建国家级物价检查所、创建江苏省规范化认证中心、创建区级文明单位),带动全局工作全面发展。区政府获2004年市价格调控和治乱减负工作目标先进单位称号,区物价局价格认证中心获市规范化价格认证中心称号。10人次分获省、市、区先进个人。

【行政事业性收费年审率100%】 2月起,区物价局按照市物价局部署,年审149家行政事业性收费单位,年审率100%。全区行政机关收费总额比上年同期下降55.4%,显现优化投资环境的成效。通过年审颁发收费许可证单位17家,变更收费项目14家,取消集贸市场摊位费等7项收费项目,降低婚姻登记、人才交流等3项收费标准,进一步提高收费部门收费自律意识,规范收费行为。

【查处涉嫌价格违法案件186起】 2004年,物价局开展节日市场、医疗收费、教育收费和物业收费、成品油价格等专项检查,出动检查人员644人次,查处涉嫌价格违法案件186起。其中立案40件,办结38件,结案率95%。维护企业合法利益,打击违规行为,体现执法工作严肃性,对违规企业坚持教育从严、处罚从轻的原则,全年责令退还违规收费款118.27万元,没收违法所得6.37万元,罚款0.7万元。

【农贸市场实行明码标价】 2004年上半年,区物价局共出动执法人员460余人次,坚持组织每日检查农贸市场价格异常波动现象。在新桥农贸市场召开明码标价工作现场会,明确价格标牌的用法,向农贸市场所有摊位主发放个人缴费指南和农贸市场价格牌,最大限度维护市民的消费权益。

【拓展价格认证业务】 2004年,物价局在价格认证业务领域做出新的突破,在原来只从事涉案评估的基础上,通过挖掘自身潜能、聘用评估鉴证人才等措施,将认证业务拓展到行政领域。全年涉案评估260件,同比增长44.4%,行政案件的评估18件,同期增长100%。业务范围涉及到法院、公安、纪委、拆迁等部门,评估内容包括公车拍卖、房地产、被盗物品等多种品类,取得良好的社会效益和经济效益。

【提前警示价格违规行为】 2004年,区物价局将价格监管关口前移,对群众关心的热点价格,采取向相关行业、单位提前发放提醒告示函、预警函,制约价格违规。学校开学前,向各中、小学发函提醒,预防教育乱收费行为。在新商品房交付前,向房地产开发企业发函,警示不得乱收进住费用。国庆节、春节等重大节日前,向各餐饮企业发函警示,不得违规提高价格。警示函还有的放矢发向药店、医疗单位等。全年共发放警示函500份,有效制止价格欺诈、虚假标价行为,营造良好的市场价格秩序。

(苏　宁)

审计工作

【概述】 2004年,区审计局完成审计项目80项,其中市定项目4项,区领导交办项目12项,自定项目64项。查处违规金额409万元、管理不规范金额761万元,上缴财政10.3万元、收回国有资产200万元,被审计单位自行纠正金额622万元。提供各类报告、信息44篇,被各类刊物采用41篇,区审计局获市审计局信息工作考评一等奖。被评为市审计系统创建"六型"审计机关工作先进集体,市内审工作先进集体,市老城环境整治先进单位,市审计礼仪知识学习竞赛组织工作先进集体。

【收缴改制企业账外国有资金200万元】 6月7日至9月11日,区审计局根据市政府办公厅2004年29号文件要求,审计秦淮区城镇建设综合开发总公司法定代表人。查出该公司下属物业公司账外资金104万元,以及该公司"前身"秦淮区拆迁办公室尚有应收股金82万元,银行存款14万元均未进行并账核算,至审计日,未纳入社会中介组织审计报告及资产评估报告中。区审计局责令开发公司注销统建办及物业公司账外账的银行账号、撤销账外账,将货币资金118万元及应收债权82万元,合计200万元收缴财政国资部门,避免国有资产流失。

【固定资产投资审计】 2004年,审计局主动上门办理施工单位开工前审计,建立固定资产投资项目信息库。年初,会同秦淮区工程建设专项治理工作领导小组办公室制定并下发项目竣工决算审计计划,与纪委、监察局联合制定招投标文件。会同政府办、监察局、建设局等部门专项检查区内12个系统和部门2003年以来竣工以及在建工程项目,检查结果表明各单位工程管理基本规范。全年办理开工前审计7项,完成各类竣工决算审计49项,审计送审金额4866万元,审定金额4381万元,核减485万元。审计中发现部分工程监理不到位,工程签证混乱;工程项目内部转包,甲乙双方责任含糊不清;个别工程现场管理不规范,决算高估冒算;口头约定工程让利存于账外,形成小金库等问题。针对上述问题区审计局深入单位了解实情,指出问题严重性,要求有关系统在单位内开展内审检查,杜绝小金库,堵塞漏洞,加强内控管理,确保用好政府资金。

【老城环境整治项目工程审计】 2004年,区审计局跟踪审计老城环境整治工程项目,审计城南地区237户6400万元拆迁资金、48幢楼宇亮化、67幢沿街建筑立面出新工程,送审金额1591万元,核减金额268万元,平均核减率17%。

【全程跟踪审计体育中心装修工程】 区体育中心办公区装修工程2003年4月招标,2004年12月交付使用。区审计局以新的思路开展工程审计,做好建设单位的参谋,收到良好效果。从体育中心装修工程招投标开始,区审计局便组织包括资深工程师在内的精干审计人员,主动上门服务,把好工程建设关,进行全程跟踪,确保工程质量。由于前期工作提前介入,比较熟悉整个工程情况,共核减62万元,核减率21.5%。

【完成各类审计71项】 年初,区审计局制定印发《2004年秦淮区内部审计工作指导计划》,引导全区内审机构确定离任审计与建设项目竣工决算审计为两个必审项目外，还提出以全面加强任期内经济责任审计、加强内控制度评审、开展物资采购比价审计为重点的审计工作。全年19个内审机构共完成各类审计71项，其中财务收支审计13项，经济效益审计4项，经济责任审计11项，基建审计40项，专项资金审计2项，内控评审1项，纠正违规行为金额317万元，促进增收节支金额321万元。

（金 戈）

质量技术监督管理

【概述】 2004年，区质量技术监督分局（简称质监分局）立足于质监服务年工作主线，围绕区委、区政府文化立区、商贸富区、旅游兴区、品牌强区中心工作，全面履行标准计量、质量、特种设备监督管理三大职能。引导企业以质取胜，培育有市场竞争力的名牌产品，免费为企业培育质量管理人员，引导企业申报质量体系认证，推动企业产品执行国际标准。加强企业质量技术监督管理，全年组织17次食品安全专项检查，为食品生产企业建立质量档案。定期检测蔬菜农药残留量，加强建材行业质量监督，保障工程质量；强化特种设备监管，确保人民生命、财产安全。开展打假治劣，整顿和规范市场经济秩序，保护消费者合法权益，加强自身建设等方面取得佳绩，为经济建设和社会发展作出应有贡献。

【实施名牌战略】 2004年，区质监分局推进实施名牌战略，培育名牌产品，引导企业以质取胜。指导和帮助南京奥特佳冷机有限公司、南京华德仓储设备有限公司等企业，创建培育有市场竞争力的品牌产品，主动与企业挂钩，深入企业调查研究，分析企业产品、设备、管理、市场前景等内容，为企业创建名牌和加快发展提供服务。南京奥特佳冷机有限公司涡旋式无氟环保汽车空调压缩机、南京华德仓储设备有限公司仓储用钢制货架、南京飞天玻璃实业有限公司钢化防弹玻璃获南京市名牌产品称号。至年底，全区共有14个企业15个产品获市名牌产品称号。

【免费培训企业质量管理人员】 8月4～5日，区质监分局组织民营企业厂长（经理）和质量管理人员参加新一轮质量管理培训，免费对100多个企业质量管理人员进行质量管理（名牌、质量认证等）、5S方法（企业现场管理方法）、质量管理工具、六西格玛管理等课程培训，增强民营企业质量意识，提高企业质量管理水平，提升民营企业市场竞争力，收到良好的社会效果。

【实施《眼镜制配计量监督管理办法》】 2004年，区质监分局加强实施《眼镜制配计量监督管理办法》，对辖区内眼镜制配、经销单位登记备案。3月，举办眼镜制配计量监督管理办法学习班，参加企业有新中国眼镜店、益明眼镜店、诚得利眼镜店等21家。全年，共出动执法人员29次，检查眼镜市场企业16家，设备46台，眼镜制配计量基本符合标准。

【规模工业企业建档率100%】 2004年，区质监分局组织人力调研区内企业状况，至年底，南京恒星自动化设备有限公司、南京海高玻璃装饰有限公司、南京华德仓储设备制造有限公司等49家年产销值500万元以上规模工业企业完成建档工作，建档率100%，年产销值100万元以上工业企业建档率90%，并有针对性地对企业进行分类指导和帮助。

【新增21个产品执行国际标准】 2004年，区质监分局推动辖区内企业执行国际标准，促进企业提高产品质量水平和竞争能力，提升企业产品档次。年初,在对区域内企业全面调查摸底的基础上,确定采用国际标准的产品和企业名单,从填写申请表格到最后备案,仔细审核,从严把关。至年底,有南京东盟电力成套设备有限公司、南京中泰波管机电有限公司、蓝鹰电器成套设备有限公司等9家企业21个产品执行国际标准,同比提高26%。

【10家企业通过ISO 9000质量体系认证】 2004年,区质监分局帮助企业规范管理,提升企业整体质量,引导初具规模企业申报和贯彻实施ISO 9000族标准。年内有南京旭飞光电有限公司、南京凯特印刷有限公司、南京信昭电子有限公司、江苏金泰天创汽车销售有限公司、南京紫燕食品有限公司、南京由尔达金属制品有限公司、南京国泰消防设备有限公司、南京虹达印务有限公司、南京东风电器设备厂、南京鸿天建设有限公司10家企业通过ISO 9000质量体系认证考核,每家获区政府奖励5000元。

【43家食品生产加工企业建立质量档案】 2004年,质监分局全面检查43家食品生产加工企业的生产加工环境、生产条件、产品类型、执行标准、卫生许可监管情况,详细掌握企业动态实情,帮助建立数据库档案。并针对区域内食品生产加工企业现状和发展潜力,有的放矢、分类分批跟踪服务,强化管理措施和监管职能。对从事肉制品、乳制品、饮料(包括纯净水)、调味品(包括糖、味精)、方便面、饼干、罐头、冷冻食品、膨化食品十类食品的生产企业,严格准入制度。对于不具备食品安全生产条件企业不予审批,建议改行。对于具备生产条件的企业,引导执行国家标准,树立质量诚信意识,提高食品质量。

【参与起草《汽车销售与售后服务规范》】 2004年,质监分局在省市质量技术监督局的支持下,以大明路汽车一条街为社会基础,与大明路汽车街管理办公室合作,组织大明路汽车街企业代表参与,承担《江苏省汽车销售与售后服务规范》的起草任务。7月23日,市质量技术监督局、区质监分局、大明路汽车街管理办公室等单位,委托东南大学集团经济和产业组织研究中心主任胡汉辉教授和大明路汽车街管理办公室主任严春波为首的5人小组具体负责有关《江苏省汽车销售与售后服务规范》的调研和起草工作,以乘用车的销售商和售后服务商为主要调研对象,调查大明路及其他区域十多家汽车销售商和售后服务商。8月下旬形成初稿,为江苏汽车行业持续、规范、健康发展创造良好的外部环境。大明路汽车街参与起草、制定工作有效提升大明路汽车街品位和社会知名度,对加快发展大明路汽车市场具有重要的策划和形象效果。

【查获假冒伪劣商品标值800万元】 2004年,在整顿和规范市场经济秩序工作中,区质监分局加大检查违法行为力度,严格执法,文明执法,在全区创造放心满意的消费环境,公平竞争的市场经济环境,安全可靠的投资环境。全年出动执法人员1500多人次,组织检查絮用纤维制品、酒类、绿色食品、农资、建材等专用商品20余次。11月,一家电脑经销商通过市政府采购途径,将78台假冒惠普激光打印机出售给区计划生育局,经查获制止该项交易,避免一起重大事故,全年查获假冒伪劣商品标值800万元,捣毁制售假冒伪劣商品窝点18个,办理行政案件104件,无一件行政复议、行政诉讼变更或败诉案件,有效维护市场经济秩序,保护广大消费者权益,也收到良好社会效果。

【加强建材行业质量监督】 2004年,区质监分局落实国务院关于建材行业专项治理工作要求,强化属地管理,区内保持全方位监督各建筑施工工地,先后查出工程中使用伪造冒用他人厂名的配电箱柜、冒用3C认证标志的低压电器、不合格热扎带钢筋和劣质建筑扣件,商品房中使用不合格防盗门,全年共查处有代表性违法行为14起。均采取强制措施,责令纠正,保障工程质量。

【强化特种设备监管】 2004年,认真贯彻市质量技术监督局关于争创全国特种设备安全管理先进城市活动要求,突出锅炉、电梯、起重设施等特种设备执法检查,确保人民生命财产安全。安排专人强化对电梯、锅炉、起重设备的监管,安排危险化学品压力容器安全检查专项治理等活动。全年共查处16件违法违规生产、安装、使用特种设备案件,促进各设备单位提高认识,规范使用特种设备,收到较好社会效果。

(邱益萍)

安全生产监督管理

【概述】 2004年,全区安全生产工作突出以人为本,完善安全生产长效管理机制,实现排隐患、压事故、保安全、促稳定、求发展的目标,全区安全生产工作逐步实现四个转变:从侧重管理结果向侧重管理过程转变,从侧重事后查处向侧重事前预防转变,从侧重监督向侧重服务转变,从侧重个体安全向侧重系统安全转变,安全生产形势总体平稳。

强化目标管理,抓责任促落实。区安全生产委员会办公室按照《秦淮区安全生产管理工作目标考核办法(暂行)》,实施每月安全生产报告制度、每月简报通报制度和责任单位一把手年中总结、年末述职制度。年底区政府对2004年度安全生产目标责任单位进行量化考核,实施奖惩,并与各单位签订2005年目标责任书。

强化安全监管,抓整改减隐患。将工作重心继续向基层倾斜,实行安全生产分类管理办法,强化日常监管。重大节日前,各职能部门联动,强化节日安全检查,确保节日安全。

强化宣传教育,抓源头重预防。从注重教育效果入手,把安全宣传教育落到实处,增强生产一线员工安全意识,杜绝违章作业、冒险蛮干行为。利用广播、有线电视等宣传媒体,运用橱窗、黑板报、安全警示牌、电子显示屏、录像、知识讲座等,对居民进行安全意识、公共秩序意识和紧急救助常识的宣传教育,努力营造人人关注安全、个个珍惜生命、创建安全家园的良好社会氛围。

强化安全执法,抓查处显实效。坚持严格执法与准确执法相统一,注重发挥职能部门作用,协同行动,联合执法,做到查处一个案件,教育一批当事人,带动一片企业强化安全管理。

强化专项治理,抓重点求长效。全年有7项安全专项治理任务,其中危险化学品和燃气专项治理由区安监局牵头,坚持强化监管和健全长效管理机制相结合原则,强化责任、严把关口,全区化工企业顺利通过市年度专项治理验收。燃气专项治理多管齐下,成效显著,区政府被评为市2004年燃气安全专项治理立功单位,区安监局和中华门街道办事处被评为南京市2004年燃气安全专项治理先进集体。

【红花安全管理模式受到广泛关注】 红花街道在经济快速发展过程中,连续几年无生产安全重大事故,2004年,红花管理模式受到省安全生产管理部门赞扬与推荐,主要做法是建立以办事处主任为安全生产第一责任人、分管主任为直接责任人的安全生产领导小组,将安全生产纳入年终考核。各行政村、直属公司、企业相应成立安全生产管理机构,分别和街道签订安全生产管理工作目标责任书,责任到人。加强队伍建设,做好基础工作,经济科配备3名富有经验的人员从事安全生产监督管理工作,加上各行政村、社区、科室、企业等280个主要单位组成的专(兼)职安全生产管理队伍,形成覆盖全街道的安全生产管理网络。强化教育培训,增强防范意识,每月召开一次由各村、企业、公司、社区居委会分管领导和安全员参加的安全生产工作会议。不定期召开安全生产现场会,交流学习安全管理经验,多次邀请省、市、区安全生产管理部门的专家和领导,对干部、职工进行授课培训,提高干部职工的安全意识和技能。提高监管力度,消除事故隐患,突出做好平时不定期巡查、重大节假日前安全大检查、突击检查、专项检查4项监管检查工作。全年进行216次检查,查出各类安全隐患62处,对发现的隐患进行跟踪,督促整改。对整改暂时有困难的,在采取安全防范措施的基础上,限时整改并跟踪确保整改到位,对较大隐患单位发出整改通知书10份。(王素文)

【实施安全生产分类管理】 7月,区安全生产委员会根据企业规模、危险有害因素、可能发生事故频率以及损失大小,将全区单位分为A、B、C 3类,在相对应类别内,按照行业特点相对应的危险等级,分为Ⅰ、Ⅱ两级,共6个危险等级,出台《秦淮区安全生产分类管理办法》。在摸清生产经营单位底数情况下,分门别类,有重点、分层次地制定具体检查办法。以确保重点、兼顾基层为原则,每周制定计划,科学选取至少10家单位作为检查对象。对检查中发现的隐患和问题,由专人负责跟踪督办,每月分类汇总,依据检查结果动态调整检查频次。通过摸索,形成一套行之有效、科学规范的检查手段,达到全面管理、动态管理和长效管理的目的。(贾 義)

【强化建筑安全措施】 2月1日,由建设部颁布的《建筑工程安全生产管理条例》正式施行,区安委会根据条例规定,出台建筑施工安全管理5项措施。公有经济主体10万元以上工程项目,必须通过市、区建设部门实行招投标,严格把好队伍审核关、施工方案关、现场管理关。非公经济主体投资工程建设项目,必须有设计方案、设计图纸,由街道和建设局审核,施工队伍必须有营业执照、资质证书,签订工程合同,并有施工安全方案。对城乡居民自建、改建房,严格建房手续审批,有专业资质的施工队伍进行设计、施工,并签订合同,确保安全施工,村委会、社区居委会发现建筑材料进村、进社区,即跟踪检查,把好源头关。在房屋拆除中贯彻安全原则,严把工程备案关、资质审查关、施工方案关、现场管理关,杜绝伤亡事故发生。在严禁违法搭建管理上,加强监督检查,一经发现,及时拆除。(王素文)

【紧急处置3.55吨易爆金属钠】 6月,区安监局接到报告,红花街道果园村在对老仓库拆迁改造过程中,发现大量废弃金属钠。区安监局立即派员到现场调查了解,该批金属钠存量3.55吨,由于存放时间较长,包装袋普遍损坏,大量金属钠裸露在空气中受潮。通常金属钠遇水即会发生燃烧爆炸,1吨威力相当于10吨TNT炸药。区安监局当即将这一情况上报区政府和市安监局,与红花街道配合,对现场进行妥善处理和隔离保护。在研究周密处置方案后,于7月1日晚将3.55吨废弃的金属钠安全运抵南京曙光化工厂予以销毁。(贾 義)

【规范安全生产培训工作】 2004年,区安监局举办安全生产培训班3期,培训厂长(经理)、企业安全管理人员200人,考试合格率达95%以上。培训内容和方式侧重传授安全生产管理技术。从单纯的按属地划分的轮训,转向以行业为重点的分批培训。每期培训结束后向学员发放问卷调查表,征求相关意见和建议,学员普遍反应授课形式新颖,培训效果良好,问卷调查满意率达92%。年底,全区累计培训579家生产经营单位271名主要负责人以及335名安全管理人员,通过考试93%以上受训者获资格证书。(王素文)

【开展安全生产月活动】 6月,区安监局组织开

秦淮区人事局

◎ 团结、奋进、开拓、创新的全局工作人员

近年来，秦淮区人事局始终把思想政治教育和理论学习作为加强部门队伍建设的根本，通过学习和把握“三个代表”重要思想，按照“立党为公，执政为民”的要求，进一步增强全局同志公仆意识和事业心、责任感，思想政治素质不断提高。人事局作为全区年度考核工作的主管和监督，每年对近6000名机关、事业单位工作人员的德、能、勤、绩进行考核。从2000年度起，区机关使用《绩效考核系统软件》进行量化考核，在加强平时考核的基础上，实行民主测评、电脑排位、综合平衡的考核方法，使考核结果趋于准确、客观、公正。

面对区域性人才流动日益加剧的现实，区人事局围绕经济和社会事业发展坚持因人而宜、不拘一格、立足实用、注重实绩的原则，采取多种方式，通过各种渠道，积极做好紧缺人才的调补工作。近3年来，为教育、卫生、建设系统和民营企业引进各类人才500多名。目前，全区已有专业技术人员3000多名。根据“国家公务员职务实行委任制，部分职务实行聘任制”的有关规定，人事局和区委组织部联合下发了《关于街道内设科室领导职务试行聘任制的实施意见》。结合推行聘用合同制，逐步建立重实绩、重贡献，向优秀人才和关键岗位倾斜的分配制度，实行对专业技术职务按岗竞聘以及由此带来的以岗定薪、薪随岗变的改革。

2004年，人事局被省政府授予人民满意的公务员集体称号。近两年在区机关作风评议中，都进入了前5名。

◎ 关心特困群体，局党支部和社区结对共建，到社区“送温暖”

◎ 局领导与大明路汽车街管理办公室领导共商人才需求大计

◎ 开展保持共产党员先进性教育活动，重温入党誓词

南京市国家税务局

◎ 开展中层干部“工作外露找差”活动

◎ 将《行政许可法》的宣传工作推进到街道、社区

南京市国家税务局秦淮分局成立10周年以来，在区委、区政府的关心支持下，以组织税收收入为中心，以服务地方经济发展为己任，不断提高队伍的管理水平和执法水平，为纳税人提供优质高效的涉税服务。目前分局设立9个科室，主要负责辖区内9611户纳税人的增值税、消费税、企业所得税、外资企业所得税等税种的征收管理。2004年国税秦淮分局共组织入库税款4.62亿元。

2004年，分局以邓小平理论和“三个代表”思想为指导，以“全面完成各项税收任务，全面提升干部队伍素质，全面建成新办公大楼”为基本目标，致力于有利于创新，有利于争先进位的工作平台，进一步营造求真务实的工作作风。年度内被市局评为2003年度文明单位、2003年度预防职务犯罪先进单位，被区政府评为2003年建设秦淮有功单位、2003~2004年度文明单位。在参加区《行政许可法》竞赛中荣获一等奖。

秦淮分局

依法治税·文明服务

QINHUAI FENJU

1、◎ 召开重点税源户座谈会
2、◎ 向区政协汇报建局10周年工作情况
3、◎ 开展南京少儿“税收·小康”主题活动
4、◎ 开展税法进社区活动
5、◎ 参加区《行政许可法》知识竞赛荣获一等奖
6、◎ 义务监督员座谈会

南京市地方税务局

秦淮税务分局

NANJINGSHI DIFANG SHUIWUJU QINHUAI SHUIWU FENJU

◎全区机关作风建设现场观摩会在秦淮分局召开，局长姜健交流分局加强机关作风建设经验

南京市地方税务局秦淮税务分局自1994年10月成立以来，在市局党组和区委、区政府的正确领导下，弘扬“创业、敬业、精业”精神，紧紧围绕实现“税务管理现代化”目标，以改革为动力，以制度创新和技术创新为手段，锐意进取、团结奋进。分局主要负责秦淮区范围内13个地方税种和12项省市政府代征基金(费)的征管任务。下设4个科室、2个税务所和1个检查所。分局共有干部76人，本科以上学历人数占75%以上，30%的干部通过经济师、注册税务师等中级职称和职业资格考试。

10年来，围绕“二次创业”的组织发展目标，全面推进改革步伐。深化征管改革，1997年“税款征收无纸化办公”试点、1998年“金力二期”试点、1999年“税银一体实时扣款”试点以及电子申报、邮寄申报试点均获得成功；开展人事制度改革，坚持以人为本、推进能本管理，打造一支公正执法、廉洁从税、服务热情、务实高效的地税干部队伍；推进行政管理改革，办公管理信息系统试点运行成功，率先导入ISO质量管理体系，推进标准化建设，提升各项工作的标准化和精细化，促进工作质量和效率实现新的跃升。

10年来，累计组织税收收入超过17.46亿元，年均增长31.06%以上，为秦淮区经济建设和社会事业发展做出积极的贡献。通过不懈地努力，分局两个文明建设取得丰硕成果，被市委、市政府授予文明建设先进单位称号，连续被区委、区政府授予建设秦淮有功单位、文明单位等多项荣誉，分局科所多次被评为省级文明税务所、市巾帼文明示范岗和青年文明号。

秦淮税务分局10年来所取得的辉煌成果，是秦淮地税人创业、创新的光辉历程，更是一个新的起点，激励我们不断的开拓进取，为经济发展、“富民强区”和实现“两个率先”目标做出新的贡献。

QINHUAI SHUIWU FENJU

1、◎ 副局长马玉宁走进南京新闻台直播室，宣传房地产行业税收政策

2、◎ 副局长张元年携税务干部，到企业上门服务

3、◎ 分局与文枢中学共同成立中学生税法辅导站

4、◎ 在区举办的“清廉杯”党的知识竞赛中分局代表队获总分第一名

5、◎ 认真落实下岗职工优惠政策，设立下岗再就业绿色通道，积极为下岗职工办理税收减免

1、◎ 价格宣传进社区

2、◎ 明码标价诚信经营示范单位

3、◎ 市场物价检查

1

2

3

秦淮区物价局

秦淮区物价局是区政府主管价格工作的职能部门，主要担负“经济调节、市场监管、社会管理、公共服务”的价格职能。

近年来，在区委、区政府的领导下，区物价局认真履行职责，进一步转变政府职能、转变观念，把政府经济管理职能转到为市场主体服务和创造良好发展环境上，处理好发展市场经济与维护人民群众利益的关系，不断提高执政能力，提高服务质量，认真落实调控各项措施，着力规范收费行为，强化市场检查监督，优化区域经济环境，把实现好、维护好、发展好最广大人民群众的根本利益作为价格工作的出发点和落脚点，全面完成市政府下达的价格调控和治乱减负目标。物价局先后荣获省价格管理先进集体、市依法治市先进集体、区文明单位荣誉称号；区物价检查所被国家发展计划委员会授予规范化物价检查所称号；区价格认证中心荣获市级先进集体称号。

4

4、◎ 局长办公会专题研究创建工作

5、◎ 朝气蓬勃的执法人员

6、◎ 创优工作会议

5

6

◎ 重温入党誓言

秦淮区检察院

◎ 检察长任兆清在人民大会堂作青少年维权工作交流发言

◎ 检察长任兆清陪同最高人民检察院、市检察院领导检查驻监所检察工作

2004年，区检察院在上级检察机关和区委的领导下，认真贯彻党的十六大和十六届四中全会精神，进一步深化检察改革，加强检务保障，努力提高法律监督能力，推动检察工作深入发展，为实现社会公平正义作出新贡献。在全市深入开展争创全国先进检察机关活动中，区检察院喊响了“高点定位求发展，团结拼搏争一流”的口号，全身心地投入到“创先”工作中，解放思想，与时俱进，三个单项工作进入全国先进行列，分别荣获了全国优秀青少年维权岗、全国文明接待室、全国首届一级规范化驻所检察室称号，整体工作迈上了新台阶，被评为省、市先进检察院，反贪局被团省委授予青年文明号，民事行政检察科被市政府授予法律援助工作先进集体。

◎ 最高人民检察院领导到区检察院检查验收“文明接待室”工作

◎ 秦淮区预防职务犯罪协会成员在香港廉政公署考察学习

◎ 在雨花台烈士纪念碑前重温入党誓言

NANJINGSHI GONGANJU QINHUAI FENJU

南京市公安局秦淮分局

◎ 中共中央政治局委员、书记处书记、国务委员、公安部部长周永康视察工作

◎ 法制宣传、法律咨询服务日活动

◎ 分局举行“服务零距离 警民心连心”咨询暨被盗抢物品发还大会

近年来，秦淮公安分局在市公安局的正确领导下，在分局领导班子的带领下，为维护全区社会政治稳定，促进全区经济发展作出了突出贡献。主要体现在服务大局，认真履行公安机关的政治责任，规范运作，积极打造出治安防控品牌、防范工作实现了由注重投入向注重效能的转变。求真务实，不断夯实刑侦工作根基，攻坚克难的水平进一步提高，实现命案必破的目标。着力抓好全警练兵活动，队伍的形象进一步好转，受到了公安部、省、市等各级领导的充分肯定及社会各界人士的广泛赞誉。

在新的一年里，我们将继续按照与时俱进、开拓创新、扎实奋进，勇于争先的要求，努力创造稳定、安全的政治环境、生活环境和经济发展环境，再创秦淮公安事业新的辉煌。

◎ 区领导检查工作

◎ 群众为民警送来锦旗

◎ 大练兵

秦淮区人民法院

QINHUAIQU RENMIN FAYUAN

◎ 院长：王忠义

◎ 院领导听取案情分析

秦淮区法院在区委的领导、区人大和上级法院的监督、区政府及区政协的支持关心下，坚持以邓小平理论和“三个代表”重要思想为指导，全面贯彻落实党的十六大和十六届三中、四中全会精神，自觉服从和服务于改革、发展、稳定大局，按照科学发展观的要求，围绕“公正与效率”的工作主题，抓好审判工作，践行司法为民，强化队伍建设，较好地完成各项工作任务。法院连续五年获得“全国法院思想宣传工作先进单位”的称号，被评为全省法院“创安先进集体”，受到省市区表彰的先进集体有18次，先进个人21人次。

◎ 省优秀青少年维权岗授牌仪式

◎ 增强司法能力 服务区域经济研讨会

◎ 送法进军营

◎ 老年法庭法律直通车进社区

◎ 局领导下基层

◎ 法制宣传

南京市秦淮工商分局

QINHUAI GONGSHANG FENJU

◎ 为企业做好服务

全力打造服务型工商

南京市秦淮工商分局始终把服务发展作为第一要务，始终把坚持维护广大人民群众的生命健康，保护人民群众的根本利益放在执法监管工作的首位，以创建好机制、好业绩、好形象为目标。坚持富民优先，拓展服务领域，创新服务方式，提升服务区域经济发展水平；坚持执法为民，切实履行职能，维护良好的市场秩序；坚持以人为本，提升干部队伍的整体素质，打造新形象，创造新业绩，实现新跨越。2004年，实现了“三零”，即零违纪、零投诉、零曝光；赢得了“三满意”即政府满意、企业满意、群众满意。

◎ 开展3·15活动日

◎ 食品检查

◎ 注册商标检查

◎局长：陈立祥

◎ 局长陈立祥接受南京电视台采访

近年来，环保局在区委、区政府的正确领导和市环保局的具体指导帮助下，以创建国家环保模范城为抓手，积极推进人性化执法，全面建设服务型环保，较好地完成了区域内拆违还绿工程、绿色景观工程、环境卫生等综合整治的各项任务，为全区环境保护作出了贡献。在抓好环保工作的同时，积极开展创文明行业和文明单位活动，通过抓机关作风建设，坚持执政为民，政务公开，2004年获市环保系统文明示范窗口优秀单位，区文明单位等称号。

◎开展环境保护咨询活动

QINHUAIQU HUANJING BAOHUJU

秦淮区环境保护局

秦淮区市容局

◎ 局长崔纪存在外秦淮河拆违现场

秦淮区市容局在区委、区政府的正确领导下，在区街相关部门的大力支持下，按照市区统一部署，紧紧围绕“两个率先”战略目标，内练素质、外树形象，抢抓机遇、奋力拼搏，积极参与和指挥全区迎接国家卫生城市复查工作以及“迎接十运会，建设新南京”拆除违法建筑专项整治活动。在狠抓市容长效管理的同时，下大力、出重拳，积极攻克城管顽症、打造城市景观，尤其是对违章搭建、城市牛皮癣、渣土运输、车容车貌、街巷环境以及铁路沿线所进行的专项整治成绩斐然，区域环境质量明显提升，市容队伍战斗力得以充分体现。2004年被市委、市政府评为建设新南京有功单位。

◎ 外秦淮河拆违现场

◎ 建设新南京有功单位奖牌

◎ 长乐路瞻缨楼夜景

◎ 平江府路灯光亮化工程

◎ 省工行和投资大厦夜景

◎ 梅花村铁路沿线整治后一景

秦淮区人民防空办公室

QINHUAIQU RENMIN FANGKONG BANGONGSHI

◎野战条件下，开设人防指挥所

◎市区领导步入演练现场

◎防化专业队检测可疑烟雾

秦淮区人民防空办公室是区政府担负人民防空工作的职能部门，主管全区人防工程建设、维护管理、组织指挥、警报通信、人防知识宣传教育等工作。“十五”期间，人防工程建设呈跨越式发展，人均工程建筑面积迅速增长，组织指挥日趋完善，人防知识宣传不断拓展，已基本形成有一定的人防工程、人防专业队伍、人防指挥通信相配套的人民防空体系。建立了一支战时可以消除空袭后果，平时参加城市抢险救灾的人民防空专业队伍，具备了一定的防空抗毁和抢险救灾能力。

◎（左）医疗专业队紧急抢救伤员

◎（右）社区群众有序进入地下防空工事隐蔽

夫子庙街道办事处

◎ 团结奋进的领导班子

◎ 新落成的政务大厅

夫子庙街道位于秦淮区东北部，东迄龙蟠路，南临明城墙外秦淮河，西接中华路，北抵建康路，总面积2.94平方公里，人口8.4万。辖18个社区居委会。闻名遐迩的秦淮河流淌过境，积淀下厚重的秦淮文化，著名的夫子庙核心景区象一颗璀璨的明珠镶嵌在辖区版图上。

街道工委、办事处在区委、区政府的领导下，结合街道实际，围绕“打造人文窗口街道，创建文明和谐社区”目标，发扬“自强不息、永不懈怠、和衷共济、负重攀登、争创一流”精神，努力为全区服务、为景区服务、为百姓服务，抢抓机遇，团结拼搏、扎实工作、加快发展。经济工作、精神文明建设和党的建设都取得了新成绩。2004年完成地区生产总值1.81亿元，入库税收5250万元。街道先后获省司法行政系统先进单位、市创建环保模范城市先进单位、市老城环境整治先进单位、市无毒社区、市促进再就业先进单位、市双拥模范街道、市学习型社区建设示范单位、市安全生产达标活动先进单位和市民政系统行风建设先进单位等荣誉称号。2005年街道将搬迁至军师巷89号，新的政务大厅的投入使用，标志街道正朝着更加廉洁、高效的目标迈进。

◎ 市、区领导为东水艺苑剪彩

◎ 开展送岗进社区活动

◎旧貌换新颜

红花街道办

红花街道位于秦淮区东南部，区域面积13平方公里，实际管辖面积5.9平方公里，于2001年2月撤镇建街，街道辖6个行政村，9个社区居委会，总人口4.7万人，其中农业人口5333人。2001年2月在全市率先成立了街道人大工作机构。

近年来，在区委、区政府的正确领导下，街道上下统一思想，“三个文明”建设协调发展，取得了显著成绩。2004年街道地区生产总值实现9.07亿元，入库税收实现1.1亿元，出口创汇2760万美元。街道获得省级示范社区、省婚育新风进万家活动先进集体、省人民调解工作先进集体、市老年工作先进街道，市双拥模范街道等多项荣誉称号。

◎ 红花街道"结对共建"座谈会

◎ 一站式服务大厅

事处 HONGHUA DISTRICT

党建工作坚持中心组理论学习制度，开展每季度1次的中心党课学习活动，推行重大事项票决制。依法举行第七届村委会选举，认真指导双桥新村社区党委开展工作，在九龙新寓社区实行社区党组织、社委会、物业管理、业主委员会密切配合的"四位一体"管理模式。通过创建"党员服务站"、"党员之家"等途径，在为党员提供服务的过程中实施有效管理。认真实施公车改革，将公车全部按市区要求参加了公开拍卖，拍卖所得款全部纳入街道财政。

文明街道创建工作深入开展。按照"亮丽整洁美红花、文明规范建红花、重礼立诚爱红花"的总体要求，以"新时期红花精神"为推动力，"三个文明"建设为创建工作重点，注重"以人为本，全面协调发展"的创建理念，街道建设呈现出健康发展的良好态势。

面对新的机遇和挑战，街道工委、办事处领导将坚持发展不动摇，咬住目标不放松，凝心聚力抓落实，为繁荣红花、振兴秦淮做出新的更大的贡献。

◎ 区领导出席第一届国际汽车节开幕仪式

◎ 风光里社区全景

◎丰富的群众文化活动

双塘街道办事处

QINHUAIQU SHUANGTANG DISTRICT

2004年，双塘街道在区委、区政府的正确领导下、深入贯彻党的十六大、十六届三中、四中全会精神，认真落实科学发展观，以“富民强区、加快发展”总揽全局，团结带领街道广大党员干部群众，解放思想，开拓创新，抢抓机遇，加快发展，地区“三个文明”建设取得显著成绩。以税源为生命线，经济持续快速增长，综合实力显著增强。完成税收5460万元，同比增长21.1%，完成地方财力946.39万元，同比增长24.4%。突出以人为本，完善服务功能，创新服务手段，社区建设和社会事业发展成效明显。落实长效管理，地区市容市貌进一步改观。以创建文明城区为抓手，大力开展群众性精神文明建设创建活动，地区整体文明程度得以提升。党的建设适应新形势，新任务要求，在探索和改进中求发展，基层党组织的凝聚力、战斗力进一步增强，党员作用得以充分发挥，地区“三个文明”健康协调发展。2004年街道获省文明市场、市双拥模范街道等40项省市区先进荣誉。

◎ 开展群众文艺活动

◎ 楼宇经济

◎ 进行民兵训练

◎ 参加百日步行活动

中华门街道办事处

◎ 团结奋进的领导班子

◎ 市区领导视察纬七路环境整治工作

中华门街道位于南京城南地区，北倚秦淮河、南临雨花台、西起凤台路、东接龙蟠南路，面积2.17平方公里，下辖11个社区居委会，现有住户1.3万户，户籍人口3.4万。

2004年，在区委、区政府的正确领导下，街道工委、办事处紧紧抓住市、区联手塑造南京“南大门”新形象的历史性机遇，按照“发展秦淮、富裕秦淮、人文秦淮”的工作要求，以能力建设为手段，以文明城区创建活动为抓手，以税源建设为生命线，以打造“诚信中华门”服务品牌为目标，一心一意抓税源，凝心聚力谋发展，各方面工作再上新台阶。全年实现四税入库1919万元，增幅30%以上，拆除违章建筑5万多平方米，11个社区居委会全部完成达标创建工作，党建和稳定工作成效显著。先后荣获市拆违工作有功单位、市综合治理安全街道、市社区建设示范街道、市政治思想工作先进集体等省、市、区级先进集体20多项，街道发展呈现勃勃生机。

◎ 积极推进拆违整治行动

◎ 铁路沿线专项整治成效明显

◎ 中江美河小区

◎ 赛虹桥立交

◎ 团结奋进的领导班子

◎ 南京家居乐建材有限公司

◎ 秦虹地区视频监控中心

秦虹街道1997年5月成立，东起大明路，西至龙蟠南路、南临宏光路，北接外秦淮河，总面积1.96平方公里。在区委、区政府的正确领导下，在街道党工委一班人带领下，全体干部群众紧紧围绕“富民强区，加快发展”目标，以学习、发展、提升、务实为重点，与时俱进，开拓创新，努力加快秦虹地区新一轮发展。经济指标超额完成，全年实现四税入库1742万元，工业总产值6972万元，地区生产总值完成8180万元，固定资产投资完成1.7亿元，全年引进协税企业202家。2004年荣获市双拥模范街道称号；市街道老年人体育工作先进单位、市流动人口管理工作先进单位。怡馨花园社区获市绿色人居环境社区。

◎ 鸿意地产大厦外景

◎ 街道社区一景

NANJINGSHI FUZIMIAO

QINHUAI FENGGUANGDAI GUANLI BANGONGSHI

全面推进扩容升级 展现一流景区风采

◎ 夫子庙夜景

2004年，夫子庙·秦淮风光带管理办公室按照“扩容升级夫子庙”的总体要求，坚持“文化立区，旅游兴区，商贸富区，品牌强区”工作要点，高起点，大手笔，加快推进扩容升级各项工程、实施文源桥翻新、美食街及乌衣巷路面改造，完成景区绿化工程，建成瞻园路亮化长廊、北牌坊亮化、文源桥长虹卧波等亮化景观。建设“中国南京夫子庙楹联一条街”，成功举办了春节灯会、文化庙会暨2004年中国南京世界历史文化名城博览会、金秋美食节等大型活动。夫子庙·秦淮风光带发展空间进一步扩大，文化品位进一步提升，景区环境进一步优化，经济效益进一步提高，成为集中展示南京古都风貌和“三个文明”建设成果的重要窗口。

◎ 楹联街一角

夫子庙——秦淮风光带管理办公室

◎ 文源桥夜景

◎ 美食街景观

◎ 贡院街上的古代文人雕像

NAN JING FENG GUANG JIAN SHE ZONG HE KAI FA GONG SI

◎ 洪家园二期内景透视

◎ 公司总经理张开荣

南京风

NAN JING FENG GUANG JIAN SHE ZONG HE KAI FA GONG SI NAN JING FENG GUANG JIAN SHE ZONG HE KAI FA GONG

南京风光建设综合开发公司隶属于秦淮区人民政府，是融建设用地开发、转让、房地产经营、物业管理、房地产咨询代理等业务为一体的国家二级房地产开发企业，拥有注册资金4025万元，实有资本3亿元。

公司将ISO 9001国际标准化质量体系导入房地产开发的各个环节，致力于打造精品工程，展现古城风采，为城市建设服务。

近10年来，公司先后开发建设鞍辔坊、三山花园、大明花园风光里等6个小区，累计建筑面积60万平方米；改造中华路、长乐路、红旗桥、武定门公园等7条城市道路、2座桥梁和1个公园，计30万平方米。

公司连续三年被市政府授予南京市城市建设立功竞赛先进单位；被市委、市政府授予建设新南京先进单位；被秦淮区委、区政府授予建设秦淮有功单位等荣誉称号，连续五年被省、市建行评为“AAA”资信企业，被国家统计局评为全国房地产领先企业。

地址：南京市中华路538号
邮编：210006
电话：025-52851232

AN JING FENG GUANG JIAN SHE ZONG HE KAI FA GONG SI

◎ 大明花园风光里实景

◎ 武定门公园一景

光建设综合开发公司

AN JING FENG GUANG JIAN SHE ZONG HE KAI FA GONG SI NAN JING FENG GUANG JIAN SHE ZONG HE KAI FA GONG SI

◎ 大明花园风光里鸟瞰图

◎ 龙翔 · 鸣翠苑

南京市秦淮区商业网

南京市秦淮区商业网点房地产开发公司为资深开发企业，成立于1984年10月，注册资金2342万元，总资产1亿多元。该公司隶属南京市秦淮区人民政府领导，现有在册员工50人，各类专业技术人员占85%。

公司成立以来开发建设了秦淮风光带，经过多年努力，建成了以文庙为主的古建筑群，以贡院街、贡院西街为主的商业文化街，以秦淮河两岸河厅河房为主的明清风格的浏览景观。夫子庙景区被国家评为“全国四十佳景点”之一。

多年来公司致力于旧城改造和市政工程，承担融园林艺术和欧陆风格为一体的长乐公寓、景观与泵站合一的南玉带河泵站、桃叶渡和扇骨营住宅群、秦淮体育中心等建设，还承担了桃叶渡地区景观改造、箍桶巷和土城头道路拓宽等市政工程。2004年，公司承担江宁路出新改造、东关头沿河环境整治、桃叶渡商业建筑和龙翔 · 鸣翠苑住宅小区等建设项目。

- 龙翔 · 鸣翠苑住宅小区竣工。龙翔 · 鸣翠苑住宅占地面积2.8公顷，规划面积6万平方米，共计11幢521套商品房，总投资1.3亿元，小区风格明快简约、清新现代，赢得了市场，受到方方面面好评，首批业主已进住。
- 桃叶渡“又一坊”工程进入招商。10月份完成3200平方米的又一坊公共部位的装修，将其打造成有文化有品位的休闲之地。

地　址：南京市长乐路50号　电　话：025-52626266

2

3

4

1—2 ◎ 东关头沿河环境整治

3—4 ◎ 江宁路出新改造工程

点房地产开发公司

■ 东关头沿河环境整治工程启动。项目占地面积9000平方米，预算投资6500万元，拆迁居民151户，其中工企单位11家，工商户38家，拆除面积6817.44平方米。

■ 江宁路出新改造工程结束。该工程5月份进场，8月底顺利完成，共拆违建885平方米，全面翻新长700米、宽12米的沥青行车道，出新改造4200平方米的人行道板及路牙，出新26幢沿街建筑立面，不仅解决了该路交通不畅的突出问题，而且美化了环境。

■ 东风路拓宽改造工程稳步推进。该工程北起永乐路，南至明匙路，长约350米，现宽6~7米，规划拓宽到24米。

秦淮区拆迁办在认真贯彻执行党和政府的各项方针、政策的同时，奉行“勤勉敬业、热情谦虚、廉洁奉公、恪守信誉”的职业道德，严格依法拆迁补偿安置，为秦淮区的城市建设，新区开发、旧城改造和不断改善居民的居住条件，作出了应有的贡献。

几年来，拆迁办共完成拆迁项目31个，其中具有代表性的市政工程有赛虹桥立交桥工程、双桥门立交桥工程、纬七路工程。拆迁并安置居民近6000户，工企单位154个，拆除旧房建筑面积约46万平方米。是迎十运会的外秦淮河整治工程，是本市规模空前的综合性、公益性工程，集防洪、环保、景观、安置、路网等工程于一体。动迁工作人员本着把秦淮河建设成一条“流动的河、美丽的河、繁华的河”的思路，按照市、区建设方针，组成工作小组，逐户做好细致的宣传、解释工作，拆迁安置1318户，工企单位22家，收到锦旗20多幅。不但维护了拆迁当事人的合法权益，而且保证了工作的顺利进行。由于动迁人员严格按照“依法拆迁、文明服务、阳光操作、接受监督”的原则，规范拆迁行为，把握好政策尺度，从根本上转变旧拆迁观念，维护被拆迁户的正当利益，树立了良好的公众形象。先后被授予省、市、区文明单位称号；省、市“平安拆迁”先进单位；建设秦淮先进单位、有功单位；市拆迁安置工作先进单位等荣誉称号。

拆迁办全体人员在勇于开拓进取的领导班子带领下，努力实践“三个代表”重要思想，认真落实科学发展观，为实现“两个率先”，为“富裕秦淮、人文秦淮、发展秦淮”作出新的更大的贡献。

南京市秦淮区房屋拆迁

NANJINGSHI QINHUAIQU FANGWU CHAIQIA

◎单位地址：南京市秦淮区牛市71号
◎法人代表：邵永泉
◎联系电话：025-52306979 52306889

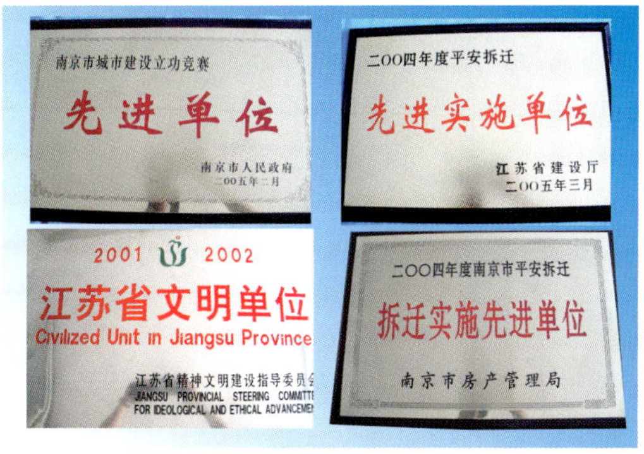

◎ 荣誉室

◎ 历年所获之各项荣誉称号

◎整治后的外秦河沿岸

安置办公室

ANZHI BANGONGSHI

◎整治一新的秦淮河沿岸

大明路国际汽车街区

DAMING ROAD INTERNATIONAL AUTO-ZONE

南京大明路国际汽车街区是指呈T字型的大明路和宁溧路北侧。它北起中和桥，南至宁溧路全长3.4公里，东起双龙街立交桥，西至卡子门宁溧路北侧路段全长2.2公里，是2001年5月由市政府正式批准的特色汽车商业街。经过4年的培育与建设，已发展成为南京市最大规模的汽车专业特色街区，成为南京市汽车销售及服务产业高度集聚的新的特色信息商街和秦淮区发展区域特色经济的重要亮点。

◎ 副区长曹路宝在汽车街招商会上发言

汽车街现有汽车相关企业269家，其中整车销售企业61家，汽修企业108家，出租车客运公司7家，汽车检测，配件销售，燃油供应，汽车制造等相关企业93家。占地面积40多万平方米，经营面积47万多平方米。2004年大明路国际汽车街区汽车产业交易额35亿元，实现税收4500万元，整车销售近4万辆，占南京小车市场的50%以上。销售进口主导品牌车28种69个系列，覆盖国产主流品牌车39种82个系列。从市场层面来看，大明路国际汽车街区的产业体系已经形成了规模大、功能全的良好基础。在核心功能上，大明路国际汽车街区的汽车销售、维修、租赁产业已形成较大规模集聚，并拥有全省最大的旧车交易市场和258个工位的快修市场。在辅助功能上，大明路国际汽车街区拥有汽车改装、汽车服务、车友俱乐部等较为完善的配套企业，汽车检测线、汽车牌照办证点、车辆购置税征收点，设立汽车街消费者维权服务站等相关职能机构，以及一汽轿车、一汽大众中转库和试车区、驾校等配套服务。

◎ 登记服务大厅

大明路国际汽车街区今后3年发展的总体目标是：南京市最大规模的汽车专业市场、华东最有影响的汽车经贸中心、中国最有特色的汽车信息商街。

大明路汽车街管理办公室

DAMING ROAD INTERNATIONAL AUTO-ZONE DAMING ROAD INTERNATIONAL AUTO-ZON

◎ 繁忙的大明路汽车街

◎九龙雅苑小区

◎九龙雅苑小区

◎九龙新寓小区

九龙房地产开发有限责任公司

JIULONG FANGDICHAN KAFA YOUXIAN ZEREN GONGSI

九龙房地产开发有限责任公司，于1994年1月正式挂牌成立。从1万元起家，经过艰苦创业，不断努力，累计发展，如今已成为一个初具规模的房地产开发公司。公司在发展的道路上坚持形成自己的企业文化特色“对内形成凝聚力，对外形成竞争力，企业不是赚钱的机器，而应担当社会责任”。鉴于企业文化的特色，自公司成立以来更是年年迈大步。1996年承担城东干道拓宽工程，以后又相继承担宁溧路秦淮段的道路建设，秦淮教师公寓施工建设。2000～2002年又新建九龙花苑小区工程和九龙雅苑小区工程。其中九龙雅苑小区获市绿色人居环境社区奖，市十佳垃圾分类收集奖，创建平安秦淮先进单位和除“四害”先进单位荣誉。2004年承建弘学路拓宽改造工程，2005年承建育仁路拓宽改造工程。全体职工在公司领导班子的带领下，正以崭新的姿态向着更高的目标迈进。

◎ 公司总经理：黄朝胜

◎ 育仁路道路拓宽工程

◎ 建设中的农学路

◎九龙新寓小区

金榜投资集团有限公司
金榜房地产开发有限公司
金榜夫子庙大市场
金榜中心大酒店
金榜吉山投资有限公司
金榜麒麟床具有限公司
金久门窗有限公司
金榜物业管理有限公司
金榜高尔夫球俱乐部
JINBANG GROUP
南京金榜吉山投资有限公司
NANJING JINBANG JISHAN INVESTMENT
床具系列
信不信由你
麒麟床具
Kylin
市场内部商铺
金榜夫子庙大市场
JINBANG FUZIMIAO BIG MARKET
中国名牌产品
麒麟牌弹簧软床垫
南京麒麟床具总厂
南京金榜麒麟床具有限公司
NANJING JINBANG-KYLIN BEDDING CO.,LTD
金榜大厦 >>>>
JINBANG MASION
外观效果图
南京金榜中心大酒店
FUZIMIAO JINBANG CENTER HOTEL
<<<<
百合华府
BAIHEHAUFU

金榜集团

NANJING JINBANG INVEST GROUP

南京金榜投资集团，简称金榜集团，始建于1985年6月，是一个经现代企业制度改造，以产权控（参）股为纽带，以房地产开发为主导产业的投资多元化、经营多元化的大型民营企业集团。注册资本总额3.13亿元，拥有管理、专业技术人才239人，其中本科以上学历占26.4%，中高级职称人员15.91%；经营范围涉及房地产项目投资开发、麒麟床具、物业管理、酒店经营、咨询服务、企业托管重组等多项领域。

金榜集团通过二十年的拼搏奋斗完成了集团发展史上的第二次飞跃，谱写了一部成功进行资本运作的发展史。二十年的拼搏奋斗，孕育了企业奋发改革、创新图强的可贵精神，打造了一支诚信友爱、理性制胜、富有效率、训练有素的团队。成功地使集团资产总额达到10亿以上，净资产6亿的水平。其中，净资产总额与第一次飞跃结束时相比增长12倍。

>>>集团CEO：陈雷

企业精神

◎ 奋进　百折不挠的进取精神

◎ 改革　勇于革除时弊，推动企业不断向前的变革精神

◎ 创新　追求卓越目标，永不满足现状的求新精神

◎ 图强　谋求兴旺繁荣，竞争一流企业的求强精神

◎ 友爱　团队精诚合作，倾情回报社会的博爱精神

◎ 诚信　宽诚待人，重诺守信的重信精神

◎ 理性　尊重科学，重视规范的求实精神

◎ 制胜　经营伐谋，睿智果断的决胜精神

>>>金榜集团董事局成员

南京珠江客运有限公司

NANJING ZHUJIANG KEYUN YOUXIANGONGSI

南京珠江客运有限公司创建于1993年，在公司董事长沈秀秀与子女的共同努力下，经过10余年的艰苦创业和不懈努力，珠江客运已跻身于南京出租车行业前“十强”。现拥有南京龙珠宾馆有限公司、南京曼哈顿餐饮有限公司、南京珠江汽车租赁有限公司和南京珠江旅行社有限公司4家控股全资子公司。2003年公司投资400余万元，建造6500多平方米的珠江工业园，招商引资8家企业进驻。新建的三星级涉外旅游饭店一龙珠宾馆，被“十运会”筹委会指定为“十运会”接待宾馆。沈秀秀董事长先后荣获中国百名行业创新杰出人物金像奖、省五一劳动奖章、省三八红旗手、省优秀女企业家、新世纪杰出女性人物、华夏巾帼爱心使者等奖章和荣誉称号，当选为第十届市人大代表。目前该公司正以崭新的姿态向更高的目标迈进。

1、◎ 朱镕基在南非约翰内斯堡全球可持续发展世界首脑会议上亲切会见沈秀秀等女企业家

2、◎ 2002年全国妇联副主席顾秀莲同荣获全国杰出创业女性奖的沈秀秀合影

3、◎ 国务院副总理曾培炎接见沈秀秀董事长

4、◎ 沈秀秀荣获省五·一劳动奖章时同女儿王晓萍的合影

◎ 龙珠宾馆夜景

◎ 曼哈顿食府

GONGSI RONGYU

公司荣誉

荣誉证书

中国創新报道

胡锦涛题

沈秀秀 同志

中国百名行业创新杰出人物

金像奖

NO:2004082

中国国际行业组织研究会

二〇〇四年十一月

◎ 江苏省“信用江苏诚信单位”

◎ “AAA”信用等级企业

◎ 南京市公交治安优胜单位

◎ 南京市光彩之星单位

◎ 南京市客运管理先进集体

◎ 南京市模范职工之家

◎ 南京市职工二次创业示范基地

◎ 南京市客运出租行业维护社会治安先进集体

LUN FA WATER AND ELECTRICITY EQUIPMENT
INSTALLATION ENGINEERING LTD.

南京伦发水电设备安装工程有限公司

◎公司总经理：刘明

伦发水电设备安装工程有限公司坐落在闻名遐迩的南京市秦淮区窨子山大明路汽车城中段，东西南北交通十分便利。公司以电气设备安装、试验及电力线路、电缆工程、供水管道、配电箱制作为主营，兼营餐饮及保健服务。公司在同行业中首批获得《江苏省承装（修、试）电力设施许可证》，即：高压供电并计量，南京市供用电施工企业《资质证书》，资质等级为供用电（A）类。2003年1次通过ISO 9001全面质量管理体系认证。

公司2002年5月成立了党支部和工会委员会，2001年被南京市总工会授予下岗职工二次创业示范基地。

历经10年风雨坎坷，伴随10年艰苦奋斗，公司的发展已初具规模。如今，公司新建生产生活用房8000平方米，环境优美，宽敞明亮，设施齐全。下设四个项目部，一个水暖工程部，拥有一批专业技术人员，80%员工都经过专业培训，并获得电力施工企业相关证书。南京市多项重点开发工程，公司都曾参加施工，公司的优质服务、完美的工程质量赢得了广大客户的青睐。

公司的发展离不开政府和社会各界的支持，省、市、区的领导经常深入公司关心指导，电力部门的领导及南京市各大开发公司的领导给予全方位的帮助扶持。

公司先后获得江苏省再就业创业明星、市重合同守信用企业，市免检企业、市光彩之星及文明单位等荣誉，先进事迹被市各大新闻媒体争先报道。

为把企业做大做强，为了迎接新的挑战，公司将进一步实施科技创新，强化企业各项管理制度，提升管理档次，本着："质量第一、服务第一"的经营理念，开拓创新，向高的起点和目标迈进。

◎公司荣誉

地址：南京市秦淮区窨子山大明路286号
电话：025-52421548-805
传真：025-52633982
邮编：210012

◎ 总经理：胥卫平

南京二机床有限责任公司成立于2000年4月，公司在原国有大型一档骨干企业南京第二机床厂的基础上，集中了原有企业的核心竞争力，于2002年10月进行资产重组，注册资金1.12亿元人民币。

南京二机床有限责任公司延续了原南京第二机床厂全部齿轮加工机床的科研开发系统、精密制造技术、装备生产能力和销售服务网络，并为构筑企业平台形成拓展优势，挖掘传统产业中的新价值奠定了基础。目前，公司在“谨实意诚、德以致恒”的企业理念指导下，在ISO 9001质量认证体系的控制下，树立精品意识，运用流程管理的思想，加速科技创新，形成了以数控、高速、高效为主要特征的系列化、模块化、多功能化、高性价比的品牌产品的生产格局，其产品技术指标和技术性能已达到当代国际先进水平。

振兴装备制造业，用国产装备装备中国，是历史赋予我们的时代重任，向市场提供国际一流的新型装备，积极引导传统产业向高新技术领域发展，为实现国家工业化、现代化，实现民族强盛我们将做出不懈地努力。

◎ 员工文化生活

◎ 公司产品

南京二机床有限责任公司

NANJING NO.2MACHINE TOOL CO.,LTD

◎ 公司大门效果图

南京市秦淮河建设开发有限公司

南京市秦淮河建设开发有限公司是经市城建集团批准成立的国有独资企业，注册资金2亿元人民币。公司作为承担秦淮河环境综合整治任务项目的法人，除具体负责该工程的投融资、建设管理、经营管理外还包括房地产开发、物业管理、项目咨询、建设、管理、科技信息咨询、实业投资。

公司在市城建集团的领导下，在秦淮河环境综合整治工程建设过程中依据“建设与开发并重”的方针，通过落实市政府给予公司的各项政策，以建设规范化、营运效益最大化、养护市场化、管理社会化为工作中心，把秦淮河建设成为一条美丽的河、流动的河、繁华的河，使其成为展示南京历史文化资源、体现山水成林特色、吸引国内外游客的景观长廊。

公司紧紧依靠政府有关部门和社会各界的关心和支持，围绕秦淮河建设经营这一中心任务，充分利用一切积极有利的因素，完善并积极推行项目法人负责制，通过招投标、工程监理、合同管理等制度对工程建设全过程进行管理，与时俱进、开拓创新，努力实现秦淮河环境综合整治建设目标，推进企业发展。

3

4

5

6

1

2

◎ 公司负责建设改造的景观成果展示

1 石头城
2 石头城
3 石头城
4 西干长巷
5 秦淮河沿岸
6 石头城

特色医院　特色医疗　特色服务

南京市中草医医院

NANJINGSHI ZHONGCAOYI YIYUAN

南京市中草医医院是一所擅用中草药及秘方、验方、经方诊治疾病而闻名于省内外的中医医院。医院占地面积1500平方米，建筑面积5400平方米。建院50年来，坚持用祖国医学宝库中的瑰宝——民间秘藏的累试累效的草药方作为特色服务，以中医外科、中医皮肤科、蛇虫咬科、乳房病科、骨推拿科、针灸理疗科为主要特色门诊。有医技精湛西内、西外、妇儿科及心电图、B超、放射科为病人服务，并备有近千种中草药为患者配方使用。近年来，全院职工分别在全国医学刊物及交流会上发表论文50余篇。市名中医、市劳模、副主任医师刘玉兰及中医外科、中医皮肤科大多数医师均承师于名老中医。经几代医师研制的清热消肿膏、生肌散、三黄洗剂、湿疹洗剂、皮炎酊剂、解毒合剂、痛风合剂等制剂，在门诊治疗疔疮搭背、痈疽肿痛、皮肤顽症等均取得明显疗效。蛇虫咬伤专病门诊，由南京治蛇一绝魏文龙名中医创立，采用中草药秘方治疗蛇虫咬伤，疗效显著。乳房病专病门诊用中草药治疗各种乳房疾病有显著疗效，尤其是治疗乳腺小叶增生等有特效。针灸、理疗、骨伤、推拿科均采用古老的中医手法治疗各种中风后遗症、肩关节炎、骨质增生、关节的各种扭伤。引进了奥克微微波治疗机、中药汽疗机，用中药电离子透入法治疗各种骨关节病变及皮肤病均有良好的疗效。

特色专科坚持日日门诊的基础上，延长每日门诊时间为早8:00～晚20:00。聘请南京市中医药大学知名专家教授开设专家门诊。同合并的秦淮区口腔病防治所共同开设口腔常见病、多发病的防治门诊。全院医护人员将继续按照特色医院、特色医疗、特色服务的办院方向，发扬博古、创新、求真、务实的草医精神，全心全意为病人服务。

◎ 院长马爱国

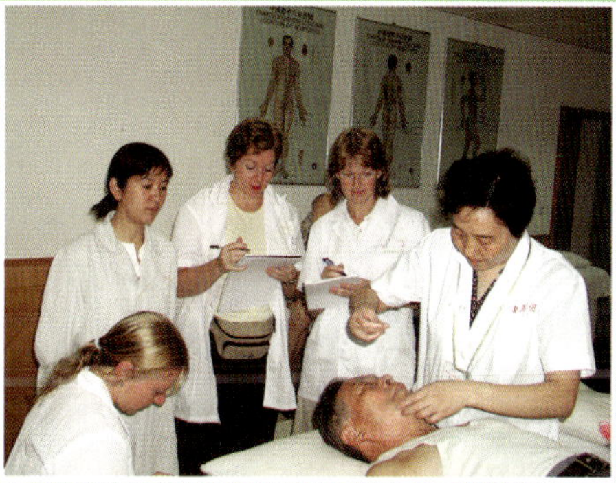

◎ 针灸科带教外国留学生

◎ 妙手刘玉兰

法人代表：马爱国
地址：南京市长乐路41号（乘301、游4、2、33、16、26、62、49、14、23、43、44、81、87、63、101、102、103、305、812路长乐路站下即到）
邮编：210001
电话：025-86623093 52269058
传真：025-52206972

NANJINGSHI QINHUAI YIYUAN

南京市秦淮医院

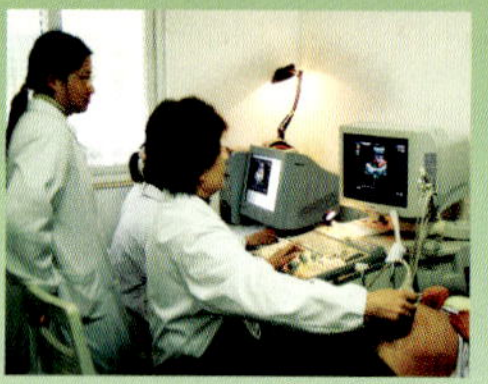

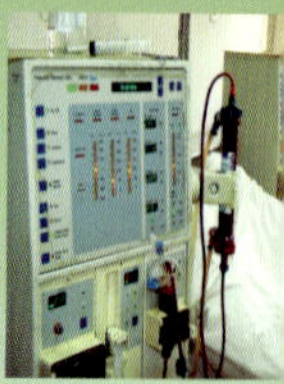

南京市秦淮医院始建于1950年6月1日。半个多世纪以来，在各级政府、各级领导的关怀、关心和支持下，全体医务员工发扬救死扶伤人道主义精神，团结奋斗，开拓进取，在科学管理、专科建设、人才培养、临床科研、教学、精神文明等方面都取得很大的进步。医院先后被评为市卫生系统收费合理单位、市创建卫生城市先进单位、市青年文明单位，被江苏省授予“爱婴医院”。目前，医院已成为南京中医药大学实习医院，市职工扶贫血透中心，市首家挂牌的慈善医疗门诊部。是一所颇具规模的全民所有制综合性二级乙等医院。现有职工236人，其中卫技人员200人，正高级职称3人，副高级职称24人。医院临床一级科室15个，辅助医技科室7个，特色专科门诊9个，老年公寓1所，病区3个，病床152张。拥有先进的X光机、电子胃镜、全自动生化分析仪、全导心电图机、彩色B超机、眼科诊视仪、糖化血红蛋白仪、全产程胎心监护系统、24小时动态心电监测仪等30多台医疗设备。

医院始终坚持以优质服务为宗旨，运用现代化高科技诊疗手段，努力提高医疗水平。产科被列为市卫生系统重点科室，特色专科有糖尿病血管病变治疗中心、肿瘤化疗中心、心脑血管病专科、神经专科、白内障超乳、乳腺病专科、肝胆外科、血液透析治疗中心、疼痛治疗中心、名医亲诊等。医院拥有一批掌握高新科技诊疗手段的专家。实行24小时全日制门诊和急诊，每天都有专家、专科服务。外联科提供方便、快捷、准确的体检服务，门诊、急诊配有导诊人员，方便病人就医。

秦淮医院	◎南京秦淮区许家巷44号	◎025-86625072 86624874
夫子庙门诊部	◎钞库街78号	◎025-86625964 52313471
秦虹社区卫生服务中心	◎乔虹苑87号	◎025-52600311 52614630

QINHUAIQU WEISHENG JIANDUSUO

秦淮区卫生监督所

◎ 检查宾馆客户备品库

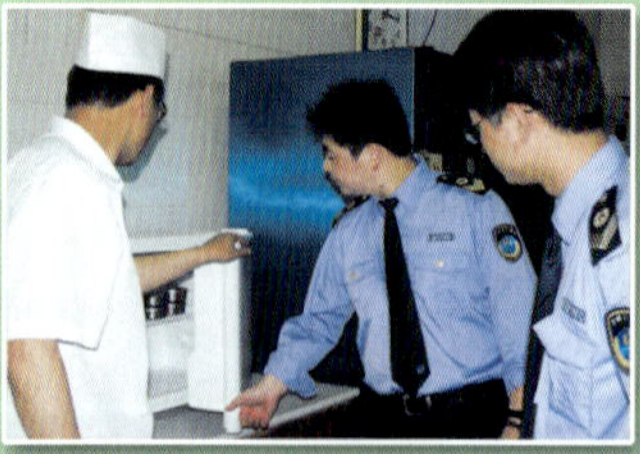

◎ 高考食品卫生保障－检查留样情况

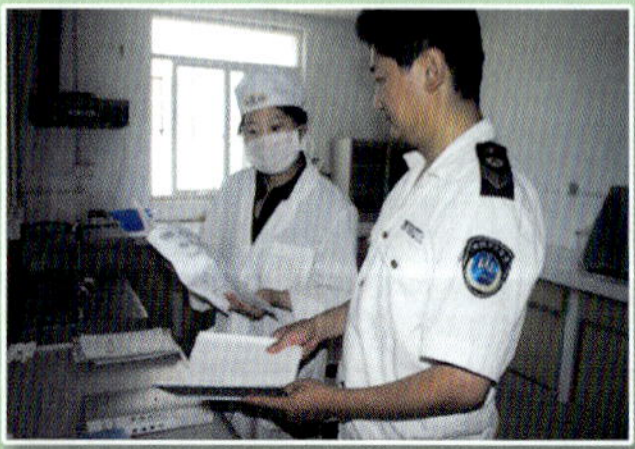

◎ 检查食品生产企业检验室自检记录

秦淮区卫生监督所，更新观念、创新服务，在抓长效监督管理的同时，采取突出重点，围绕群众关心的热点、焦点问题开展专项整治。2004年开展食品专项整治44次，出动执法人员5020人次，取缔无证经营87户。在“傣妹”案件查处中，以法律为准绳，依法行政，共没收违法所得18.92万元，罚款76.38万元，没收并销毁辣油375.4公斤，并责令其立即改正违法行为，维护了市场经济、卫生秩序、社会稳定和人民群众的身体健康。被区委、区政府授予“三个文明”先进单位。

底图说明

◎ 检查餐饮业熟食间卫生状况

◎ 检查食品生产企业检验室情况

◎ 卫生许可受理

秦淮区旅游局

秦淮中医医院

◎ 院长：胥京生

◎ 医院外景

南京市秦淮中医医院是国家二级中医医院。医院多次被评为省、市“文明单位”、“三信三优先进单位”、“先进集体”等，2004 年胥京生院长被评为市“十佳”院长。医院以中医专科久负盛名，由省、市名中医主诊，其中中医妇科、针灸科是市中医重点专科，针灸科为南京市中医药大学外国留学生临床实习基地。医院设有中西医内科、外科、儿科、针灸科、男性科、骨伤科、推拿科、乳房病科、计划生育、泌尿科、社会保健等十多个临床一级科室，开展男女不孕症、子宫肌瘤、功血、习惯性流产、小儿疳积、腰椎间盘突出症、各类皮肤疾病等二十多个专病门诊，进行中西医结合治疗，疗效显著。医院以精湛的医疗技术和优良的护理水平，为广大患者提供全方位的优质服务。

◎ 医院重点专科：妇科和针灸骨伤推拿科

地址：南京市中华路 512 号
邮编：210006
电话：025-86623546　52206941

文源琴舍

◎ 参加“纪念古琴家王生香先生诞辰一百年古琴音乐会”，全体人员合影

◎ 琴舍开班授课，传扬古琴文化

◎ 师徒三代合影

◎ 桂世民先生在古琴独奏音乐会上接受外国友人的献花

◎ 文源琴舍的中外学生互帮互学

WENYUAN **QINSHE**

文源琴舍位于古城金陵夫子庙的王谢古居内，多年来广传海内外弟子，并于此常年承担政府接待，执着于古琴文化的弘扬和推广，为秦淮文化工作做出了一定的贡献。琴舍主人桂世民先生现任中国古琴专业委员会理事、南京大学琴社名誉社长兼古琴指导教师。

桂世民先生师承著名古琴家梅日强先生，金陵派一代宗师夏一峰的再传弟子，并得到当时众多老一辈琴家的传授指点，深得金陵、广陵等琴派之真谛。通过三十余年的潜心研究，逐步形成其琴风，堪称金陵琴坛新一代代表，曾多次应北京大学等高等学府之邀讲学演出，多次参加全国暨国际古琴学术研讨会及演出。

◎ 桂世民先生抚琴

展安全生产月活动。汇编近年来国内几起特大生产安全事故案例录像,发给相关部门和重点单位。组织各街道和有关部门悬挂横幅15条,张贴宣传挂图107套,营造安全生产月氛围。结合日常生活,向全区73个社区居委会、村委会发放家庭灭火常识、家庭防火检查表、火场逃生口诀等宣传材料500份。通过社区、村委会橱窗(栏)和黑板报,对社区居民进行安全意识、公共秩序意识和自我保护意识、紧急救助常识的宣传教育。制作展板21块,在机关、各重点单位以及夫子庙各旅游景点等人员密集场所集中展示,宣传道路交通安全、公共安全以及消防安全等方面知识,强化全民安全意识。 (贾 義)

【两街道安全达标工作通过验收】 2004年,全区5个街道开展安全达标活动,安全监管网络向村、社区居委会延伸,监管对象向非公有制企业延伸,加强安全档案规范化管理,做到统一要求、统一标准、统一制式,各街道在开展安全达标活动中,重点抓管理,抓基础。8月中旬,区安监局组织5个街道分管领导和安全员进行互查,按照《南京市乡镇(街道)安全生产管理达标考核细则》逐条对照,查找不足,总结经验,推动全区街道安全达标工作全面落实。11月,市街道安全达标检查小组,抽查红花和双塘两个街道,措施落实、效果明显,均评为市街道达标先进单位。 (王素文)

【燃气安全专项治理】 2004年,根据市燃气安全专项治理工作领导小组部署,专项整治非法经营燃气的"黑点"和燃气管道设施上违法建筑。4月5日,召开各街道分管安全领导和安全员会议,布置燃气专项治理任务,将13个非法经营燃气的"黑点"和3处燃气管道设施上的违法建筑分解落实到所属街道。通过教育,13个非法经营燃气的"黑点",8个自行关停,4个由专人督促补办合法经营手续,对1个经多次教育,仍不整改的"黑点"予以取缔。3处燃气管道设施上的违法建筑,2处自行拆除,1处被强行拆除。各街道在清理和拆除过程中全程跟踪,定期进行回访,防止死灰复燃,确保治理成果。9月底,完成燃气安全专项治理工作。区政府连续4次获市燃气安全专项治理立功单位称号,区安监局和中华门街道办事处获2004年市燃气安全专项治理先进集体称号。

【分类监管消除事故隐患】 2004年,区安监局通过对全区生产经营单位实行分类管理,加大隐患排查力度。全年检查各类生产经营单位700家,发现各类安全隐患90多处,坚持发现一处,解决一处,全程跟踪督办。夫子庙街道投入4万元更新改造三七八巷农贸市场、虹苑农贸市场老化电线。民政局多渠道筹集资金20余万元,完善社区服务中心消防系统两路用电,配置相应的灭火器材。全年发出隐患整改通知书49份,要求整改单位,以书面反馈隐患整改情况。安监局坚持在收到书面反馈一周内对该单位进行复查。节日期间,强化安全监管,监控重大活动安全保障措施和重点单位节日值班制度落实情况,确保节日安全。 (李叶明)

【强化危险化学品治理】 2004年,安监局进一步规范危险化学品治理程序,所有申请危险化学品生产、使用或储存单位,必经过"四关"审查。前置审查关,安监、工商、公安、街道等部门联合把关,对涉及危险化学品生产经营单位,不通过安全生产监督管理部门的前置审查,工商部门一律不发营业执照;现场检查关,加强化工企业现场管理,按照省化工安全生产专项治理检查验收标准逐条对照检查,发现问题,及时解决;把好隐患整改关,安监局派员全程跟踪,直至隐患消除。从外区迁入的艳丽油墨厂,不符合安全生产条件,责令其停产,限期搬迁;教育培训关,专门培训生产经营危险化学品单位的厂长(经理),取得相应资格证书后,方可申领危险化学品生产经营许可证。 (王素文)

科　　技

综　　述

【概述】 年初,区政府结合科技与经济发展要求,拟定15项科技工作目标,与区科技局签定年度目标管理责任书,年终实施考核。区科技局制定《秦淮区域科技创新体系建设方案》,把科技创新体系,列入全区"十一·五"规划。

开展民营科技企业发展状况和政策需求调查,撰写"民营科技企业党建工作存在的问题和思考"等3篇调研文章。编写秦淮信息17条,在秦淮党建网、省市科技网发布图文报道30条。

推荐奥特佳冷机有限公司、恒星自动化设备有限公司、晨光集团有限责任公司、普天鸿雁电器有限公司4家科技型企业为参加省企事业知识产权管理工作推进计划实施单位。截至年底,有8家单位参加试点工作。培育4家高新技术企业,实现销售收入3.92亿元,同比增长40%。秦淮科技创业中心对外招商,引进15家民营科技企业。区内民营科技企业全年实现技术、工业、贸易收入8.2亿元,同比增长28%。全区专利申请量170项,同比增长17.2%。

中华门街道第十六届科普宣传周活动

区科协在科普画廊、社区宣传栏定期开展科普宣传教育,累计更新画廊宣传栏750平方米,张贴宣传画2000张。制作横幅、标语83条,开展《中华人民共和国科学技术普及法》宣传活动。

2004年,秦淮区通过省知识产权区域试点工作考核验收,获全国科普示范城区和全国科教进社区活动先进集体称号。区科技局获省知识产权政务信息工作先进集体称号。区科协获全国第四届科技活动周暨省第十六届科普宣传周先进集体、省全国科普日活动先进集体称号。

科技成果

【民营研控科技公司获国家创新基金资助】 2004年,南京研控科技有限公司的RECON SCADA油田监控与数据采集系统,获国家创新基金项目资助60万元。该项目应用于石油开采行业,集遥控遥测、故障应急处理、数据存贮、分析诊断、自动计量、反馈控制、OPC服务、Internet查询以及生产管理服务于一体的SCADA系统。项目的实施对安全生产、提高油井采油时率、降低电能消耗、提高劳动生产率发挥重要作用。预计两年内可实现销售收入2250万元,净利润365万元。

【开发手机渠道分销系统】　2004年，南京斯威特通信实业有限公司完成开发手机渠道分销ISALES1.0系统。通过建立通信行业手机分销系统，实现手机流量及流向全面控制，包括渠道终端数据采集、销售计划制定跟踪、销售政策执行反馈、市场活动推广策划等。实现对终端的手机串号实时采集，监控与核对渠道库存串号，有效控制价格与返利。支持品牌决策、产品决策、地区决策、业务员决策、价格分析。支持库存报表、销售报表、进货报表、应收款报表、总分核对报表等。经理封磊获市人才培养项目扶持资金3万元。

【热声加工设备研制通过验收】　10月中旬，南京三埃测控有限公司热声加工设备研制项目通过区科技局验收。该项目于2002年立项，邀请俄罗斯波罗地海国立技术大学康斯坦丁教授指导，引进俄方材料表面热声加工技术，研制出热声加工设备，提高合金刀头硬度10%。

【完成抗炎新药项目开发】　7月，NO供体型非甾体抗炎新药ZLR－8R的项目开发经省科学技术厅、省财政厅联合下文（苏科计〔2004〕316号、苏财教〔2004〕84号），列入第九批省科技发展计划（三药科技攻关）项目，给予30万元拨款支持。该项目由南京长澳医药科技有限公司负责，将NO供体与双氯分酸偶联而合成的最新型NO供体型非甾体抗炎药，主要研究内容是合成、制剂、分析、药效、一般药理、急毒、长毒、生殖毒、致突变、药代动力学、药物相互作用、作用机理等。

【创新药物研究列入国家级课题】　7月，噁唑烷酮类药物YC－12研究，经国家科学技术部下文（国科发农社字〔2004〕219号）批复，批准列入国家"十五"重大科技专项创新药物和中药现代化第四批课题立项，并给予拨款120万元。该项目是南京长澳医药科技有限公司与中科院上海药物研究所共同开发的新型抗菌药，拥有自主知识产权，为国家一类创新药物，申请国内和国际专利。经四川抗生素研究所药效学研究表明，YC－12对多种耐甲氧西林的细菌都有很好的抗菌活性，其活性是利奈唑烷（Linezolid，商品名Zyvox）8倍～20倍。课题预期目标于2005年12月完成YC－12所有临床前研究工作。

【普天6类布线通过信息产业部验证】　2004年，信息产业部邮电工业产品质量监督检验中心对南京普天楼宇公司研发的普天6类综合布线系统（简称为普天6类布线）20多项性能及技术指标，进行通道和永久链路等测试，均达到TIA/EIA－568－B.2－1标准中规定的要求，通过信息产业部的检验。

普天6类布线是结构化布线高性能的标志。南京普天楼宇公司全面自主设计开发普天6类布线，满足用户铜缆布线高带宽要求，提供超过250MHz的传输带宽，支持构建1000Base－Tx以太网等多种高带宽应用，同时系统向后兼容。能全面支持4次连接及短链路等复杂应用情况，彻底打破工程应用束缚，并拥有多项国家专利。其中6类单面配线架在远超过标准性能要求的前提下，端接密度超过德国KRONE公司50%。

【11家单位完成科技项目】　2004年，区科技局开展科技项目完成情况调查，有南京科亚实业有限公司、南京辰顺交通科技有限责任公司、南京仁泰锅炉自控设备有限公司、南京未来高新技术有限公司等11家单位，完成数控固位刻机，柔性反光突起路标，单片机触摸屏电脑控制器，涡旋式客车空调压缩机WX－36研发等21项科技项目，其中自主研制18项，科技成果转化3项。

2004 年秦淮区科技项目完成情况一览表

表 18

序号	单　　位	项目名称	类　别	协作单位	性能和用途	起 止 时 间
1	南京科亚实业有限公司	WF－75 往复式单螺杆挤出机（重点项目）	自主研制	—	产品具有高混炼、低剪切的性能	2003. 10～2004. 04
2	南京科亚实业有限公司	HTE 系列高转速高扭距双螺杆挤出机	自主研制	—	产品具有高产量性能	2003. 08～2004. 08
3	南京宁庆工具技术研究所有限公司	数控固位刻机（重点项目）	自主研制	南京高腾数控公司	用于模具加工	2003. 02～2004. 08
4	南京辰顺交通科技有限责任公司	柔性反光突起路标（重点项目）	自主研制	—	突起路标具有弹性，反射体可自转以保持自洁、防震、低噪声、抗疲劳、长寿命,改善行车舒适性	2002. 03～2004. 12
5	南京宽频科技有限公司	CM－120U 线缆调制解调器	自主研制	—	允许用户通过有线电视网进行高速数据接入的设备	2001. 08～2004. 08
6	南京辰顺交通科技有限责任公司	沥青路面早期病害防治对策	自主研制	市公路管理处	为沥青路面早期病害防治提供恰当的工艺方案	2004. 03～2004. 12
7	南京仁泰锅炉自控设备有限公司	锅炉节能控制系统	自主研制	—	提高锅炉运行效率和自动化管理水平,降低锅炉运行费用	2004. 01～2004. 10
8	南京仁泰锅炉自控设备有限公司	单片机触摸屏电脑控制器（重点项目）	自主研制	—	以液晶触摸屏的方式控制驱动硬件和相关软件,用于锅炉自动控制系统	2000. 09～2004. 03
9	南京长澳医药科技有限公司	双氯芬酸衍生物	成果转化	中国药科大学	非甾体抗炎药	2002. 12～2006. 12
10	南京长澳医药科技有限公司	噁唑烷酮类抗菌药一类新药 YC－12	成果转化	中科院上海药物研究院	治疗耐药革兰氏阳性菌引起的细菌感染	2003. 08～2006. 12
11	南京秦淮中医医院	治疗子宫肌瘤的三类新药开发研究	省科研成果转化	中国药科大学	对子宫肌瘤治疗安全有效。	2001. 10～2004. 09
12	南京奥特佳冷机有限公司	涡旋式无氟环保汽车空调压缩机（重点项目）	自主研制（有专利）	—	压缩机性能、结构设计,加工工艺,装配工艺	2002. 01～2004. 12

续表

序号	单　位	项目名称	类　别	协作单位	性能和用途	起止时间
13	南京奥特佳冷机有限公司	涡旋式客车空调压缩机 WX－36 研发(重点项目)	自主研制	—	压缩风排量提高,高效节能可靠性高,运转平稳,噪音低,震动小	2004.04～2004.12
14	南京奥特佳冷机有限公司	涡旋式微型轿车空调压缩机 WX—1056(重点项目)	自主研制	—	压缩风排量提高,高效节能可靠性高,运转平稳,噪音低,震动小	2003.12～2004.06
15	英华达集团(南京)电子技术有限公司	小灵通	自主研制	—	通讯工具	2004.01～2004.12
16	南京惟思得电气有限公司	冷热饮水机	自主研制	—	用于铁路客车上的电茶炉	2003.06～2004.09
17	南京未来高新技术有限公司	未来招投标系统	自主研制	—	编制标书、制作、组织设计平面布置图	2004.01－2004.06
18	南京未来高新技术有限公司	未来施工项目计划管理系统	自主研制	—	横道网络计划对项目的计划管理	2004.01～2004.12
19	南京未来高新技术有限公司	未来施工项目成本管理系统(重点项目)	自主研制	—	计划成本、目标成本、责任成本和实际成本的控制和管理	2004.01～2004.12
20	江苏航天金穗科技有限公司	防伪税控开票员注册管理系统	自主研制	—	防伪税控管理	2004.01～2004.04
21	江苏航天金穗科技有限公司	计算机自动化测试系统	自主研制	—	基于虚拟仪器技术的计算机自动化测试系统	2003.10～2004.09

(江永强)

【中小学获 15 项科技奖】 2004 年,区科协、教育局、少年宫组织中小学生代表参加全国少工委、省科技协会等单位在上海、南京等地举办的小发明、小创造以及航海模型等科技项目比赛,共获奖 15 项。 (李迎青)

2004 年秦淮区中小学科技获奖情况一览表

表 19

序　号	项目名称	参赛单位	获奖情况	颁奖单位
1	肉类产品含水量检测仪	第四十二中学	国家银奖	中国发明协会
2	抛体与碰撞组合教具	第四十二中学	国家银奖	全国教师发明创造竞赛组委会
3	空调冷凝水蒸发器	鲍家场小学	国家银奖	中国发明协会
4	国旗扣	秦淮实验小学	国家一等奖	全国少工委

续表

序　号	项目名称	参赛单位	获奖情况	颁奖单位
5	双口瓶	第四十二中学	国家铜奖	中国发明协会
6	航海模型	第四十二中学	国家第四名	全国青少年航海模型竞赛组委会
7	二节可调音变调葫芦丝	东关头小学	国家铜奖	中国发明协会
8	昆虫跳跃研究报告	凤游寺小学	国家三等奖	全国少工委
9	新式阳台晾衣架	双塘小学	国家三等奖	全国少工委
10	活底花盆	双塘小学	国家优秀奖	宋庆龄基金会
11	电子百拼	第四十二中学	省一等奖	省科协
12	电子百拼	文枢中学	省团体一等奖	省科协
13	双芯锁	第四十二中学	省三等奖	省教师发明创造竞赛组委会
14	电子百拼	秦淮实验小学	省三等奖	省科协
15	抗破坏性管道	正学路小学	省三等奖	省科协

注:同一单位同一项目多次获奖的,只记录最高级别奖。　　(李迎青)

民营科技企业专项管理

【招商引资企业15家】 2004年,秦淮科技创业中心改建、扩建孵化面积800平方米,完善通信、网络宽带接入等办公条件,全方位开展招商引资。引进南京宁庆数控机床制造有限公司、南京蓝河信息咨询有限公司等民营科技企业15家,涉及计算机软硬件开发、电子信息、光机电一体化、科技贸易等门类。

【定点扶持重点民营科技企业】 2004年,区科技局根据区政府出台的《关于扶持重点企业发展工作意见》文件精神,将南京普天鸿雁电器有限公司等7家民营科技企业列入区重点扶持名单;南京仁泰锅炉控制设备有限公司等5家民营科技企业列入区级机关工委委员定点联系单位,给予重点扶持。区科技局按季度走访企业,主动上门提供科技服务。区四套班子领导和部分部门负责人与重点企业实行挂钩联系制,帮助企业解决资金、用地和项目等方面的实际困难,引导企业加大投入,增强创新能力,放大品牌效应,扩大生产经营规模,走集约型发展道路,提高对经济增长贡献率。

【两家民营科技企业技工贸收入超亿元】 2004年,科亚实业有限公司生产双螺杆挤塑机系列产品,实现销售收入1.44亿元,出口创汇总额200万美元,利润2100万元,纳税710万元。英华达(南京)电子有限公司生产PHS系列产品,销售收入6.57亿元,同比增长28%,利润1094.94万元,纳税9611.6万元(其中在区内纳税4548.5万元),同比增长61.7%。

【认定(复核)市民营科技企业】 5~6月,区科技局开展市民营科技企业认定工作和复核工作。经企业申请、会议评审、科技局核准,并报市科技局备案,认定南京长澳科技有限公司等7家企业为2004年市民营科技企业,南京合英动平衡研究所等11家民营科技企业通过复核审查。

2004年秦淮区认定(复核)民营科技企业一览表

表20

企业名称	法人代表	民企代码	认定代码	地址	类别
南京合英动平衡研究所	俞启	32010404001	AIV980125	长乐路张都堂巷5-306号	复核
南京耐生电气有限公司	沈键美	32010404002	AIV980126	晨光路78号,龙蟠中路536号	复核
南京瑞博橡塑实用技术研究所	张九田	32010404004	AIV980128	红花街道果园村柴园北路128-1号	复核
南京金陵古艺术青铜研究所	王钟泉	32010404008	AIV980129	江宁路小心桥东街46号,乌衣里3号101室	复核
南京南方电加工有限公司	郑宁	32010404017	AIV980131	金沙井92号	复核
南京钟山微波电子技术研究所有限公司	袁克勤	32010404018	AIV980132	龙蟠中路460号04幢02单元301室	复核
南京宁庆工具技术研究所有限公司	蔡国庆	32010404020	AIV980133	夹岗下坞营109号	复核
南京荣辉仪器设备有限公司	王海平	32010404024	AIV980134	红花街道果园村柴园路119号	复核
南京未来高新技术有限公司	匡力	32010404027	AIV000136	中山南路414号投资大厦10楼BC座	复核
南京金杉汽车工程塑料有限责任公司	吴锡忠	32010404035	AIV020321	南珍珠巷682号,江东门兴隆路215号	复核
南京辰顺交通科技有限责任公司	陈光和	32010404036	AIV020359	中华路420号	复核
南京长澳医药科技有限公司	宋明	32010404037	AIV040601	大校场路30号	认定
南京奥特佳冷机有限公司	钱永贵	32010404038	AIV040602	大明路103号	认定
南京惟思得电气有限公司	孟晓斌	32010404039	AIV040603	中和桥路59-28号	认定
南京科亚实业有限公司	刘光知	32010404040	AIV040604	大校场路8号	认定
英华达集团(南京)电子技术有限公司	叶国一	32010404041	AIV040605	仙鹤街100号	认定
南京恒星自动化设备有限公司	陈东洲	32010404042	AIV040606	大明路15号	认定
南京研控科技有限公司	陈波	32010404043	AIV040607	集庆路123号1402室	认定

【召开区民营科技企业联谊会】 9月下旬,由区科技局牵头,在区政府401会议室召开全区民营科技企业联谊会。25家重点民营科技企业负责人、市科技局副局长许贵庆、区长徐耀新、副区长曹路宝到会。局长缪建荣主持会议,副局长李晓莉作民营科技企业工作报告。会议公布通过复核和新认定的民营科技企业18家名单,并现场颁发证书。会上,斯威特、长澳、惟

思得等6家交流企业发展经验,提出促进地方经济发展建议。企业提出的问题和建议,相关部门予以解决落实。

【推进民营制造业信息化工程】 2004年,区科技局在民营科技企业南京奥特佳冷机有限公司进行制造业信息化推进试点,将信息技术、自动化技术、现代管理技术和制造技术相结合。该企业初步实现产品设计和企业管理信息化、生产过程控制智能化、制造装备数字化、咨询服务网络化。年内,该企业通过市高新技术企业认定,涡旋式汽车空调压缩机项目实现产值9500万元。

科技管理与服务

【夫子庙·秦淮风光带信息化技术招标】 6月中旬,区旅游局负责实施的夫子庙·秦淮风光带信息化技术项目向全市公开招标。南京天志科技有限公司中标,市科学技术局立项,其中软件部分由南京天志科技有限公司负责开发,硬件部分由区旅游局负责实施。信息网建成后,宣传展示夫子庙秦淮风光带及南京旅游景点,进行旅游信息统计,发布地区旅游动态信息,为游客提供网上咨询、投诉、购买旅游产品、订票、代订客房等远程服务。

【建设秦淮人·科技网站】 10月,秦淮人·科技网站项目开始建设,该项目由区科技局与区委组织部联手打造,市科技局拨款12万元,预计2006年5月完成。网站通过增强原有网页服务功能,新增科技项目申报、科技论坛、民营科技企业网上投诉、科技博览、科普天地等版面,满足企业、科技人员、大中小学生等开展科普宣传教育的需要。同时,为街道、重点社区增添一批电脑,接通宽带,改善科普硬件条件,建成集党建、科技科普和综合服务为一体的综合性网站。

【6家企业列入市"双百工程"】 2004年,秦淮区列入市"双百工程"(100家小巨人型高新技术企业,100家成长型高新技术企业)有6家,为江苏航天金穗科技有限公司、英华达集团(南京)电子技术有限公司、南京斯威特新技术创业有限公司、南京普天楼宇智能有限公司、南京科亚实业有限公司和南京二机床有限责任公司。列入国家级技术创新基金项目有南京联创系统集成股份有限公司的新一代电信网间计费结算系统、南京二机床有限责任公司的数控高速滚齿机设计与制造。

【新认定7家高新技术企业】 2004年,南京长澳医药科技有限公司等5家企业通过省级高新技术企业认定;南京奥特佳冷机有限公司等2家通过市级高新技术企业认定。至年底,区内有高新技术企业31家,其中省级高新技术企业13家。

2004年秦淮区新认定高新技术企业一览表

表21

企业名称	高新技术产品	地址	级别
南京普天楼宇智能有限公司	普天综合布线系统	普天路1号	省级
南京长澳医药科技有限公司	盐酸西布曲明胶囊	大校场路30号	省级
南京仁泰法恩电气有限公司	锅炉智能化电脑自动控制系统	中华路420号6F-3	省级

续表

企 业 名 称	高新技术产品	地　址	级 别
南京恒星自动化设备有限公司	PM2050 远方数据设备;DP 型数字式保护装置	大明路 11 号	省级
南京科亚实业有限公司	TE 系列双螺杆挤出机	大校场路 8 号	省级
南京奥特佳冷机有限公司	涡旋式汽车空调压缩机	大明路 103 号	市级
南京研控科技有限公司	Recon OPC 服务器软件	集庆路 123 号 1402 室	市级

【推荐高素质科技人才】 2004 年,区科技局推进人才强区发展战略,深入调查研究、收集掌握科技人才情况,先后组织申报中青年行业技术学科带头人、有突出贡献中青年专家、中青年拔尖人才、市科技功臣等。经区科技局选拔推荐,斯威特集团胡晨获市第二批有突出贡献中青年专家称号;南京晨光集团有限责任公司吴启宏、魏运发和南京橡塑机械厂赵建华获市第四批中青年拔尖人才称号。7 月,市第一医院顾建平、王书奎、龚涌灵被市科技局列入第五批中青年行业技术学科带头人名单;南京长澳医药科技有限公司李战、市中医院金小晶、市第一医院叶飞、桂鉴超、蒋红兵、穆心苇、杨春霞、何旭、陈亮列入市中青年行业技术学科带头人后备人员名单。

【开展国防科技动员潜力核查】 5 月,区科技局开展国防科技动员潜力核查。依据 2003 年调查资料,全面核查区内与飞机、舰船、雷达、导弹、观测、装甲、火炮、通信、气象、工程、防化等武器装备相关的科技人员、科研机构、高新技术企业、军工企业,以及科技设备科技信息种类、质量、分布等情况。核查工作于 6 月底结束,上报市国防科技动员办公室。

【促进部队和地方科技合作】 10 月,区科技局副局长李晓莉带队,到南京理工大学数理系开展科技宣传咨询活动。向数理系研究室负责人和科研人员 50 余名介绍国内外知识产权工作状况。针对部队民用科研情况和专利申请状况进行分析。赠送 50 套《知识产权工作指南》、《科技项目申报指南》和科技工作行政服务卡。对 2005 年度科技发展计划申报要求作详细讲解,鼓励科研人员开展民用科技成果转化工作,为部队科技人才、科技项目与地方企业合作牵线搭桥。月底,区科技局组织解放军总参谋部南京科技创新工作站到南京美泓环保科技有限公司开展科技服务,在环保设备研发、环保水处理系统工程方面达成长期科技合作意向,发挥军队科技人才作用。

(江永强)

双桥新村社区科普大学教员接受聘书

【双桥新村社区科普大学成立】 5月19日,由市、区两级科协共同管理指导的社区科普大学在红花街道双桥新村社区挂牌成立。市科协副主席沈平、区科协副主席任爱平、街道工委书记张立龙参加揭牌仪式。社区科普大学立足社区、服务百姓,为促进社区居民科学文化素质提高、促进社会全面发展服务。社区科普大学组织网络健全,成立科普大学委员会,设立教务处、学生处、宣传处。有固定教员16人,主要来自南京宏光空降装备厂高级工程师、医生、离退休干部和省、市科普志愿团专家。科普大学开设声乐班、书法班、编织班和科普班。首期学员81人,结业后,发放市社区科普大学结业证书。

【完善科普茶苑配套设施】 2004年,位于夫子庙西广场骠骑厅的科普茶苑,作为区科协开展科普宣传活动的新载体,在配备科普图书专柜和电视设备基础上,新增书架、报栏及1000册科普类书籍。每周放映1~2部科教VCD片。该茶苑成为市民和游人喝茶品茗,免费接受科普服务的活动场所。

【举办科技杯计算机技能竞赛】 6月3日,区科技局与机关工委在区党校联合举办科技杯区级机关干部计算机技能竞赛。各部门选送计算机应用能手30余名,经过竞赛,计经局汤昊获一等奖,市容局张瑜、财政局陈琳、档案局焦建磊获二等奖,法院蔡八林、文化局杨保平、政府办朱艺、科技局江永强获三等奖。

【提供免费电脑培训】 6月,在区少年宫举行中国科协——英特尔电脑创新思维项目启动开幕式。这项活动由省科协主办,为8岁~16岁青少年提供免费入门知识培训,包括制作图形表格处理文字、掌握多媒体技能等。每期培训15次,计30小时,共举办2期,近200名外地务工人员子女参加。同期,为双塘、考棚、凤游寺等小学350名学生免费培训电脑思维创新课程。

(李迎青)

知识产权

【通过省知识产权区域试点工作验收】 5~6月,区科技局在自查评分基础上,回顾总结2002年以来开展省知识产权区域试点工作情况,完善考核迎查材料,向省、市知识产权局进行电脑多媒体汇报。7月初,省科学技术厅、省知识产权局下文(苏科知〔2004〕290号),肯定秦淮区在试点工作期间开展履行政府职能、构建区-街道-企业知识产权管理体系建设、管理机制建设、宣传培训、专利申请量、专利技术产业化和知识产权保护等方面取得的成绩,通过考核验收。

【开展专利实施情况抽样调查】 9月初,区科技局抽样调查全区43家科技型企业2000年1月至2004年8月专利实施情况。调查结果,专利申请量共463件,其中授权290件,科技型企业专利申请量年均增长20%,专利授权量年均增长16%。专利构成结构持续改善,其中发明专利占39.9%。专利实施率达77.3%。区内科技型企业的核心竞争能力不断增强。

【知识产权培训580人次】 2004年,区科技局通过在夫子庙广场开展科普活动,以及举办民营科技企业座谈会和走访重点民营科技企业等形式,先后进行10余次知识产权宣传。全区累计参加培训人员达到580人次,其中青少年学生250人次,课题、项目负责人及工程技术人员30人次,企事业单位领导180人次,解放军理工大学数学系教师、学员40人次,各街道知识产权管理人员和工作者80人次。该培训促进企事业单位和个人了解国家、省、市知识产权有关政策和法规,提高知识产权保护意识。

【专利申请170项】 2004年,全区专利申请

170项，同比增长17.2%。其中发明专利70项，占41%；实用新型专利60项，占35%；外观专利40项，占24%。专利组成结构和全市平均水平42:37:21（发明专利:实用新型专利:外观设计专利）相当。英华达（南京）电子有限公司申请专利74项，占全区总量的44%。区科技局为进一步促进企业、个人专利申请积极性，继续开展专利申请费、实审费补助活动，全年累计受理100项，金额达22.13万元，上报市知识产权局审批发放。　（江永强）

科普宣传

【秦淮区获全国科普示范城区称号】　4月21日，省、市检查组检查区创建全国科普示范城区工作。围绕科普工作组织领导、基础设施、科普组织网络、科普活动及成效4个方面听取汇报，观看VCD片《春华秋实看秦淮——秦淮区科普工作纪实》、《秦淮区创建全国科普示范城区资料汇编》和百余张活动照片，分两组进行实地核查。检查组领导肯定区科普工作，注重实效，有创新特色。10月10日，秦淮区被中国科协命名为全国科普示范城区。

【秦淮区获全国科教进社区先进集体称号】　11月15日，秦淮区被中国科协、中央文明办联合表彰为2002～2004年全国科教进社区活动先进集体。科教进社区工作由区文明办牵头，区科协负责实施。以社区为平台，加强科普组织建设、阵地建设，开展科普展览、讲座、咨询服务、知识竞赛、文艺表演等一系列科学普及活动。

【科普志愿者队伍达350人】　4月，区科协整顿分布于街道和社区的科普志愿者，并面向社区吸纳新队员，建立科普志愿者队伍专业技能和自然情况档案。按照所属街道和驻地单位划分，保证每个片区不少于60名，发放《中国科普志愿者手册》和徽章。该队伍共350人，涉及医务、教育、园艺、经济、工程技术、统计6个行业，有社区工作者、公安干警、离退休干部和学生。科普志愿者遵守“三不”原则，即不以取得报酬为目的参加科普志愿者服务，不以科普志愿者身份参加科普志愿服务以外的活动，每年参加志愿服务不少于10次。

【制作《春华秋实看秦淮》VCD宣传片】　1月，区科技局、科协、科普联席会议办公室联合制作完成《春华秋实看秦淮——秦淮区科普工作纪实》VCD宣传片。全片以整合全区资源，合力推进秦淮科普工作特色为主线，反映2001～2003年秦淮区科普工作进程、现状以及取得的成绩。该片播放时间约14分钟，配有解说词和音乐。

【开展社区科普工作调查】　5月26日至6月10日，区科协、科技局调查社区科普工作现状。5个街道面向社区各发放100份调查表，收回有效调查表478份。参与调查的群体年龄段为18岁～50岁，文化程度相对集中在高中和中专，调查率60.9%。调查分为公众对社区科普工作的理解程度，以及对社区科普工作的需求和建议2个大项目9个子项目。在调查中，66.73%的公众认为科普活动开展的好，74.6%的公众对科普设施表示满意，50.2%的公众认为科普活动对他们影响较大，75.7%的公众认为居委会干部对科普工作态度热心。

【创建12家科普文明社区居委会】　2004年，省科协检查考核并命名双塘街道五福里社区居委会为省科普文明社区居委会。市科协检查并命名金工里、小西湖、怡馨花园、龙翔雅苑、金粟庵5个社区为市科普文明社区居委会。区科协检查并命名饮虹园、七里村、开源、莲子营、糖坊廊、风光里6个社区居委会为区科普文明居委会。

【开展专家走进社区活动】 4月,区科协邀请省内知名专家省人民医院主任医师李群,中大医院院长、博士生导师刘乃锋,分别到红花、秦虹街道为街道干部、社区群众主讲中老年合理营养膳食和远离心脑血管疾病知识。讲座结束后,群众向专家询问各类问题。专家走进社区活动安排5场讲座、1场咨询,内容除营养与健康外,还涉及心理卫生等,整个活动延续到6月底结束。

【编印《秦淮区科普宣传周画册》】 8月,区科协编成《秦淮区科普宣传周画册》。该画册分领导重视构建有效开展科普宣传周的运行机制、依法科普营造良好的城区科普工作氛围、科普宣传周开幕式暨科普志愿者授旗仪式、专家进社区系列活动、抓住关键延伸科普工作领域空间5个方面内容。全册收录照片65幅,并在每一幅下面附有简短的文字说明,从不同侧面,彰显2004年科技活动周暨科普宣传周的特色。

【编辑科普论文集】 11月,区科协加强与驻区企业科技交流与合作,征集以南京晨光集团有限责任公司、斯威特通信实业有限公司、奥特佳冷机有限公司、金城集团有限公司、绿洲机器厂、宏光空降装备厂等城南片区科技型企业优秀科技论文40篇。编辑《以科技创新推动企业与区域经济发展论文集》。该集分为表彰先进、工作探讨、企业改革、科技前沿、设计研究、工艺技术、质量管理、专利管理、管理新论、市场分析、金桥工程11个方面。由南京白鹭设计制版厂印刷完成。工程院院士、市科协主席张耀明为《论文集》题词,市科协副主席沈平为《论文集》撰写前言。

【举办青少年科普文化活动日】 7月,双塘街道五福里社区举办科普文化活动日,安排科普类书籍和弘扬爱国主义思想的VCD片以及有关心理健康、法律知识的科普挂图,丰富青少年假期活动,满足青少年思想道德方面健康成长的需要。该街道19个社区760名儿童参加活动。

【举办科技活动周暨科普宣传周活动】 5月14~21日,区科协主办,科技局、教育局、文化局、机关工委、少年宫、夫子庙街道、秦虹街道等单位参与,在区少年宫、夫子庙西广场开展区域性科普宣传教育活动。安排科普文艺演出、咨询服务、科普展览、讲座等15项科普内容,投入经费3万余元。制作横幅12条,在夫子庙西广场和5个街道科普画廊张贴科技以人为本,全面建设小康为主题的科普知识宣传画,群众参与率达到70%以上。活动期间,新华日报、南京日报、江苏科技报、金陵晚报、扬子晚报对科普宣传周活动情况给予报道。 (李迎青)

秦虹街道举办科普知识讲座

教 育

综 述

【概述】 2004年,教育工作以管理、质量为主题,实现新突破。完成各项创建任务:南京旅游·营养职教中心通过国家级重点中等职业学校评估验收;第二十七中学转评为三星级高中,文枢中学、第四十二中学转评为二星级高中;第四十二中学、双塘小学被授予省现代教育技术实验学校称号;秦淮实验小学被评为省实验小学,颜料坊、西街和七桥3所小学被评为市示范小学;文枢中学和双塘、考棚、秦淮实验、武定新村4所小学通过市绿色学校评估验收,小西湖小学通过省绿色学校评估验收。全年投入5000万元,建成校舍3.3万平方米。投入1085万元,建成10所中小学校园网,配备计算机房4个,增添一批教育设备,改造实验室15个,完成全区学校防盗报警系统安装。

教师队伍不断优化。颁布《关于进一步加强教育系统人才队伍建设的实施意见》,继续实行中青年骨干教师区内流动。在小西湖小学等部分学校试行中层职位竞聘上岗制。实施名师、名校长工程,程钢、张贵建2人获全国优秀教育工作者称号,3人获省先进称号。2名教师申报特级通过市级评审,6名教师被评为市学科带头人。

实施新课程水平不断提升。发挥第十八中学,夫子庙、小西湖、双塘、一中心、考棚5所小学以及中华路幼儿园等市课改基地示范作用,面向市、区举办多场展示活动,钓鱼台小学在实施新课程背景下强化教学管理经验在全市推广。

教育质量不断提高。实施《秦淮区小学、初中、高中教学工作意见》,对全区3所高中、6所初中、22所小学进行教学视导和专项督导,对教学管理、课堂教学进行检测评价和反馈指导。建立小学教学质量监控体系,将调研性测试作为常规工作来抓。成立高中教育工作领导小组、学科中心组,加强高中教学研究和教学过程管理与监控。高考上线人数和录取人数均有新突破。第二十七中学高考推进率为4.43%,进入市高考推进率前列。

各类教育协调发展。中国人民解放军理工大学气象学院招收博士生、硕士生、本专科生630人,函授学员300余人。南京航天管理干部学院完成人力资源管理、财务管理等培训31个班次,培训总数1200人。旅游·营养职教中心烹饪专业被评为省级示范专业。民办城南中学全面培养学生综合素质以及民办秦淮外国语学校和夫子庙小学分校(怡馨花园小学)强化外语教学、突出现代信息技术教育办学特色,均赢得良好声誉。学前教育发展迅速,中华路幼儿园探索多元化办园和公带民、公助民管理模式,推进各类幼儿园协调发展。

德育实效增强。在全区中小学开展共铸诚信宣传月系列活动。强化校园法制建设,开展送法到学校、法院庭审进校园活动,组织学生到第二少管所参观,举办法制教育夏令营,对校园周边环境进行综合整治。第四十二中学和秦淮外国语学校等7所中学分别被评为省、市德育先进学校;长乐路、钓鱼台等17所小学被评为市德育先进学校。

加强行风廉政建设。成立教育系统预防职务犯罪办公室,颁布《秦淮区教育系统加强预防职务犯罪工作的实施意见》,汇编《秦淮区教育局机关作风建设手册》。严格规范教育收费和招生制度。考棚小学等14所中小学被评为市第二批教育收费规范学校,至此,全区有24所中小学被评为教育收费规范学校。高考、中考工作严谨有序,连续三年获市招生组织工作一等奖。小学升初中电脑派位操作规范,连续4年实现零差错、零举报、零投诉。（王其伟）

【调研评估“十五”重点课题】 9～11月,区教科所依据市教科所课题研究管理条例和评估细则,对全区省级规划课题4项、市级规划课题28项进行调研评估。先学校自查,后教科所组织专家评审。专家认为自主探究教学模式的研究、小学课堂教学中教师有效性提问的研究二课题深入课堂教学,着眼教学方式和学习方式的转变;构建中学生主体性发展课堂教学机制研究、初中学生自主创新课堂教学模式研究课题以学生发展为目标,探索新课程背景下教学新模式;弘扬恩来精神引导小学生学会关爱、南京市中小学生心理信息采集与监控的研究课题探索学生思想教育的新思路,促进学校自身发展,丰富秦淮教育内涵。全区“十五”重点课题32项均符合省市评估标准。（王宝淮）

【综合督导评估中小学】 2004年,区教育督导室分别综合督导评估第四十二中学,双塘小学和小西湖小学。应用基础与发展两条线评价制度,采用听、看、访、问卷调查等多种方式对这3所学校端正办学思想,更新教育理念,提高依法治教,全面贯彻教育方针,实施科学管理诸方面进行全面评估。

第四十二中学贯彻教育方针,积极实施素质教育,坚持全面育人,发展特长的办学理念,“严、勤、健、实、争”的校风逐步形成,“敬业、爱生、求实、创新”的教风代代相传,“好学多思、发展特长”的学风深入人心。该校教育教学质量稳步提高。小西湖小学和双塘小学积极推进名校工程,办学目标明确,管理规范有序,在全面实施素质教育中取得长足的发展和进步,均以优秀分值通过评估验收。（徐金玲）

【秦淮教育网全新改版】 9月,区电教中心重新改版秦淮教育网,将原有的静态网页,通过重新设计、制作,建成动态式的秦淮教育网站,并有独立的域名:www. QhQjyj. com。网站建成后,在互联网实现大容量教育教学信息发布目标、重大举措和活动图片新闻浏览以及教学资源在线利用和视频适时点播等功能。宣传秦淮教育,为学校、教师、社会服务。（李　超）

【参加省百万职工技能大赛】 10月,区教育工会组织青年教师代表队,参加省总工会在奥体中心举办的百万职工技能大赛,在大赛现场进行粉笔字书法表演。参加表演的选手均获省科学技术厅、劳动社会保障厅、省经济贸易委员会、省总工会颁发的优秀选手奖证书。11月,区教育工会组织青年教师代表队参加市总工会举办的计算机技能比赛,取得良好成绩,其中1人获市劳动局、市总工会颁发的高级技能证书。12月,区教育工会被市、省教育工会授予社会尊师重教、教师回报社会先进集体称号。

（王双久）

【参加全国英语词汇游戏大赛】 8月,区少年宫组队,代表省参加中国校外教育外语专业委员会在北京举办的全国第三届少儿新星杯英语词汇游戏大赛决赛,获优秀组织奖;姚奕伟等5名学生获一等奖,芮颖子等3名学生获二等奖。

（黄　征）

【举办第二届青年教师基本功大赛】 11～12月,区教育局在教师进修学校举行区级青年教师基本功比赛,全区中小学、幼儿园教师130名参加。这次比赛中小学安排教育理论、课堂教学、命题能力、三字（毛笔字、粉笔字、钢笔字）、普通话、多媒体课件制作及网络查询、英语、特长展示8个项目；幼儿园则设置教育理论、活动、自制教具、家长园地设计、普通话、多媒体课件制作及网络查询、弹唱舞蹈、特长展示等。经过两个月角逐，涌现出一批基本功扎实、素质优良、潜力较大的青年教师，秦淮外国语学校等7所学校（幼儿园）获团体一等奖，第二十七中学等18所学校（幼儿园）获团体二等奖，胡善兵等18位教师获个人全能一等奖，戚昊苏等58位教师获个人全能二等奖。

【进修学校培训农村小学数学教师】 7月，区进修学校承担市辖六合区、栖霞区、江宁区、雨花区、江浦区、高淳县、溧水县农村小学数学教师培训工作。该培训历时10天，进行课程标准、教科研、专业化发展等方面学习，着重提高农村教师实施新课程的能力。44位教师在培训中取得结业证书。　（朱铭华）

幼儿教育

【中华路幼儿园举办50周年庆典活动】 12月29日，中华路幼儿园在园内举办50周年庆典活动。省、市、区教育系统领导到场，幼教界专家亲临祝贺，来自全国同行近200名嘉宾和300多名家长参加庆典活动。庆典活动中聘请唐淑、张慧和等专家作为幼儿园特约顾问。全国劳动模范、省特级教师陈国强面向家长进行专题讲座。江苏教育电视台、南京电视台、南京日报等多家媒体进行采访和报道。中华路幼儿园是省级示范性实验幼儿园，曾获省市巾帼文明示范岗、市文明单位、市教科研先进集体、市教科研基地、市第二批科技教育特色学校等称号，2004年又获全国尝试教学研究先进集体和江苏省巾帼文明示范岗称号。　（董文华）

【教育部IBM公司代表参观中华路幼儿园】 11月12日，中华路幼儿园接待国家教育部IBM公司基地单位教育同行50人参观检查，探讨信息技术在幼儿教育中运用的问题。代表们观摩大三班小朋友在电脑室运用IBM公司电脑软件进行小东西专卖店数学领域学习活动，体验和感受孩子们自主学习生活。

（甘晓娟）

【小白鹭幼儿园揭牌】 9月3日，区人大副主任陆小平、区政协副主席张来发为小白鹭幼儿园揭牌，原市教育局局长、现市关心下一代委员会秘书长汪遐义和副区长赵永兰到场讲话。小白鹭幼儿园位于大明花园曙光里55号，于5月建成，是由原红旗幼儿园和胜利幼儿园经过拆迁、置换合并成立，占地面积3000平方米，建筑面积2400平方米，园内环境优美，设施先进。8月招生，新学期开设6个班，招收幼儿148名，在岗教职工14名。9月4日《南京日报》和《南京晨报》对小白鹭幼儿园开学典礼进行图片报道。　（董文华）

【小西湖幼儿园评为国家级优秀实验园】 2004年，小西湖幼儿园开展幼儿园主题活动中渗透幼儿关爱行为的研究，利用自然角饲养动、植物活动，让孩子学习换水、浇水，培养幼儿对小动物、小植物的爱心和护理行为。8月，小西湖幼儿园被中华民族传统美德教育总课题组、中央教育科学研究所德育研究中心、中国伦理学会中华民族传统美德教育研究分会评为中华传统美德教育优秀实验学校。　（崔　洁）

【小西湖幼儿园开展自主性民间体育游戏课题研究】 2004年，小西湖幼儿园致力于全国重点课题二十一世纪中国学校体育发展研究子课题开展自主性民间体育游戏研究，让幼儿在充分自主基础上开展民间体育游戏，同时学会自我调控，互相谦让，协商合作，克服独生子女任性、自私、孤僻等不良心理。11月,小西湖幼儿园被二十一世纪中国学校体育发展研究中心评为体育科研明星学校优秀实验学校。

(蓝厚瑜)

2004年秦淮区幼儿园基本情况一览表

表22

园名	园址	体制	园长	质级	班级数(个)	幼儿数(人)	教职工数(人)
中华路幼儿园	弓箭坊42号	教育部门	贾宗萍	省示范性实验	9	303	29
小西湖幼儿园	马道街3号	教育部门	蓝厚瑜	市示范性实验	7	212	29
秦淮幼儿园	荷花塘12号	教育部门	陈京敏	市优质	—	—	27
红梅幼儿园	红梅巷3号	教育部门	王修慧	市优质	6	191	20
东方红幼儿园	金陵闸43号	集体	马慧宁	市优质	10	317	23
李府巷幼儿园	玉带巷69号	集体	辛瑞萍	市优质	8	244	19
胭脂巷幼儿园	太平苑1号	集体	李春年	市优质	7	235	18
秦虹幼儿园	高虹苑69号	集体	朱金兰	市优质	8	246	14
第二机床厂幼儿园	菱角市66号	其他部门	蒋美丽	市优质	11	350	12
晨光集团幼儿园	武定新村09栋对面	其他部门	周军	市优质	13	404	34
94608部队幼儿园	中和桥路30号	其他部门	雷爱斌	市优质	7	257	26
气象学院幼儿园	双龙街60号	其他部门	孟可飞	市优质	9	287	23
小白鹭幼儿园	曙光里55号	集体	吴如鸣	市标准	6	148	20
长征幼儿园	扇骨营48号	集体	孙艳	市标准	4	97	5
殷高巷幼儿园	殷高巷28号	集体	郭隆珍	市标准	10	305	20
雨花幼儿园	小思古巷13号	集体	赵宝萍	市标准	4	104	7
路字铺幼儿园	路字铺21号	集体	解学骏	市标准	4	119	14
永坚幼儿园	三条营64号	集体	宋新华	市标准	3	74	9
长乐路幼儿园	长乐路64-1号	集体	王文娟	市标准	4	144	10
龙苑新寓幼儿园	龙苑新寓一村9号	社会力量	朱和洁	市标准	7	227	22
宏光爱迪生幼儿园	双桥新村	社会力量	王立婷	市三类	7	210	10
旭光仪器厂幼儿园	红花村2号	其他部门	庞家琪	市三类	3	75	6
康美里幼儿园	康美里20-1号	社会力量	卢燕	市三类	4	59	6
小星星双语幼儿园	马家圩怡馨花园	社会力量	周敏	市三类	4	53	18
东方智能幼儿园	永乐北路2号	社会力量	陈宇平	市三类	8	176	31
合计	25所幼儿园	—	—	—	163	4837	452

注:秦淮幼儿园1998年拆迁后在荷花塘12号办公,招生暂停。

(董文华)

初等教育

【秦淮区与桂林市象山区教育代表团互访】 3月,桂林市象山区教育代表团到秦淮区学习培训。该团有校长、主任及骨干教师一行13人,学习培训40天,期间和夫子庙、小西湖、一中心3所小学师生及教师进修学校教师交流教育教学工作经验。"五一"期间,区教育局副局长于琳率团回访，在桂林举办讲座，上公开课，受到桂林象山区领导及教师良好接待。

【坚持小学升初中电脑派位方法】 2004 年，秦淮区小学升初中招生工作，采用免试就近入学，挂钩对口直升，指标分解到校，电脑派位录取的方法进行，是市小学升公办初中唯一采用电脑派位的区县。

电脑派位是由电脑对学生所填志愿根据各中学招生总数，进行摇号处理。该工作由区教育局组织，在公证处监督下进行。区纪委、监察局参与监督，并请市有关部门领导、家长代表和学校代表参加，保证电脑派位工作公平、公正、公开。通过电脑派位，对口直升方法和服从分配规定，对全区小学毕业生 2393 人，进行中学入学安排。（陆自建）

【小西湖小学与韩国墨贤初等学校互访】 11 月 5 日，小西湖小学师生接待韩国汉城 6 名校长组成的教育代表团。小西湖小学与该教育代表团相互交流各自教育教学情况，还通过该代表团与韩国汉城墨贤初等学校建立友好关系。墨贤初等学校计划在 2005 年春季派部分师生到小西湖小学访问。（戴传琪）

【夫子庙小学开展宁港少年手拉手活动】 6 月 30 日至 7 月 5 日，夫子庙小学师生一行 30 人赴香港开展宁港少年手拉手活动。在港期间，参加 7 月 1 日香港特别行政区成立 7 周年庆典活动，亲身体验港人爱国、爱港之情；在与友好学校圣公会基德小学师生交流中了解香港社会和市民生活情况，增强对"一国两制"国策理解，这是夫子庙小学开展的第二届宁港少年手拉手活动。2003 年圣诞节期间香港圣公会基德小学的师生到南京夫子庙小学开展为期 1 周交流活动。（陈　骏）

夫子庙小学开展第二届宁港少年手拉手活动

【小西湖小学校报《西湖春晓》出刊】 9 月 10 日，小西湖小学校报《西湖春晓》首期出刊。副市长许仲梓、市教育局局长徐传德、副区长赵永兰、区教育局局长王正勇为该报题词。在首期校报上，展示学校校风、学风和教风，提出学校新的办学理念；对报徽进行征集，面向全校进行小记者招聘；开设小不点说新闻、真诚心语、玩具总动员、星星语等学生喜闻乐见栏目。《西湖春晓》激发学生主动参与办报热情，提高学生写作水平。（邓雪霞）

【百花巷小学开展预防艾滋病教育活动】 10 月，百花巷小学开展童心红丝带预防艾滋病教育系列活动。少先队大队部结合少年儿童身心特点，通过讲座、橱窗宣传、手抄报制作等形式，对 4 年级至 6 年级学生，宣传艾滋病防治基本知识，尤其帮助女生增强自我保护意识。11 月，组织 4 年级至 6 年级部分学生参加由联合国儿童基金会和中国少年儿童新闻出版总社共同举办的童心红丝带预防艾滋病知识竞赛，10 名学生获一等奖，15 名学生获二等奖，25 名学生获三等奖，学校获优秀组织奖。

（周　静）

【西城小学师生到江心洲学农】 11月25～26日，西城小学五年级、六年级124名学生，到江心洲紫光田园进行两天学农活动。师生们在技术员指导下亲身实践、动手尝试，进行锄草、施肥，耳闻目睹农民在田间劳动的艰辛。现代快报连续两天跟踪报道，南京电视台少儿频道"天下父母心"栏目也特邀校长、学生、家长做采访性谈话节目。（鲁书毅）

【考棚小学开设一年级英语实验班】

9月1日，考棚小学率先在一年级开设英语实验班，比区内其他小学提前两年学习英语。英语实验班每周安排4节英语课，其中两节由外籍教师执教。一年级学生一学期上英语课78节，初步学会简单的英语对话、表演英语小短剧、演唱英文歌曲。

（史　晖　张　睿）

【正学路小学举办第三届科技节展示会】 4月28日上午，正学路小学与中华门街道在正学路小学联合举办第三届科技节展示会。区教育局、关心下一代工作委员会、科技局领导和20多所学校代表莅临大会。科技节的主题是：走进科学，走进社区。科技节期间，该校全体师生参观科学宫、博物馆，听江南贡院馆长周道祥作古代文明与现代科技讲座。校少年科学院小院士到社区进行调查，与社区建立以里弄为单位学习模式，参加社区科技活动。

在科技节展示会上，学生们表演小话剧《摆的研究》、《昆虫鉴定会》、《电脑与人脑》，展示科学小制作3000多件，科学小论文200多篇，科学幻想画50幅。（陈志荣）

【凤游寺小学被命名为市绿化景观学校】 2月27日，凤游寺小学被市绿化委员会、市教育局命名为市优秀绿化景观学校。该校抓住校址位于凤凰台遗址旁的特点，紧扣新凤凰台为主题的校园文化建设，注重保护校园绿色环境。在学生中开展大树认养、绿地维护等爱绿、护绿活动，并且以昆虫馆为基地，开展环保教育，成效显著，在市优秀绿化景观学校评比中，名列参评学校第一名。（杨　健）

正学路小学举办第三届科技节展示会

【秦淮一中心小学省体育实验课题结题】 3月，秦淮一中心小学向省教育学会提出"十五"规划课题"纸制器材在小学体育教学中的运用"结题申请，3月12日以现场结题方式通过省教育学会专家组鉴定，6月获得结题证书。南京新闻频道直播南京栏目，家教周刊、体育健康知识画刊、中国学校体育等报道纸器材实验课题实验成果。课题结题报告获省教育学会评比一等奖。该校自2001年12月开始进行"纸制器材在小学体育教学中的运用"研究，研究中创编纸球、纸棒、纸飞机、纸牌巴等6大系列52个游戏，进行可行性实验，取得阶段性成果。

（马　鸿）

2004年秦淮区小学基本情况一览表

表23

学校名称	校长	质级	年级	班级(个)	在校生(人)	教职工(人)	地址
夫子庙小学	程　钢	省实验小学	6	24	1274	91	瞻园路22号
夫子庙分校(民办)小学	冯爱东	民办公助小学	6	13	445		康居路41号
小西湖小学	邓学霞	省实验小学	6	37	1913	98	堆草巷29号
武定新村小学	方锦强	省实验小学	6	17	650	48	武定新村2号
双塘小学	崔晓玲	省实验小学	6	18	762	70	双塘里12号
凤游寺小学	林　静	省实验小学	6	18	491	50	花露北岗16号
秦淮实验小学	段定来	省实验小学	6	24	1110	74	风光里小区
一中心小学	张宏霞	市实验小学	6	17	733	58	建康路181号
长乐路小学	喻　林	市实验小学	6	13	502	46	长乐路107号
考棚小学	王　伟	市实验小学	6	18	725	56	许家巷15号
颜料坊小学	贡明生	市示范学校	6	8	247	30	颜料坊86号
钓鱼台小学	史兰英	市示范小学	6	12	492	38	钓鱼台147号
百花巷小学	陈忠义	市示范小学	6	11	387	28	璇子巷59号
正学路小学	徐克柱	市示范小学	6	12	404	35	清洁村43号
西街小学	陈恩发	市示范小学	6	16	582	51	红梅巷26号
马家圩小学	黄晓惠	市示范小学	6	11	407	26	龙苑新寓二村26号
七桥小学	刘启才	市示范小学	6	7	283	13	中和桥路151号
夹岗门小学	汤荣飞	市示范小学	6	7	286	22	夹岗106号
东关头小学	王学勤	市规范学校	6	13	467	55	东关头25号
马道街小学	徐秀玲	市规范学校	6	15	587	63	边营86号
西城小学	鲁书毅	市规范学校	6	9	301	30	菱角市38号
鲍家场小学	贾　青	市规范学校	6	6	219	14	鲍家场97号
信府河培智中心小学	袁　青	—	9	10	92	24	扫帚巷147号
合　计	—	—	—	336	13359	1020	—

(陆自建)

中 等 教 育

·普通中学·

【中华中学申报市高中新课程培训基地】 2004年,中华中学申报语文、物理、地理、生物4个学科市高中新课程培训基地。3月,该校地理、生物两个学科被市教育局批准为市高中新课程培训基地。7月,两个教研组分别培训全市地理、生物高中教师,取得良好效果。语文、物理学科正待批准。申报4个市高中新课程培训基地,显示该校这些学科有一定优势。

【中华中学加强对外交流】 2004年,中华中学扩大对外教育交流规模。6月,选派4位优秀学生赴新加坡德明政府中学,参加新加坡初三企业奖学金项目留学。8月,邀请美国麻省理工学院3位外籍大学生,参加暑期人工智能夏令营活动。9月,派遣教师赴英国任教和出国培训。10月,对英国 Meadowhead School 进行第二次师生互访,接待韩国大田三川中学校长访问。12月,该校校长回访韩国大田三川中学并签订师生互访协议,每年派5位教师、20位学生互访一次。这些活动扩大师生视野,促进学校进步与发展。

【中华中学申报特色学校】 2004年,中华中学筹备并向市教育局申报市体(健美操)、艺(舞蹈)、科技(信息技术)特色学校。12月,该校被市教育局批准为体育特色学校和科技特色学校,并被市体育局授予市健美操训练基地称号。

(黄 烨)

【区初中办学水平评估合格】 2月,依据义务教育初中阶段的教育目标和标准,区教育局接受市教育局对初中办学水平的评估。市教育局根据初中发展规划中办学水平、队伍建设和师德水平、依法治教和教育行政管理、学校德育和教科研工作、办学绩效5个方面对第十八中学、文枢中学初中部、第二十七中学初中部、第四十二中学初中部、第四十三中学进行检查和评估,评估结果,5所中学办学水平均为合格。

(章 曦)

【市教研室综合视导第二十七中学】 2月16~18日,市教研室综合视导第二十七中学,市同类学校校长参加。通过交流、问卷、听课、检查,全面了解该校教育教学工作。在视导期间,共听课86节,其中评为优秀课(A级课)18节,占20.93%;优良课(B级课)66节,占76.74%;基本合格课(C级课)2节,占2.32%。市教研室肯定该校自强、自信、自立的顽强拼搏精神,共同奋斗、团结协作精神,朴实无华、务实求精的精神。

(俞泰鸿)

【第四十二中学成为省四星级科普单位】 4月,第四十二中学正式成立科技创新小组。5月航模小组参加航模比赛获市第二名、省第一名、全国第四名的好成绩。9月在上海举行的中国国际发明展览会上取得科技创新银奖和铜奖各1个。该校科普活动成绩突出,被省科技协会评为省四星级科普先进单位,辅导员刘海林被评为省优秀科技辅导员,其发明的肉类产品含水测定仪获国家发明专利证书。

(陶 芳)

【第二十七中学评为省三星级学校】 3月5日,第二十七中学经学校申报转评江苏省三星级学校,由区、市教育局推荐,省教育评估院评估,省普通高中星级转评专家评审委员会审核,省教育厅批准,首批转评为省三星级学校。2003年12月9日,省教育厅教育评估院专家组一行5人曾对该校转评省三星级学校进行评估验收。

【第二十七中学高考本科达线率创新高】 2004年,第二十七中学高三毕业生参加高考219人,43人达到本科录取分数线(简称达线),达线率19.6%,推进率为4.43%,在全市14所同类学校中位列第二。 (俞泰鸿)

【秦淮外校中考均分高出市均分100.79分】 2004年,秦淮外国语学校(简称秦淮外校)以区别对待差异、多元分层递进,以达到统一教学要求和个体优势发展为教学目标的教学模式,走出一条大面积提高教学质量之路。该校中考总均分528.59分(不含体育29.85分)。比市中考总均分427.8分(不含体育分)高出100.79分。

【秦淮外校德育科研见成效】 2004年,秦淮外校在参加“十五”教科研重点课题实践中，抓德育科研见成效。10月，在省“十五”课题中华传统美德教育成果论文评比中，有18位教师论文获奖，60余名学生撰写的中华美德论文获一、二、三等奖，学校再次被评为江苏省中华传统美德教育课题研究先进集体。同时被中国教育学会德育专业委员会授予德育科研先进集体称号。

【秦淮外校语文教学创三步六读法】 2004年，秦淮外校在语文教学中创 三步六读法。第一步感知课文，进行略读与细读；第二步分析课文，进行赏读与点读；第三步总结课文，进行赛读与延读。通过三步六读法有组织、有计划的互动形式，构建具有创造性，实践性的读写教学模式，学生读写能力明显提高。该校赵明、马倩、赵恋秋、黄何、吉沐云、卞梦雪等80余名学生在第三届中国青少年读写大赛中（江苏赛区）获省500强、省铜奖、市金奖、优秀奖等。学校获第三届全国青少年读写大赛优秀组织奖。

（张可祥）

·职业学校·

【财经学校成为技能型紧缺人才培养基地】 4月，市财经学校被国家教育部、劳动和社会保障部、国防科工委、信息产业部、交通部、卫生部列入国家计算机应用与软件技术专业领域技能型紧缺人才培养培训基地，是南京地区唯一被列入的一所中等职业学校。该基地开展计算机应用与软件技术技能型紧缺人才培养培训工作。该年招收计算机专业2个班，70名学生。

【财经学校与意大利萨塔技术学院签定合作协议】 4月19日至4月25日，市财经学校接待意大利塞巴士亚诺萨塔技术学院院长 Franzese Raffacle 和女士 Cerchi M. Giuseppa 一行参观考察。访问期间，就开展两校之间教育合作进行认真、富有成效讨论，在学校教育教学管理、教师互访、学生培养以及信息等方面签订合作协议。

【财经学校计算机专业成为省示范专业】 10月19日下午，省教育厅组织专家组评审市财经学校计算机示范专业建设工作，专家对该专业办学思路、理念、成果等给予充分肯定。根据省教育厅苏教职〔2004〕30号文，计算机及应用专业被评定为省级中等职业学校示范专业。该校有计算机及应用和财经两个专业被认定为省级中等职业示范专业。财经专业于2003年被省教育厅认定。

【财经学校 ERP 实验室挂牌】 9月22日下午，财经学校与用友软件南京分公司在该校新街口校区举行合作协议签字暨 ERP 实验室揭牌仪式。市教育局副局长施正东、职社处处长梁晓峰、用友软件南京分公司副总经理程向阳等参加签字揭牌仪式。“ERP”即企业资源计划的英语缩写，是指建立在信息技术基础上，以系统化的管理思想，为企业及员工提供决策运行手段的管理平台。ERP 实验室可以用来进行模拟企业管理实习，搭建一个仿真企业平台，用仿真企业环境、仿真企业流程，模拟职能岗位。ERP 实验室建成有利于促进学生对企业组织架构和业务流程的理解与运用，促进学校专业建设与市场需求紧密结合。

【财经学校参加省第二十四届珠算比赛】 10月22～24日，市财经学校学生参加省第二十四届珠算技能比赛，以4346分的总成绩取得团体总分第一名。其中石慧分别以1195分、280分、248分获个人全能、加减算、除算三项冠军，蒋裕、陆燕均以256分并列账表算第一，夏纯以285分获传票算冠军。该校连续3年取得省珠算比赛团体总分第一名。

【财经学校开展首届心理健康节活动】

11~12月,财经学校开展主题为让生命充满阳光首届心理健康节系列活动。编写和印发心理健康知识读本,开设心理讲座。以黑板报、手抄报、主题班会等形式开展宣传教育。组织学生进行心理测试,了解心理素质状况,设立心灵驿站,还聘请10名专职心理咨询老师到校开展心理咨询活动。此次心理健康节有利于增强学生心理健康意识、自我调适能力,提高学生心理健康水平,形成良好心理品质。 (邓 葵)

【旅游·营养学校开办中级营养配餐员培训班】 2004年,南京旅游·营养职教中心学校开办省内首家中级营养配餐员培训班,这是该校开展社会力量办学的突破,各种培训人数1000人,教师武青在促就业,助致富培训工作中被市教育局评为市先进个人。(夏 英)

2004年秦淮区中等教育基本情况一览表

表24

学　校	校　址	校　长	质　级	班级数(个)	学生数(人)	教职工数(人)
中华中学	中华路369号	朱其麟	四星级学校	54	2749	225
第二十七中学	乌衣巷11号	俞泰鸿	三星级高中	36	1754	187
第四十二中学	武定新村5号	庄　芸	二星级高中	31	1307	144
文枢中学高中部	仙鹤街88号	李宝鸣	二星级高中	21	925	267
文枢中学初中部	钓鱼台19号	李宝鸣	省示范初中	27	1173	
第十八中学	剪子巷132号	薛旭鸣	省示范初中	19	920	85
秦淮外国语学校	雨花路166号	徐守凡	市级示范初中	20	685	自聘
第四十三中学	花露北岗21号	贾国根	—	24	893	123
城南民办初中	康居里60号	周桂茹	—	16	744	自聘
旅游·营养职教中心	剪子巷132号	徐明华	国家级重点中等职业学校	58	1945	141
财经学校	东牌楼74号 慈悲社5号	施卓人	省级重点中等职业学校	42	2082	150

注:中华中学、财经学校为驻区学校。 (章 曦)

高 等 教 育

·秦淮社区大学·

【概况】 秦淮社区大学是高等教育学历文凭考试试点学校,占地面积7200平方米,建筑面积1万平方米。校舍、场地、设备由秦淮区政府提供,经费来源靠学生学费。行政隶属秦淮区政府领导,业务受省教育厅职社处和省自学考试办公室指导。教师在驻宁高校中聘用。校内设计算机信息管理、英语、旅游管理等专业,学制三年。学生学完所有课程,成绩合格,由江苏省教育行政部门颁发国家电子注册大专文凭。

2月,该校成立招生就业指导办公室,帮助学生树立正确就业观念,做到实习与就业相结合。教育部24号文颁布后,该校进行"2+2"四年制大专班办学模式的探索。

8月,秦淮社区大学与区成人教育培训中心进行资源整合。10月,综合楼竣工,办学条件得到改善。12月,档案工作通过等级认定。

2004届的155名毕业生中除22人专科升本科外,80%的学生就业。 (夏书寿)

【档案管理达省三级标准】 1月,秦淮社区大学成立学校档案达标领导小组,制订“档案达标工作计划”。建立学校档案管理网络,制订档案管理制度,完成档案收集、整理、立卷、归档工作。12月23日,接受区档案局、区教育局考评审核。12月28日通过等级认定,达到省三级标准。12月30日,获省档案局颁发的档案工作等级证书,证号为1A2004011。

【社区大学和成人教育培训中心实行整合】 8月,秦淮社区大学和区成人教育培训中心实行资源整合,采取以社区大学为中心,资源整合,优势互补,一校两制、统一管理、分开核算的办学模式,实行理事会领导下校长负责制。内设校长办公室、教务处、学生处、总务处、成人教育一处(区成教中心)、成人教育二处(秦淮社区大学)和社区教育处。 (王继华)

【变2+3大专班为2+2大专班】 6月28日,教发〔2004〕24号文《教育部关于取消高等教育学历文凭考试的通知》在网上发布后,秦淮社区大学立即召开行政会、教职工大会,统一认识,向学生进行宣传、解释,并处理好在校学生善后工作。该校将原定的2+3(两年高中、三年大专)五年制大专班,调整为2+2(两年高中、两年大专)四年制大专班。9月招收两个班学生,直接定为2+2大专班。 (夏书寿)

·中国人民解放军理工大学气象学院·

【概况】 中国人民解放军理工大学气象学院占地面积700余万平方米,建筑面积约20万平方米。2004年,学院开设学历教育专业、干部任职培训专业等。招收博士生、硕士生、本专科生近630人,函授学员300余人。毕业博士生、硕士生、本专科生580人,代培代训和函授学员700余人。至9月底,各类在校生3000余人。全院教职员工700余人,其中博士生导师10人。

【张丙辰获中国气象学会终身成就奖】 11月,中国人民解放军理工大学气象学院教授张丙辰在中国气象学会成立80周年庆祝大会上获得中国气象学会终身成就奖。该教授,1944年毕业于国立中央大学,从事气象教育和研究工作40多年。20世纪40年代,通过天气分析预报实践,发现在中国华南地区有华南准静止锋的存在,为改进暴雨预报作出重要贡献。70年代,参与主持河南特大暴雨研究。80年代,参加青藏高原气象科学实验,并担任技术顾问。作为技术组长,主持华东中尺度天气实验研究,主编出版《长江中下游梅雨锋暴雨的研究》。 (陆 燕)

【参加全国大学生数学建模竞赛】 9月17日至9月19日,中国人民解放军理工大学气象学院派出12组36名学员,参加教育部在东南大学举办的全国大学生数学建模竞赛,获全国一等奖、二等奖各两项,江苏赛区一等奖、二等奖各1项。 (包 军)

【举办双拥共建10周年庆典晚会】 6月20日,中国人民解放军理工大学气象学院与秦淮区双塘街道在气象学院举办双拥共建10周年暨告别第二故乡晚会——军营男儿走四方。学院和秦淮区委领导参加晚会。晚会气氛热烈,节目形式新颖多样,相声小品、歌舞声乐都具有一定水准,特别是学院六队教导员一曲独唱《十年》把晚会推向高潮。 (吕继超)

特殊教育

·信府河培智中心学校·

【概况】 该校是一所专门从事弱智儿童教育的培智学校,招生对象以秦淮区为主,兼收其他区(县)的弱智儿童。招生标准为智商在70以下的轻度和中度智力残疾儿童。要求中、重度弱智学生掌握少数常用字,有简单的语言交往能力和生活自理能力。轻度弱智学生掌握一定文化知识,有社会适应能力,具备从事简单生产劳动能力,成为自食其力的劳动者。2004年,学校有9个教学班,92名残疾学生、24名教师。全校分设1~9个年级,开设实用语文、实用数学、生活适应、劳技(高年级为缝纫、烹饪)、音乐、体育、美工、健康教育等学科,同时,根据学生的能力差异,另开设19个智能训练组和18节孤独症儿童、语言障碍儿童个别化训练课。

该校和香港及内地多所名牌培智学校合作、互通信息。9月,区委组织部和南京电视台联合对信府河小学校长袁青的先进事迹进行拍摄,录制成优秀共产党员纪录片,10月在南京电视台新闻综合频道、教科频道播出。

该校有1名教师被评为市学科带头人,1名教师被评为市优秀班主任,教师有7篇论文获省级优秀论文奖。残疾学生运动员在市第二届特殊奥林匹克运动会上取得金牌21枚、银牌18枚、铜牌2枚。学校获总成绩第一,还获得体育道德风尚奖。该校于2002年被定为江苏省特奥田径训练基地,培养特奥运动员成为学校特色。

【名牌大学师生和残疾儿童联欢】 6月17日上午,香港城市大学及南京大学部分师生计20人到信府河小学参观、访问,与残疾学生一起联欢,进行唱歌、跳舞、做游戏、变魔术等娱乐活动,并相互交换自制的纪念品。名牌大学师生的热忱坚定该校残疾学生自强、自信、乐观向上的信心。

【著名歌星周华健看望残疾学生】 9月15日上午,著名歌星周华健到信府河小学看望残疾学生。现场为学生弹奏钢琴、演唱大家熟悉的《朋友》、《亲亲我的宝贝》等歌曲,并捐赠书包、水彩笔等学习用品。

【开展省级科研课题展示活动】 10月15日上午,信府河小学在校内开展"十五"省级立项科研课题"中重度弱智儿童校本课程研究"期中展示活动。活动议程为集中听课(8节)、观看课题资料、听专题汇报等。省特教学会理事长程益基、南京特殊教育职业技术学院特教系主任郁松华、副教授王辉以及无锡市和南京市特教兄弟学校60余名代表一致认为,该课题能够结合中、重度弱智儿童的能力实际和发展需要开展研究,起点高、理念新、成果大。 (张 慧)

·南京市盲人学校·

【概况】 南京市盲人学校是全省唯一的一所独立设制的盲校。2004年设有学前教育、九年制义务教育、三年制中等职业教育、三年制高等职业教育,形成学前、小学、初中、中专、大专完整的盲人教育体系。10月30日,江苏省盲人教育资源中心在校成立。

8月,由市政府、市教育局投资3000万元改建的校舍工程竣工。学校占地面积7200平方米,建筑面积1万平方米,有电子备课室、学生电脑室、电子阅览室、多功能语音室、视功能训练室、康复训练室和室内门球场。在校学生180人,78名教职员工中,专职教师56人,其中研究生学历1人,在读研究生3人,本科学历24人,专科学历25人。56名专职教师中,高级职称14人。

学校制定主体发展、整体优化、个体补偿、残有作为育人目标，普及12年制盲人教育，开创盲校与普通中专、大专接轨的路子，学生毕业后就业率100%。学校与香港心光盲校等国内特殊教育学校以及美国费城盲校等国外特殊教育学校经常互访交流。2004年，在雅典第十二届残疾人奥运会上，学校运动员吴晶获女子100米第六名，徐孝成获男子跳远第四名；在全国盲人门球锦标赛上，学校女子门球队及男子门球队代表省参赛，分别获第二名和第四名。2004年，教师章文亮被市教育局授予第四届师德标兵称号。教师张贵建获全国特殊教育园丁奖。

【省盲人教育资源中心挂牌南京盲校】 10月30日，省教育厅、市教育局在南京盲校设立江苏省盲人教育资源中心。该中心对省内各地随班就读点（随班就读即对盲、低视力，轻度弱智以及听力、语言等残疾儿童少年实行就近入学，到普通学校跟班接受教育。）进行巡回访问、辅导，指导教师实践活动，还担负对随班就读学校教师的培训任务。

省教育厅为资源中心在各实验县配备联络人员，协助资源中心开展工作。市教育局为资源中心配备技术人员、工作人员，在南京盲校内提供相对独立的专用办公室、接待室、点字制作室、有声读物制作室、低视生辅助器具室、视功能训练室、随班就读教师培训室、录音室、能够容纳100个座位的报告厅，作为资源中心用房。香港盲人辅导会筹募50万港币善款，支持江苏省设立省盲人教育资源中心。

【南京盲校对省内学生实行免费教育】 2004年，南京市盲人学校对省内义务教育阶段视障学生实行免缴杂费、课本费和簿本费。对南京市（包括三区二县）学生还实行信息技术教育费、管理费、体检费、住宿费减免办法。对免费教育形成的缺口，除从江苏省设立的特殊教育阶段学生免费教育专项补助经费中划拨外，市教育局在捐资助学统筹中给予全额补助。除上述减免项目外，南京盲校对所有住宿学生免费提供住宿用品，对家庭困难学生赠送越冬棉衣、棉鞋、半截手套、坐垫等。　（陈树愔）

成人教育

·秦淮区成人教育培训中心·

【概况】 2004年，区成人教育培训中心开展学历教育和非学历教育，承办自学考试和成人高考报名、考试工作。在校学历教育班37个，学员1032人。其中电大大专班（全日制）2个，电大五年制高职班（全日制）3个，职业中专班（全日制）、电大开放教育本科班各1个，电大开放教育大专班23个，南京航空航天大学（南航大秦淮电大函授站）成人大专班3个，成人中专班1个，成人高中班3个。开设计算机信息管理、计算机应用、旅游与酒店管理、电子商务、现代文员、汉语言文学、法学、会计学、工商管理学等专业。开办非学历教育培训班63个，培训学员2203人。培训项目主要有会计、计算机、电工焊工岗前培训、成人高考考前辅导等。

区成人教育培训中心设有龙蟠中路409号、金沙井34号、一中心小学、考棚小学4个教学点。2004年获区成人教育工作先进集体称号，区电大获市电大开放教育教学教务管理工作先进单位、招生工作先进单位称号。区自学考试办公室和区成人高校招生办公室分别在市级目标管理考核中达到优秀标准。

【市电大秦淮管理站更名】 7月6日，经市政府（宁政复〔2004〕80号）批准，市广播电视大学秦淮区管理站更名为南京市广播电视大学秦淮区分校（简称秦淮电大）。

2004年,秦淮电大开设大专班2个(全日制,计算机应用与维护、旅游与酒店管理专业),五年制高职班3个(全日制,电子商务、现代文员、财务会计专业),开放教育本科班1个(汉语言文学专业),开放教育大专班23个(工商管理、法学、计算机应用、会计学专业)。区电大获市电大开放教育教学教务管理工作先进单位、招生工作先进单位称号。

【自考办承办自学考试报名13135人次】 2004年,区自学考试办公室(简称自考办)承办全市自学考试专业有英语专科本科、汉语言文学专科本科、房屋建筑工程专科、建筑工程本科、美术本科、卫生事业管理本科和劳动与社会保障本科。

上半年自考报名考生7018人,下半年自考报名考生6117人,全年自考报名人数13135人,毕业生542人,其中本科275人,专科267人。

【成招办承办成人高校招生13个科类】 2004年,区成人高校招生办公室(简称成招办),承办全市成人高校招生科类中高中起点升专科的理工、艺术、体育、烹饪、旅游管理、医学、中医药、狱政劳教管理、日语以及高中起点升本科的艺术、西医、日语等13个科类招生工作。2004年成人高考报名考生4146人。区成招办在市成人高校招生工作目标管理考核中达到优秀标准。（蒋凯鸣）

·南京航天管理干部学院·

【概况】 该学院又名中国航天科工集团经济管理研究所,原名七机部南京科技干部进修学院,于1980年4月成立。占地面积为2万平方米,建筑面积为2.5万平方米。学院情报资料室有管理类藏书7万册,有教学用计算机63台,语音教室2个,多功能教室4个及学术报告厅1个。学院建有干部培训住宿楼,共有88间标准房(173张床位)。

学院主要承担各级各类管理干部的岗位培训,包括计算机应用人才培训、出国人员外语培训、专业技术人员继续教育培训、中层管理人员学历培训及各类岗位适应性培训。同时,协助集团公司总部进行经济运行分析,为集团公司决策进行支持性研究,协助集团公司职能部门进行软科学研究的日常管理工作,进行对外开拓管理研究和企业咨询等。

2004年,学院共完成人力资源管理、财务管理、文秘、宣传等各类培训31个班次,培训1200人次,同时,开办面向社会的高考复读班,高校录取率居于市同类学校前列。全年完成新立课题8项,完成更新集团软科学研究网工作。全院教学科研人员公开发表论文24篇,各类征文5篇,其中有2篇论文获奖。该年,经国家人事部审定,学院成为航天系统职称计算机应用能力考试江苏考点。12月,学院获市民主法治示范单位称号。

【航天系统职称计算机考试办设江苏考点】 2004年,航天科工集团公司职称计算机应用能力考试办在南京航天管理干部学院设江苏省考点。该考点接受航天系统专业技术人员参加国家人事部组织的全国专业技术人员计算机应用能力考试。5月18日,该学院专业技术人员计算机应用能力考试考点通过航天科工集团公司验收。

【两篇论文获国家有关部门征文一等奖】 教师强雁撰写的《关于航天企业主辅分离的几点思考》论文,获2004年度航天科工集团公司优秀法制论文评比一等奖,又经集团公司推荐申报,获国防科工委法制征文一等奖。同期,学院党委副书记白韩荣撰写的《关于科学发展观的哲学思考》论文,在全国管理干部学院系统思想政治工作研究会年会上,获优秀论文一等奖。（陈一清）

卫　生

综　述

【概述】 2004年,区卫生局制定下发《秦淮区卫生系统创建文明卫生行业工作实施意见》,签订目标责任状,二次分解考核目标,明确创建任务、创建标准和创建责任。制定《传染性肺结核病人发现治疗和督导管理细则》、《关于进一步加强艾滋病防治工作的有关意见》,以及防治艾滋病、性病行动计划,全员培训临床医务人员,培训率90%以上。在预防禽流感疫情期间,积极应对,采取防范措施,确保禽流感零记录。在全国食品安全专项整治活动中,开展14个专题专项整治,建立食品安全长效管理。实施卫生行政处罚64件,其中两万元以上大案要案两起。加强日常性卫生监督工作,提高"两证"(卫生许可证、个人健康证)持有率,完成卫生监督10882户次,覆盖率100%,抽检食品353件,组织从业人员体检17522人次。

完成公共卫生体系框架建设。区委、区政府把区疾控中心建设纳入2004年度工作目标。投资1500万元,建设新区疾控中心大楼,同步调整区卫生监督所和区妇保所。区疾控中心、秦淮医院通过艾滋病初筛实验室验收,建立慢性病防治管理体系和工作网络,形成以区疾病控制中心(CDC)为主体,各社区卫生服务中心和社区卫生服务站、村卫生室为基础的3级疾病预防控制网络。

推进区卫生体制改革。以"适应需求,方便群众,打造15分钟健康圈"为指导思想,完成设置5家社区卫生服务中心和4个社区卫生服务站,社区卫生服务覆盖率达到90%以上。先后与多家国内医疗产业集团和境外企业洽谈合作办院事宜,寻找体制改革机遇。

推进公费医疗管理制度化和规范化。2004年,全区享受公费医疗5905人(比上年增加112人),全年未看病2644人,占总人数45%;年度医疗费支出1784万元,同比增长25%;人均支出3021元,同比增长23%;体检及健康奖支出80万元。9～10月,组织公费医疗人员5145人进行健康体检。对危重病人,坚持做到到病床探望,在检查、治疗前将有关政策和规定宣传服务到位。

2004年,区属医院共发表论文38篇,向健康报、秦淮信息等发送信息近百篇。胥京生撰写的《五黄汤治疗衣原体感染》一文获全国现代中医科技一等奖。 (高仙宏)

疾病预防与控制

【制定"非典"防治预案】 1月2日,区卫生局制定下发《秦淮区2004年"非典"防治预案》,强化24小时值班制度和领导带班制度。区疾控中心严格执行日报告、零报告制度,畅通信息渠道,构筑疫情监控网络。规定设立预检分诊点的市第一医院、市中医院、晨光医院、秦淮医院、秦淮中医院,24小时开放,负责收治发热呼吸道病人,其他医疗单位不得收治发热呼吸道病人。开展"非典"防治知识和网络直报全员培训,民营医院门诊部、诊所医护人员参加,其他医疗机构自行组织培训。在各医疗单位和区疾控中心开展“非典”和突发公共卫生事件网络直报演练。专项检查各医疗单位防治“非典”硬件设施、医护人员防护措施、防治知识培训情况,加强对辖区宾馆、饭店的检查,确保预防“非典”工作顺利进行。 (周晓明)

【开展禽流感专项防治】 2月2日,区政府召开禽流感防治工作紧急动员会议,成立以常务副区长曹路宝为指挥长、副区长赵永兰为副指挥长及政府办、计经局、卫生局、工商局、商贸局、公安分局等部门领导为成员的区禽流感防治工作指挥部,建立疫情预警机制,实行分级负责制和部门负责制相结合,按照属地化管理原则,落实防治工作责任制。办公室设在计经局,出台《关于切实做好高致病性禽流感防治工作的意见》,编制《秦淮区防治禽流感应急预案》,从人、财、物3方面为防治工作提供保障。开通24小时举报电话,出宣传板报61块,悬挂横幅10条,发放宣传资料5000份,编发《禽流感防治工作简报》9期,购置禽流感疫苗8000毫升,储备防护服、防护口罩各300套,消毒液1000公斤,家禽防疫率达100%。 (喻耀棋)

预防禽流感多媒体讲座

【强化禽流感卫生监督】 3月,区卫生局指定市第一医院、秦淮医院为区人间禽流感监测医院。区疾控中心具体组织实施人间禽流感疫情监测、技术指导和质量控制。监测重点为家禽养殖户和收购、运输、屠宰家禽的高暴露人群,对急性呼吸道感染病例,加强监测和采样工作。

4月,区卫生局出动卫生监督人员235人次,检查禽类养殖场(基地)、禽类加工场所及禽类粪便无害化处理情况。检查超市、集贸市场、车站、宾馆饭店卫生情况监督,禽类食品(包括禽蛋)进货渠道和加工环节。杜绝未经检疫或疫区活禽及禽类制品进入市场。检查结果新桥、秦虹、三七八巷、扫帚巷、大明花园、夫子庙花鸟6家集贸市场;好又多秦淮店、苏果仙鹤街店两家超市;紫燕食品公司禽类卤制品加工点和辣子村、紫阳宫北京烤鸭馆两家餐饮企业共11家防治禽流感措施均得到落实。依法查处违反《中华人民共和国传染病防治法》、《突发公共卫生事件应急条例》等有关规定3家单位。 (高仙宏 梁 毅 唐家英)

【免疫疫苗接种率达省市指标】 4月,区疾控中心举办计划免疫防保人员上岗培训班,通过考试验收,有61人达到合格水平。6月、12月,区疾控中心根据新的考核内容及创卫标准对各卫生院先后进行2次计划免疫检查。全年举办学习班5期,免疫门诊督导28次。全区儿童计划免疫接种48830人次,计划免疫门诊开诊453次。“四苗”(脊髓灰质炎、百白破、麻疹、卡介苗)覆盖率98.6%,脊髓灰质炎、百白破、麻疹疫苗接种率100%,卡介苗、乙型肝炎疫苗接种率分别达98.6%和95.6%,均达到省、市规定指标。 (周晓明)

【进行佝偻病调查】 6月,区妇幼保健所根据省卫生厅要求，在省统一规定期限内完成对2000名5岁以下儿童佝偻病调查，发现3岁以下幼儿发病率较高，并提出治疗意见。该项工作对预防佝偻病，减少残疾儿，提高下一代健康质量起到积极保障作用。（赵 颖）

【加强艾滋病防治工作】 2004年，区属各医疗单位分别成立艾滋病防治工作领导小组，制定相关制度，委派专人负责艾滋病防治工作。区卫生局负责协调和组织有关部门进行工作指导、监督，开展艾滋病等重点传染病防治知识培训、宣传，普及相关知识。开展预防艾滋病，推广使用安全套工作。区卫生局协调有关部门解决防病工作中遇到的问题，定期监督检查各部门工作情况，总结并推广经验，降低艾滋病发病率。（周晓明）

妇 幼 保 健

【宣传《母婴保健法》】 2004年，区妇幼保健所组织全区妇幼工作人员学习《中华人民共和国母婴保健法》工作。“三八”妇女节及世界母乳喂养周期间，散发宣传资料2500份，自制横幅两条，出黑板报6期，宣传栏12期，宣传母乳喂养、优生优育等方面知识。

【婚检率下降为3.11%】 2004年，全区应参加婚前医学检查人数4342人，实检135人，婚检率为3.11%，比2003年下降63.62%。在区妇幼保健所建卡中，发现不少例因未婚检而未被当事人所察觉的疾病。加强婚检有利于保证社会安定及妇幼健康。

【开展妇女病普查】 2004年，区妇幼保健所面向夫子庙社区，开展生殖保健宣传、咨询活动，在夫子庙街道计生办配合下，为夫子庙社区1500名下岗妇女进行生殖健康检查，发现有些妇女患有妇科疾病，并为患者及时治疗。

【建立孕妇围产保健卡811份】 2004年是生育高峰年，妇幼保健所医师逐项对每一位孕妇询问检查，共建围产保健卡811份。围产保健卡是针对孕妇和胎儿健康水平、代谢状况，定期实施检查、治疗和保健的凭证。建围产保健卡可以提高孕妇和胎儿的保健质量。（赵 颖）

医 疗 技 术

【秦淮中医院拓展针灸康复医疗服务】 2004年，秦淮中医院邀请省人民医院专家到医院讲授康复医疗临床运用专题讲座4次，引进康复医疗功能恢复训练、腊疗2个新项目，购置PT床、电动直立床、平行杠、肩梯等价值5万元康复医疗设备，用于临床，拓展针灸业务范围。（龚 明）

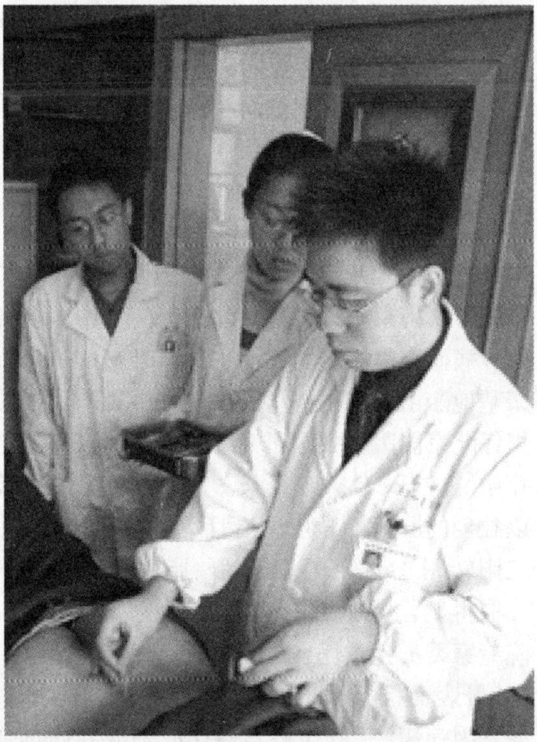

医学专家传授针灸技术

【秦淮医院筹建感染疾病科】 11月,秦淮医院筹建感染疾病科,统一负责全院的传染病诊治上报、医疗废弃物管理和院内感染监管工作等。12月,确定肠道门诊、院内感染监管等班组人员。预计该工程占地面积220平方米,投资40万元,将在2005年初开工建设。(管 刚)

【皮肤病专科成为中草医院特色门诊】 2004年,皮肤病专科就诊人次达医院总就诊人次的15%,成为中草医院特色门诊。为发扬中医中药在治疗皮肤病方面的优势,医院对科室和人员进行优化转型,选派优秀医务人员去皮肤病研究所进修,并对带状疱疹、湿疹、银屑病、白癜风及其他病毒性皮肤病等进行疗效总结,不断提高皮肤病专科门诊质量。(余宝华)

【秦淮中医院全年妇科门诊4.5万人次】 2004年,秦淮中医院委派3人到南京军区总医院、市第一医院西医妇科进修,学成妇科阴道镜操作和妇科腹腔镜操作技术。投入150万元购置真彩B超一套,电子阴道镜、全自动X光洗片机各一台。该院引进新技术、添置新设备,有效提高妇科诊断和治疗疾病质量。全年妇科门诊4.5万人次,同比增长10%。(龚 明)

【东方医院肝病特异性疗法疗效显著】 2003年10月,南京东方医院被北京国医堂中医研究院肝病研究中心定为在南京地区唯一的一家临床基地。由北京国医堂肝病研究中心聘请冯陵担任北京国医堂中医研究肝病中心南京基地治疗中心主任、专家组组长。2004年,冯陵继续以独创的肝病特异疗法治疗甲肝、肝炎(大、小三阳转阴)、肝硬化、酒精肝、脂肪肝等疑难病症取得显著疗效。冯陵任北京国医堂中医研究院专家委员会主任委员、肝病科研组组长,著有《乙肝表面抗原(HbsAg)转阴》、《病毒性肝炎的基因疗法》、《肝病特异性疗法是战胜病毒变异的法宝》等有关肝病病理及治疗专著,为肝病防治作出特殊贡献。(胡为民)

【组织青年医护人员技术比武】 4~5月,区卫生局组织卫生系统青年医护人员在秦淮医院进行技术比武。比武分初赛与决赛两个阶段,形式分笔试与实际操作两种,内容含基本护理知识、"非典"与禽流感防治知识、急救知识以及基本护理与急救操作等。205名医技人员参加比武,30名优胜者给予通报表彰。此次比武进一步增强医护人员岗位练兵、岗位成才的自觉性,规范医疗操作程序,提高医疗技术质量。(江 颖)

医 政 管 理

【制定廉政从医八项规定】 12月,区卫生局制订《秦淮区卫生系统进一步加强党风廉政建设工作意见》,其中就廉洁从政、从医出台八项规定:分管药品(试剂、疫苗、医疗器械等)采购工作满3年的领导,要重新调整分工;医疗单位药品、医疗器械采购等负责人,不得由院领导兼职;医院药剂科主任、药品医疗器械采购等人员满3年的,原则上予以轮岗;单位财物管理人员要定期轮岗,并定期组织检查监督财物管理环节;严禁单位和个人收受药品和医疗器械供应商提供的各种形式、各种名目的赞助费、宣传费、广告费和回扣,要求供应商降低合理成交价;医院药事委员会(小组)和医疗器械管理委员会(小组)要按照规定,定期例会,未经研究决定,不得随意采购药品及卫生器材;各单位在同一岗位上连续工作满5年的中层干部,确需连任必须报经卫生局同意;基层单位领导干部越级兼任职务,必须由区卫生局审批。八项规定对卫生系统防止腐败,加强党风廉政工作起到促进作用。(江 颖)

【5家社区卫生服务中心成立】 1月,区卫生

局按照适应需求，方便群众，打造15分钟健康圈的指导思想，利用卫生资源，以街道办事处为范围，对区域内医疗机构进行结构与功能布局改造。至12月底，秦淮医院秦虹分院改建成秦虹社区卫生服务中心、秦淮区中草医院改建成夫子庙社区卫生服务中心、门西医院改建成双塘社区卫生服务中心、西街卫生院改建成中华门社区卫生服务中心、宏光空降设备厂医院改建成红花社区卫生服务中心，市卫生局验收均合格。5家社区卫生服务中心建立有利改变传统的以医疗为主体的卫生服务模式，为居民提供融预防、医疗、保健、康复、健康教育、计划生育为一体的服务体系。（陈　玲）

【秦淮医院开展医疗质量管理月活动】 8月，秦淮医院开展医疗质量管理月活动。分管院长作防治传染病知识讲座，护理部主任作医疗废弃物管理知识宣传，院内各质量管理小组分别进行病例质量、医疗纠纷原因等分析，开展护理操作技术考试、岗位技能测试等。通过活动，全院医护人员认识到医疗质量是医院生存和发展的根本，确定每年8月为医疗质量管理月制度。（管　刚）

【秦淮医院加强行风建设】 2004年，秦淮医院采取多项措施加强行风建设。下发《秦淮医院关于加强对红包、药品回扣问题进行综合治理的规定》、《关于深入开展对医药购销和医疗服务中不正之风进行专项治理的工作实施方案》、《秦淮医院关于加强医患沟通，全面提升医院服务水平的实施意见》等。转发全国百名医务专家倡议书“为了医学之圣洁和尊严”，提高全院医护人员职业道德感、荣誉感和职业尊严意识。举办护士礼仪和行为规范、护患沟通在护理工作中的应用等专题讲座。全年受新闻媒体表扬6次，收到病人赠送锦旗11面、感谢信12封，拒收红包5000元。（管　刚）

【组织竞聘西街卫生院院长】 8月，区卫生局公开在系统范围内实行西街卫生院院长职务竞聘上岗。符合条件的13名人员参加竞聘，有3人进入组织考察阶段，最后经过西街卫生院全体职工投票，局工委集体研究确定院长人选。此次竞聘活动，推动人事制度改革，促进干部任免制度科学化、规范化。（江　颖）

【疾病控制中心迁入新址】 11月21日，区疾病控制中心从江宁路30号搬迁至中华路545号新大楼办公。该新大楼由城镇开发公司承建，建筑面积3000平方米。区卫生局成立工程领导小组，多次到疾控系统先进单位学习取经，组织装修业内专家到中心新大楼现场指导，把好工程质量关。疾控中心迁入新址，有利改善区疾病预防条件。（周晓明）

【口腔病防治所和中草医院实行整合】 2004年，区卫生局在调整医疗资源工作中，将秦淮口腔病防治所迁入中草医院内，决定两家医疗机构共设一套领导班子，中草医院院长马爱国兼任秦淮口腔病防治所所长。中草医院在职职工73人，口腔病防治所在职职工20人。新整合的中草医院扩大经营规模，给夫子庙地区居民带来全面医疗服务，全年门诊量为81817人次，比上年增长23.88%，门诊收入1041万元，比上年增长28.38%，实现经济效益和社会效益双赢。（余宝华）

卫生监督与服务

【秦淮中医院为老弱病人义务服务1000人次】 2004年，秦淮中医院设立残疾人、老人优先窗口，免收老年患者挂号费，为老弱病人设立家庭病床，送医送药上门，注射挂水到床头，全年服务600多人次。在红十字会纪念日、慈善一日捐活动中，医院职工捐款5100元。在“三八”妇女节、“五四”青年节、老人节和科技三下乡等活动期间,举办中老年治病防病讲座8次,宣讲健康教育知识,提供防病治病药方、预防传染病方法等,听课200多人。全年为老弱病人义诊服务1000人次。 (龚 明)

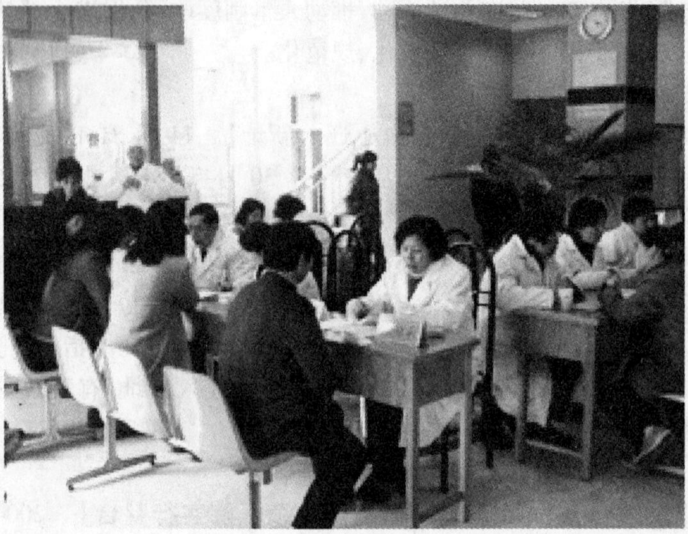

秦淮中医院开展义诊服务

【卫生部领导抽查好又多超市】 1月20日,卫生部监督司司长带队抽查区城隆商业有限公司(好又多超市)。重点检查熟食卤菜生产销售、散装食品标示和质量、水饺及香肠、香肚的卫生质量以及卫生监督部门监督管理市场食品销售情况。抽查到的几类产品均在卫生监督部门的监管中,索证手续到位,质量有保证,卫生监督部门工作富有成效。

【完成秦淮风情宴卫生保障工作】 5月2～3日,全国"名城会"秦淮风情宴市长宴会在秦淮人家宾馆、金陵春、钱塘人家酒店举行。区卫生部门借鉴HACCP管理办法,制定详细保护预案并加强监督。审查菜谱时指出冷菜鱼胶冻为外购产品,包装简易,不密封,卫生质量不能保证,责令更换,并要求冷菜间温度控制在25摄氏度以下。全面审查加工宴餐所需157种原料、辅料和调料。分析生产加工过程危害因素,对关键点采取控制措施,帮助3家酒店制定责任到人卫生保障工作预案。风情宴达到定点采购,加工各环节专人负责,加工人员在原料验收、切配、烹饪、冷菜制作、餐具洗涤消毒保洁等环节采取相应措施,消除可能导致食物中毒,引起食源性疾患的隐患,保障风情晚宴卫生。

【取缔11户卤菜加工黑窝点】 5月27日至6月2日,区卫生监督所针对非法食品加工窝点日益隐蔽的特点,深入社区,走访群众,会同市卫生监督所、区公安部门和红花街道城管科,取缔隐藏于红花街道广洋村11户非法卤菜加工窝点。这11户窝点系外地人员开办,专门加工生产盐水鸭、烤鸭、辣鸡爪、辣鸡翅等卤菜,未办理卫生、工商等相关手续,生产场所卫生状况恶劣,没有防蝇防尘设施,并使用无名称色素染色。执法人员当场依法取缔,收缴电子秤等生产加工工具和氢氧化钠3公斤、色素10公斤,销毁不洁食品及原料共计1.3吨。南京电视台、南京日报等媒体作跟踪报道。

【处罚没收傣妹麻辣涮店95.3万元】 10月25日,区卫生监督所成立专案组,对南京傣妹瞻园路店和平江府店进行全面监督检查,详细记录两店提炼老油重新回锅违法事实。同时专案组与市工商局建邺分局联系,进一步掌握底锅辣油违法加工点的相关资料,调查承包人、合伙人及两店管理人员,核实违法所得确切数据。根据《食品卫生行政处罚办法》第九条、第十条,对南京傣妹瞻园路麻辣涮店、平江府麻辣涮店没收违法所得18.92万元,罚款76.38万元,没收回锅辣油375.4公斤,责令限期整改。

(郐萍萍)

【建立出院病人电话探访制度】 2004年,秦淮医院由政工科牵头负责对出院病人实行电话探访制度。病人入院时即发放致住院病人一封信公布监督电话，病人出院后逐一进行电话探访。制定统一表格，详细记录探访内容，让病员评议医院的行风建设、医疗质量和服务态度。自电话探访制度建立后，共探访400余人，患者对医院表示满意。（管 刚）

【省领导视察大明路社区卫生服务站】 11月19日下午，副省长王湛、省政府秘书长朱步楼、省政府办公厅主任何国平调研大明路社区卫生服务工作。副市长许仲梓、市卫生局局长陈天明陪同视察。王湛和基层医护人员进行交谈，了解社区卫生服务机构功能发挥情况、职工收入状况，肯定小病医疗不出社区的卫生服务格局。（陈 玲）

【区内有31家药品销售单位】 2004年，区卫生局调查全区药品销售单位分布情况。至年底，区内共有31家药品销售单位，其中夫子庙地区12家，双塘地区11家，中华门地区3家，秦虹地区4家，红花地区1家。这些药品销售单位均属市药检局管理。

2004年秦淮区药品销售单位一览表

表25

序号	企业名称	注册地址	法人代表	联系电话
1	南京新欧美文化传播有限公司医疗器械药品中心	夫子庙大石坝街63号	刘运邮	13805159801
2	南京芝林大药房有限公司夫子庙店	建康路148号	曾 诚	51903918
3	南京东吴大药房有限公司第一分公司	中华路556号	卢洪波	86627500
4	南京御恩堂药房	平江府路188号	王 雁	86628778
5	南京泰康药店	集庆门230号	李 杰	86628678
6	南京利达大药房	集庆路130号	杨金凤	52204313
7	南京同仁堂乐家老铺大药房	雨花路9号	尤富强	52453767
8	南京同仁堂乐家老铺人药房第二分店	马道街117号	尤富强	52387471
9	南京再创医疗器械保健品有限公司第三药店	阳光里01幢4号103室	苏 平	52705515
10	南京瀚林大药房	江宁路29号	夏 萍	86413725
11	南京信海大药房有限公司	建康路188号	聂申钱	86627977
12	南京天宇药店	升州路47号	钱亚斌	52257969
13	南京康鑫药店	长乐路85号	李 杰	52247802
14	南京康鑫药店第二分店	平江府路188号	李 杰	13505180618
15	南京文枢药店	琵琶巷38号	李 宁	52305098
16	南京秦淮区虹宇药房	凤虹苑11号102室	赵德珍	52623758
17	南京格林药房	菱角市71-4号	林是五	52245951
18	南京文安药房	红花村160号	徐 健	54233725
19	南京市秦淮区太平药房	红花村165-17号	孙 俊	52631398
20	南京开源药店	土城头78号金蔷花苑	何济奎	85106903

续表

序号	企业名称	注册地址	法人代表	联系电话
21	南京万佳大药房来凤街分店	来凤街39号	陈 刚	86684473
22	南京医药科利达医疗器材有限责任公司第二药房	升州路109-2号	李 毅	52253964
23	南京双桥药店	双桥门28号	邹文南	52603797
24	南京仁人大药房	中华路351号	戴利仁	52311429
25	南京羲和药店	龙蟠中路582号	訾 莱	54528876
26	南京欣荣保健品有限公司金沙井大药房	金沙井96号	徐贵荣	86624831
27	南京欣荣保健品有限公司第一药房	仙鹤街90号	徐贵荣	52248997
28	南京主张大药房有限公司第三分公司	集庆路198号	冷 燃	13505157783
29	南京公和堂药房	集庆路92号	江 宁	86629396
30	南京东吴大药房有限公司第二分公司	建康路106号	卢洪波	86628570
31	南京医之宝药房	长乐路78号	邢建陵	52236669

（高仙宏）

医学科研与教育

【中草医院成为中医药大学实习点】 10月，中草医院接受中医药大学德国留学生3批15名，进行临床针灸科目实习。中草医院针灸科自2000年开始接受留学生实习，至2004年接受丹麦、挪威、英国、瑞士、德国等国家13批次140余人实习。中医理论和疾病治疗效果获得留学生们赞扬。（余宝华）

【胥京生中医论文获现代中医药科技一等奖】 2004年，秦淮中医院妇科主任胥京生撰写的《五黄汤治疗衣原体感染》一文获全国现代中医药科技进步一等奖。衣原体感染是临床上的常见病、多发病，采用五黄汤疗法治疗女性生殖道感染，疗效显著。胥京生还出版专著《月经病中医治疗》，总结用中医治疗妇女月经病的成功经验。（龚 明）

【门西医院转岗培训率100%】 2004年，门西医院分批将在职医生送省职工医科大学全科专业进行500课时学习培训，注册护士到南京卫校进行全科培训，全部通过省全科医护人员资格考试，注册医护人员全科转岗培训率达100%，适应社区卫生工作需要。

（刘伊清）

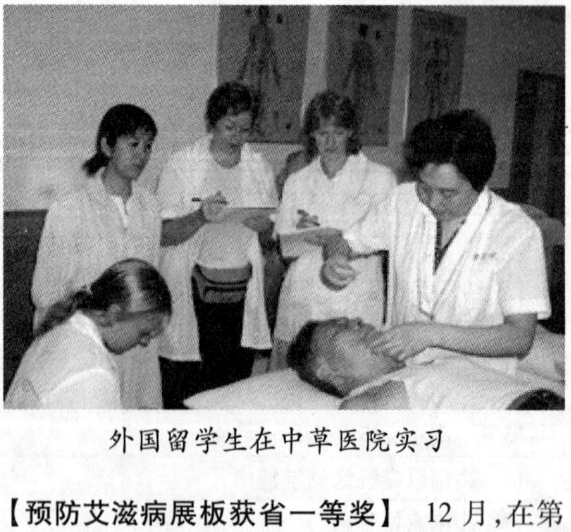

外国留学生在中草医院实习

【预防艾滋病展板获省一等奖】 12月，在第十七个世界预防艾滋病日宣传咨询活动中，区健康教育所围绕关注妇女、抗击艾滋中心主题，制作艾滋病危害、艾滋病预防、艾滋病防治技术发展等内容展版6块，在夫子庙广场展示，赢得过往群众好评，并获省暨市预防艾滋病健康知识宣传展版评比一等奖。

（周晓明）

驻区医院

·南京市第一医院·

【概况】 南京市第一医院，位于长乐路68号，占地面积6.09万平方米，建筑面积5.2万平方米。2004年在编职工1238人，其中卫技人员973人，具有高、中级技术职务511人。医院建设取得新发展，兼并雨花医院，购置医院南面土地7326平方米，旧医疗用房改造全部完成。建立医疗设备全程电脑管理系统，引进医疗设备万元以上105台。

医疗技术不断创新。开展脑血管造影及颈内动脉、椎动脉狭窄支架置入术，颅内血肿微创碎吸术，干细胞移植术，骨髓干细胞心肌内移植，血栓吸引术治疗急性心肌梗死，自体骨髓干细胞移植治疗股骨头缺血性坏死，亲体活体肾脏移植，腹腔镜全结肠切除术，急症主动脉根部和升主动脉置换治疗急性主动脉夹层动脉瘤等创新疗法。形成以心血管病系列诊疗技术为代表的10多项优势技术和特色技术。

医、教、研获新成果。在做好卫技人员在职学习、进修、规范化培训和继续教育的同时，引进博士后2名、博士研究生10名，硕士研究生23名。选派5名医生出国进修学习。全年获院外科技进步奖23项，其中省级11项、市级12项。接受南京医科大学本硕连读7年制临床教学任务；通过教育部本科及七年制教育教学现场评估，获优秀临床教学基地称号。

【雨花医院并入市第一医院】 12月15日，市政府（宁政复〔2004〕117号）文件批复同意雨花医院整建制并入市第一医院，原雨花医院更名为南京市第一医院南院。雨花台区政府对雨花医院的财政投入作为财政上划基数上划市，期限为8年，其数额由市、区财政部门核定后，一次性划拨给市卫生局，其中公费医疗部分由市卫生局按规定划转；其余款项由市卫生局专款拨给市第一医院。市第一医院全面承担原雨花医院为雨花台区提供各项医疗、保健、公共卫生、社区卫生、农村卫生以及应由区级医院负责完成的各项任务。雨花医院并入市第一医院后，以第一医院本部为平台，以其高级技术人才、先进医疗设备设施和高新医疗技术为依托，将医疗辐射延伸到社区，营造医疗、科研、教学、预防保健网络，形成高层次医疗服务功能与社区保健服务功能有机结合的新型办院模式。

【设立十堰市心血管病诊疗分中心】 10月14日，南京市第一医院、南京市心血管病研究所、南京市心脏介入中心与湖北省十堰市人民医院联合创办的心脏病诊疗分中心，在十堰市人民医院挂牌，南京市第一医院院长潘淮宁等一行专程前往出席挂牌仪式并讲话。这是跨地区、跨省界强强联合的举措，双方达到资源共享、优势互补，携手奋进，共同探索心脏病现代医学前沿技术，为社会进步、人类健康作出贡献。此前，医院在安徽芜湖、宣城、安庆、淮南，江苏宜兴、高淳等地也设立心血管病诊疗分中心。

【使命墙揭幕仪式】 7月31日，市第一医院在院内举行使命墙揭幕仪式。参加该活动有副市长许仲梓、省卫生厅原副厅长省医学会会长刘昕耀、省卫生厅医政处处长郑必先、市卫生局副局长秦成等，还有中央电视台及省、市各大新闻媒体记者200余人。活动重温12年前医院干部职工抢救南京1992年“七三一”

空难伤员经历与成果。

南京大教场机场在1992年7月31日发生空难,市第一医院组织干部、职工抢救19名伤员,为社会、为伤病员作出贡献。医院为激励医护人员忠于职守,于2004年在医院外科楼前广场,建起一座汉白玉使命墙,墙上镌刻160字铭文。

市第一医院使命墙揭幕仪式

【开通心研所网站】 11月8日,市第一医院的心血管病研究所(简称心研所)网站开通:http://www.njxxgb.com。心血管病研究所是1994年5月经市卫生局批准由该院与美国奥卡拉心脏病研究所联合创办,经过10年建设,发展成为集医疗、科研、教学为一体的心血管病学基地。2003年11月8日至15日,市第一医院举办关爱心脏日文化活动周,并倡议将每年的11月8日定为关爱心脏日。2004年11月6~8日,举办第二届关爱心脏日活动,以用我们的爱,呵护您的心为主题,举办大型专家义诊、健康讲座、名医坐堂、答疑解难等活动。

【质量管理体系通过BSI跟踪审核】 10月21~22日,市第一医院ISO 9001质量管理体系通过英国BSI认证公司第二年跟踪审核。审核依据三级体系文件、法律法规、顾客需求(包括患者投诉),共审核17个科室、部门。审核结论是:医院ISO 9001质量管理体系运行稳定,保持有效状态,同时提出2项改进建议。医院制定改进措施,并把改进过程和验证结果形成书面报告报英国BSI认证公司。2001年11月,医院建立该体系,次年11月通过英国BSI认证公司认证审核并颁发证书,该公司每年对体系运行情况跟踪审核一次,两年为一轮。

【创办假日市民健康学校】 5月29日,市第一医院创办首期假日市民健康学校。每周星期六上午,在医院门诊7楼多功能厅免费为市民举办健康知识讲座,由各科专家讲解相关疾病的防治知识,同时举行义诊。5~12月(暑期暂停)共举办24期,参与讲课和义诊专家78人,参加听课、就诊市民4034人。创办假日市民健康学校,有利参与市民学习健康知识。

【两项科研成果获省科技进步奖】 2004年,市第一医院主任医师、博士生导师王自正等完成的“纳米核素32P胶体介入治疗实体肿瘤及其抗癌机理的研究”,通过市科委技术鉴定,获省、市科技进步三等奖和二等奖。应用纳米核素32P胶体介入法,为治疗肿瘤开拓又一条新途径。副主任技师、副教授王书奎等完成的恶性肿瘤细胞生物学特性与转移基因研究,获省、市科技进步三等奖和二等奖。这项研究对正确判断恶性和非恶性肿瘤提供依据。

(王英武)

·南京市中医院·

【概况】 南京市中医院位于金陵路1号。占地面积3.2万平方米,建筑面积3.23万平方米,有床位400张,医疗设备总值5400万元,固定资产1.2亿元。2004年,医院在职职工859名(含合同制人员50名),其中卫技人员

620人;全国老中医药专家6名,省级名老中医13名,市级名老中医12名;博导1名、硕导14名,兼职教授27名,副教授68名,讲师61名,有39人取得教师资格;有临床科室23个,医技科室12个,其中重点专科、专病6个,国家级中医重点专科1个,国家级中医重点专病1个,省、市中医重点专科各2个。

2004年,医院新成立金陵名医馆、内分泌科及重症监护病房(ICU),成立独立的肾内科和心脏内科。开设120急救分站24小时运营,开设溧水、浦口、宝应3个医疗服务站,确定2个双向转诊医院(白下建中中医院、白下区中医院)。

全年,共发表各级论文108篇,其中核心期刊24篇,统计源期刊16篇。获省科技进步三等奖1项、市科技进步三等奖2项。省卫生厅、市卫生局新技术引进奖各1项。并有7项课题立项,其中国家中医药管理局中医药科学技术研究专项课题1项。医院养生康复中心、妇科护理组被共青团南京市委评为卫生系统青年文明号。

市中医院对外医学交流合影

【全国中医肛肠中心大楼开工建设】 5月25日,由市长蒋宏坤带队,在市中医院召开现场办公会,市计委、市建委、市规划局等部门列席会议。与会领导与专家对市中医院肛肠大楼的建设取得一致意见。经过前期的设计规划和拆迁安置工作,12月1日,肛肠大楼开工。该工程由南京华艺建筑设计顾问有限公司设计,南京第三建筑公司负责建造,建筑面积1.08万平方米,投资概算为3500万元,工程预计2005年12月竣工。

【新增医疗科室】 6月28日,市中医院重症监护室在病房楼5楼成立,设医疗用床6张,医生5名,护理人员10人,病房面积550平方米。配备中央监护系统、血气分析仪、呼吸机等先进设备,为病人康复提供有力保障。科室设立至年底,共收治病人123例。

11月,引进肾内科学科带头人一名,医院在中医及中西医结合诊治慢性肾炎、慢性肾衰、糖尿病肾病、复杂性尿路感染等疾病方面实力明显加强。心肾科分开,成立肾内科,扩编床位20张,预计年门诊量可达1万人次。

【开设溧水医疗服务站】 3月28日,由市中医院对外医疗服务中心牵线,骨伤科重点参与,在溧水中医院成立市中医院溧水医疗服务站。在成立仪式之后,医院组织骨伤科、妇科、肿瘤科、神经科等数十位专家,举行大型义诊活动。通过开设医疗服务站,医院对外医疗服务中心内涵不断延伸,医院的辐射范围和影响力进一步扩大。

【举行"一责三约"签约仪式】 5月20日,针对卫生系统存在红包、药品回扣和医疗服务中的不正之风等现象,市中医院举行"一责三约"即南京市中医院廉洁自律责任书、南京市中医院医药经营合约、南京市中医院医患合约、南京市中医院与医疗器械经营单位营销管理合约签约仪式。书记兼副院长高虹主持,临床科主任及职能部门负责人分别与医院签约,将医院对医生的监督机制落到实处。

【第一个博士后流动站设立】 12月,市中医院肛肠中心金黑鹰博士,被省人事厅批准为市中医药大学第一临床医学院外科学教研室中西医结合专业第一个博士后。作为国家计划的博士后流动站,其赞助金额为6万元,进站时间从2004年12月至2006年12月,指导老师为南京中医药大学第三附属医院肛肠中心博士生导师丁义江教授,其研究课题为遗传性非息肉病性结、直肠癌分子诊断及治疗研究。

【金陵名医馆开诊】 5月24日,金陵名医馆开诊。该馆将市中医院内养康中心和特约门诊合并,扩建面积700平方米,改善就诊环境,同时推出国家级、省级名中医22位,门诊范围涉及内、外、妇、儿、老年康复、针灸推拿等。至年底,共有17782名病人就诊,初诊病人从不足20%上升到40%。 (张　奕)

金陵名医馆开业

·南京晨光医院·

【概况】 南京晨光集团有限公司晨光医院,位于中华门外正学路1号,是综合性二级医疗单位。2004年全院占地面积8005平方米,建筑面积7281平方米。设有门诊部及住院部,全院有床位167张,固定资产1000万元。有职工118人,其中卫技人员93人,具有高中级技术职称50人。拥有进口B超、纤维胃镜、全自动生化分析仪、全自动血细胞分析仪、多功能心电监护仪、进口呼吸机、先进的国产X光机、国产牙科综合治疗台等设备。

晨光医院承担晨光集团公司职工及家属2万人的医疗、保健、体检工作,同时对社会开放。外科可治疗食道癌、肺癌,进行胰腺肿块切除、甲状腺全切除、腰椎间盘髓核切除等手术。内科开展24小时心电监护诊断、B超监视下肝、肾囊肿穿刺等医疗项目。烧伤科是晨光医院重点科室。

【救治Ⅱ度烧伤病人】 2月14日,晨光医院救治被烧伤的3名拾荒者。其中两人Ⅱ度烧伤,伤口感染化脓。经过医护人员治疗和护理病愈出院,未留下任何后遗症。晨光医院烧伤科创建于1992年,1995年被航天部命名为航天烧伤中心。共有床位31张,医护人员12人,截至2004年共收治烧伤患者2408人,治愈率95%以上。

【建立康复护理中心】 11月,晨光医院建立康复护理中心。该中心占地面积2000平方米,建筑面积1450平方米,有床位66张,按标准化建造,每个房间2张床位,有洗澡间、电热水器、茶水炉、电视机、电话及呼叫应急系统等装置。并设有食堂、医师办公室、护理站、治疗室、室内外活动室及多种健身器材。配有专业医师、护士及经过培训的护工。康复护理中心以为老人真诚服务,让社会家人放心为服务宗旨,集养老、康复、治疗、保健于一体,推行正规化、标准化服务和管理,满足老年人康复、医疗需求。

(刘虎山)

体　育

综　述

【概述】 2004年,区体育工作坚持以人为本、常抓不懈。制订下发《文明体育场馆管理》和《全民健身工程(点)巡查制度》对社区50个健身工程(点)实施承包责任制,保障人民群众健身锻炼。

群众体育工作扎实。将88套健身器材送到街道社区,价值5000元体育器材送到农村。建立以街道为单位健身网,指导45个辅导站5000余人参加晨练活动,组织1000人参加市健身长跑比赛,联合5个街道举办健身操(棍)和空竹闹春大赛。

竞技体育成效显著。组队参加市第十八届运动会,参加29个项目比赛,获金牌23.5枚,银牌47枚、铜牌35.5枚。第二十七中学女子篮球队获第三名,小西湖小学女子篮球队获第二名,夫子庙小学乒乓球队获儿童组第三名,双塘小学艺术体操队获团体第二名。考棚小学被批准为全国重点射箭传统学校,参加省射箭比赛,获女子乙组团体总分第二名。在培养竞技体育后备人才上,体育局按照选好苗子、打好基础、着眼未来、培养输送的指导方针,组建乒乓球、游泳、滑冰、羽毛球、小篮球5支业余训练队。

体育产业加快发展。区体育局加强体育中心规范管理,配合各馆引入各层次人员进馆休闲消费。通过夏令营、有偿培训等形式发挥资源效能,创造经济效益,实现社会效益。举办即开型体育彩票销售活动,筹集公益金151万元。

规范体育市场管理,下发市体育市场管理规定及市经营性体育场所管理办法,维护体育市场稳定发展。对区体育中心内游泳、水疗、健身、羽毛球、乒乓球、跳舞等场馆和36个社区50个健身点和健身房,实行长效管理。

2004年,秦淮区在国家、省、市各项体育比赛中共获奖牌135枚,红花街道评为省全民健身周活动先进单位,中华门、秦虹两街道评为市群体活动先进街道,红花、秦虹两街道评为市体育先进街道。

【副省长何权视察秦淮体育中心】 6月10日上午,副省长何权一行在市政府办公厅秘书长陈卫宏、市体育局副局长王宗宏等陪同下,视察区体育中心,观看部分社区群众在白鹭洲公园晨练健身活动。何权强调要营造“全民健身日”的舆论氛围,为群众体育健身提供良好条件。要引导和推广具有时代特点、科学健身、群众喜闻乐见的新项目。要发动社会,多元投资,市场运作,构建全民健身体系,满足群众健身要求,丰富群众体育生活。

【国家体育总局领导为区全民健身活动中心揭牌】 2月4日下午,国家体育总局副局长张发强到秦淮体育中心,为国家体育总局授予的中国体育彩票南京市秦淮区全民健身活动中心揭牌。副市长许仲梓和省市体育局负责人、区长徐耀新、副区长赵永兰参加揭牌仪式。该中心拥有室内游泳馆、活水世界、跳操馆、羽毛球馆、乒乓球馆等全民健身活动阵地。

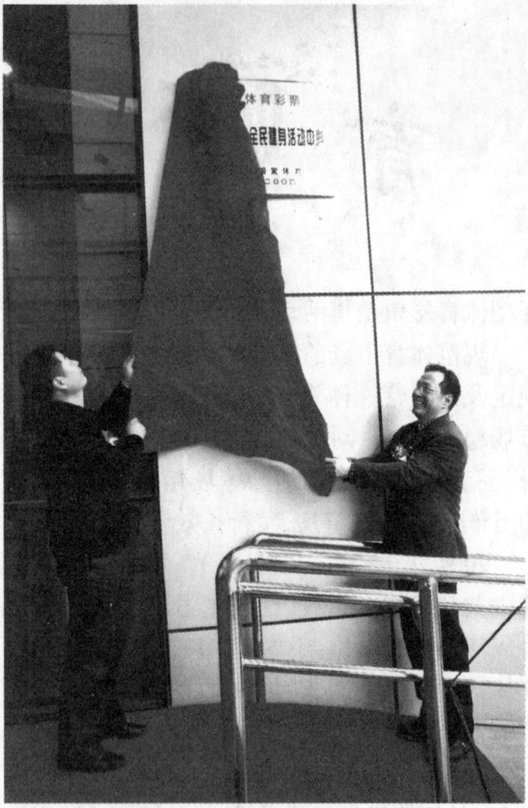

国家体育总局副局长张发强
为区全民健身活动中心揭牌

【国家体育总局调研秦淮体育中心】 5月16日，国家体育总局调研组一行15人，在省、市体育局领导陪同下，调研区体育中心游泳馆、羽毛球馆、乒乓馆、跳操馆的经营模式和项目设施。调研后认为，体育中心内配套设施和体育项目布局符合规定标准，其运作模式值得借鉴、参考和推广。

【市委书记罗志军视察秦淮体育中心】 5月26日上午，市委书记罗志军等一行10人，在区委书记杨福明、区长徐耀新陪同下，视察区体育中心。罗志军对集群众健身、专业训练、体育学校、体育竞赛、休闲娱乐为一体的多功能体育中心，以及体育中心场馆定期免费向社会开放等措施，给予肯定。

【帕尔墨先生参观秦淮体育中心】 9月29日，国际健身与大众体育协会主席帕尔墨先生在市体育局领导陪同下，专程到区体育中心参观。在听取区体育局局长何健介绍后，帕尔墨先生到健身厅进行锻炼活动。 （曹　兴）

群众体育

【200人参加市元旦健身长跑比赛】 1月1日，5个街道200余名健身者汇聚五台山体育场，参加迎接十运会，建设新南京为主题的市第二十二届元旦健身长跑比赛。在区体育局和街道领导带领下从五台山—广州路—中山路—新街口—虎踞路—清凉山—返回五台山，全程6700米。夫子庙、秦虹、双塘3街道，获优秀组织奖。

【参加市第六届健身周活动】 1月5日，由市体育局、市体总、区政府联合举办的市第六届健身周活动，在中华门古城堡市民广场举行。活动主题是建设新秦淮，强身健体奔小康。区体育局局长何健主持开幕式，副区长赵永兰致辞。参加比赛的队伍由5个街道晨练点120人组成，健身项目有打腰鼓、表演彩带操等。在健身周6城区比赛中，秦淮区获市一等奖。

腰鼓队比赛

【体育健身气功演练获市一等奖】 4月,根据国家《健身气功管理暂行办法》规定,区体育局培训40名新气功指导员,经市体育局考核,全部被批准为市三级气功指导员。指导员将新功法新技术,传授给广大学功爱好者。11月20日,20名健身气功队员参加在西安门广场举行的市健身气功比赛,获一等奖。

【5街道选手参加市操(棍)比赛】 9月18日,区体育局、体育总会、老年体协与民政局老龄工作委员会,在社区服务中心广场,联合举办庆祝市第十八届老人节健身操(棍)比赛。5个街道200名男女运动员参赛,经过两个多小时角逐,秦虹街道获男女操(棍)第一名,红花街道获第二名,其他3个街道均获优秀组织奖。10月25日,红花、秦虹、中华门3街道120人参加在南京航空航天大学体育馆举行的市第五届晨练运动会,项目有操(棍)比赛。红花、秦虹两街道被评为2004年度市体育先进街道。

【三送体育下乡】 6月12日,秦淮区和栖霞区政府结对开展"体育三下乡"(送体育器材、送体质测试、送体育表演)和全民健身周人人健康家家乐活动。秦淮区政府向栖霞区农民赠送价值5千余元的运动器材,为千余名农民进行体育健身指导、体质测试,还表演多项体育节目,把体育科普知识、健康、健身意识带进乡镇。

【测定区级机关干部体质】 10月15日,区体育局邀请市国民体质监测中心测定133名区级机关干部体质。测定结果优秀率27.8%,及格率97.7%。优秀率高于市平均水平12.4个百分点,及格率高于市平均水平19.7个百分点。体育局对体质检测优秀者,颁发优秀体质奖。从测试结果综合分析,机关部分干部体育锻炼意识不够强,健身活动机会相对较少。

【白鹭洲公园晨练形成拳操功舞特色】 2004年,白鹭洲公园有拳、操、功、舞活动站20余个,参加者千人。每天清晨健身爱好者在节奏鲜明的乐曲声中,跳健身舞、木兰扇舞、铃鼓舞、筷子舞等。全年代表区参加省市各项比赛,获3个一等奖、4个优秀组织奖。6月10日,副省长何权到白鹭洲公园察看全民健身活动情况,观看打太极拳并和习练者合影留念。

健身爱好者在白鹭洲公园打太极拳

【组织绿色环保老人登紫金山】 10月20日,区体育总会在社区晨练队伍中选50多名体魄强健的老人,组建一支绿色环保登山队。从中山陵藏经楼门前广场出发,攀登紫金山头陀岭。沿路捡脏拾废,唱着自编的顺口溜:"绿色老人登山队,不为名来不为利,增强体质为国家,绿色环保作贡献"。半天下来,老人们捡的垃圾装满自带的塑料袋,全部带下山进行集中环保处理。

【万人参加"九二九"世界步行日活动】 9月29日清晨,全区万名健身爱好者汇聚中华门城堡广场,参加"九二九"世界步行日活动。活动主题是迎接十运会,建设新秦淮。活动路线是:中华门城堡—中华路—马道街—江宁路—立交桥—大明路—永乐路—晨光路,全程为6公里。该活动成为具有秦淮特色群体活动新的优势项目。 (曹 兴)

秦淮区万人参加"九二九"世界步行日

【全国重点射箭学校揭牌】 11月29日,国家体育总局射箭部部长周元及省市区相关领导,在考棚小学举行揭牌仪式,授予考棚小学全国重点射箭学校称号。

考棚小学射箭队组建于2001年9月,在2003年、2004年全国重点学校射箭锦标赛中分别获小学女子组团体第五名和第七名,有3名队员达到国家二级运动员标准。

(曹 兴 史 晖)

【2万羽信鸽实行"关棚饲养"】 5月初,区体育局会同体育总会、信鸽协会就区内有关信鸽饲养发出紧急通知,要求停止信鸽放飞及交易活动,严禁引进异地信鸽,做好信鸽疫苗注射,鸽舍清洁和卫生消毒工作。在预防禽流感期间,严格实行"关棚饲养",如发现禽流感疫情,及时向政府主管部门报告。全区500户信鸽爱好者提高科学防治意识,落实应急处理措施,2万羽信鸽未出现禽流感疫情。

【办好晨练辅导站】 2004年,区体育局对45个拳、操、功、舞晨练辅导站进行监督管理和指导。举办两期社会体育辅导员培训班,并实行考核制。各站辅导员均具有市、区下发的资格证书,在各网点实行挂旗、定人、定点教学。参加白鹭洲公园、中华门城堡、胡家花园、龙苑小区、东水关遗址公园等处晨练辅导站,晨练的达5000人。

【建立群众体育活动网络】 2004年,区体育总会建有老年体协、信鸽协会、田径协会、篮球协会、乒乓球协会等,各街道健全文体协会和体育团队46支,参加体育活动人数13万人,占全区人口54%。形成区、街道、企事业单位体育活动网络。

【举办空竹闹春大赛】 3月11~13日,区体育局和玉桥商场在夫子庙玉桥时尚广场,联合举办"玉桥杯"空竹闹春大赛。参赛的6支队伍来自街道社区业余爱好者,其中年龄最大的80岁,最小的10岁。比赛个人自选动作有"回头望月"、"炒韭菜"、"海底捞月"、"倒挂金钟"、"蜻蜓点水"等,还有爷、孙对耍等表演项目,评出个人一等奖、二等奖、三等奖各1名;团体一等奖、二等奖、三等奖各1名。杂耍空竹不受场地限制,男女老幼皆可习练,坚持空竹锻炼,不仅能健身强体,而且对颈椎、肩周炎有特殊疗效，广大群众都喜欢参与此项活动。

（曹　兴）

举办空竹闹春大赛

竞技体育

【袁伟民为十运会会徽揭幕】 4月23日，国家体育总局局长袁伟民和省长梁保华在中华门城堡广场为十运会会徽揭幕。在揭幕仪式中，区体育局组织50人腰鼓队、60人秧歌队以及300多名群众参加庆祝活动，有关新闻媒体作相关报道。

【协办市健康家园羽毛球大赛】 1月12日开始，区体育局利用6个双休日在区体育中心，协办市健康家园羽毛球大赛。参赛单位有社区业主代表队和新闻媒体代表队，设家庭夫妻赛和家庭组合赛。获胜队均获得奖杯、荣誉证书、杨阳签名纪念球拍一支。比赛结束后，杨阳进行现场表演秀并和参赛选手合影留念。这次赛事，倡导健康文明的生活方式，有力推动全民健身运动，南京晨报设专版进行赛事跟踪报道。

【射箭队参加国家级比赛】 7月22～25日，区射箭队参加在常州举行的全国10大城市重点学校射箭比赛，获小学女子组单项第一名、第二名、第三名的好成绩。射箭选手梅靓雅达到运动健将级别。8月10日，区射箭队代表南京市参加在南通举行的省射箭比赛，获女子乙组两个第二名，团体总分第二名的好成绩，完成市、区下达的指标任务。

【滑冰队和羽毛球队实行市队区办】 9月20日，由宁体发〔2004〕121号、122号文件批准区羽毛球队、滑冰队为市队区办。运动队直接代表市队参加省级以上比赛，承担为国家、省队培养输送优秀运动员后备人才，同时为社会培养体育骨干任务。两队按照省运动会羽毛球和滑冰项目所设的年龄组开展训练，运动员在全市范围选拔招收。

【组队参加市第十八届运动会】 10月，区体育局组织5个街道10所中、小学750名运动员参加市第十八届运动会，社区部和青少年部29项体育比赛。区射箭队以总分49分，金牌5枚的成绩位居榜首。摔跤队夺得金牌2枚、银牌9枚、铜牌6枚，获团体总分第一名。跆拳道队、击剑队以及第二十七中学女子篮球队分别获第三名。小西湖小学女子篮球队、夫子庙小学乒乓球队分获第二名、第三名。秦淮区共获得金牌23.5枚、银牌47枚、铜牌35.5枚。

（曹　兴）

【举办区中小学生田径运动会】 10月30～31

日,区体育局、教育局在公园路体育场举办区中小学生田径运动会。全区8所中学、22所小学均派运动员参赛。有运动员、裁判员、领队、教练、工作人员590人,比赛设高中男女、初中男女、小学男女6组。设径赛和田赛两项。小学组:第一名秦淮一中心小学103分,第二名夫子庙小学67分,第三名小西湖小学55分。中学组:第一名第十八中学155分,第二名第二十七中学131分,第三名第四十二中学78分。高中组:第一名第二十七中学169分,第二名财经学校131分,第三名第四十二中学83分。

(曹　兴　陆自建)

2004年秦淮区中小学生田径运动会单项第一名成绩表

表26

组别	项目	姓名	学校	成绩
小学男子组	60米	沈浩男	秦淮一中心小学	8秒06
	100米	孙　军	马家圩小学	13秒12
	200米	陆宁伟	秦淮一中心小学	27秒43
	400米	陈宇震	秦淮一中心小学	1分02秒13
	800米	樊　举	武定新村小学	2分26秒05
	80米栏	胡　磊	西街小学	17秒09
	4×100米接力	—	秦淮一中心小学	53秒12
	跳高	袁嘉兴	夫子庙小学	1.3米
	跳远	肖　珂	小西湖小学	4.61米
	铅球	张　杰	夫子庙小学	10.98米
小学女子组	60米	梦　雅	小西湖小学	8秒43
	100米	薛乔臻	夫子庙小学	14秒07
	200米	姚聪张秀	夫子庙小学	29秒50
	400米	李晓纯	秦淮一中心小学	1分07秒98
	800米	陈　慧	秦淮一中心小学	2分44秒01
	80米栏	黄　莉	西街小学	18秒
	4×100米接力	—	秦淮一中心小学	57秒58
	跳高	皮凯琰	小西湖小学	1.17米
	跳远	高　玥	马家圩小学	3.99米
	铅球	唐宁风	西城小学	8.53米
初中男子组	100米	雷东东	第十八中学	12秒20
	200米	何国春	第二十七中学	24秒91
	400米	张钦鹏	第二十七中学	59秒13
	800米	黄　晨	第十八中学	2分23秒01
	1500米	崔白阳	第十八中学	5分23秒04

续表

组　别	项　目	姓　名	学　校	成　绩
初中男子组	3000 米	崔白阳	第十八中学	11 分 31 秒 70
	110 米栏	谢新挺	第十八中学	18 秒 16
	跳高	倪　琪	第四十二中学	1. 53 米
	跳远	杨雪冰	第十八中学	5. 73 米
	三级跳远	邹　喆	秦淮外国语学校	10. 66 米
	铅球	周栩康	文枢中学	9. 11 米
	4×100 米接力	—	第十八中学	49 秒 26
初中女子组	100 米	梁媛圆	第四十二中学	14 秒 48
	200 米	张　琴	第十八中学	30 秒 09
	400 米	张　宇	第二十七中学	1 分 11 秒 48
	800 米	陈　露	文枢中学	2 分 39 秒 09
	1500 米	陈　露	第四十二中学	5 分 28 秒 05
	110 米栏	张　田	第十八中学	20 秒 23
	跳高	黄杨林	第四十二中学	1. 24 米
	跳远	丁秋肪	第二十七中学	4. 16 米
	铅球	徐慧娟	第十八中学	9. 04 米
	4×100 米接力	—	第十八中学	59 秒 42
高中男子组	100 米	陈佳玮	第二十七中学	12 秒 13
	200 米	王凯亮	第二十七中学	24 秒 05
	400 米	王凯亮	第二十七中学	55 秒 09
	800 米	韩　龙	第二十七中学	2 分 14 秒 05
	1500 米	韩　龙	第二十七中学	4 分 53 秒 01
	3000 米	戴志国	文枢中学	10 分 52 秒
	110 米栏	瞿　俊	第二十七中学	19 秒 29
	跳高	童思远	财经学校	1. 64 米
	跳远	袁达晶	财经学校	5. 24 米
	三级跳远	李思维	财经学校	11. 82 米
	铅球	李思维	财经学校	11. 55 米
	4×100 米接力	—	第二十七中学	48 秒 44
高中女子组	100 米	叶　珍	财经学校	14 秒 46
	200 米	陈　茜	第二十七中学	28 秒 56
	400 米	陈　茜	第二十七中学	1 分 08 秒 05
	800 米	黄　煜	第二十七中学	2 分 49 秒 02

续表

组 别	项 目	姓 名	学 校	成 绩
高中女子组	1500 米	黄 煜	第二十七中学	6 分 13 秒 04
	110 米栏	潘 娇	营养学校	23 秒 48
	跳高	吴婷婷	第四十二中学	1.29 米
	跳远	杜孙丽	财经学校	4.16 米
	三级跳远	王 珏	营养学校	8.82 米
	铅球	王 珏	营养学校	7.78 米
	4×100 米接力	—	第二十七中学	57 秒 72

【杨阳羽毛球训练基地揭牌】 12 月 25 日,市青少年羽毛球队训练基地暨杨阳羽毛球运动学校成立仪式在区体育中心大厅举行。市区有关领导、各界人士和俱乐部师生 40 余人出席仪式。基地按国际标准建设 10 片专业羽毛球场,辅助设施齐全,国家级运动员施建平、省级运动员乔悦担任教练工作。招收对象为 5 岁以上少年儿童,每周上课时间为周三、周五 15:30~17:00,周六、周日 8:30~10:00。 (曹 兴)

体育产业

【举办即开型体育彩票销售活动】 3 月 27 日至 4 月 4 日,区体育局在夫子庙钞库街拆迁工地,举办即开型体育彩票销售活动。发行工作得到省、市体彩中心支持,公安、交管、环保、司法、街道十多个部门协助,区委书记、区长现场指导。在销售中采用直接兑奖的办法,全程由公证处监督,发行彩票 755 万元,为区体育事业发展筹集公益金 151 万元,创税 50 万元。

【区体育中心场馆实行市场化运作】 2004 年,区体育中心积极拓展体育市场,进行市场化运作。游泳馆、滑冰馆、杨阳羽毛球馆等均获得较好经济效益。游泳馆一年接待 10 万人次,平均每天 200 余人参加游泳锻炼,全年收入 100 余万元,中心场馆租赁收入 80 余万元。杨阳羽毛球馆除有偿培训外,还推出贵宾卡,全年总收入 100 万元。创收的经费用于场地维修、器械添置、人员开支、物业管理等费用,为全区竞技、训练、群体工作提供经济保障。

【定期免费开放体育场馆】 2004 年,秦淮体育中心定期免费开放体育场馆。每周五上午对机关各部门和街道社区实行免费开放。周一至周五下午 2:00 至 3:30 向夫子庙、考棚、双塘等 10 所小学免费开放游泳池,并进行游泳教学。该体育中心全年免费接待 1 万人次,体现全民健身公益性。

【完成武定门公园体育设施建设】 2004 年,武定门公园建成老年、中年、青年、少年 4 种不同年龄段的健身器材和网球场 1 片、羽毛球场 2 片,免费对外开放,可供各类不同人群开展健身活动,并可提供体育部门举办社区健身路径大赛。公园坐落在秦淮河与明城墙之间,全长 1 公里,占地 4.4 万平方米。2003 年完成内沿河复古亭廊、运动休闲设施等建设,是具休闲、健身为一体的体育公园。 (曹 兴)

文　化

综　述

【概述】 2004年,文化工作以文化立区为指导,以建设人文秦淮为目标,发展群众文化,彰显历史文化,培育娱乐文化。

群众文化阵地创建特色。文化馆在全国文化馆评估定级中,考核总分名列全省第一,获国家一级馆称号。图书馆新建成电子阅览室,开通文化信息资源共享工程,再次获国家一级馆称号。区文化局、夫子庙街道联合兴办东水艺苑社区民间艺术馆,被省、市民间艺术家协会称作中国第一家社区民间艺术馆。

特色文化活动高潮迭起。举办第十八届夫子庙灯会、业亮杯夫子庙灯彩摄影比赛,举办秦淮神韵大型历史名篇音乐朗诵会、名城会中国·南京夫子庙文化庙会、梦里秦淮全国歌手唱秦淮和第十八届秦淮之夏社区文化活动,孙道临、李谷一、乔榛、丁建华等20余位名家参加演出,近1000名各省、市、自治区歌手参赛。并对情系秦淮征歌、夫子庙楹联征联活动进行颁奖。

文艺创作、演出喜获丰收。出版《桨声灯影》丛书第一辑(4册),启动第二辑《佛教秦淮》、《商贸秦淮》、《科举秦淮》和《南京白局》等图书编撰工作。

文艺团队充满活力。金陵琴社举办迎新春古琴音乐会、建社50周年纪念音乐会,与台湾高雄音乐会社进行雅集交流。秦韵女子民乐队参加南京国际梅花节、溧水梅花节、世界名城会等大型演出活动。秦淮摄影学会组织会员参加各类摄影比赛,举办讲座交流。金陵艺术团开展送演出进景区、进社区、进乡村、进军营活动,全年演出达百场。秦淮龙鼓队参加南京名城会、西湖博览会等大型演出。新成立的知音合唱团参加市、区重要演出。秦淮京剧沙龙与南京经济广播电台联合举办纪念梅兰芳诞辰100周年暨京剧沙龙成立11周年演唱会。秦淮曲艺队举办保护白局座谈会,开展对南京白局抢救保护工作。

文物保护取得新成绩。投资300余万元修缮秦大士故居,长达300年的名人故居得以修复。完成江南贡院科举人物青铜雕塑的设计、铸造,建成沈万三陈列馆。初步建成桃叶渡文化公园。完成门西老民居普查工作,确定具有

乔榛、丁建华朗诵《秦淮灯船歌》

文物价值的百年民居37处。对全区52处文物保护单位进行普查,完善市、区两级文物管理档案。

文化市场蓬勃发展。引进和扶持文化娱乐经营者落户,年内新办5家大中型歌舞娱乐场馆。坚持开展"扫黄打非"工作,加强对境外卫星接收天线的管理,保持文化市场繁荣发展的态势。

全年,文艺创作(演出)获国家级奖牌13枚,省级奖牌15枚;《秦淮年鉴》获中国地方志年鉴特等奖;武定新村小学和秦淮社区大学档案管理通过省级标准验收。 (丁雪飞)

文学艺术

【举办秦淮神韵历史名篇音乐朗诵会】 1月18~19日,由区政府主办,文化局承办秦淮神韵——大型历史名篇音乐朗诵会,作为每年一度的夫子庙灯会开幕式,在秦淮剧场举行。朗诵会以人文秦淮为主线,分为三个篇章。第一篇章精选谢眺、李白、刘禹锡、吴敬梓、爱新觉罗·玄烨、谈允谦、朱自清等人的作品,歌颂秦淮风光之美;第二篇章精选王献之、曹雪芹、郑板桥、汪懋麟、沈亚威等人的作品,歌颂秦淮的风俗之美;第三篇章精选王安石、辛弃疾、周邦彦、文天祥、萨都剌、孔尚任、柳敬亭等人的作品,歌颂秦淮风骨之美。演出台本由金陵著名诗人吴野撰稿,音乐制作由作曲家吴小平担当,乐队伴奏由前线歌舞团常畅指挥。孙道临、姚锡娟、乔榛、丁建华等13位著名艺术家登台演出,朗诵秦淮文化史上文学经典之作。

【举办梦里秦淮全国歌手唱秦淮大赛】 10月14~15日,由中国音乐家协会表演艺术委员会、省音乐家协会和区人民政府联合举办梦里秦淮全国歌手唱秦淮大赛在南京电视台举行。

梦里秦淮全国歌手唱秦淮大赛评委合影

大赛邀请著名歌唱家李谷一、曲作家赵季平、中国音乐家协会秘书长顾春雨、段五一等9人担任复、决赛评委。全国除台湾地区外近千名专业和业余歌手参加比赛。经过评比,有32名歌手参加复赛,16名歌手参加决赛,省歌舞剧院演员于青、南京艺术学院教师严明,双双获得一等奖,浙江歌手施红燕、河北歌手靳菲、北京歌手姜莉、江苏歌手吴少忠等14人分获二、三等奖。由区一级举办的这一全国性赛事,在国内尚属首次。

【《桨声灯影》丛书第一辑获市文艺奖】 2004年,由孔令友、黄唯佳主编的《桨声灯影》系列丛书第一辑《灯彩秦淮》、《古里秦淮》、《诗泊秦淮》、《天籁秦淮》由江苏文艺出版社出版发行。其中《灯彩秦淮》全面反映秦淮灯彩艺术的起源、发展与现状,以及秦淮灯彩艺术在海内外的地位及其影响。《古里秦淮》收纳秦淮所有古街巷、古地名历史沿革和相关轶事。《诗泊秦淮》和《天籁秦淮》两书,收集该年面向海内外征集的诗词和歌曲稿件中优秀作品。此丛书第一辑获市政府颁发的文艺奖。

【4件作品获省五星工程奖银奖】 2004年,文化局选送作品参加省委宣传部举办的第六届五星工程奖评选。李蔚版画《自然的哨声》,高安

宁论文《传承历史文化，开辟美好未来——秦淮风光带建设与发展战略概论》，吴志忠和刘健芝的摄影作品《古城晨曦》、《彩云映梯田》4件作品均获银奖。

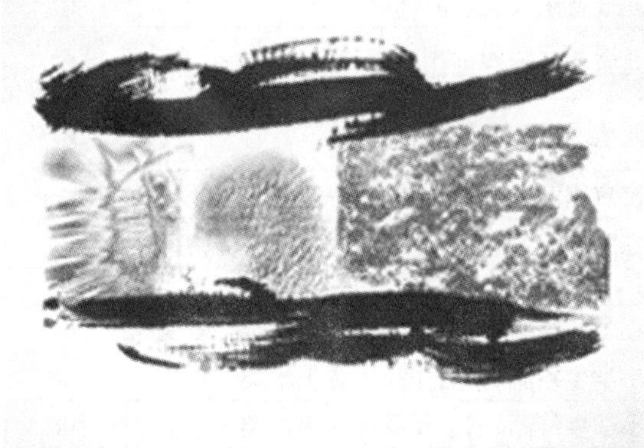

《自然的哨声》获五星工程奖银奖

【青年越剧团获全国越剧大赛金奖】 11月，秦淮青年越剧团演员童春梅赴中国越剧故乡浙江余杭，参加中国戏曲家协会举办的良渚文化杯第二届全国越剧演唱大赛，获业余组金奖，并获2004年越剧十大名票称号。

【小品《手术之前》获市文艺汇演金奖】 6月28日，区检察院、文化局选送的周立珊、陈丽萍表演的小品《手术之前》，在市检察系统组织的学习预防条例增强法制观念文艺汇演上，获唯一金奖。作品以医疗行业不正之风为切入点，对医生收受红包的社会现象，以幽默的艺术手法剖析患者及家属的复杂心理，以拒收红包的正面形象，褒扬医务工作者优良的职业道德。

【《童年掠影》获文化部三项金奖】 7月20日，区文化馆秦韵女子民乐队少儿组合赴京参加文化部举办的全国儿童音乐大赛新苗奖比赛。少儿6人组合以边演奏、边表演的新民乐形式，在动感中演绎作品的思想内容。在同全国各地75支代表队角逐中，秦韵女乐这支业余团队演奏的《童年掠影》获创作、演出、辅导3项金奖。新民乐《童年掠影》由毛炳民、蒋亚敏创作和辅导。

【1篇文化论文获国家级奖】 2004年，区文化局高安宁的《博大精深的文化，金陵古城的精华》在文化部举办的全国群文理论论文评比中获优秀奖，同时获省民族民间文化艺术传承与保护论文银奖。文章对历史的秦淮进行客观分析，提出秦淮历史文化名区，根深叶茂，文化内涵博大精深，文化气度兼容开放，文化成果光辉灿烂，秦淮文化在南京发展史上产生重要作用，是南京古文化的代表，金陵文化的浓缩。

【两幅摄影作品获国家级奖项】 7月，中国摄影家协会在北京举办的第二十一届全国摄影艺术展评选中，秦淮摄影学会会员赵冉作品《魅发四重曲》获艺术类金奖和最佳数字影像艺术奖，《现代商品房》获艺术类铜奖。 （杨保平）

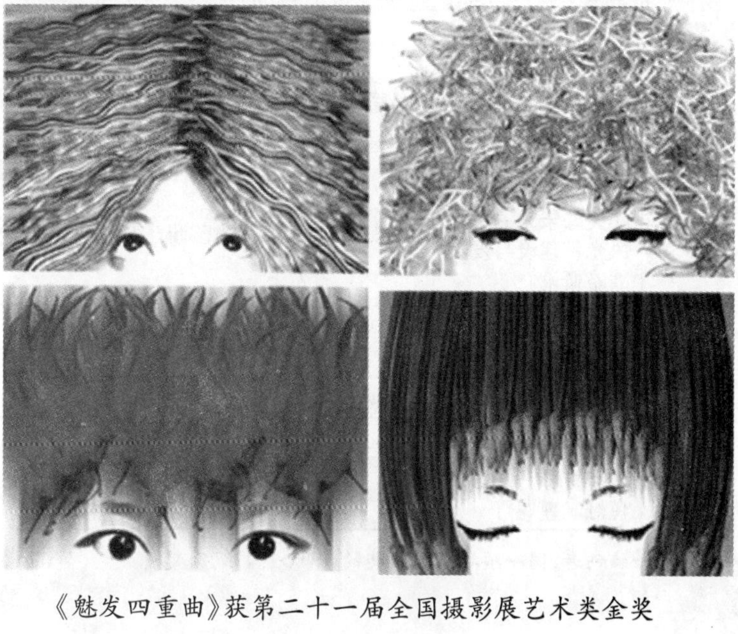

《魅发四重曲》获第二十一届全国摄影展艺术类金奖

2004 年秦淮区文艺创作(演出)获奖情况一览表

表 27

作品分类	作品名称	编创者	获奖情况	获奖月份
器乐	童年掠影	秦韵女乐	新苗奖·全国儿童音乐大赛表演金奖	07
器乐	童年掠影	毛炳民 蒋亚敏	新苗奖·全国儿童音乐大赛创作金奖	07
器乐	童年掠影	毛炳民 蒋亚敏	新苗奖·全国儿童音乐大赛辅导金奖	07
戏曲	京剧片断	张正贵	第三届全国高校京剧演唱、研讨会表演一等奖	08
戏曲	越剧片断	童春梅	良渚文化杯第二届全国越剧演唱大赛业余组金奖,并获2004 年越剧十大名票称号。	11
美术	美丽的家园	姜雁宁	第九届全国中小学生绘画、书法作品比赛美术类一等奖	08
美术	美丽的家园	周橙琪	第九届全国中小学生绘画、书法作品比赛美术类二等奖	08
美术	美丽的家园	王问琦	第九届全国中小学生绘画、书法作品比赛美术类三等奖	08
摄影	魅发四重曲	赵 冉	第二十一届全国摄影艺术展艺术类金奖	09
摄影	现代商品房	赵 冉	第二十一届全国摄影艺术展艺术类铜奖	09
民乐	古琴	葛 勇	全国古琴大赛青年职业组银奖	08
论文	博大精深的文化,金陵古城的精华–秦淮文化的探析	高安宁	全国群文理论论文优秀奖	12
戏曲	越剧片断	童春梅	省戏曲票友大赛越剧十佳票友	12
戏曲	越剧片断	左 宁	省戏曲票友大赛越剧优秀奖	12
戏曲	京剧片断	游雪阳	省戏曲票友大赛京剧入围奖	12
戏曲	京剧片断	刘德茂	省戏曲票友大赛京剧入围奖	12
戏曲	京剧片断	胡玉芳	省戏曲票友大赛京剧入围奖	12
版画	启示录–自然的哨声	李 蔚	第六届省五星工程奖美术类银奖	06
摄影	古城晨曦	吴志忠	第六届省五星工程奖摄影类银奖	06
摄影	彩云映梯田	刘健芝	第六届省五星工程奖摄影类银奖	06
论文	传承历史文化,开辟美好未来–秦淮风光带建设与发展战略概论	高安宁	第六届省五星工程奖群文理论研究成果评选银奖	06
论文	关注民间艺术应倡导前瞻意识	吴 超	省民族民间文化艺术传承与保护论文优秀奖	11
灯彩	金龙	顾业亮	省首届大阿福奖银奖	09
灯彩	百鸟朝凤	顾业亮	省第二届社区艺术节优秀作品奖	10
灯彩	微型灯彩·虾灯·鱼灯·莲花灯	曹真荣	省第二届社区艺术节优秀作品奖	10

注:同一编创者,同一项目多次获奖的,只记最高级别奖。

(龚文新)

群众文化

【举办第十八届夫子庙灯会】 2004年春节期间，区政府在夫子庙景区举办第十八届夫子庙灯会。大成殿、王谢古居、江南贡院、瞻园、桃叶渡、白鹭洲公园、中华门城堡等地区均实行灯会、灯景、灯市大联动，上市花灯30万盏。从大年三十到正月十八有市民和游客361万人光临夫子庙，正月十五夜晚观灯人数达到30万，呈现出欢乐、祥和、喜庆的节日气氛，再现秦淮灯彩甲天下的盛景。　（杨保平）

【举办夫子庙文化庙会】 5月1～6日，由区政府主办，夫子庙·秦淮风光带管理办公室、区委宣传部、文化局及旅游局承办的2004年中国南京世界历史文化名城博览会暨夫子庙文化庙会，于夫子庙景区隆重揭幕。市人大副主任黄煌、市政协副主席穆西南、区委书记杨福明、区长徐耀新参加开幕式。该庙会以展现秦淮历史文化，喜迎世界名城盛会为主题，挖掘文化底蕴。在白鹭洲公园、中华门城堡举办以空竹、微雕、烙画、剪纸为主的秦淮民间艺术展演。在夫子庙中心广场举办夫子庙灯会摄影作品展览，在夫子庙大世界门前举办秦淮传统花灯现场扎制展演，在夫子庙大成殿举办祭孔乐舞、云锦服装秀、白局说唱等秦淮特色表演，在夫子庙北牌坊广场举办江南春茶现场炒制技艺展演。通过系列活动，有力促进秦淮历史文化与旅游商贸经济协调发展。

（杨保平　还建军　郁　蕾）

【开展第十八届秦淮之夏艺术节活动】 6～8月，第十八届秦淮之夏社区艺术节活动在全区展开，以树新风尚、做文明人为主题，争创首批文明城区为目标，举办各类活动80多场，参与群众3万多人。文化局主办我爱社区摄影大赛、成人读书征文、“红领巾”读报征文、闭幕式暨知音合唱团专场演出、京剧沙龙专场演出等活动；各街道因地制宜，举办戏曲联唱、中老年国标舞比赛、象棋比赛、家庭才艺比武、少儿诗歌朗诵会、京剧票友会等活动。与以往不同的是，各街道与区有关部门联合组织不同主题的活动，成为社区文化艺术节一大亮点。中华门街道与区委组织部、宣传部、文化局联办纪念建党83周年暨第十八届秦淮之夏开幕式；秦虹街道与区委“610”办公室联办以树文明新风、反法轮功邪教为内容的专场文艺演出；双塘街道与区委宣传部、文明办、文化局共同组织做文明南京人百场文艺进社区专场演出；红花街道与区民政局一同举办庆“八一”，送文艺进军营活动；夫子庙街道与新闻媒体联合举办以健康为主题的文艺演出，同时在社区民间艺术馆举办民间艺术专题讲座等活动。8月27日，第十八届秦淮之夏社区文化艺术节闭幕。

【金陵艺术团演出达百场】 2004年，金陵艺术团先后参加区送健康、送温暖社区演出；秦淮区·高淳县结对进乡村文艺演出；第十八届秦淮之夏开幕式，军民一家亲红花街道专场和做文明南京人双塘街道专场演出等活动。应邀前往

金陵艺术团参加送健康送温暖社区演出

鼓楼、白下、玄武等区的街道社区参加演出,还深入部队、民营企业进行慰问演出。该团全年演出达百场,所到之处受到干部群众好评。

【举办业亮杯秦淮灯彩网络摄影大赛】 2004年春节期间,区文化局、文化馆、秦淮摄影学会与秦淮灯彩艺术中心在秦淮影网摄影网站上,利用网络形式进行业亮杯秦淮灯彩摄影比赛。大赛征得参赛稿件366幅,全部公布在网上,由影友交流评说。经过评委们多轮评比,《梦幻秦淮》获一等奖,《文德桥畔》、《回家》获二等奖,《灯中看秦淮》、《美丽》、《灯会人潮》获三等奖。

【图书馆再获国家一级馆称号】 2004年,区图书馆加大内部硬件建设,建成电子阅览室和旅游图书阅览室,拓展服务群众的渠道,建成区委党校、消防三大队和小西湖、五福街、双桥新村等社区流动图书点。开展"红领巾"读书、征文、诗歌朗诵活动。经过上级文化部门调研、检查,通过验收,再次获国家一级馆称号。

【文化馆评为国家一级馆】 2004年,在全国首次群众艺术馆、文化馆评估定级中,区文化馆以综合打分第一的成绩,在省内区县级文化馆中名列榜首,首批获国家一级馆称号。区文化馆抓文艺创作,抓文艺队伍建设,抓服务社区工作,承担全区重大文艺活动的基础性工作,发挥文化阵地作用,调动文化干部创作热情,各类文艺创作和演出评比成绩突出。 (杨保平)

【中华门城堡举办舞龙舞狮表演】 10月1~7日,中华门城堡邀请丹阳民间艺术团到城堡表演。主要内容是舞龙舞狮、踩高跷、划旱船、抬花轿等。这些节目具有浓厚的乡村气息和地方特色,吸引众多游客。国庆7天长假期间,中华门城堡接待游客11625人次,比去年同期增长36.6%。

【中华门城堡举办云锦时装和白局表演】 5月1~7日,中华门城堡邀请云锦研究所模特队到城堡演出。云锦模特队十多名队员,穿着各个时代云锦服装,轮流上台展示南京云锦风采,有明代朝廷龙袍、官服、礼服、胸符,有现代女士披肩、礼服及男士西装,还有"唐装",花色品种繁多,使观众感受云锦的魅力。同期,南京白局表演队在城堡用老南京方言表演相声、说唱、数来宝,使观众捧腹大笑,全场洋溢着节日气氛。

(吴嘉同)

【秦韵女子乐队参加国内外演出】 2004年,秦韵女子民乐队,活跃在国内外各种文艺演出舞台上。2月,7名队员随市民乐团赴欧洲,在维也纳金色大厅参加中国民乐新年音乐会演出;3月,参加2004南京国际梅花节开幕式演出;5月,参加中国·南京世界历史文化名城博览会——好一朵茉莉花闭幕式大型焰火晚会演出,每场演出均受到主办单位和广大观众称赞。

【举办南京乐社成立50周年纪念会】 12月26日晚,由省文化厅、省文史馆、区文化局联合主办的南京乐社建社50周年纪念音乐会,在南京艺术学院音乐厅举行。省文化厅厅长章剑华、市委副书记、常务副市长陈家宝、区文化局局长高安宁致辞,400余名民乐爱好者观看演出。南京乐社吸纳众多国内著名民族音乐家和戏曲家加盟,长期以区文化馆为阵地,开展对外学术研讨活动,先后接待日本、朝鲜、德国、奥地利等国家及台湾地区音乐团体访问演出和学术交流,为民族音乐事业继承和发展作出贡献。

【成立知音合唱团】 3月,区文化局、文化馆联合成立知音合唱团,文化馆声乐工作者马继雯任团长,前线歌舞团演员陈佳南任艺术指导,汇集南京地区30余名合唱演员。合唱团先后参加第十八届秦淮之夏闭幕式专场、改革颂——省纪念邓小平诞辰100周年大型文艺晚会、报

告中国——市纪念建国 55 周年文艺演出等活动，展现出较高艺术水准。　　（杨保平）

【青溪书画社副社长参加全国座谈会】　9 月 23 日，青溪书画社副社长张笑青，应邀前往北京，参加在人民大会堂召开的庆祝中华人民共和国建国 55 周年全国书画家国庆座谈会暨大型创作联谊会，会议授予荣誉纪念章和荣誉水晶奖杯。座谈会由中国国画家协会和中国文化报主办承办。　　（杨献文）

【青溪书画社举办齐昆书画展】　1 月 22～25 日，青溪书画社在新姚家巷 26 号（区图书馆）二楼举办齐昆书画展。展出青溪书画社社长、著名书法家林散之门生齐昆作品 38 幅，有书法绘画，以书法为主，并制作成绘画光盘。江浦书画家张復衢和南京城区 200 余人观展。

【青溪书画社举办郭犖书画展】　5 月 1～4 日，青溪书画社在新姚家巷 26 号（区图书馆）二楼举办郭犖书画展。郭老先生 86 岁高龄，为青溪书画社副社长，擅长画兰、竹。该书画展展出作品 30 幅，其中兰、竹 10 幅，画中多配有郭老先生自己创作的诗词，使每幅画具有深厚的文化气息。展览后制作书画光盘。

【青溪书画社建萃苑画廊】　10 月，青溪书画社租赁夫子庙萃苑公园长廊房屋举办画展，提升该地区文化内涵。青溪书画社于 2002 年 7 月 5 日在新姚家巷 26 号秦淮区图书馆挂牌，对外开展交流集会活动。该社由杨献文、孙振邦、张旭宁筹资发起成立，区文化局、民政局批准，属于民间非企业社会团体。聘请林散之高足、知名书画家齐昆任社长，会员 36 人。

【青溪书画社编印社员书画选集】　2004 年，青溪书画社编印《杨献文书法选集》和《成正明书画篆刻选》，供社员交流和研究。《杨献文书法选集》收录其 30 至 54 岁间书法作品 31 幅，其中隶书 27 幅、篆书 2 幅、作书 2 幅。著名书画金石家沙曼翁题写书名。《成正明书画篆刻选》收录作品 21 幅，其中篆刻作品 8 枚、中国画（山水、花鸟）12 幅、书法 1 幅，并附有名家沙曼翁、林散之、宋文治、费新我、吴敉木、卢星堂、桑作楷题词、题字。两选集为大 16 开印本，印数 1000 册。　　（顾秀美）

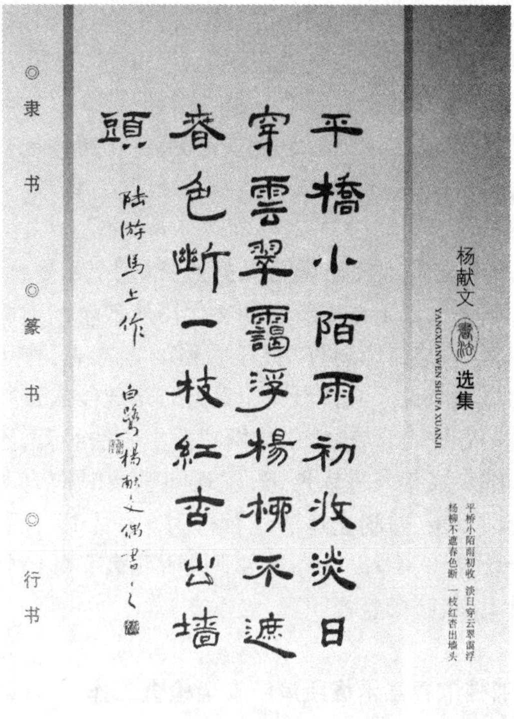

杨献文书法

文 化 市 场

【引进 5 家大型文化娱乐场馆】　2004 年，区文化局主动对兴办大型娱乐场馆投资者给予指导、帮助，并协调好有关部门的关系。全年新引进大型娱乐场馆 5 家，其中 钱塘人家餐饮娱乐公司银石俱乐部位于升州路 1 号，新香园东方名仕俱乐部位于瞻园路 9 号，优丽风娱乐有限公司优力锋自助卡拉 OK 位于瞻园路 68 号，格莱美娱乐发展公司量贩 KTV 位于平江府路 154 号,皆从事歌舞娱乐;方特科技乐园位于瞻园路 1 号,从事电子游艺娱乐。

【开展网吧场所专项整治】 根据文化部及省市政府办公厅关于开展《互联网上网服务营业场所专项整治意见的通知》,区文化局从 3 月 1 日至 12 月 31 日,进行全区网吧场所专项整治。该局共出动 240 人次,检查场所 141 家次,暂扣电脑主机 221 台,查处违规经营 30 起,处罚 27 家,查出并上报黑网吧 5 家,查封取缔 3 家。经过整治,业主增强遵纪守法意识,各场所违规行为减少。

【90 名老同志担任网吧义务监督员】 8 月,区关心下一代工作委员会和文化局从各个街道聘用 90 名政治思想好、责任心强的老同志,作为网吧场所义务监督员。职责是对未成年人进行遵纪守法教育,说服引导网吧业主依法经营,不接纳未成年人进入网吧,发现问题及时向有关部门举报,并制止违法经营行为。8 月 19 日召开会议,8 月 25 日每个网吧场所两名义务监督员上岗,履行监督职责。

【加强歌舞娱乐场所消防安全检查工作】 2004 年,区文化局按照《中华人民共和国消防法》、《国家安全生产管理规定》等法规,结合全区开展安全生产月和公众聚集场所安全专项治理活动,会同消防大队和安全生产监督局定期对歌舞厅等娱乐场所进行检查。对有重、特大事故隐患场所进行严格检查,填写调查表格,对消防通道不畅、电器线路老化、安全责任人不明确场所,及时下发停业整顿和整改通知书,抓安全责任制落实。全年共组织检查 25 次,其中联合检查 5 次,确保文化娱乐场所安全经营。

【加强重点地区节日期间文化市场管理】 2004 年,区文化局与每个音像经营单位签订守法经营责任书,保证正版率,无盗版,文化经营许可证和工商营业执照悬挂显著位置,店员经培训后持证上岗,遵纪守法,文明经营。对多次违规被查处的吊销经营许可证。在工作中,重点加大夫子庙和城郊地区书刊、音像经营和娱乐演出场所管理力度,节假日期间,稽查人员严防死守,及时检查、查缴有政治问题非法出版物,打击兜售黄色淫秽音像制品行为,检查娱乐场所不健康演出。根据举报,文化稽查人员在中华门长途汽车站收缴《高层内幕》、《中南海权力》、《超级妓女》等有政治问题和淫秽色情内容的图书 29 本,淫秽 VCD 光盘 56 张。在夫子庙大市场内取缔非法销售盗版图书摊位 1 个,收缴盗版、色情口袋本 2000 余册,盗版地图 11 张。在夫子庙龙门街收缴盗版音像制品 8000 盘。

【收缴非法盗版 VCD 光碟】 2004 年,区文化、公安、工商 3 部门在辖区范围内联合进行“扫黄打非”集中行动。检查音像制品出租、零售点和书报刊摊点(亭、店)57 家,收缴非法盗版 VCD 46772 盘,其中涉嫌淫秽 VCD 370 盘,收缴非法盗版图书 2542 本,不健康少儿卡通书 2400 本。文化局参加省、市“扫黄办”对非法盗版音像制品的集中销毁行动,销毁非法盗版 VCD 光碟 3.5 万盘,净化辖区出版物市场。

【组织出版物市场经营者法律法规培训】 2004 年,区文化局采取开会、办培训班、上门宣传、发放材料等形式,分别对全区 86 家印刷、复制业的法人代表,146 家书店、报亭业主进行法律法规培训。先后组织学习《中华人民共和国著作权法》、《出版管理条例》、《印刷管理条例》、《音像制品管理条例》等法规,并组织考试,合格者发给上岗证。对夫子庙重点地区的书店、音像店坚持上门宣传法规条例,还在夫子庙广场开展保护知识产权、打击非法盗版的法律宣传活动,增强从事出版物经营人员法律法规意识。 (沈国成)

【董小宛绘画在上海拍卖48万元】 12月22日,秦淮八艳之一董小宛画梅名作《孤山感逝图》在上海拍卖,拍卖价格为48万元。拍卖的《孤山感逝图》是其传世的画作中极具收藏价值的一幅,数百年一直藏于泰州宫氏家,至晚清由其裔宫本昂收藏。后售给创办上海文明书局的书画鉴藏家廉泉先生,再被冯玉祥的部下孟宪章收藏。画面上共有民国期间7位大收藏家的收藏印章,堪称流传有序。

（虞智琴　杨保平）

文物保护

【中华门城堡实施维修改造】 1月,由市政府投资160万元,区建设局组织实施,南京衡厦建筑三公司施工,对中华门城堡实施维修改造。在中华门城堡顶层剥去表层杂土均深0.3米,至原有卷洞顶保护层,铺贴防水板,浇钢筋混凝土,然后铺砂,并铺设40厘米×40厘米仿古金砖,施工面积3145平方米。工程于4月15日竣工,经市文物局、市园林规划设计院、区建设局及中华门城堡验收,质量达到要求。

4月,中华门城堡投资9万元,开工修建东西两侧藏兵洞参观道,铺设城堡两侧长110米、宽2米的青石路,直达藏兵洞。（吴嘉同）

中华门城堡藏兵洞参观道

【筹建秦大士故居陈列馆】 8月,秦大士故居修复完毕,经验收后交于文化局筹建秦大士故居陈列馆。区文化局召开文化专家、博物馆专家座谈会,研究秦大士故居陈列馆总体方案,确定以名人故居为主体的展览形式,围绕秦大士生平,展出家世渊源、故居沿革、传奇经历、为官政绩、文学艺术、名人交往6部分。年末,进入筹集资金阶段。秦大士故居位于长乐路57号、59号,属于省级文物保护单位,原为明代崇祯皇帝赐给大学士何如宠的宰相府。乾隆三十五年(1770)由秦大士购得。2003年由区城镇建设开发总公司投资修复。

【开展区域文物普查】 7月,区文化局成立文物普查领导小组,挑选业务骨干,调查全区53家文物保护单位现状,核实划定紫线控制地带的文物,拍摄100余幅照片,详细登记文物使用单位和使用用途。普查门西地区具有历史价值的古街巷、古建筑,新发现具有百年历史的古民居37处、古井5口。此次普查健全了文物管理档案,为市文物局、市规划局在城市建设中保护秦淮地区历史文化遗存提供可靠依据。

（孟　伶）

【瞻园申报全国重点文物保护单位】 9月,省重点文物保护单位——瞻园,申报第六批全国重点文物保护单位。瞻园作为南京地区保存完好的明清古典建筑群之一,有着悠久的历史,丰富的文化内涵,独特的山石和精湛的造园艺术,是十里秦淮风光带上一颗璀璨明珠。申报材料从简介、概况、保护管理、附件等方面,对瞻园600多年历史脉络进行归纳、整理,收录设计图纸23张,照片

53 幅,为加强保护,合理利用瞻园奠定基础。（易家胜　鲁维敏）

中小学生参观区情展示厅

【建成桃叶渡文化主题公园】 12 月,位于夫子庙东北角的桃叶渡文化主题公园建成。该公园包括桃叶渡文化遗址公园、三希斋、迟日亭等园林建筑,还有绿化广场和仿古商业建筑又一坊组成的桃叶渡文化广场。该项目占地面积 5600 平方米,于 2003 年 9 月由区商业网点房地产开发公司开工建设,拆除原建筑面积 5300 平方米,项目总投资 4000 万元。（孟　伶）

桃叶渡文化广场一角

档案工作

【区情展示厅建成开放】 1 月,由区档案局承办的区情展示厅在区政府 108 室建成开放。展示厅以图片、实物和多媒体相结合的表现形式,展示古老秦淮近十几年改革开放所发生的巨大变化。副市长奚永明、市委宣传部长叶皓及省市档案局领导、区四套班子领导先后视察区情展示厅。档案局组织和接待市公益夏令营中小学生、各部门档案员及机关干部等 260 人参观。

【区级机关推行文书立卷改革】 2004 年,街道和机关部门推行文书立卷改革,贯彻实施《归档文件整理规则》。按照强化收集、简化整理、细化检索、深化利用的工作方针,运用现代化管理技术和手段,提升档案室现代化管理水平。全区 54 个部门(单位)共整理归档文件 15179 件,档案录音、录像 25 盒,照片 2744 张,资料 456 册。

【武定新村小学档案管理通过省级验收】 2004 年,档案局按照《江苏省档案工作等级评定试行办法》的有关要求,对武定新村小学档案目标管理工作进行考评验收,该校达省二级标准。

【秦淮档案网站建成】 12 月,区档案局秦淮档案网站建成。该网站设有局馆概况、馆藏简介、法律法规、行业标准、政策文件、公众服务、编研利用、网上展厅、秦淮掌故、现行文件、开放档案、利用效果等栏目,实现网上档案业务咨询计划。秦淮档案网站建成，进一步拓宽档案公共服务渠道，推动区档案信息化进程。

【区档案馆微机管理软件升级】 2004年，区档案局对原档案管理软件进行升级。升级后软件结合地方标准《文书档案文件级目录数据库结构和数据交换格式》，增加以件为单位的档案录入、编辑、检索、打印等功能，增加婚姻、审计、环保、公证、照片等专门档案管理模块。该局重新为各街道、机关部门免费安装。升级后管理软件，适应文书立卷方式改变，适应档案管理工作需要。

【区档案馆新接收3673卷档案】 8月，档案馆按照档案进馆顺序，接收机关部门、各办事处1995～1996年档案进馆。接收档案3673卷，包括文书、婚姻、公证、人普、审计、环保、照片等。接收中共中央、国务院、省委、省政府、市委、市政府、区委、区政府文件1349件。接收文件级目录数据4.5万条，充实档案馆资料库存。

【区档案馆举办馆藏名人书法作品展览】 3月，档案馆挖掘馆藏资源，以全开放形式在政府一楼大厅举办馆藏名人书法作品展览。展出江泽民、吴邦国、廖汉生、赵朴初、黄养辉、林散之、武中奇、赵绪成等国家领导人和知名人士为夫子庙所作的书法作品。

区档案馆举办馆藏名人书法作品展

【区档案馆新增1956件档案向社会开放】 9月，按照《中华人民共和国档案法》和《档案法实施办法》，档案馆对馆藏1953～1954年满30年档案进行划控，鉴定档案333卷，其中向社会开放111卷1956件。公民凭有效证件就可到区档案馆查阅开放的档案。

【编印《秦淮区常设机构领导人名录》】 12月，根据馆藏档案和组织史资料，档案馆编印《秦淮区常设机构领导人名录》。该书收编范围为自1950年至1994年区级常设机构历任领导人，包括纪委、区委工作机构、区委直属单位、区委下属党(工)委、人大办、区政府工作机构、区政府直属单位、街道办事处、政协办、法院、检察院、人武部、工会、共青团、妇联的正副职干部。

（祁　蔚）

博物馆工作

【太平天国历史博物馆多媒体触摸屏运行】 4月25日，太平天国历史博物馆(简称“太博”)多媒体触摸屏启用。该触摸屏设馆址历史沿革、太平天国文物精粹、国家级精品陈列、罗尔纲史学馆、瞻园艺舍、瞻园、太平天国壁画艺术馆、50年历程、太平天国遗址遗迹、太平天国史研究、服务指南、太博剧场等12个平台，收录图片450张，计1万字，内容翔实，图文并茂。观众点击喜爱的栏目，就可以看到图片和文字。多媒体触摸屏的启用，引领公众走进太平天国历史博物馆、瞻园和太平天国历史等文化遗产中，为游客了解太平天国历史、了解瞻园提供便捷渠道。

【何鲁丽莅临太平天国历史博物馆】

1月23日,全国人大常委会副委员长何鲁丽在市人大常委会主任胡序建的陪同下,莅临太平天国历史博物馆进行考察。何鲁丽观看太平天国历史陈列,欣赏瞻园景色,视察太平天国历史博物馆工作。

【太博与韩国全州历史博物馆进行交流】 6月20~23日,以韩国全州历史博物馆馆长禹润为首的一行5人,对太平天国历史博物馆进行为期4天参观考察和学术文化交流。韩国全州历史博物馆是集中展示朝鲜甲午农民战争、义兵运动的专业博物馆。双方就东亚民众运动进行资料交流和研究探讨,并在平等、友好、相互尊重、互惠互利基本原则下,签署两馆在学术研究、文化艺术交流等方面进行合作的《友好交流意向书》。

【中外市长观赏瞻园王府之夜文化演出】 在首届中国·南京世界历史文化名城博览会期间,5月2日晚,与会中外市长代表观赏瞻园王府之夜文化演出。瞻园流光溢彩的夜景,金碧辉煌的楼阁,巍峨雄浑的奇峰,波光粼粼的碧水,青翠葳蕤的草木,以及江南特色与秦淮风韵并举的舞乐华章,给中外市长留下深刻印象,奥地利维也纳市市长 Horfrat 在接受扬子晚报记者采访时盛赞瞻园很有特色,南京是个有个性的城市。

【太博对未成年人团体实施免费开放】 从5月1日起,太平天国历史博物馆根据《中共中央、国务院关于进一步加强和改进未成年人思想道德建设的若干意见》精神,对未成年人团体实施免费开放。凡未成年人团体参观,提前3天预约,均享受免费服务。2004年,免费接待未成年人团体3万多人次。

【40余位专家研讨太平天国史】 8月7~8日,来自全国各地的40余位专家学者在太平天国历史博物馆和南京天朝宫殿遗址参加太平天国与中国农民问题学术研讨会。8月8日,在博物馆进行分组讨论并举行闭幕式。与会代表围绕太平天国与中国农民问题、太平天国兴亡的历史启示等专题展开研讨,并对太平天国史研究进行反思。9月28日《光明日报》史学专栏作了报道。

【太博联办岩画及部落巫术展】 9月30日,太平天国历史博物馆与内蒙古自治区博物馆联合举办大漠神话——内蒙古岩画及部落巫术展在太平天国历史博物馆开幕。展览分岩画、巫术、藏教3个部分,展出内蒙古阴山岩画及古代内蒙古部落巫师们的面具、服饰,还有青铜器等文物、拓片、照片等200余件展品。该展览成为南京第四届文化艺术节上一个亮点。

【太博32篇稿件在南京电台播出】 从7月9日起,太平天国历史博物馆选送的32篇稿件首次在南京广播电台文博五分钟节目播出。稿件

举行内蒙古岩画及部落巫术展开幕式

中既有介绍太平天国文物典章制度类的太平天国钱币、团龙马褂、天朝圣库制度等，又有关于太平天国在南京遗址遗迹天保城和地保城、七桥瓮等，稿件数量名列各文博场馆之首。由市文化局和南京广播电台联合开办的文博五分钟节目，帮助听众了解南京文化，寻觅金陵历史踪迹，追溯秦淮文化源流。

（易家胜　鲁维敏）

方志工作

【首部《秦淮年鉴》出版发行】 2004年版《秦淮年鉴》于3月正式启动，至8月3日编辑工作结束，历时5个月。9月29日，在区政府机关会议室举行首发式，省、市地方志办公室领导和区领导到会祝贺。

2004年版《秦淮年鉴》由区地方志办公室编辑，其中条目1052条，计65万字，收录彩色、黑白照片56张，加上宣传彩页中照片达200张。该年鉴是一部区政府公报性、存史性、资料性的权威工具书。

【《秦淮年鉴》获中国地方志年鉴特等奖】 2004年，《秦淮年鉴》在设计装帧上，以秦淮古典风格为基调，框架结构上全书突出旅游、大明路汽车街，反映秦淮经济特点、亮点，条目撰写5要素齐全，获首届中国地方志年鉴特等奖。12月27日，在海南省省政府大礼堂举行授奖仪式，区地方志办公室主任杨献文代表区政府上台领奖。同时首部《秦淮年鉴》在大会上展出。

【《秦淮区志》出版发行】 6月24日，《秦淮区志》在区政府机关会议室举行首发式。该书于1998年6月，由地方志办公室开始编纂，2002年9月形成书稿，由省、市修志界20位专家进行评审，经过征求意见稿、大类分纂稿、送审稿、修改稿、验收稿5次大的修改、补充，由主编统一审稿、定稿，送印刷出版。

《秦淮区志》188万字，分6个部分。囊括公元前472年前越王勾践筑城长干开始，直至1997年的2469年间，秦淮区境自然与社会的历史和现状。该书的秦淮风光带、诗文选、民俗·宗教·方言、艺文诸篇章，展示秦淮悠久历史文化，体现志书特色。计划供应票证一章被方志学者评为全国首创。《秦淮区志》由北京方志出版社出版，向海内外发行。

《秦淮区志》

【《秦淮夜谈》第十九辑交付印刷】 3月，区地方志办公室召开第19辑《秦淮夜谈》组稿会议。6月开始收稿，收到文章45篇，约14万字。9月，经编辑录用文章40篇，书内主要栏目为芥子园专辑、人物春秋、史迹探幽、城南旧事、史志园地、秦淮书画、秦淮诗文、海外见闻、知识天地9大类，主编朱平、魏守馀。12月送印刷厂，印刷1000册。2005年3月，由人民出版社出版发行。

（顾秀美）

党政·群团

中国共产党秦淮区委员会

【中心组学习制度化】 2004年,区委中心组坚持周三晚学习,围绕党的十六大和十六届三中、四中全会精神,以及全区性重大问题开展集中讨论。全年刊发5期调研专刊,15万字。同时,加强对基层党工委中心组学习指导,印发《关于对党工委中心组学习进行旁听的通知》,旁听10家党工委中心组学习,全面掌握党工委中心组学习开展情况,及时发现学习中存在问题,有针对性地加以指导和改进。坚持每季度举办一次理论学习报告会。先后举办行政许可法、科学发展观、《两个条例》、新宪法、十六届四中全会精神5场报告会。 (屠康敏)

【全区机关作风建设暨表彰动员大会】 1月31日在区机关礼堂召开。会议总结2003年全区机关作风建设和评议情况,部署2004年机关作风建设任务。表彰建设秦淮有功单位、有功个人和先进单位,区委、区政府分别与65个部门(单位)签订2004年经济和社会发展、精神文明建设和党建工作目标责任书,区委与13个党工委签订党风廉政建设目标责任书。红花街道等5个单位就加强作风建设、推动新一年工作表态发言。区委书记杨福明结合千人评议机关情况,就加强机关作风建设,推动2004年各项工作提出5点要求:大兴率先之风,确立争先意识,努力开创各项工作新局面;大兴亲民之风,从群众关心的问题入手,为群众诚心诚意办实事;大兴实干之风,大力提倡埋头苦干,切实抓好各项工作落实;大兴服务之风,努力营造最好服务环境,为投资者开辟投资兴业快捷通道;大兴清廉之风,加强党风廉政制度建设,认真抓好反腐倡廉各项工作落实。区委副书记、区长徐耀新主持大会,区四套班子领导,各街道办事处、区机关各部门、各直属单位科以上干部500人参加大会。 (薛 锋)

【全区政法工作会议】 2月17日在区机关礼堂召开。会议总结2003年全区政法工作和社会治安综合治理工作,部署2004年工作任务。表彰2003年度平安秦淮创建工作先进集体、先进个人,签订2004年防范和处理邪教问题工作责任书、社会治安综合治理责任书。区长徐耀新就进一步做好全区政法综治工作提出4点要求:进一步提高对政法工作重要性的认识,增强责任感和使命感;切实发挥政法各部门的职能作用,努力创建平安秦淮,妥善处理新时期人民内部矛盾;坚持求真务实、执法为民,大力推进政法队伍建设;从讲政治高度,切实加强对政法工作的领导与支持,为政法综治工作开展创造良好条件。 (薛 锋 温秀芬)

【全区经济工作会议】 2月27日在区机关礼堂召开。会议总结2003年全区经济运行情况,部署2004年经济工作任务;表彰2003年度秦淮区十佳明星企业、十佳民营企业和十佳个体工商户;向获得南京市著名商标、南京市名牌产品等称号以及通过ISO 9000质量体系认证的企业颁发奖金;出台《秦淮区关于扶持重点企业发展的工作意见》等促进经济发展的政策措施。会议明确2004年全区经济发展重点要抓好5个方面工作:抓基础建设,大力改造薄弱设施,提升区域总体形象;抓招商引资,通过营造招商氛围,吸引更多企业落户秦淮;抓载体建设,培育夫子庙旅游商贸圈、大明路汽车街、秦淮科技创业基地、中山南路商贸商务区、纬七路市场群等五大经济发展载体,推进产业集聚;抓改革创新,加快推进区属企事业单位改革改制,激发经济发展活力;抓协调服务,以建设服务型政府为契机,为企业提供立体式、个性化、零障碍服务,形成经济发展合力。区机关各部门、各街道、各直属单位负责人以及部分驻区企业代表500人参加会议。

【全区党建工作会议】 3月16日在区机关礼堂召开。会议传达学习中央及省市有关组织、宣传、纪检工作会议精神,回顾总结2003年全区组织、宣传、纪检工作,部署2004年工作任务。会上,区委书记杨福明就进一步加强和改进党的建设强调4点意见:必须强化服务大局的意识,为实现“两个率先”奋斗目标做出应有的贡献;必须弘扬求真务实的精神,抓好领导班子和干部队伍建设,抓好文明城区创建工作,抓好党风廉政建设和反腐败斗争,促进执政能力的提高;必须进一步改革创新,结合秦淮实际,不断推进党建工作观念创新、工作创新、制度创新和方式方法创新;必须坚持立党为公、执政为民,进一步密切党和人民群众的血肉联系,真正为民用权、系情、谋利。

【全区改革工作会议】 4月8日在区机关礼堂召开。会议总结2003年全区改革工作情况,研究分析改革形势,具体部署2004年改革工作任务。2004年全区改革工作主要任务包括5个方面:加快推进房地产开发系统改革改制,根据每个房地产开发单位实际情况,多种形式制定改革方案,力争尽快完成区城镇开发公司改制任务,同时对风光、网点、房地产、九龙四家开发公司,组织专门班子尽快制定改制方案并完成资产审计评估,力争年内完成改制任务;全面铺开经营性事业单位改制转企,按照脱钩、分类、转制、搞活原则,市政所、绿化所与环卫所尽快启动改制程序,实行管养分开,组建综合管理平台,区房地产经营公司年内完成改制,其他经营性事业单位按规定程序加紧操作;以明晰产权为重点,以“两个置换”为原则,全面完成部门隶属企业、街道挂靠企业、街道劳务公司改制任务;抓紧研究建立区级国有投资授权主体,完善国有资产运作模式;对已改制企事业单位进行“回头看”,对新企业组建、职工分流安置、职工劳动合同签订以及债权债务落实等情况进行检查,依法处理违规行为,确保改革质量和成效。

【依法治区暨“四五”普法总结表彰会】 4月28日在区机关礼堂召开。会议总结2001年以来全区依法治区和“四五”普法工作,研究部署2004~2005年工作任务,并对依法治区暨“四五”普法中期先进集体和先进个人进行表彰。区委书记杨福明作了讲话,充分肯定2001年以来全区普法依法治区工作所取得的成绩,就进一步做好普法依法治区工作提出3点意见:统一思想,提高认识,进一步增强做好普法依法治区工作责任感和紧迫感,推动普法依法治区工作再上新台阶;紧贴中心,突出重点,全面落实普法依法治区各项工作任务,为加快发展创造稳定社会环境和良好法治环境;与时俱进,开拓创新,努力创出普法依法治区工作新特色,使秦淮区普法依法治区工作始终走在全市前列。

【市委书记罗志军调研秦淮区工作】 5月26日,市委书记罗志军带队到秦淮区开展调研工作。先后考察区体育中心、秦大士故居、沈万三故居、南京旅游国际购物中心,听取区委书记杨福明关于学习贯彻胡锦涛总书记在江苏考察工作时的讲话,推进“三个文明”协调发展的情况汇报。罗志军对全区经济和社会发展方面所取得的成绩给予充分肯定,并就落实科学发展观,推动"三个文明"协调发展提出3点意见:抓住机遇,加快发展,充分认识国家宏观调控、机场搬迁和省、市大力发展民营经济给秦淮发展带来的机遇,按照新思路和要求,争取更快更好发展;突出特色,全面发展,秦淮要结合全市科教兴市、文化南京等发展战略,在突出特色上做文章,把自身优势进一步发挥、延续和扩展下去,把品牌优势全面凸显出来,使特色更特,品牌更优,内涵更加丰富;攻坚克难,坚持发展,要妥善处理城市拆迁与改善群众居住条件的关系、发展民营经济与帮扶困难群众的关系,积极改善人居环境,提高群众生活水平。区委、区人大、区政府、区政协四套班子领导及有关部门负责同志陪同调研。

【区委八届十二次全体(扩大)会议】 6月18日在区机关701会议室召开。会议传达贯彻胡锦涛总书记视察江苏、南京时的重要讲话及省、市委全会精神,总结上半年工作,部署下半年工作任务。区委书记杨福明作题为《以科学发展观为指导,推动秦淮经济社会更快更好发展》工作报告。报告强调贯彻落实科学发展观,必须把加快发展作为第一要务,把握机遇,率先发展;把统筹兼顾作为基本要求,打造特色,协调发展;把以人为本作为核心内容,善待百姓,致富百姓;把解放思想作为重要环节,改革创新,振奋精神。下半年工作切实做到"六个坚持",即坚持富民优先,不断提高人民生活水平;坚持加快发展,进一步提高经济发展质量和效益;坚持改革开放,增强经济社会发展动力和活力;坚持文化为源,建设独具特色的"人文秦淮";坚持优化环境,提高城市建设水平;坚持统筹兼顾,促进"三个文明"全面协调发展。区委委员、候补委员,区人大、区政府、区政协领导,区纪委委员,各部门、单位科以上干部共550人听取报告。区委副书记、区长徐耀新主持会议,并对贯彻落实报告精神提出要求。

【区委八届十三次全委会】 7月7日在区机关701会议室召开。听取区委常委、组织部长王小建关于区委换届工作的情况说明,就区第九次党代会筹备工作进行认真研究讨论,审议通过《中共南京市秦淮区委八届十三次全会决议》。区委委员、候补委员21人出席会议。

【全区负责干部大会】 11月3日在区机关三楼会议室召开。新任区委书记徐路作重要讲话,强调全区上下要一心一意谋发展,以奋发有为的精神状态抓好当前各项工作。继续深入学习贯彻十六届四中全会精神,不断提高执政能力;精心筹备、召开全区第九次党代表大会;全力以赴完成今年各项目标任务;及早谋划明年工作,研究确定明年经济和社会发展、精神文明建设、党的建设三大目标和工作思路。徐路强调指出,在秦淮发展的关键时期,全区广大党员干部务必始终保持奋发有为的良好精神状态,

秦淮区负责干部大会

凝心聚力谋发展;要奋勇拚搏,以卓越的发展应对时代挑战;要真抓实干,以优良的作风回应人民期盼;要不断去攻坚克难,努力形成和衷共济、团结一心良好局面。区委副书记、区长徐耀新主持会议,并就年底工作作具体部署。会议还对第九届区委委员、区纪委委员候选人名单进行推荐。区四套班子领导及在职区管中层领导干部共260人参加会议。

【区委八届十四次全委会】 11月28日在区机关701会议室召开。讨论通过八届区委工作报告和区纪委工作报告,讨论通过区第九次党代会主席团成员、主席团常务委员会委员、大会秘书长、副秘书长建议名单,酝酿通过九届区委委员、候补委员和区纪委委员候选人预备人选名单,同意将该名单提交给区第九次党代会。八届区委委员、候补委员21人出席会议。

【区第九次党员代表大会】 11月30日~12月3日在区机关礼堂召开。大会审议八届区委工作报告和区纪委工作报告,充分肯定八届区委和区纪委过去五年所取得的成绩,确定今后五年全区奋斗目标和工作任务,选举产生中共南京市秦淮区第九届委员会和区纪律检查委员会。区委书记徐路代表八届区委作题为《凝心聚力,真抓实干,开创秦淮"三个文明"协调发展新局面》工作报告。报告回顾区第八次党代会以来的工作,分析面临的新形势,提出今后五年工作要以发展秦淮、富裕秦淮、人文秦淮为方向,全面加强党的执政能力建设,牢固树立和落实科学发展观,坚持解放思想、改革开放,坚持加快发展、统筹发展,坚持以人为本、富民优先,坚持打造特色、优化环境,推进"三个文明"全面协调发展,把秦淮建设成为经济发达、科教进步、文化繁荣、环境优美、人民富裕、社会和谐、古风今韵交融的现代化旅游商贸区。重点抓好7个方面:狠抓发展要务,提升区域经济综合实力;深化改革开放,增强区域发展动力和活力;充分挖掘历史文化资源,凸显秦淮人文特色;加快推进城市化和城市现代化,进一步提升区域综合功能;大力推进富民工程,不断提升秦淮百姓生活水平;切实加强精神文明建设,努力促进社会全面进步;积极推进政治文明建设,着力营造良好的政治和法治环境。全区机关、街道、企事业单位190名党代表出席大会。

【区委九届一次全委会】 12月3日下午在区机关701会议室召开。新当选的23名区委委员和4名候补委员出席。选举徐路、冯亚军、王付荣、孔令友、曹路宝、王小建、刘凡、郭庚明、王根宝为区委常委,徐路任区委书记,冯亚军、王付荣、孔令友任区委副书记。会议还通过区纪委一次全体会议选举结果,通过《区委工作规则》和《区委委员廉洁自律公约》。

【区委九届二次全体(扩大)会议】 12月25日在区机关701会议室召开。学习贯彻全省经济工作会议精神,报告区委常委会2004年以来工作,部署2005年工作任务,审议2005年全区"三个文明"建设目标。区委书记徐路从6个方面报告区委常委会2004年的工作情况,分析存在问题,提出2005年工作要坚持以科学发展观为指导,以发展秦淮、富裕秦淮、人文秦淮为方向,以加强执政能力建设为关键,更加突出加快发展、协调发展,更加突出以人为本、富民优先,更加突出打造特色、优化环境,努力抢抓新机遇,谋求新发展,开创新局面。工作重点4个方面:以发展秦淮为第一要务,努力推动经济既快又好发展;以富裕秦淮为第一目标,不断提高人民群众生活水平和质量;以人文秦淮为第一品牌,积极塑造秦淮新的现代文明形象;以提高党的执政能力为重点,进一步加强和改进党的建设。区委副书记、代区长冯亚军主持会议,并就贯彻会议精神,抓好岁末年初各项工作提出要求。区委委员、候补委员、区纪委委员及区人大、区政府、区政协领导等60人参加会议。

(薛 锋)

·组织工作·

【建立党工委中心组学习旁听制度】 年初,区委组织部、区委宣传部共同商定,建立党工委中心组学习旁听制度。对各党工委中心组组织的每一次学习,区委组织部、区委宣传部都分别派人参加旁听,跟踪检查了解各党工委落实中心组学习计划情况和学习质量。

【首次公推公选区管正职领导】 6月,对中华门街道、秦虹街道的党工委书记、办事处主任和区统计局局长5个区管正职职位人选,实行公推公选。经过广泛民主推荐产生考察人选,面向全区公示考察对象、并对考察人选实行差额考察和领导能力测试等程序后,由区委书记办公会、区委常委会集体研究确定拟任用人选,最后经区委全委会表决,产生全部任用人选。

(张殿林)

【举办青年干部论坛】 9月27日,区委组织部、人事局、团区委、大明路汽车街党总支部在大明路汽车街联合举办以"论大明路汽车街的繁荣与发展"为主题第一期青年干部论坛,40名机关青年干部参加,交流14篇调研文章。青年干部论坛主题鲜明突出,围绕社会一些热点问题,紧贴全区中心工作。形式生动活泼,论坛采用演讲、答辩、互动交流、专家点评等方式,成立由青年干部组成的论坛组织办公室,论坛活动策划、主题选定、专家邀请、现场协调、主持等都由论坛组织办公室负责。注重论坛成果转化运用,论坛组织办公室将论坛形成的一些好建议、意见及优秀论文,及时整理汇总提供给区领导及有关部门参考。组织人事部门将论坛作为发现、挖掘优秀年轻干部的平台,及时将论坛中表现优秀的青年干部纳入用人视野。

(张殿林　陈　岚)

秦淮区青年干部论坛

【党务工作者与非公企业业主结对交友】 5月,在全区5个街道和2个系统党工委中开展党务工作者与非公经济组织业主结对子、交朋友活动,全区有56名党务工作者分别与63个非公经济组织的业主结对交朋友。以此发挥党务工作者资源优势,协调企业与区有关职能部门联系,进一步增强业主对非公经济组织党建工作的认同感和支持度。

【6家市属改制企业党组织划归区管】 年初,市委决定市属改制企业党组织实行属地化管理。3月开始,南京市酿造集团、南京日华光学仪器有限公司、南京市房屋拆迁有限公司、南京市夫子庙地下商场有限公司、南京新佳品光学仪器有限公司6家市属改制企业的党组织陆续转入区管。区委组织部根据企业规模,实行分层管理,一级市属改制企业南京市酿造集团由区委直属工委直接管理,其余5家由所在街道党工委管理。

【建立首问负责制度】 年初,区委组织部制定首问负责制度,明确规定第一个接待上门办事人(含电话询问)的工作人员,对办事人提出办理的属于自己职责范围内事宜,必须及时办理;属于本部门职责范围,不属于自己职责范围的,应主动将办事人引导到相关科室;不属于本部门职责范围的，应耐心解释，并尽自己所知给予指导和帮助。对自觉遵守首问负责制规定、主动帮助办事人解决问题、受到办事人赞誉人员，给予表扬；对违反首问制规定，办事推诿、不负责任，造成不良影响的人员将视情况给予批评教育或其他相应处理。

【建立工作联系点制度】 6月，区委组织部给所属工作人员明确一定数量的工作联系点，部领导每人与3个基层单位建立常年工作联系关系，科长以下干部每人与4个基层单位建立常年工作联系关系。规定每人每月深入联系点不少于1次，每季度召开一次碰头会，汇总交流工作情况，研究解决基层工作共性问题。 （张殿林）

·宣传工作·

【概况】 2004年，全区宣传思想工作按照"三贴近"即贴近实际、贴近生活、贴近群众要求，认真贯彻落实科学发展观，围绕中心、服务大局，推进富民强区和"三个文明"协调发展。

理论武装工作深入扎实，为促进全区广大干部解放思想、更新观念和富民强区、实现"三个文明"协调发展提供强有力思想保证。以区委中心组理论学习为龙头，推动基层各党工委中心组学习活动，参学率95％以上。开展"三个文明"协调发展理论研讨活动，汇编出版25篇优秀论文专辑；"挖掘历史文化瑰宝 繁荣秦淮文化产业"在《求是》发表；区委党校"保持党员先进性，充分发挥党员的先锋模范作用"获全省首届优秀党课教案评比一等奖。区邓小平理论讲师团深入基层宣讲党的路线方针政策，全年举办各种宣讲活动50场，听众3000人次。积极开展学习型城区和机关活动，举办讲坛进社区系列教育活动，开展争当学习型干部和结对共建学习型党支部活动。

抓住创建全市首批文明城区机遇，全面提升城区文明程度和市民综合素质。文明城区创建工作成效显著，材料审核74个项目、问卷调查20个项目基本达标；南京日报刊登"打造'人文秦淮'，彰显创建特色"、"打造人文、文明的夫子庙·秦淮风光带"，新华日报刊登"拉一把，阳光依旧灿烂"、"创建平安秦淮出新招"等重点报道，宣传创建特色；"秦淮区从四个方面推进文明城区创建工作"、"开展四个主题教育，提升区域文明程度"、"打造人文景区品牌，树立文明景区形象"等50篇稿件被省市有关简报采用，宣传推广区创建经验。

宣传舆论工作紧贴中心，为发展秦淮、富裕秦淮、人文秦淮营造良好氛围。社会宣传重点围绕名城会和创建文明城区展开，组织开展公民道德宣传日、国防教育宣传日、省科普宣传周、共铸诚信宣传月、法制教育宣传月、第九届读书节、国庆55周年等活动，建设爱国主义教育基地。新闻宣传紧紧围绕区委、区政府中心工作，对全区经济建设、城市建设和精神文明建设进行全方位、多层次、有重点的报道，全年被各级新闻媒体采用稿件1200篇，其中头版重点稿件30篇，制作《今日秦淮》52期，《十里秦淮谱新曲》电视专题片一部，组建全市社区报道组，协助新闻媒体处理矛盾，维护社会稳定。

思想政治工作以人为本，为维护社会稳定发挥积极作用。坚持思想政治工作与解决实际问题相结合，注意增强工作的针对性和实效性。保障全区拆迁、拆违、企业改制工作顺利推进。同时注意把解决思想政治问题与解决群众实际困难相结合，大力开展党支部结对共建、送温暖等活动，扎扎实实为群众办实事。

（郭 飞）

【举办"三个文明"协调发展理论研讨会】 10月，区委、区政府开展"三个文明协调发展"理论研讨活动，确定57个重点课题，召开理论研讨会，评出论文一、二、三等奖，并出版论文集。论文"简论科学发展观和'三个文明'协调发展"收入《南京社会科学》2004年第6期，"挖掘历史文化瑰宝繁荣秦淮文化产业”一文在《求是》2004 年第 6 期上刊出,“简论邓小平发展机遇观—兼论重要战略机遇期”在市委宣传部等单位联合举办的纪念邓小平诞辰一百周年全国性理论研讨会上交流,被收入该研讨会论文专辑。

【加强基层党校建设】 2004 年,坚持不懈抓好基层党校规范化建设。双塘街道工委党校被评为省先进基层党校,中华门街道、夫子庙街道工委党校和秦虹街道、教育局工委党校分别获市红旗基层党校和市先进基层党校称号。区委党校撰写的党课教案“保持党员先进性充分发挥党员的先进模范作用”,在全省首届党校优秀党课教案评比中获一等奖。

【建设学习型城区】 8 月 26 日,区委宣传部、文化局等单位联合举办的以学习,让生活更美好为主题的秦淮区第三届学习节拉开帷幕,历时半个月,活动内容包括开办景区讲坛、社区讲坛,举办勤读书、读好书、好书大家读、少儿才艺夏令营、社区成人少儿书画、摄影大赛、“学习是一生的工作”读书征文等活动;举办第十八届秦淮之夏社区文化艺术节闭幕式文艺演出;在中华门城堡举办争做文明南京人百场文艺进社区活动,以及开展报告会、读书会、座谈会等各类学习求知活动。区委宣传部获南京市第三届学习节组织奖。区文化局王永凯、王春美容院经理王春、润泰市场总经理张峰等 6 人被授予市学习之星称号。双塘街道王金宏、秦淮医院徐云等 7 个家庭被评为市学习型家庭,夫子庙街道被评为市建设学习型社区示范单位。

(*屠康敏*)

【创建文明城区】 2004 年春节后,区社会主义精神文明建设办公室开始启动文明城区创建工作,成立创建文明城区工作领导小组,领导小组下设办公室。4 月 9 日召开争创全市文明城区动员大会,7 月 15 日召开全区创建文明城区推进会,7 月 28 日,召开夫子庙·秦淮风光带创建全国文明风景旅游区示范点工作推进会,11 月 4 日召开全区创建文明城区,迎接十运盛会再动员大会。通过创建,全区实现 5 个明显:即经济发展步伐明显加快,城区基础设施建设明显改观,市容市貌明显改善,区域文明程度和市民文明素质明显提升,广大市民的民主与法律意识明显增强。

【开展市民素质教育活动】 4 月,区社会主义精神文明建设办公室开展市民素质教育,重点抓好 3 个教育和 3 项活动,即深化 20 字公民道德基本规范教育、深入开展文明从细微处入手实践教育、开展“四个主题”教育;开展以做文明南京人为主题的文艺进社区活动,演出 20 场,组织近千名青年志愿者,佩挂争做文明南京人绶带,在全区主要交通干道,既当文明宣传员,又做文明劝导者,开展五好家庭、文明楼栋、文明小区、文明班组、诚信经营等活动。其中做文明南京人为主题的文艺进社区活动被市委宣传部授予优秀组织奖和社区文化奖称号。

【抓未成年人思想道德建设】 6 月 17 日,区社会主义精神文明建设办公室召开加强和改进未成年人思想道德建设工作会议,成立秦淮区加强和改进未成年人思想道德建设工作领导小组,制定《秦淮区关于加强和改进未成年人思想道德建设工作意见》,确定《秦淮区 2004 年为未成年人办的 12 件实事》。9 月,中央、省、市 10 家媒体对区检察院诚爱基地、少年宫少儿特色教育、夫子庙派出所等未成年人教育方面的典型经验作集中宣传并在全国范围内推广。

【区文明单位和精神文明建设先进个人评选活动】 10 月,区启动 2003 ~ 2004 年度秦淮区区级文明单位和精神文明建设先进个人评比表彰活动,全区有 78 家单位和 50 名个人分别向区文明委递交文明单位和精神文明建设先进个人申报表，经过区文明单位评比委员会严格审核，提出初选名单，征求一票否决权单位意见，由区委常委会研究审核，最终50家单位和50名个人通过考核。区委、区政府分别对获得荣誉单位和个人给予物质和精神奖励。

（范海燕）

【开展创建文明城区打造人文秦淮活动】 5月25日上午，区委宣传部、区文明办在夫子庙广场举行创建文明城区，打造人文秦淮宣传活动。区委副书记、宣传部长孔令友为打造人文秦淮青年志愿者突击队授旗，副区长黄唯佳在宣传活动开幕式上讲话。当天，青年志愿者进行宣誓，双塘街道残疾青年肖毅朗诵自己创作的反映人文关爱的诗，夫子庙旅游股份有限公司代表宣读“提高文明素质，优质人文服务”倡议书，50名中小学生集体诵读20字公民道德基本规范和《论语》名言警句，市民和游客纷纷在创建文明城区，打造人文秦淮横幅上签名，最后举行桨声灯影秦淮河游船巡游。

【举办共同建设诚信秦淮咨询活动】 3月13日上午，区委宣传部、区文明办牵头组织，在夫子庙广场举行共筑诚信秦淮宣传咨询，把共筑诚信宣传月活动推向高潮。街道社区业余文艺演出队表演专门为共筑诚信宣传月活动编排的文艺节目；共筑诚信秦淮展览分政府诚信、企业诚信、市民诚信3个部分，展示近年来全区诚信建设取得的可喜成绩。法院、公安分局等10个部门到现场接受广大市民和游客关于诚信知识方面的咨询，发放“共筑诚信箴言”等宣传资料5000份，现场广播宣传10个部门关于开展诚信建设的经验做法和具体措施。这次活动，营造浓厚的社会氛围，对诚信进机关、企业、社区、景区起到有力推动作用。

【举行名城会倒计时40天宣传活动】 3月21日上午9时，中国南京世界历史文化名城博览会组委会大型活动部和区委宣传部、区文化局在夫子庙广场举办以展民间艺术精彩，迎文化名城盛会为主题的倒计时40天宣传活动。市委宣传部长王燕文，市人大副主任刘国华，副市长许慧玲，市政协副主席孙南雄等领导在区委书记杨福明、区长徐耀新、区政协主席丁长森等陪同下出席活动。副区长黄唯佳主持活动并讲话。市、区领导为区青年志愿者代表授中国南京名城会宣传员绶带并发放宣传画册，区文艺团体和民间艺人表演歌舞、抖空竹和剪纸艺术。

【命名第三批区爱国主义教育基地】 9月27日，区委宣传部命名秦淮区图书馆、红花街道图书馆、双塘街道图书馆3个单位为第三批区爱国主义教育基地。区委宣传部长刘凡为命名单位授牌并讲话，要求各单位以这次命名为契机，充分利用各级各类爱国主义教育基地，在广大党员和干部群众特别是青少年中，广泛开展形式多样的爱国主义教育活动。各爱国主义教育基地要按照“三个代表”重要思想要求，加强基地建设和管理，正确处理社会效益和经济效益关系，不断充实内容，改善育人环境，加强基地教育功能，在全区爱国主义教育中充分发挥示范引导作用，为促进区“三个文明”协调发展做出新贡献。

（张　政）

【成立社区报道组】 2004年，区委宣传部和南京日报、扬子晚报、南京电台3家媒体联合组成社区报道组，深入到全区5个街道68个社区，采写报道社区先进典型、老百姓日常生活中的感人事迹和趣闻轶事，见报稿件50篇，如“智障兄弟撑起一个家”、“小小鸟笼撑起一个家”、“老城南，一对残疾人兄弟情深”、“流动办公室随时随地解民忧”、“老上访成了创业模范”等稿件都刊登在报纸头条显著位置，南京电台发挥现场录音采访优势，在最佳时段播出，突出展现秦淮人奋发向上的精神风貌。社区报道组，受到市委宣传部领导高度赞赏并向全市推广。

（郭　飞）

·纪检(监察)工作·

【概况】 2004年,区纪委监察局加大服务力度,加大治本力度,加大创新力度,突出抓好三大体系建设,促进“三个文明”协调发展。

抓好惩防体系建设。按照系统构建、分步实施、循序渐进、整体推进的思路,全面构建反腐败惩防体系,从源头预防和减少腐败,完善思想教育机制,变“灌输型”为“互动型”,显现教育感染力。举办反腐败5年成果展,组织“清廉杯”党纪条规知识竞赛,以事喻纪,以艺示纪。变“应急型”为“渗透型”,树立长期抓教育的理念,坚持单位教育、社会教育、自我教育、家庭教育并重,推动党风廉政教育进学校、进家庭、进社区。变“一刀切型”为“分门别类型”,提高教育实效性。综合运用党内监督、行政监督、群众监督和舆论监督等手段,形成整体合力。建立电子廉政档案,完善权力制约机制,实行决策前论证制、决策中票决制和决策后的责任制,健全廉政考察评价等。完善惩治腐败机制,加大案件查处力度,全年查办案件17件,办案工作再次获市特等奖,信访工作被评为省信访目标管理先进。

抓好服务体系建设。制定《行政服务承诺工作意见》,明确服务内容,抓好承诺落实。坚持和完善交费登记卡制度,实行“一卡式”收费,减轻企业负担。全年行政机关收费同比下降55.4%。执法监察工作在全市目标考核中获一等奖,工作经验在全省行政监察会议上作书面交流。推进便民工程。结合行政审批制度改革,精简事项,简化手续;结合“两员”监督,建立人大代表、政协委员等多方参与的效能监察巡视组,明查暗访,督促整改;结合成立区效能投诉中心,推行投诉情况每月公示和挂销号等制度。推进惠民工程。从解决群众反映强烈突出问题入手,认真治理教育乱收费,狠刹医药购销中的不正之风,开展行风评议活动。对下岗职工再就业、低保等优惠政策开展专项检查,确保政策到位。注重规范拆迁行为,促进依法拆迁。

抓好责任体系建设。提高组织协调反腐败工作能力。坚持全局性协调,主动向区委汇报,努力把纪检机关的参谋意见转化为区委决策。加强统筹协调,重点协调重要任务、重大案件,整合资源,形成合力。强化督导性协调,完善区法院勤廉保证金制度,并在全区政法系统推广。对职务消费货币化改革单位进行“回头看”。市下发公车改革实施意见后,迅速制定接轨方案。红花街道是市第一家将公车送到拍卖现场。

【区纪委新一届领导班子选举产生】 12月3日,区第九次党代会选举产生新一届纪委委员13人。随即召开区纪委第一次全会,选举王付荣、胡百放、楼江华、宗弘亚、徐敏祥为纪委常委,

学习贯彻“两个条例”宣传活动

组成新一届纪委班子。报上级批准,王付荣任书记,胡百放、楼江华任副书记。

【电子廉政档案网络建立】 2004 年,党风廉政室设计电子廉政档案软件,将全区 336 名区管领导干部履行党风廉政建设责任制及个人廉政情况输入电脑,建立区管领导干部电子廉政档案网络。此举措有利于强化干部监督、规范干部从政行为。电子廉政档案网络将向全区科级干部扩展延伸。

【执法监察工作经验在省作交流】 12 月 23 日,常务副区长曹路宝与监察局长胡百放参加省行政监察工作会议。就秦淮区从推进部门预算改革,切实保证预算统编;强化会计集中核算工作,切实保证会计统配;监督政府采购行为,切实保证采购统办;实行奖金补贴统一发放,切实保证国库统付以及积极开展职务消费货币化改革,切实保证招待统支等 5 个方面作书面经验介绍。这是秦淮区首次被省纪委、监察厅点名唯一代表南京市区县级纪检监察组织参会。区执法监察工作,继 2003 年再次获市一等奖。

(刘 魁)

·统战工作·

【概况】 2004 年,认真贯彻省委组织部、统战部关于加强基层统战工作的指示精神,围绕为民主政治建设服务、为经济建设服务、为社会稳定服务的目标,夯实基层统战工作基础,探索新时期统战工作新思路,推进实现"两个率先"、富民强区目标。

落实《中共中央关于坚持和完善中国共产党领导的多党合作和政治协商制度的意见》,完善区委、区政府中共领导与民主党派基层组织负责人和无党派代表人士交友结对制度,开展定期座谈,研究分析民主党派成员思想状况,不断提高党派基层组织负责人工作能力和业务水平。建立党外后备干部队伍。强化结对培养,确定合适人选与培养对象结对子,定期接触;强化学习培训,有计划、有针对性地组织党外代表人士参加相关培训;强化交流谈心,不定期地组织党外干部相互交流,互勉互励;强化跟踪考察,建立考察档案,开展定期考察。

加强海内外交流沟通,联络人心,强化人脉,为经济统战工作创造好的环境,强化组织建设出平台。在全区成立三资企业 110 服务站,促进投资环境改善。在各街道挂牌成立侨台联组织,促进经济统战工作进社区。牵线搭桥招商引资出成果,1 ~11 月共引进客商 200 人次,实现合同利用外资近 3000 万美元,实现利用外资 1000 万美元。建言献策出妙计。提出"建设台湾小吃城"、"建设完善大明路汽车一条街的几点设想"等建议均被区委、区政府采纳。

建立街道统战干事学习制度,提高街道统战干事综合素质。建立联络员制度,第一时间掌握街道统战动态。在各街道建立台侨联组织,成立台侨 110 服务网络,在餐饮、娱乐和美食行业建立工商联分会。以社团、协会等为纽带开展统战工作,使社区统战工作具有广泛性、民间性、群众性,效果更好。

【全区统战工作会议】 4 月 22 日召开。出席会议的有各街道、各系统党(工)委分管书记、

全区统战工作会议

统战干事、统战部全体干部。会议由区政协副主席、区委统战部部长俞萍主持,区委副书记孔令友在会上讲话。俞萍传达全国、省、市统战工作会议精神,对今后统战工作从加大经济领域统战工作力度,全力为全区经济建设、招商引资工作服务;加大为全区政治文明建设服务力度,促进多党合作规范化、制度化;加大非公有制经济代表人士思想政治工作力度,引导他们为经济发展多做贡献;加大依法管理民族宗教工作力度,为全区创建平安秦淮营造良好的宗教环境;加强统一战线两支干部队伍建设力度,全面提高政治和业务素质;加大社区统战工作创新力度,提升社区统战工作水平6个方面作出了部署。3个街道工委分别就如何开展社区统战工作进行经验介绍。

孔令友在讲话中要求统战干部增强4种意识:即充分认识做好新形势下统战工作重要意义,增强做好统战工作责任意识;充分把握新时期统战工作新特点,增强做好统战工作创新意识;充分发挥统一战线在"三个文明"协调发展中独特优势,增强做好统战工作主动意识;充分加强统战干部队伍自身建设,增强做好统战工作进取意识。

【建立区台侨资企业110服务网络】 5月,区台侨办建立区台侨资企业110服务网络。服务站设在区台侨办,各街道下设服务分站。服务网络建立后,通过向全区台侨资企业发放征求意见表和走访重点企业,及时了解掌握外商对区投资环境反映。及时处理外商提出生产经营活动中涉及的14个问题,对外商提出其他一些问题和困难进行梳理,并会同有关部门逐一解决。

【黄埔军校成立80周年纪念大会】 6月10日,省黄埔同学会秦淮区联络组全体成员在南京清真绿柳居菜馆召开黄埔军校成立80周年纪念大会。大会由黄埔同学会秦淮区联络组组长金婴主持,省黄埔同学会胡念恭会长、市委统战部联络处副处长汤雯、区委统战部副部长刘华到会祝贺并讲话。表示要继续发扬黄埔精神,为祖国的和平统一多做贡献。 (孙世清)

·政法工作·

【概况】 2004年,全区政法机关和各级综治组织,坚持服务"两个率先"、建设平安秦淮不动摇,不断加强治安防控体系建设,狠抓综治措施落实,维护全区社会政治稳定,连续两次获省社会治安安全区称号。

社会治安秩序进一步稳定。树立抓稳定也是抓发展的理念,积极构建"大防控"格局。深入开展创建无刑事案件社区、平安社区、平安校园等活动,全年共创无刑事案件社区12个,平安社区27个。刑事发案逐渐下降,总量同比下降11.5%。深化防范打击和教育转化,连续三年完成"三个确保"和"一个零指标"任务,三、四类人员绝对转化率100%。

基层工作进一步拓展。率先在全市成立区级社会矛盾纠纷调处服务中心,并分别在全国社会治安综合治理工作会议和省市有关工作会议做交流。全年接待群众来访1108人次,排查各类矛盾纠纷124件,调结73件;创办诚爱青少年成长基地,在社区对有轻微违法行为的青少年开展法律教育和矫治工作,受到中央综治办、团中央等领导机关表彰。在全省城区首家全面推行治安防范责任承包。流动人口一袋式管理模式在全市推广,流动人口管理工作跨入全市先进行列。

队伍建设进一步加强。扎实开展公正执法树形象集中教育活动,加强教育培训,广泛开展岗位大练兵,不断健全监督制约机制,队伍整体素质有新的提高,政法各部门工作跃上新台阶。公安分局在市公安系统综合考评中排名第一;区检察院在市检察系统综合考核中排名第二,并被评为全国优秀青少年维权岗、全国文明接待室、全国一级驻所检察室;区法院在市法院系统综合考核中排名第二,连续五年获全国法院思想宣传工作先进单位;区司法局被评为2002~2004年度全市司法行政机关先进集体;区委610办公室获全市处置邪教工作教育转化先进集体。

【获省社会治安安全区称号】 2004年,区政法委、区综治办围绕建设平安秦淮、创建最安全地区活动总体目标,加强组织领导,健全工作机制,加大保障力度,整合各方力量,深入推进创建活动,有效维护社会稳定,保障和促进经济建设和各项社会事业的发展。12月,经省创建工作检查组考核,继2003年秦淮区再次获省社会治安安全区称号。

【建成视频监控系统】 2004年,采取区街两级财政拨一点,公安分局、派出所出一点,开发企业、受益单位赞助一点,区机关"结对创安"党支部支援一点"四个一点"的办法,筹措资金,在全区7个派出所全面建成视频监控系统,初步形成全方位、高标准、广覆盖的科技创安网络。

区视频监控系统,采用较先进设施设备,信号稳定,图像清晰,既有夫子庙核心景区监控,又有城郊结合部监控。既有街面监控,乂有居民住宅区、企事业单位、重点场所监控,为有效提高治安防范准确打击率奠定基础。

【建立"大调解"工作机制】 2月20日,区社会矛盾纠纷调处服务中心成立,区长徐耀新和市政法委副书记徐福华为调处中心揭牌,标志着全面构建区委、区政府统一领导,综治委组织协调,司法局具体负责,职能部门各司其职,全社会共同参与,两个中心、三级组织、四级网络大调解格局,形成以区调解领导小组为统领、以街道调解中心为主导、以社区(村)调委会为基础,上下贯通、左右衔接的工作机制。

【推行城区治安防范责任制】 2004年,区综治办全面推行城区治安防范责任承包制。全区划分为27个巡区,每个巡区成立1个保安组,由巡区保安组组长牵头与所属派出所签订责任书,以巡区控制发案率、"两创"(无刑事案件社区、平安社区)成效、抓获嫌疑人数等为主要指标,实行风险金制度,严格考核。实行这种办法,刑事案件发案率逐月下降,至12月,全区刑事案件发案率同比下降11.5%。

【加强流动人口管理工作】 2004年,区公安分局加强流动人口管理,在思想认识上变"外来人口"为"自家人口";在工作手段上变单向管理型为服务主导型。建章立制,出台工作指南、内部管理、任务量化指标等制度,以制度促管理,以管理促服务,以服务促提高。建立健全区、街、社区3级流动人口管理网络,依托街道流动人口管理站和社区流动人口服务站,将102名专职协管员和231名兼职协管员安排到街道、社区,充实基层力量。流动人口"一袋式"管理经验在全市作专题介绍,乔虹苑社区流动人口服务管理模式在全市推广,流动人口管理工作进入全市先进行列。

【吸收低保人员参与社会治安工作】 2004年,区综治办联合区公安分局、民政局,调查摸底在就业年龄段内有劳动能力尚未就业、享受城市居民最低生活保障的居民,以社区为单位,将1533名符合条件低保人员统一编入社区治安志愿者队伍,合理安排工作,协助公安机关和社区保安开展护院看家、治安巡逻,维护社会治安,进一步发展壮大群防群治队伍。

【开展校园周边环境整治】 5~6月,区综治委组织公安、教育、文化、工商、市容、卫生等职能部门,采取白天集中整治和夜晚突击检查的方式,对全区校园及周边地区进行多次拉网式联合执法行动。检查校园周边近40家网吧、2家游戏机室、5家书屋、8家音像制品商店和摊点，取缔2家黑网吧，暂扣网吧网管主机1台、上网主机168台，收缴玩具类凶器2把，盗版碟片20余张，并对过期食品和“三无”饮料进行收缴，对部分违规经营的网吧业主进行批评教育并责令到主管部门接受处理。（温秀芬）

·党校工作·

【概况】 2004年，干部培训工作取得新进展。理论培训与时俱进，制作“秦淮区网上干部学校”内容，在线培训工作按计划进行。送理论下基层工作不断深入。全年为秦虹街道、中华门街道、夫子庙街道、第二十七中学等单位开设理论专题讲座13场，听课740人。

教学工作取得较好成效。函授学历教育有新发展。全年完成函授招生451名，保持市党校系统招生人数最多、在校生最多的好成绩。上半年和下半年先后以科学发展观和“两个率先”为主题，在1200名函授学员中开展形势教育。适应社区建设需要，新开设大专社区管理专业。社会办学保持稳定。全年共举办职称计算机、初中级电脑、职称公共课、职称英语和会计职称培训13期，参训700人。中专学历教育保持稳定，录取新生76人。

学校整体工作跨上新台阶。围绕全区重点调研课题，展开调研工作，全校完成10篇调研文章，1篇获江苏省干部计算机教育研究会2004年学术研讨会优秀论文奖。信息工作10月份提前完成。党支部建设、结队共建和民心工程有序进行。按照区级机关工委统一部署，组织党员学习《中华人民共和国行政许可法》有关内容，观看《中国共产党党内监督条例(试行)》、《中国共产党纪律处分条例》录像片，部分党员还参与区纪委组织的征文比赛。（杨 娟）

【联办保持党员先进性轮训班】 4~6月，区委组织部联合党校在全区机关、教育卫生、工商企业、街道社区4个层面、12个班次对党员进行实践“三个代表”重要思想，保持党的先进性和保持党员先进性，充分发挥党员的先锋模范作用的专题培训，取得良好效果。“保持党员先进性，充分发挥党员的先锋模范作用”教案获省委宣传部首届优秀党课教案评比一等奖。（张殿林 杨 娟）

【创新上岗领导干部考核形式】 4月1~24日，区党校在新上岗副职领导干部培训班中以论文答辩形式代替传统的集中笔试，促进理论与实践结合。通过新考核形式使参加培训干部进一步加深对马克思主义理论的认识，提高理性思维能力、分析问题和解决问题能力。找到自身差距，增强责任感和紧迫感。此次培训班53名新上岗区管副职领导干部参加。（杨 娟）

【举办公务员《行政许可法》培训班】 6月15~21日，区党校与区委组织部、区人事局、区法制办联合举办《中华人民共和国行政许可法》培训班，帮助机关干部特别是执法部门干部进一步了解《中华人民共和国行政许可法》内容，增强依法行政自觉性。培训共分5期，全区856名公务员及参照公务员管理人员参加。（丁大林 杨 娟）

【完成区干部网络学校教学软件制作】 2004年，区党校完成《汉语语言文字基本知识读本》、《马克思列宁主义基本问题》、《社会主义法制理论读本》3门课内容网页制作，8月完成网校第一学期区管干部组织考试及试卷批改等工作。下半年制作《中共中央关于加强党的执政能力建设的决定》网页，供全区干部学习使用。

【举办公务员英语培训班】 2004年，区人事局、区党校进一步加大公务员英语培训力度。全年举办两期干部英语培训。全区30个单位279名人员，分5个班参加培训。6月份组织参训学员209人考试，其中205人取得南京市公务员英语合格证书，其余74人2005年参加考试。 （杨 娟）

·老干部工作·

【概况】 2004年，区老干部工作认真贯彻中央、省、市有关指示，把落实老干部政治、生活两项待遇放在重要位置，进一步强化老干部工作领导责任。把老干部工作纳入基层党建工作目标，制定印发《老干部工作考核细则》，规范工作标准、量化工作内容。3月下旬举办老干部工作培训班，全区28名分管老干部工作领导和专干参加培训。7月，召开老干部工作研讨会，全年安排分管老干部工作的领导和干部业务学习4次。

加强老干部党支部建设，按照区委统一部署和要求，制定全区老干部政治学习计划，组织老干部学习党的十六大和十六届三中、四中全会精神、《关于加强党的执政能力建设的决定》及总书记胡锦涛视察江苏、南京时重要讲话。邀请南京军区政治学院等高校教授授课，全区离、退休老干部约150人出席报告会。区委组织部向机关离退休老同志赠送《世纪风采》一书。定期走访慰问老干部。落实老干部有关待遇。年初，调整全区离休老干部交通补助费和部分离休干部新增的生活待遇；4月向全区47名易地老干部原单位发出易地老干部情况调查表和一封信，促进易地老干部有关待遇落实；为全区230名老干部换发新乘车证。为10余名离、退休老干部办理和补办南京地区老干部优待证，为3名老干部办理市老干部活动室活动证；重新核对全区247名老干部优待证；并进入网络管理。老干部活动中心增设保健室、图书站、医疗服务站等，为老干部提供门诊开药方、取药、理发、保健、借阅等多项服务。

组织建国55周年庆祝活动。开展“我为共和国增辉”征文，老干部口述、执笔、撰写近20篇文章，其中有6篇被市老干部局出版的《丹心映山河》收编。老干部合唱团坚持每周排练，在参加全市老干部庆祝建国55周年文艺演出中，区老干部自己创作诗歌，自己参与演出，获得市局颁发的优秀表演奖、优秀节目奖、优秀组织奖3个奖项。

开展适合老同志特点的活动。春节期间，为区机关部分老干部发放灯会票，组织观看大型诗词朗诵会等。组织200人次到扬州、汤山等地观光游览。到新建的体育中心开展棋牌、沙弧球和飞标比赛。老人节前后组织开展大型游艺、观看延安精神展、保健讲座等10项活动，参与率85%以上。全年用于老干部活动经费21万元。

认真研究和解决老干部工作中出现的“两高期”（高年龄、高发病）新情况。先后30余次协调相关部门，解决老干部实际问题。积极探索老干部社区服务领域。上半年，全区5个街道确定10个为老干部服务的试点社区。加强新形势下老干部工作调研。组织老干部工作研讨会3场，形成调研论文9篇，其中老干部局撰写“以科学发展观为指导，积极探索为老干部服务的新思路”获市局三等奖，红花街道工委撰写“依托社区优势，做好为老干部服务工作”获市局优秀论文奖。

【丰富老干部政治文化生活】 9月，区老干部局以纪念建国55周年和老人节为主题，开展多种形式的系列活动，在落实政治待遇上，先后召开老干部情况通报会和座谈会，让老同志及时了解区委、区政府贯彻落实科学发展观、加快“两个率先”进程的工作思路及面临的主要任务，广泛征求老干部对社会经济发展意见和建议；在文化娱乐上，推出多种健康向上的系列活动。先后组织90名老干部赴扬州一日游，举办老干部书画展,纪念建国55周年老干部征文及参加全市老干部文艺汇演,并在老人节期间举办9项游艺活动,把老有所乐落到实处。

【改善老干部医疗保健服务】 2004年,区卫生局、区老干部局完善离休老干部3级医疗服务网络。建立以区医疗办为龙头,定点医院为依托,街道社区为配合的医疗保健格局。发挥社区服务功能、资源优势,利用街道、社区设立医疗点,满足老干部就近看病拿药,及时掌握老干部健康状况。定期为老干部进行体检,开设医疗室和保健室,每周由秦淮医院派一名副院长在老干部局坐诊半天,为老干部提供诊疗、量血压和送药服务。投入1万元购置两套按摩等设备,成立老干部保健兴趣小组,做到每周有活动。定期举办保健知识讲座,宣传科学养生之道,根据季节特点,向老同志介绍老年人常见病预防和急救知识,设立医疗保健咨询台。由秦淮医院派出医生,及时为老干部提供疾病防治、用药和保健知识咨询,并在保健器械运动上为老干部做好指导。 (章炉胜)

·关心下一代工作·

【概况】 2004年,区关心下一代协会进一步加强科技知识教育,不断提高未成年人科学文化知识。区各级关工委建立以驻区大厂、部队、区少年宫等为依托,社区为平台的科技教育和实践基地。5月,科普周活动期间,夫子庙等5个街道分别举行关心健康,珍爱生命为主题的科普文艺演出,科普消防知识巡回展,安全进社区广场活动,第三届科技活动节,参观科普图片展、科普园等,请老专家为青少年讲畅想科学的明天。参加省、市科技创新大赛取得较好成绩。正学路小学抗破坏性管道获省、市创新大赛创新方案一等奖,双塘小学在第四届宋庆龄少儿发明赛中获优秀奖。在市海模比赛中,区获优秀组织奖,小学组团体第二名,第四十二中学苏毅恒同学获省海模个人第一名,在全国比赛中获第四名。全年支持中小学科技课外活动资金共28780元。

进一步加强法制教育,不断提高未成年人的法律意识和法制观念。建立省少管所、大连山劳教所、区看守所、消防大队、社区法制学校等法制教育基地,请进来走出去对青少年进行法制安全教育和警示教育。在全区开展第十二个法制宣传月活动。4月27日在夫子庙举办大型法律咨询和法律服务日活动。5月13日召开秦淮区中小学法制副校长工作总结表彰大会,表彰9名优秀法制副校长。区检察院8名法制副校长还与共建学校设立学生进步奖。建立和利用法制教育基地,区检察院与南京理工大学社会工作系在小西湖建立诚爱青少年成长基地。利用消防大队教育阵地,对学生进行消防安全教育。区司法局与雨花村社区联合举办法在我身边暑期法制教育和法律知识竞赛活动。公安分局组织5所中小学25名学生参观分局110指挥所。区法院组织5所中学60名学生观看庭审过程。充分发挥老干部、老战士、老专家、老教师、老劳模作用。整合社区资源,扩大“五老”队伍,充分发挥“五老”作用,全区有离退休老同志41112人,参与关心下一代工作老同志5583人,占13%。加大帮困助学力度,帮困159名,筹措发放资金5万元。

【为未成年人办6件实事】 2004年,关工委主任办公会议研究确定全年为未成年人办好6件实事:利用寒暑假和节假日,组织2万名青少年参观爱国主义教育基地和文博场馆,开展思想道德主题宣传教育活动;配合区教育局开展中小学课外科技活动,对开展活动有困难的10所中小学给予2万元资助,配合区有关部门,加强青少年校外活动场所建设;继续支持特困学生夏令营活动,对20名特困生资助3000元;继续做好帮困助学工作,年内帮困助学150名,捐资4.5万元;继续关心和支持集体幼儿园建设,年内捐资

9000元,帮助5所困难幼儿园;配合各街道开展创建"六好"社区(村)关工委活动,年内创11个"六好"社区(村)关工委。 (宋金贵)

·机关工委工作·

【概况】 2004年,组织党员干部开展两个《条例》、胡锦涛在纪念邓小平诞辰100周年大会上的讲话以及十六届四中全会精神等内容的学习。4~6月,组织508名在职党员分4期开展保持党员先进性教育活动为主要内容的轮训。

加强组织建设。全年调整充实8个党(总)支部领导班子,调整党(总)支部书记6人,党(总)支部委员23人。3月17~19日举办党务干部培训班,对所属党(总)支部书记进行为期3天集中培训。全年新发展党员18名。参加区"清廉杯"纪念人民代表大会制度建立50周年、中国共产党党内法规暨《南京市预防职务犯罪条例》知识竞赛,获二等奖和优秀组织奖。落实党风廉政建设责任制,4月,组织党员干部集中观看系列警示电教片及开展座谈讨论活动,6月,举办学习贯彻两个条例征文活动。按区委要求,严格程序,选举产生30名出席区第九次党代表大会代表。

推进作风建设。"七一"召开表彰大会,授予区委办等9个部门学习型机关先进集体称号、陈琳等19名同志学习型干部先进个人称号、计经局等12个党(总)支部先进党(总)支部称号、苏斌等25人优秀共产党员称号、蔡瑶等13人优秀党务工作者称号。区机关各部门接待来访群众近6000人次。48个机关部门办实事207件。

做好三大节福利发放工作,开办月末小超市。为机关干部办理幸福快车信用保险。举办健康、服饰讲座,组织50多名机关干部外出健康疗养。坚持党建带工建,工建促党建,抓好基层工会组织建设。配合机关妇联开展巾帼建功、巾帼示范岗及创建青年文明号、注册志愿者等活动。各党支部向帮扶对象捐助慰问金12万元、慰问品价值3万元。春节和"七一"前夕向机关困难党员发放慰问金1.1万元。

【召开机关作风建设现场观摩会】 4月29日,在区地税分局召开机关作风建设现场观摩会。区委书记杨福明,常务副区长曹路宝,市地税局纪检组长左明等领导及全区55个部门、系统、街道负责人参加会议。会上下发"2004年秦淮区机关作风建设意见"、"区级机关各部门《办实事项目汇编》",总结推广地税、公安等5个执法部门作风建设经验,组织全体与会人员参观地税征收大厅。杨福明要求各单位认真贯彻区机关作风建设暨表彰动员大会精神,查找自身不足,切实提高作风建设水平,为实现全区争先进位,加快发展提供强有力服务和保障。

举行区级机关物价杯篮球比赛

【开展迎十运健身年系列活动】 3~11月,与体育局联合举办迎十运、健身年系列活动。组织乒乓球、射击、篮球、保龄球、中国象棋、游泳、自行车慢骑、田径8个大项25个小项目比赛,有680人次参加。地税分局、夫子庙·秦淮风光带管理办公室、法院、纪委、检察院、环保局获得团体总分前六名。 (赵 婷)

·保密工作·

【概况】 2004年,区委保密委和区保密局严格执行《2004年全市保密管理工作基本要求》,加强组织领导,落实保密工作责任制。调整区委保密委成员,指导各部门、单位调整保密工作领导小组,明确保密工作责任人。健全保密工作机制,召开保密工作会议,每季度召开一次联系小组组长会议,交流工作情况,落实工作任务。

加强宣传教育,增强保密法制意识。落实“四五”保密法制宣传教育工作规划,以领导干部和重点涉密人员为重点,加大保密宣传教育力度。以会代训、组织观看计算机信息安全以及泄密案例等保密教育录像片、举办保密法制宣传咨询活动。

加强依法管理,做好保密基础工作。完善保密工作台账,就组织设置、保密工作制度等12个方面作统一要求。继续做好定密及密级调整工作,加强保密要害部门和涉密岗位人员管理。加强保密技术检查。完善上网信息审查管理制度,确保上网信息不涉密,涉密信息不上网。

加强督促检查,确保保密各项工作落实。加强国家秘密载体的保密管理,开展以落实规范秘密载体管理为主要内容的专项检查。严格遵守国家《新闻出版保密规定》,落实宣传报道保密责任人。认真执行《对外科技交流保密提醒制度》,抓好国家科技秘密事项的申报、管理和服务工作。加大计算机网络安全检查力度,落实计算机信息网络保密管理责任制。

(薛　锋)

·信访工作·

【概况】 2004年,信访局以维护社会稳定,促进经济快速全面发展为重点,加大办信接访工作力度,加大重要信访案件查办力度。全年受理群众来信来访2720(件)人次,信访总量同比减少40.96%,其中来信244件,来访2476人次;集体上访108批1237人次,批数和人次同比分别减少16.92%和59.92%。区党政领导共接待群众34批135人次,推动重大疑难信访问题的解决。集中处理信访疑难问题及群体性事件34件(其中省交办1件、市交办4件)。上报重要信访摘报33篇,报区信访信息26篇,报市信访信息14篇。全区各基层单位,街道、职能部门共受理来信来访12594件人次,其中来信1428件,来访11166人次,化解矛盾1211起,为民办实事680件,解决实际问题563件。

【街道和社区推行“三会一制”】 2004年,全区5个街道及社区推行“三会一制”:街道为信访工作联席会、会办协调会、信访听证会、信访代理制;社区为分析排查会、群众评议会、矛盾调解会、信访代理制。红花街道通过此项制度实施,有效控制群众上访,越级上访同比减少42%。秦虹街道实行“三会一制”以来,信访秩序明显好转。

【深入现场化解矛盾】 2004年,信访工作人员深入现场180天次,与有关部门妥善解决因土地征收、拆迁补偿、施工造成群众家里房屋开裂问题引发的群众围堵施工现场矛盾;对残疾车主围堵政府机关和执法部门等问题,做到耐心劝说,讲政策、讲道理,会同街道和有关部门较好地解决生活困难;积极配合有关部门,做好老城环境整治和拆除违法搭建等工作。做到信访苗头早发现、早预防、早处理,把矛盾化解在萌芽状态,把上访群众稳定在当地。

(余　峻　黄炳一　丁连成)

秦淮区人大常委会

【区第十五届人大第二次会议】 1月4～8日,在区机关礼堂举行,听取和审议区长徐耀新作的《秦淮区人民政府工作报告》,听取和审议区人大主任时呈忠作的《秦淮区第十五届人民代表大会常务委员会工作报告》,听取和审查、批准区财政局局长孙晓玲受区政府委托作的《关于2003年财政预算执行情况和2004年财政预算草案的报告》,审查并批准区发展计划与经济局局长苑春勇受区政府委托向大会书面作的《关于2003年国民经济和社会发展计划执行情况及2004年目标草案的报告》,听取和审议区法院院长王忠义作的《秦淮区人民法院工作报告》和区检察院检察长任兆清作的《秦淮区人民检察院工作报告》。

会议通过投票选举,许顺和当选为区第十五届人大常委会副主任。会议通过《南京市秦淮区第十五届人民代表大会第二次会议关于秦淮区人民政府工作报告的决议》等6项决议。

会议期间收到代表建议、批评和意见119件(其中10人以上联合提名9件议案全部转为建议)。内容涉及市有关部门19件,区有关部门100件,其中经济建设方面5件,城市建设方面25件,城市管理方面39件,社会事业方面28件,其他方面3件。

【区第十五届人大常委会会议】 2004年,区第十五届人大常委会会议召开7次,听取和审议"一府两院"工作汇报25项,作出决定9项,依法任免国家机关工作人员130人次。

第九次会议于2月26日在区机关601会议室召开。听取区计经局局长苑春勇受区政府委托作的关于禽流感防治工作情况汇报;讨论通过区人大常委会2004年度主要议题和工作安排;审议、通过《关于组织人大代表评议区审计局和区环境保护局的决定》;讨论通过区人大常委会有关工作制度。

第十次会议于4月30日在区机关601会议室召开。听取和审议区政府关于2003年区级财政预算执行情况和其他财政收支情况审计工作报告;审查批准2003年区财政决算;听取和审议区公安分局关于贯彻执行《中华人民共和国治安管理处罚条例》情况汇报;审议通过区法院院长王忠义提请有关人员任职事项;讨论通过区人大常委会有关制度。

第十一次会议于6月30日在区机关601会议室召开。听取和审议区政府关于特色经济片区发展情况汇报;听取和审议区对外经济贸易合作局对人大代表评议意见落实整改情况汇报。

第十二次会议于8月31日,在区机关601会议室召开。听取和审议区政府关于2004年上半年工作情况(国民经济和社会发展计划及财政预算执行情况)汇报;听取和审议区检察院关于贯彻执行未成年人保护法情况汇报;听取和审议区政府关于高中教育情况汇报;审议通过区人大常委会提请的有关人事任免事项。

第十三次会议于10月27日在区机关601会议室召开。听取和审议赵永兰、周迅、何享宝、徐泽霖等述职报告;听取和审议区人民政府关于市城市房屋拆迁管理办法实施情况汇报;审议通过区人大常委会提请的有关人事任免事项。

第十四次会议于12月7日在区机关601会议室召开。审议通过区人民法院提请的有关人事任免事项;讨论通过关于接受有关代表辞职的决定;讨论通过关于补选区人大代表的决定;审议通过关于召开区第十五届人民代表大会第三次会议的决定;通过关于表彰先进代表组、代表活动积极分子和代表工作先进个人的决定。

第十五次会议于12月24日在区机关601会议室召开。补选区出席市第十三届人民代表大会代表;审议通过区政府提请的有关人事任免事项;讨论通过区第十五届人大三次会议有关事项;讨论区第十五届人大常委会工作报告;听取和审议区政府2004年国民经济和社会发展计划执行情况及2005年目标草案报告、区政府2004年财政预算执行情况及2005年财政预算草案报告;听取和审议区第十五届人大二次会议代表建议办理情况;听取代区长冯亚军关于2005年区政府政情通报。

【区第十五届人大常委会主任会议】 2003年，区第十五届人大常委会主任会议共召开6次，听取审议“一府两院”工作汇报8项。

第七次会议于3月26日在区机关601会议室召开。听取区政府关于贯彻落实《中华人民共和国人口与计划生育法》情况汇报；讨论通过区人大常委会有关制度。

第八次会议于5月26日在区机关601会议室召开。听取区政府关于区财税体制改革情况汇报。

第九次会议于7月26日在区机关601会议室召开。听取区政府关于全区公共卫生体系建设情况汇报；听取区政府关于代表建议、批评、意见办理情况汇报；听取区政府关于全区反腐倡廉情况通报。

第十次会议于9月28日在区机关601会议室召开。听取区法院关于老年审判工作情况的汇报。

第十一次会议于11月23日在区机关601会议室召开。听取区政府关于区经济适用房安置及最低收入家庭住房保障工作情况汇报。

第十二次会议于12月28日在区机关601会议室召开。听取区文明办关于创建文明城区工作情况汇报。 （李强明）

秦淮区纪念人大制度建立50周年

【开展纪念人大制度建立50周年活动】 8～10月，全区开展纪念人民代表大会制度建立50周年系列活动。9月23日，在区机关3楼礼堂，召开全区人大工作暨人民代表大会制度50周年纪念大会，参加会议的有区四套班子领导，区人大常委会全体组成人员，区法院、区检察院领导，区机关各部门党政主要领导、各党（工）委副书记，区人大各工作委员会负责人，以及部分区人大代表，会议进一步强调加强和完善党对人大工作的领导，加强和改进人大工作的途径，并就促进人大工作提出意见。先后开展夫子庙广场大型宣传、宪法知识竞赛、街道和社区宪法主题宣教、区人大代表向选民述职等活动，将优秀论文和代表活动积极分子先进事迹分别编印成册，将开展各项纪念活动情况编印成《系列活动图集》。 （杨海涛）

【召开区人大工作座谈会】 9月14日上午，区人大常委会在区机关601会议室，召开纪念人大制度建立50周年座谈会。区委副书记孔令友、区人大领导时呈忠、许顺和、陆小平、俞家道、刘运平、区人大第十届以来历届老领导李玉山、来正清、程振刚、汤铁山、任益民及区第十四届人大各工作委员会负责人、部分市区人大代表共23人参加会议。与会人员从不同侧面回顾人民代表大会制度建立以来的发展历程，对如何进一步改善人大及其常委会履职环境、提高人大及其常委会履职能力和改进人大及其常委会履职方式等畅所欲言。 （蒋金琳）

【开展人大代表向选民述职活动】 6～12月，各代表组陆续组织区人大代表向选民述职活动。有49名代表参与述职，占代表总数29.5%。代表们对履行职责、参加各项活动、联系选民、反映选民意愿、要求和本职工作岗位上发挥模范带头作用等情况进行述职。选民们结合代表述职发言，对老城改造、社会最低生活保障、小区物业管理等热点难点问题提出有针对性评议意见。代表向选民述职活动,增强代表履行职责意识和执行代表职务自觉性,促进密切与选民联系,扩大选民反映问题渠道,加大解决群众实际问题的民主监督力度。

（马 静）

【编印人大《代表风采录》】 8月,为纪念人大制度建立50周年,区人大办公室着手人大《代表风采录》编印工作。至9月中旬,各代表组整理收集代表组活动照片,撰写上报优秀代表事迹材料,对照片、优秀代表事迹稿件进行筛选、审稿、修改。12月中旬《代表风采录》付印。全书46页,分为代表活动撷影和优秀代表事迹两个部分。撷影部分由61幅照片(均配文字说明)组成,严秀珍、王井宁、张开荣、郝鸣飞、胡连霞、林远铭6名代表优秀事迹入选。

【编印人大《系列活动图集》】 12月,区人大办公室编成人大《系列活动图集》,收集纪念活动照片61幅(配文字说明)。全书34页,分前言、纪念人民代表大会制度建立50周年暨区人大工作会议、人大工作座谈会、人大工作专题理论研讨会、宪法和人民代表大会制度知识竞赛、夫子庙广场宣传活动6个部分。图集为纪念人大制度建立50周年留下珍贵历史资料。

【编印人大理论研讨会论文集】 10月15日,区人大常委会召开人大工作专题理论研讨会,探讨如何在新时期进一步加强和改进基层人大工作。区人大办公室对收到的论文进行编纂。12月中旬《人大工作专题理论研讨会论文集》付印。《人大工作专题理论研讨会论文集》收录领导讲话2篇,理论研究论文15篇6.8万字。

【汇编41项人大工作制度】 2003年初,区人大常委会参照以往有关制度,吸收外单位经验和做法,组织人员着手制度起草工作,年底形成初稿。2004年初审核、校对,先后在区第十五届人大常委会第九次、第十次会议、区人大常委会主任会议、区人大常委会主任办公会议讨论通过。之后几经修改,12月中旬付印。汇编收集41项制度,主要内容有议事规则、列席旁听会议制度、行使决定权工作办法、监督工作制度、代表工作制度、与“一府两院”联系制度、机关及其工作机构工作制度7个部分,计5万字。

（殷 晟）

【评议区审计局和环保局】 7~8月,区人大常委会组织市区44名人大代表分4组评议区审计局、环保局近两年依法行政、履行职责、勤政廉政等方面工作。区人大专门成立评议工作领导小组,组长许顺和,副组长俞家道。评议分准备、实施、总结整改3个阶段。邀请区纪委、区委组织部全程参与,并委托区审计局对区环保局资金使用和管理情况进行专项审计,委托区财政局对区审计局进行财务检查。4个评议小组共组织代表视察、走访28次,召开座谈会10场次,涉及部门、企业137家,人员403人次,查阅台账资料109卷,对区审计局提出5个方面12条评议意见,对区环境保护局提出7个方面14条评议意见。副区长金辉出席评议动员会议和评议大会,对两局做好迎评和整改工作提出明确要求;区长徐耀新听取被评议部门工作

区人大代表评议审计局和环保局工作

汇报。两局认真查找自身不足,做到未评先改,边评边改。区审计局为提高审计工作质量和效率,更新计算机设备,加强审计软件编制工作;区环保局仅用两周时间,落实代表提出有关环境污染整治建议。(杨海涛)

【22条信息被市人大刊物采用】 2003年,区人大成立由办公室主任李筠为组长,办公室全体人员为骨干的信息网络,全年被市人大采用信息22条。主要反映区人大及其常委会依法履行宪法和法律赋予职责,区人大领导了解民情、体察民意、为民办实事,"三个文明"建设新情况、新经验、新措施等。2004年5月,区人大办公室在市人大办公厅(研究室)组织2003年度区县信息工作先进单位评比中,获一等奖,这是历年来获得最高奖项。(蒋金琳)

【完成10件为民实事】 2004年初,区人大确定2004年为民办10件实事:整治长乐路一条街,解决征地农民社保问题,增加社区居委会办公费用,推动解决基层、群众关心的武定新村农贸市场违建问题,帮助解决下码头共建支部6名下岗、待业人员再就业,帮扶4个特困户、4名特困生上学,开展法律咨询和法律培训,开展青少年法制教育,给下码头居委会居民讲解医疗保健知识,组织机关干部在"七一"、"十一"期间,深入基层开展义务劳动。年内,10件实事全部办成。

【开通专用电子信箱】 5月28日,区人大常委会联系人大代表专用电子邮箱 qhqrdb@126.com开通。主要收集代表对区人大常委会工作、全区经济和社会事业发展、民主法制建设方面建议及对与人民群众切身利益密切相关问题的意见和建议等。专用电子邮箱有专人管理、维护,并建立督办反馈制度,保证代表意见、建议得到落实。专用电子信箱开通以后,收到意见和建议16件,督办解决12件,代表满意率100%。(李强明)

秦淮区人民政府

【区政府全体(扩大)会议】 2004年,共召开四次全体(扩大)会议。

1月6日,在区机关801会议室召开第五次全体(扩大)会议。突出城市建设主题,兼顾其他工作。各位副区长就分管工作进行动员部署,区长徐耀新就城建工作提出要求。

4月27日,在区机关801会议室召开第六次全体(扩大)会议,常务副区长曹路宝传达国务院及省市廉政建设工作会议精神,总结工作经验教训,部署下一阶段任务。区长徐耀新作讲话,充分肯定取得的工作成绩,对做好下一阶段工作提出3点要求:要科学分析形势,坚定信心,加快发展;要开拓创新,攻坚克难,解决秦淮发展中遇到的重点和难点问题;要勤政为民,勤奋工作,加强协作,大力提高政府工作水平。

6月24日,在区机关801会议室召开第七次全体(扩大)会议,贯彻落实区委八届全体(扩大)会议精神,总结上半年工作,研究部署下半年任务。区长徐耀新作工作报告,财政局、房产局、夫管办、卫生局、双塘办事处等单位交流发言。区长、副区长、区政府各部门主要领导、各街道办事处主任、各直属单位主要负责人,区委各部门主要负责人,区人大办主任及各工作委员会主任,区政协办主任及专委会主任80人参加会议。

9月24日,在区机关801会议室召开第八次全体(扩大)会议,学习贯彻党的十六届四中全会精神,总结工作,部署下一阶段任务。区长徐耀新动员全区上下进一步振奋精神,奋力拼搏,确保完成全年各项目标任务。会议由副区长赵永兰主持,政府各部门主要负责人参加会议。(束高骏)

【与嘉峪关市结为友好市区】 4月4日,秦淮区与甘肃省嘉峪关市在南京国际会议大酒店签订《缔结友好市区协议书》,双方缔结为友好市区。甘肃省副省长杨志明,嘉峪关市市委书记张开勋、副市长刘伯华,南京市副市长蒋裕德,区委、区人大、区政府、区政协四套班子领导等出席签字仪式。此次缔结友好市区,是贯彻落实党中央西部大开发战略、加强与西部地区合作与交流的重大举措。两地政府及各部门之间将经常交流、沟通,在政治、经济、科技、文化、教育、卫生、旅游、人才、信息等方面开展长期、稳定、全面友好合作,广泛开展招商引资、支持引导企业到对方投资兴业、互派干部到对方挂职锻炼等交流活动。

(薛 锋 徐 勤 汤 昊)

【办理人大代表建议与政协委员提案】 2004年,区十五届人大第二次会议、区政协九届二次会议交由区政府办理的建议、提案共有193件。区政府各部门加强领导,落实责任,明确进度,创新思路,办理建议、提案,找准薄弱环节,解决一批问题,提升整体工作水平。重点解决人大代表、政协委员和人民群众关注文安里小区、弘学路等处路灯建设问题。经过努力,建议、提案全部办结,办成率57.5%,人大代表、政协委员满意和基本满意率99.5%。 (来高骏)

·人事工作·

【概况】 2004年,区人事局围绕富民强区和“两个率先”,在人才资源开发、专业技术人员队伍建设、公务员规范管理、事业单位改革改制、特殊群体稳定服务等方面积极开展工作,以科学发展观和人才观为指导,解放思想,把握机遇,大力实施人才强区战略,全区人事人才工作取得显著成效,被评为省人民满意的公务员集体。

继续开展机关、事业单位工作人员年度考核工作。拓展人才服务工作领域,把人才工作范围扩大到驻区所有民营企业、三资企业、私营企业,竭力提供优质服务。完成军队转业干部安置计划,安置军转干部75名、军官家属迁居南京安置3名,为自主择业军转干部进行体检、增资、医药费报销等项服务工作。积极参与事业单位改革改制,完成城镇开发公司、夫子庙青年商场、翠苑公园等经营性事业单位改制转企人员分流成本测算,提供相关政策宣传、咨询。做好津贴补贴标准规范调整,完成职务工资档次正常晋升,以及新增地方岗位津贴调整兑现。做好事业单位法人登记年检、专业技术人员职称评聘和技术工人考核定级工作。办理7名处级干部任职手续,任免(聘任)科级以下干部74名,为基层单位调配干部12名。

做好机关退休干部管理服务工作。会同区机关退休干部协会,组织迎春团拜、春季旅游、祝寿、电脑摄影、花卉讲座及太极拳培训等活动,参与人员1500人次。开展爱心助老月活动,对体弱多病、生病住院老干部进行上门慰问、探望,对有困难老干部及时给予帮助。

加强部门自身建设。鼓励干部学习成才,争做复合型人才,1人考取北京大学MBA,1人取得本科学历,干部队伍整体素质进一步提高。按照新时期公务员3项技能要求,组织符合条件的机关干部参加外语、计算机应用能力、普通话培训,都取得合格证书。立足部门办公现代化建设,在全市继续领先使用年度绩效考核系统,考核结果更加趋于合理、公正。率先建立机关事业单位工资福利管理数据库,工资福利管理更加科学、方便。自主开发人才交流服务中心人事代理人员管理数据库,人才流动管理更加简便、高效。

【完成机关事业单位年度考核】 2004年,区委组织部、区人事局继续考核区行政机关事业单位工作人员。行政机关参加年度考核688人,确定优秀等次80人,称职(合格)等次602人,按政策规定参加考核不定等次6人。参照管理机关参加年度考核334人,确定优秀等次44人(含工人1人),称职(合格)等次290人。区行政机关和参照管理机关的优秀等次人员比例为参加年度考核人数的12%。事业单位参加年度考核4378人,确定优秀等次463人,合格等次3835人,基本合格等次5人,按政策规定参加考核不定等次75人。优秀等次人员比例为参加年度考核人数的11%。在考核中更新完善绩效考核系统,增加领导测评权重,实行民主测评、领导加权、电脑排位、综合平衡等考核方法,考核结果更加趋于合理公正。

(丁大林)

【515名干部取得普通话合格证书】 3~6月,区人事局根据国家、省、市"十五"干部教育培训规划,在区教师进修学校举办3期普通话培训,通过测试,1956年1月1日以后出生的515名公务人员和参照管理机关工作人员取得三级甲等以上合格证书。其中二级甲等36人,二级乙等195人,三级甲等284人。进一步树立语言规范意识,正确使用祖国语言文字,为现代化建设营造良好语言环境。

(丁大林 朱铭华)

【完成事业单位法人登记年检】 2004年,区人事局对全区符合事业单位法人登记条件的93家单位进行年检,年检合格率99%。完成市营养学校等11项法人注销、区卫生监督所等26项法人变更、第一中心小学等4项法人补发证书、区白鹭州体育场等5项法人重新登记设立工作。进行事业单位法人登记管理数据库输入,建立事业单位登记管理档案。

【安置75名军队转业干部】 10月,区委组织部、区人事局按照上级有关妥善安置军队转业干部要求,广泛征求机关部门和街道意见,根据安置有关政策、军转干部特长、部门对人才需求等具体情况,安置营职以下及技术级军转干部75名,11月军转干部陆续报到上岗。12月10日,对报到军转干部进行为期一个多月适应性和专业性培训。同时做好18名自主择业军转干部体检、增资、医药费报销等项服务工作。

【完成职务工资正常晋升和津贴调整】 2004年,完成2003年度机关事业单位5000多人两年一次正常晋升职务工资档次(离退休人员增加离退休生活费),考核达龄晋升级别工资、职岗津贴工作。完成机关人员部分津贴补贴标准的规范调整,部分机关人员地方岗位津贴、离退休干部生活补贴的调整。完成机关工作人员新增地方岗位津贴设立兑现工作。

【完成职称评聘和工人考工定级】 2004年,区人事局组织全区经济职称考试、卫生技术资格考试、职称外语考试报名工作。办理教育、会计、工程等职称初聘。开展机关、事业单位在岗技术工人等级晋升考核申报工作,35名技术工人获得初、中、高等级合格证书。完成327名初、中、高级职称专业技术人员继续教育公共课培训,192名教育、卫生等系统拟晋升专业技术职务人员通过继续教育公共课、专业课培训学时的审验。

【完成机构调整工作】 1月,经区编委同意,夫子庙地区管理办公室增设规划管理科。5月,根据区委常委会议纪要(2004年第6期)精神,区委统战部增设秘书科。6月,根据宁编办字〔2004〕21号文件,夫子庙地区管理办公室更名为夫子庙·秦淮风光带管理办公室,其管理区域和管理职能同时作相应调整。7月,根据区旅游局《关于"南京市秦淮区萃苑公园管理处"更名的请示》(宁秦旅〔2004〕4号),将南京市秦淮区萃苑公园管理处更名为南京市夫子庙萃苑公园管理处。8月,经区编委同意,成立南京市夫子庙·秦淮风光带管理所。为集体事业性质，相当于正科级，隶属夫子庙·秦淮风光带管理办公室领导，经费来源自收自支，人员编制30名，设所长1名，副所长2名。12月，根据市编委有关文件精神，区残联单设为正处级机构，核定专项事业编制3名。根据市编委宁编字〔2004〕37号文件精神，成立区市政设施综合养护管理所，为全民事业性质，隶属区建设局领导。全额拨款事业编制30名（含“区绿委办”编制2名），领导职数1正3副。所需人员优先在区市政工程管理所、园林绿化管理所、环境卫生管理所原有人员中通过竞争上岗，择优录用。

（丁大林）

·法制工作·

【概况】 2004年，区法制工作以政府和部门提供高效的法律服务为中心，以贯彻落实行政许可法为重点，以行政复议案件审理为基础，以行政执法人员和法制工作人员队伍建设为关键，以加强立法调研为突破，顺利完成年度法制工作任务。区法制办被授予秦淮区治理“三小车”先进单位称号，1人被市政府法制办评为全市政府法制工作先进个人，行政许可法贯彻实施工作得到市联合检查组充分肯定，并在全市行政许可法研讨会上作经验交流。

【进行行政许可项目清理】 2004年，区法制办审核区政府、政府办制发的41件规范性文件，经甄别，《夫子庙地区车辆停放管理办法》涉及行政许可，立即予以废止。对照第二轮行政审批改革结果和上级政府公布的最新许可事项目录，对部门上报的许可事项进行严格审查，最终确定区级行政许可实施主体18个、行政许可项目52项，在全区公布。

【办理行政复议案7件】 2004年，区法制办从加强基础工作入手，以案件办理为主线，继续推行行政复议人员持证上岗制、逐级报批制和集体合议制度，探索复议案件协调机制，加强人员配备、业务培训和软硬件建设，做好网上受理平台维护工作。全年代理区政府应诉案件1件，办理行政复议案件7件，比上年度增长130%，其中依法受理4件，不予受理3件，办结率100%，全面完成全年行政复议任务。

【规范行政强制拆迁程序】 5月，区政府制定《秦淮区行政强制拆迁操作办法》，明确行政强拆启动程序。强拆前依法送达区政府强拆通告；强拆时在现场进行执法监督，督促责任部门依照法定程序实施强拆；强拆后召集相关部门和开发公司负责人专题研讨，举一反三。由于政策把关严，拆迁预案考虑充分，2004年全区制作送达行政强拆《通告》11份，涉及被拆迁居民42户，依法协调行政强拆2起，未发生行政诉讼案件。

【加强行政执法监督】 6月初，区法制办牵头，联合区物价局、监察局、编办、财政局等部门，对全区各部门和单位贯彻实施行政许可法情况进行专项检查，在部门自查基础上，选择许可事项较多、与群众生活关系较为密切的区建设局等4个部门进行抽查，并当场反馈检查意见和建议。11月，区法制办联合区纪委监察局，对全区各执法部门和单位贯彻落实行政执法责任制和依法行政情况进行执法检查，将检查结果通报全区。年底，根据省市统一部署，区法制办全面调查全区执法队伍，将392名执法人员详细资料逐一登记，完成2005年执法证新证下发、注册和旧证回收工作，确保各部门执法工作顺利衔接。

【推进夫子庙地区管理工作立法】 3月，区法制办为配合市政府对《夫子庙地区管理规定》的修改，经过广泛调研，依法上报对规章修改的法律建议。规章修改后，取消涉及地区管理的8项许可事项，为确保夫子庙地区管理工作不受影响，区法制办会同夫子庙地区管理机构经过严格论证,及时将许可事项转变为内部工作程序。为寻求依法管理夫子庙地区新的法律支撑,区法制办草拟上报《夫子庙·秦淮风光带风景名胜区管理条例(草案)》和《夫子庙·秦淮风光带风景名胜区管理办法(草案)》,争取列入市人大和市政府2005年的立法计划。

【审批规范性文件7件】 7月,区政府制定《秦淮区规范性文件备案审查规定》和《秦淮区重大行政处罚决定备案暂行办法》,对内容涉及行政许可、行政收费、行政处罚的规范性文件进行事前审查,对执法部门作出吊销许可证等重大行政处罚决定进行事后备案。为规范违法建筑的依法查处,制定《秦淮区违法建筑查处暂行办法》。为保障拆迁工作顺利推进,出台《秦淮区行政强制拆迁操作办法》等。全年审核、制定规范性文件7件,有效规范政府部门行政行为。 (秦月红)

·体制改革·

【概况】 2004年,根据区委八届十一次全体(扩大)会议提出的加快企事业单位改革步伐目标任务,全区经济体制改革工作在取得阶段性成果基础上,将工作重点向经营性事业单位和城建开发部门转移,先后完成夫子庙青年商场及商场管理处、虹园清真食品厂、新宁装潢卷门厂、建筑设计室、区燃料公司及新兴商厦等15家企事业单位改制任务,全区企事业单位改革改制工作呈现良好态势。 (石克明)

【区城镇建设综合开发总公司完成改制】 10月13日,区城镇开发总公司以7100万元净资产通过市产权交易中心公开挂牌上市,以8100万元的竞价转让给南京国展房地产开发有限公司。之后,由区政府分管区长、各相关部门领导和公司经理以及南京国展房地产有限公司负责人共同组建管委会,就新企业组建、公司章程、工商税务证照变更、职工分流安置等事项进行磋商解决。 (石克明 赵艳民)

【商业企业改制率达96%】 2004年,商贸局党政班子克服改制成本短缺、债权债务复杂等困难,在各相关部门紧密配合下,想方设法,采取由已改制企业整体收购、延长公有房屋租金进行补偿等多种形式,完成区燃料公司、新兴商厦、六凤居大酒店、桃叶渡旅社等企业的改制任务,使商业企业改制率达96%。(石克明)

政协秦淮区委员会

【区政协九届二次会议】 1月3~6日在区机关三楼会议室举行。会议听取、审议并同意区政协主席丁长森代表常委会作的工作报告及副主席张来发作的关于提案工作情况报告。通过区政协九届二次会议《决议》。全体委员列席区人大十届二次会议,听取、讨论并赞同区长徐耀新作的《政府工作报告》和其他报告。会议期间,有10篇材料作为口头或书面发言,从不同角度,围绕全区经济建设和社会事业发展热点、难点问题,积极建言献策。大会征集到委员提案127件,经提案委员会审查立案97件。

【区政协常委会议】 3月19日,在区机关501会议室举行第六次会议。会议传达全国政协十届二次会议精神,审议通过区政协2004年度主席会议、常委会议议题及重要活动安排、各专委会调研和视察计划及有关人事安排;听取提案立案审查情况及《区政协民主评议区法院民事审判工作方案》通报;听取并讨论区政府副区长高洪关于全区城市建设情况通报。

7月23日,在区机关501会议室举行第七次会议。听取全区上半年经济社会发展情况及下半年工作意见通报;听取全区上半年精神文明建设情况和下半年工作意见通报。讨论通过

《关于实施"品牌强区"工作思路的建议案》,协商通过有关人事任免事项。

10月28日,在区机关501会议室举行第八次会议。视察大明路汽车街和纬七路西部市场群建设发展情况,听取并讨论区政府通报相关情况。

12月20日,在区机关501会议室举行第九次会议。协商讨论区2004年国民经济和社会发展计划执行情况及2005年奋斗目标(草案);讨论区政协九届三次会议常委会工作报告及提案工作报告(讨论稿);讨论通过区政协优秀专委会主任、优秀委员、优秀提案、优秀信息员名单;协商区政协九届三次会议议程、日程(草案);协商通过部分委员调整名单;听取区政协九届三次会议筹备情况汇报;讨论通过《关于政协委员参加政协会议、活动的请假规定》。

【民主评议部门专项工作】 2004年,区政协把对部门评议改为评议部门专项工作。召开务虚会、主席约谈会和主席办公会,广泛听取意见,协商确定区法院民事审判工作作为评议对象。成立民主评议工作领导和调研小组,制定评议工作方案。采取学、听、谈、看、查、访等办法,集中学习相关民事审判工作的法律知识。3~7月,先后召开8次座谈会,旁听典型民事案件庭审全过程,走访各街道、有关社区、律师事务所、案例当事人和市法院,发放问卷调查表,听取不同层面意见和建议。对区法院民事审判工作、审判作风、队伍建设等4个方面提出具体意见和建议。区法院制定整改方案,落实整改措施,促进审判工作的公正并提高效率。

区政协民主评议法院民事审判工作会议

【加大督办提案工作力度】 2004年,区政协努力提高提案质量,加大提案办理力度,注重提案办理实效。举办学习培训活动,发放提案撰写提纲,提高委员撰写提案的方向性和针对性。改变以往在全会期间立案做法,把立案工作放在会后进行,使收集、归类、整理和确定承办部门的时间更充分,保证立案准确性和可操作性。坚持政协领导领衔督办、提案委协调、各专委会上门协办制度。尝试全会现场办理提案的做法,由分管区长、分管主席联合督办和区政协提案委、政府办联席会办等方式,坚持承办单位"一把手"负责制,严格程序,责任到人。

至年底,提案全部办结,问题得到解决或基本解决的47件,占总数31%。因条件限制暂不能解决,给予解释的20件,占总数20.6%。根据委员反馈意见,对提案办理表示满意的74件,占总数76.3%。

【调研信息刊载文章104篇】 2004年,围绕品牌强区调研,经第七次常委会议讨论通过"关于实施品牌强区工作思路的调研与思考"建议案,区政府专门复函采纳。组织委员座谈、视察开展调研,形成《关于加快我区改革改制步伐的建议案》等调研成果;九届三次会议上,各民主党派、各专委会和委员们积极撰写"关于加快中华门景区开发建设构想"等33篇发言材料,并汇编成册。

在夫子庙街道莲子营社区建立政协委员了解社情民意联系点,坚持周三接待群众来访,对反映的问题给予认真答复。反映社情民意把握重点,贴近社会热点、难点。如"关于改善洪家园地区居民生活环境的建议",区政府积极争取市里将此建议列入2005年城建项目。全年,编发《秦淮社情民意》21 期,区委、区政府领导对 12 期作 13 人次批示,向区委、区政府报送信息 50 多条,其中有 4 条被市委办公厅和省、市政协采用。区政协被市政协评为 2003 ~ 2004 年度信息工作先进集体。

【专委会活动丰富多彩】 2004 年,区政协各专委会充分发挥专业优势,围绕区政协重点工作,从不同角度展开调研活动。学习文史委邀请 10 位专家学者,收集整理有关文献资料,组织编印《十里秦淮烟水间》一书和参与市政协出版的《百里秦淮话沧桑》一书编撰工作。提案法制委员会就进一步加强未成年人思想教育问题,深入社区、单位、部门进行专题协商活动。经济科技委员会针对禽流感疫情,及时走访街道、有关社区,视察农贸市场,迅速形成书面建议报送区委、区政府,得到采纳。城市建设委员会围绕淹水片区改造和新区开发等重点工程项目开展视察协商活动,提出一些建设性意见和建议。教育卫生委员会在举行庆祝第二十个教师节活动时,对全区教育事业的发展进行协商。

(余　霞)

民主党派·工商联

·民主党派·

【概况】 2004 年,全区民主党派成员 414 名,设 4 个总支,27 个支部。其中中国国民党革命委员会(民革)、中国民主同盟会(民盟)、中国民主建国会(民建)、中国民主促进会(民进)、中国农工民主党(农工)设有基层组织。各民主党派基层组织始终坚持“长期共存、互相监督、肝胆相照、荣辱与共”十六字方针,本着积极、认真、负责的态度,一切从全区发展和人民群众切身利益出发,在履行参政议政、民主监督职能以及社会服务等方面,充分发挥民主党派人才济济、智力密集的优势和群体作用,为统一战线和多党合作及全区经济发展作出贡献。

秦淮区民主党派基层组织一览表

表 28

总支、支部名称	人　数	负责人
中国国民党革命委员会秦淮总支	76	曾宪苓
民革秦淮文教支部	18	李　华
民革医卫三支部	19	陈庆琳
民革综合支部	6	贺仲平
民革离退休支部	33	毛　翔
中国民主同盟会秦淮总支	117	吴其昌
民盟第十八中学支部	17	张爱英
民盟文枢中学支部	37	智向鑫
民盟第二十七中学支部	16	张有年
民盟中华中学支部	14	陈之平
民盟综合支部	15	郑雪平
民盟秦淮退休支部	18	江家福
中国民主促进会秦淮小教总支	69	仇耀斌
民进小西湖小学支部	10	蒋冬英
民进新知小学支部	7	王鸿英
民进钓鱼台小学支部	14	章利凯
民进颜料坊小学支部	13	谢祖梅
民进夫子庙小学支部	5	张海涵
民进长乐路小学支部	11	杨国华
民进教师进修学校支部	9	陈德顺
中国民主促进会秦淮中学总支	79	陈云宁
民进育才学校支部	7	丁玉琴
民进中华中学支部	14	王雪琨
民进文枢中学支部	29	程少鼎
民进营养学校支部	13	张　红
民进第二十七中学支部	15	冯建宇
民进退休一支部	16	宗景贤
民进退休二支部	17	蔡玉生
中国农工民主党秦淮医务支部	13	王遵贵
中国农工民主党秦淮退休支部	11	王爱华
中国民主建国会秦淮区支部	27	庆　兰

·工商联·

【概况】 2004年,全区工商联会员300名,分会9个,即红花街道分会、秦虹街道分会、中华门街道分会、双塘街道分会、夫子庙街道分会、饮食业商会、服饰业商会、夫子庙美食街商会和大明路汽车服务行业商会。

认真贯彻落实市委书记罗志军关于把工商联这座桥修得更宽,纽带系得更牢指示精神,充分发挥工商联统战性、经济性和民间性的综合优势,为全区非公有制经济健康发展提供服务。强化非公有制经济代表人士队伍建设,调整充实非公有制经济代表人士队伍,重点充实科技型及海归派代表人士,提升非公有制经济代表人士的政治素质和整体素质,积极引导非公有制经济人士投身光彩事业。重点引导非公有制经济代表人士把企业做优、做强、做大,为社会多作贡献。

【召开五届四次执委会】 3月4日,区工商联召开五届四次执委会,增补于可第、丁锋、王井宁、葛军为副会长,郁宝友为秘书长,张慕纲、张丽彬、包雪冬、周寨、谢茂文、姜成东、蔡增荣为执委,商会班子成员更趋合理性和代表性。

【与金湖县工商联结为友好商会】 3月下旬,区工商联与金湖县工商联结为友好商会。5月22日,组织8名副会长赴金湖县参观考察,进一步加大对外交流交往工作力度。 (孙世清)

人 民 团 体

·秦淮区总工会·

【概况】 2004年,全区各级工会认真贯彻省、市工会工作会议精神,以"三个代表"重要思想和科学发展观为指导,以实现"两个率先"为目标,以《中华人民共和国工会法》和《江苏省实施〈工会法〉办法》为依据,坚持以人为本,突出维护职能,发挥工会组织的桥梁纽带作用,推动全区物质文明、政治文明和精神文明建设协调发展。

按照全总提出组织起来,切实维权总要求,把非公企业工会组建和组织进城务工人员入会、依法维护进城务工人员合法权益作为工作重点,与街道、系统工会联合会,部分直属单位工会签订年度工作目标责任书,并列入区政治文明建设目标,进行全面考核。通过加强领导,配备街道工会协理员,召开社区工会工作会议和创建市示范街道工会、示范社区(村)工会等活动,推进工会基层组织建设。

坚持以经济建设为中心,采取多种形式,开展群众性劳动竞赛、合理化建议、技术练兵、安全生产等活动,团结动员职工立足岗位建功立业,在推进富民强区、实现"两个率先"目标进程中,发挥主力军作用。同时,加强劳模管理和服务,宣传劳模事迹,弘扬劳模精神,落实劳模待遇,在经费困难情况下,组织劳模疗养,保护和调动劳模积极性和创造性。认真履行基本职责,依法维护职工合法权益。坚持参与企事业改制,加强职代会和推行平等协商、集体合同两项机制促进基层民主政治建设。实施送温暖和再就业工程,开展奉献一片情,温暖职工心和创建市职工二次创业示范基地等活动,全区送温暖和再就业工作形成联动局面,维护社会稳定。

深入开展建设职工之家活动,制定下发《关于在新形势下深入开展建设职工之家活动的意见》,全面规范基层工会工作,结合年终总结,表彰2003~2004年度先进职工之家、优秀工会工作者、优秀工会积极分子和荣誉工会积极分子。加强工会干部队伍建设,100多名基层工会干部参加省、市、区举办的各类业务培训。工会女职工委员会坚持为女职工服务,关心下岗女职工的工作和生活,维护女职工特殊权益。工会财务实行预、决算管理,超额完成年度目标任务。《关于街道社区工会工作属地化管理的实践与思考》调研报告在省城区工会工作研究会交流。

【建立安全生产预警机制】 3月26日,区总工会会同区安监局下发《关于在全区开展安全生产"零"点目标和"安康杯"竞赛活动的通知》。4月9日,在红花街道召开宣传动员大会,市总工会生产保护部领导作专业辅导。与133家企业签订"一法三卡"(即《事故隐患和职业危害监控法》和有毒有害物质信息卡、危险源点警示卡、安全检查技术标准提示卡)协议。7月19日,区总工会、区安监局和红花街道联合在红花街道果园村召开推广应用"一法三卡"现场会,总结经验,在全区开展安全生产竞赛活动。

【开展群众性劳动竞赛活动】 3~11月,区总工会先后举办青年教师技能大赛、医护岗位练兵,结合金秋美食节,举办职工摆台、烹饪、面点、普通话等技术比赛,研制开发新"秦淮八绝"风味小吃和伊斯兰清真小吃,取得良好经济效益。10月15日和11月7日,分别组队参加市首届"用友杯"职工会计电算化和第五届职工计算机大赛,6名职工获国家劳动和社会保障部颁发的计算机操作高级技能资格证书。10月17日,在省百万职工职业技能大练兵誓师大会上,区青年教师代表队现场表演粉笔字板书。区总工会获省百万职工职业技能大练兵表演优秀组织奖。

省人大副主任总工会主席
张燕看望参加技能大赛职工

【开展厂务公开检查】 4月起,区总工会按照市厂务公开协调小组《关于在全市开展厂务公开工作调研检查的预备通知》要求,对照中办、国办《关于在国有企业、集体企业及其控股企业深入实行厂务公开制度的通知》精神,结合半年工作考核,对厂务公开、民主管理的组织领导、工作制度、监督措施、实际效果等进行全面检查。检查中,调整充实区厂务公开协调小组成员,组织学习《南京市区域、行业职工代表大会工作规范(试行)》和《南京市企事业职工代表大会运行规程》,进一步规范职代会程序。

5月21日,市总工会副主席宋政等到区调研,检查夫子庙小学、第四十三中学实行校务公开工作情况,给予高度评价。检查工作至8月结束。

【为弱势群体送温暖】 2004年,区总工会开展奉献一片情、温暖职工心活动。元旦、春节期间,全区各级工会共筹措资金73.89万元,走访慰问困难企业76家、困难职工家庭2002户。其中,区总工会筹集资金13.4万元,走访慰问困难职工54人、血透病人50人、重病职工9人、困难劳模3人,发放特困职工子女助学金7700元,为96户特困职工落实房租减免政策,为5户特困职工落实管道煤气减免政策。高温季节,购买1.8万元饮料、毛巾、防暑降温药品等,走访慰问环卫、市政、市容等10家高温一线职工。

【创建市示范街道工会和示范社区(村)工会】 4月7日,市总工会考核组对区申报的市示范街道工会和示范社区(村)工会进行考核验收。经过3年创建,全区5个街道、18个社区、2个村工会先后被市总工会命名为示范街道工会、示范社区工会和示范村工会。5月28日,召开全区社区工会工作会议，总结3年来街道、社区工会工作，表彰先进，部署吸纳进城务工人员入会和依法维护进城务工人员合法权益工作。秦虹街道和4个社区工会作经验交流。

秦淮区社区工会工作会议

【南京新香园大酒楼成立工会】 7月8日，南京新香园大酒楼召开第一次工会会员代表大会，选举产生第一届工会委员会、经费审查委员会和女职工委员会。南京新香园大酒楼2003年12月18日开业，注册资金500万元，有职工500多人，是夫子庙地区规模最大民营餐饮企业。 （梁开华）

·青年团秦淮区委员会·

【概况】 2004年，团区委坚持把服务大局、服务社会、服务青年要求和发展、创新、活跃、建设方针贯穿于团的各项工作之中，围绕党政中心工作，把握育人、建功、服务3个关键环节，坚持育人为本，加强思想道德建设，青少年思想政治工作呈现出新气象；围绕《中共中央国务院关于进一步加强和改进未成年人思想道德建设的若干意见》等内容，开展学习竞赛、主题演讲、读书会等各类学教活动和道德实践活动；坚持团结务实，组织策划青年文明号创建10周年形象展示月系列活动，参与创建文明城区、打造人文秦淮大型宣传活动，完成全区1.89万志愿者注册登记工作；坚持与时俱进，拓展工作思路，深化优秀青少年维权岗创建活动，区检察院青少年维权岗被评为全国优秀青少年维权岗。实施社区预防和减少青少年违法犯罪工作体系建设，建立市首家诚爱青少年成长基地。建设秦淮共青团网页，拓宽信息沟通渠道。开展南京百场公益夏令营——秦淮民族文化系列活动，全区近300名特困家庭学生受益；坚持改革创新，着眼长远发展，在秦虹街道成立青年中心。区卫生局等5单位被评为市五四红旗团(工)委，区被评为2004年度市团建工作标兵区。青联、学联和少先队工作取得新发展，成功召开中国少年先锋队秦淮区第四次代表大会。区被授予全国首批青年文明社区示范城(区)称号，团区委获全国保护母亲河行动先进集体称号。

【团中央书记处书记王晓视察青年创业园】 8月23日，团中央书记处书记王晓在团省、市委领导陪同下，视察南京青年创业园。王晓对区设立青年创业园，为青年创业服务做法给予充分肯定，对如何做好青年创业园工作提出4点意见：认真分析青年实际需求，找准青年创业园科学定位，努力将创业园打造成青年创业平台和企业“孵化器”；充分利用青年创业园大企业集团支撑、专业咨询决策服务、配套产业基地等六大优势，鼓励、指导和帮助青年创业；完善组织机构，健全工作机制，推动青年创业园建设和发展更加制度化、规范化、科学化；立足可持续发展，大胆走市场化运作路子，增强创业园竞争力、创造力，吸引更多有为青年投身创业热潮。

【纪念创建青年文明号10周年活动】 3月，团区委组织全区140多家青年文明号集体，开展青年文明号形象展示月系列活动，纪念青年文明号创建10周年。内容包括：开展共建绿色秦淮、美化你我家园——青年文明号植绿护绿活动,宣传环保知识,提高环保意识;开展诚信秦淮、青春金诺行动,组织旅游、餐饮等窗口单位发放青年文明号优质服务承诺卡,强化服务意识,提高服务质量;开展青年文明号奉献你我他系列活动,到敬老院进行慰问,与困难群体或单亲家庭建立一助一服务对子,开展各类帮扶活动;在夫子庙广场开展青年文明号就在你身边宣传活动,为市民及游客提供旅游咨询、服务;开展青年文明号送法律知识进社区活动,组织公、检、法、司等部门青年工作者深入街道、社区,开办维权知识讲座,提供法律咨询服务,帮助群众提高法律意识和自护意识。

团区委开展青年文明号形象展示月活动

【召开少先队区第四次代表大会】 5月30日,中国少年先锋队秦淮区第四次代表大会在第二十七中学室内体育馆开幕。区四套班子领导及有关部门负责人出席开幕式。开幕式进行雏鹰展翅新世纪汇报表演。团市委副书记邢正军,区委常委、组织部长王小建就进一步做好少先队工作、竭诚为少年儿童服务分别作重要讲话。团区委副书记潘志刚代表少工委第三届委员会作题为《传承星星火炬,再创崭新业绩,把秦淮少先队事业不断推向前进》的工作报告。

【1.89万社会服务志愿者注册登记】 8月,区志愿者行动协调委员会,通过活动项目注册、社区注册、行业注册、阵地注册等多种方式,完成全区1.89万志愿者注册登记工作。依托志愿者注册和志愿服务卡的开发利用,逐步规范志愿者队伍建设、机制建设、项目建设和阵地建设,健全志愿服务组织网络。

【举办少先队辅导员风采大赛】 9月4~5日,团区委、教育局、少工委联合举办全区少先队辅导员风采大赛。60名大、中队辅导员分别参加在秦淮实验小学和凤游寺小学举行的语言表达、计算机操作、辅导员技能技巧、个人才艺展示等比赛,以此展示辅导员综合素质,检阅工作能力和工作水平。比赛结果,夫子庙小学获团体一等奖,考棚小学教师马伟获个人全能一等奖。 (陈 岚)

【诚爱青少年成长基地揭牌】 4月29日,区检察院、团区委及夫子庙街道联合组建的诚爱青少年成长基地在夫子庙街道小西湖社区揭牌。省、市、区有关部门领导、部分在宁高校专家教授及社会志愿者代表参加揭牌仪式。基地坚持以人为本,运用社会工作的相关专业理论和方法,汇聚社区资源,提升家庭功能,为青少年健康成长提供教育引导和社会帮助。主要工作包括:对有偏差行为青少年给予心理治疗和行为矫治,提高对不良诱惑的抵御能力;配合公安、司法机关对高危

诚爱青少年成长基地揭牌仪式

青少年群体进行帮教，促进"边缘青少年"人格重建，融入社会；加强家庭、学校与社会联系，提高家长教育子女能力和水平，促进青少年潜能发展；结合青少年身心发展，开展个案辅导、咨询服务，探索适应青少年特点的教育管理新方法、新机制。 （陈 岚 陈 峰）

【团区委获全国保护母亲河行动先进集体】 4月18日，团区委获共青团中央、全国绿化委员会、全国人大环境与资源保护委员会、全国政协人口资源环境委员会、水利部、农业部、国家环保总局、国家林业局联合授予2003年度全国保护母亲河行动先进集体称号。团区委在参与保护母亲河行动中扎实做好各项环保创建工作：广泛宣传发动，努力营造社会氛围，使保护母亲河成为广大青少年及其他人群自觉行动；加强协调配合，与环保、建设等部门沟通联系，共同议定保护母亲河行动工作计划，形成优势互补、齐抓共管工作态势；绿化美化城区，延伸保护母亲河工作领域。组织开展创建青少年绿色景观道、评选绿色环保小卫士、环保夏令营等活动，成立志愿者队伍，定期清理河面漂浮物。

【秦淮区获全国青年文明社区示范城（区）称号】 6月7日，区被团中央、民政部、建设部、国家工商行政管理总局联合命名为全国青年文明社区示范城（区）。自2003年2月区被确定为全国青年文明社区示范（城）区创建单位以来，团区委以服务社会、传播文明为宗旨，以社区团建为龙头，以社区服务和社区文化为着力点，广泛开展丰富多彩的创建活动，发挥共青团组织和广大青少年在社区精神文明建设中的积极性、创造性，推进社区建设，促进全区经济社会协调发展。

（陈 岚）

·秦淮区妇女联合会·

【概况】 2004年，区妇联以服务为宗旨，积极推动妇女儿童"十五"发展规划的实施，各项工作有新进展。继续深入推进学习型家庭创建活动，组织家庭开展学电脑、学法律等学习活动，树立学习优秀典型，6户家庭被评为市学习型家庭，2人被评为市学习之星。在社区继续开展巾帼文明社区、巾帼社区服务示范站（点）、五好文明家庭、文明楼幢创建工作，组织创建区级巾帼文明社区20个，巾帼社区服务示范站（点）10个，市级文明楼幢（院）11个。

条块结合，切实做好妇女维权工作。加强妇女维权队伍建设，坚持领导信访接待日制度，做好来访群众思想疏导工作；坚持分级负责、归口管理，对上级部门转来的信访件，及时认真审阅登记和处理，做好报结工作。全年共办结信

市领导为文明楼院揭牌

访件36件,接待来访群众48人(次)。

继续推进"巾帼助困"工作。发动各级妇女组织广泛开展慈善一日捐、济困送温暖活动,利用重大节日,组织召开心系下岗女工、情暖特困家庭迎新助困座谈会,走访慰问结对共建支部、民心工程的特困家庭。发挥街道、社区妇联组织作用,建立健全下岗、失业妇女登记台账,了解下岗、失业女工择业意向,主动与区域内工企单位联系,积极推荐下岗失业妇女再就业。全区街道、社区下岗再就业指导站共推荐下岗、失业女工再就业1949人次,配合劳动部门举办下岗女工再就业培训班81期,参训人数1137人。金庄宾馆和金拓工具制造有限公司两个区妇女下岗再就业基地,被市妇联命名为市巾帼创业示范基地,金拓工具制造有限公司董事长杨向京被区政府授予创业明星称号。

【召开纪念"三八"妇女节暨表彰大会】 3月5日下午,区妇联在区机关三楼会议室召开纪念"三八"国际劳动妇女节94周年暨表彰大会,区四套班子领导出席。会议对近年来为秦淮经济建设和社会事业发展作出积极贡献的20家妇女儿童工作先进集体和40名先进个人进行表彰。同时,大会推荐6名创业型、奉献型、学习型、和睦型优秀女性典型。区委常委、组织部长王小建代表区委区政府向到会代表表示节日问候。

【建立妇联执委联系妇代会代表制度】 7月,为进一步加强妇联执委和妇女代表工作联系,畅通联系渠道,提高妇女工作水平,区妇联建立妇联执委和第八届妇代会代表联系制度,出台《关于建立执委和妇女代表联系制度的意见》,明确妇联执委的联系制度、联系方式和联系内容。

【开展妇女维权周活动】 全国妇女维权周期间(3月5~12日),区妇联组织开展以维护妇女合法权益为主题的妇女维权周活动。聘请一批基层妇女干部为法律特邀陪审员,参与法院妇女维权庭审,充实妇女特邀陪审员力量;充分发挥三级信访网络和"148"维权服务热线作用,形成维权运行机制,及时为受害妇女提供法律援助。在夫子庙西广场开展以《中华人民共和国婚姻法》、《中华人民共和国妇女权益保障法》、《中华人民共和国劳动法》等为主要内容的法律咨询,现场发放宣传材料500多份,接待咨询、投诉30多人次。同时各基层妇联也在各社区内开展法律咨询等维权活动。全区开展法律咨询17场,接受群众咨询近千人次。

区妇联召开纪念"三八"妇女节暨表彰大会

【编发《巾帼风采录》宣传册】 3月,区妇联广泛发动全区各级妇女组织,收集在"三个文明"建设中涌现出来的妇女先进典型事迹,整理、汇编《巾帼风采录——秦淮优秀女性先进事迹》宣传册300本,发至区四套班子领导及各部门领导、人大代表、政协委员和各级妇女组织,进一步弘扬妇女创业精神和传统美德,扩大秦淮各条战线优秀女性的社会影响，为全区妇女树立学习榜样。

【开展巾帼建功创建活动】 2004年，继续抓好巾帼文明示范岗、巾帼岗位明星争创活动，确定30家重点单位抓好争创工作，召开专项会议，交流创建工作经验。扩大创建范围，拓展创建领域，在非公经济妇女组织中广泛开展巾帼文明示范岗争创活动。各系统妇委会结合创建工作，组织妇女广泛开展岗位技术练兵竞赛活动，举办岗位练兵竞赛21场，参加人数510人。

秦淮区创建巾帼文明示范岗负责人培训班

【举办多层面妇女培训班】 2004年，区妇联把妇女干部培训作为工作重点，结合实际，制定计划，精心组织。全年分别先后举办党的十六届四中全会精神辅导，区级机关妇女干部、街道社区妇联主席业务培训，各级妇联组织维权干事业务培训，巾帼文明示范岗负责人工作培训和私托幼儿教师培训班，参加培训400多人。

4～10月，结合“四五”普法和法制宣传月活动，区妇联面向家庭组织开展万家学法活动，发放妇女权益保护法律常识竞答题近万份，组织开展家庭学法知识竞赛，进一步增强家庭成员学法、懂法和用法律维护自身权利的意识。

【开展绿化阳台美化社区活动】 2004年，是开展爱我秦淮、绿色秦淮系列活动第二年，区妇联围绕绿色秦淮工程，布置绿化阳台，美化社区活动，与区绿委办联合在瞻园路一条街设计摆放数千盆花卉。广泛宣传发动妇女，家庭种植花卉或绿色植物，美化家庭阳台，美化社区环境，夫子庙街道组织社区居民开展花卉盆景展示评比活动，展出近200盆居民较为满意的花卉盆景作品。

【创建零家庭暴力社区】 区妇联在2003年创建零家庭暴力社区试点基础上，总结经验，于2004年6月21日召开大会全面部署创建工作。各街道、社区妇联结合实际，落实调解人员，走访居民家庭，及时化解家庭矛盾，制止家庭暴力现象发生，切实维护妇女合法权益，推动全区零家庭暴力社区创建活动深入开展。

【实施“春蕾”计划】 2004年，区妇联继续采取多种形式，广泛筹集资金，为贫困女童捐资助学，全年共发放帮困助学金6万多元，捐助贫困女童190人次。1月，在西街小学召开关爱贫困女童、温暖送家庭捐赠仪式，向“春蕾班”50名女童，捐赠助学款1万元。组织单亲特困家庭母女参加市妇联迎新春联欢会。走访慰问辖区内私托幼儿园和结对共建支部的贫困女童，为孩子们送去玩具、工具书、营养品和助学金。区妇联和双塘街道妇联被评为市实施“春蕾”计划先进集体、珠江客运公司董事长沈秀秀等5人被评为市实施“春蕾”计划先进个人、秦淮实验小学五年级吴梦同学被评为市十佳春蕾女童。

（刘　曦）

政 法

审 判

【概述】 2004年,区法院抓住审判工作主线,努力提高司法社会公信力。全年受理各类案件2888件,接待群众来访7205人次,处理人民来信309件次。依法惩罚犯罪,全力维护社会安定,共审结一审刑事案件400件,判处犯罪分子588人。其中,审结各类严重危害公共安全和人民生命财产安全犯罪案件260件,判处犯罪分子381人;审结破坏社会主义市场经济秩序犯罪案件8件,判处犯罪分子19人;审结贪污贿赂犯罪案件6件,判处犯罪分子8人。全年受理各类民商事案件1799件,审结1700件、其他案件285件。其中,婚姻家庭案件334件、合同纠纷案件1081件。审结行政诉讼案件22件。对事关人民群众切身利益和城市建设大局的拆迁、集体土地征用等案件,采用积极慎重,以调解为主的工作思路,坚持依法维护公民的合法权益和监督、支持行政机关依法行政有机统一的原则。把握好主动服务与依法服务、加快城市长远发展与维护群众近期利益的关系,切实维护好群众利益。法院参与处理98起拆迁纠纷,有70起调解成功,结案率71%。加大执行工作力度,共执结案件568件,执行标的金额6561.1万元,案件执结率92.9%,同比增长两个百分点。法院连续五年获得全国法院思想宣传工作先进单位称号,被评为全省法院创安先进集体,受到省市区级表彰的先进集体有18次,先进个人21人次。

【成立环保合议庭】 3月2日,省首家环境保护合议庭在区人民法院挂牌成立。合议庭设于法院行政审判庭内,由两名审判员和3名人民陪审员组成。合议庭保护辖区群众依法享有的"环保"权益,监督环保行政机关依法行政,对环保行政机关合法行政行为给予法律支持,并提供必要的强制力。环保合议庭成立后,为环保行政机关上法制课3次,公开强制执行环保行政处罚两次。

环保合议庭依法保护群众"环保"权益

【获全国法院思想宣传工作先进单位】 2004年,法院宣传工作以邓小平理论为指导,紧密围绕公正与效率工作主题,在唱响主旋律、打好主动仗方面取得进展,宣传工作整体水平有新的提高,为法院审判工作、队伍建设和司法为民,提供强有力舆论支持。法院党组把宪法赋予人民法院法制宣传任务作为法院一项长期重点工作来抓,由院长负责,列为全院目标管理的重要考核内容,在全院形成以院长为总指挥,调研室为组织部门,各庭室为骨干的宣传网络,调动全院干警进行法制宣传的主观能动性,每一个法官都成为法制宣传员,主动开展法制宣传工作。区法院2000~2004年连续五年被最高人民法院授予全国法院思想宣传工作先进单位称号。　（蒋华强）

【审理组织同性卖淫案】 2月6日,法院开庭审理利用酒吧组织无业男青年向同性恋者提供色情服务案件,酒吧老板李某因涉嫌组织卖淫罪被检察机关提起公诉。2月17日,法院对此案进行公开宣判。被告李某因犯组织卖淫罪被依法判处有期徒刑8年,并处罚金人民币6万元。同时对被告李某违法所得1500元予以追缴。

此案在审理适用法律上准确地把握立法的本意,贯彻法治精神,打击社会上新出现的丑恶犯罪。该案被市法院评为全市十大经典案件,中央电视台等36家新闻媒体进行报道,还被最高人民法院选为典型案例转发全国。

（蒋华强　陈　峰）

【成立珠江青少年成长基地】 12月27日,珠江青少年成长基地在民营企业珠江客运公司内挂牌成立,该基地由区法院同珠江客运公司联合成立,为省内首家青少年扶助帮教基地。区法院少年审判庭在审理刑事案件中把符合条件的缓刑少年犯送往该基地,由珠江客运公司提供工作岗位付给一定劳动报酬。在法院指导下,珠江客运公司帮教小组根据少年犯特点,在生活、工作、学习等方面给予关心和教育。法院少年庭法官定期到企业对少年犯进行回访,了解其表现情况,肯定成绩,针对存在问题进行必要的法制教育。

检察机关关心下一代青少年成长基地现场会

【调处居民讨要阳光权诉讼案】 2月,法院调解处理弓箭坊小区高层住宅楼56户居民以不服行政机关颁发的施工许可证,状告南京市规划局、秦淮城镇综合开发总公司,讨要阳光权的集团诉讼案,取得政府、开发商、群众3方满意的效果。原告认为被告规划许可证确定位于原告住宅楼东边在建建筑物罗马假日商住楼与原告住宅楼之间建筑间距不符合相关规定,致使原告住宅日照不能达到规定标准。该案进入诉讼程序后,原告仍多次组织周围居民围堵弓箭坊施工工地,导致工程工期从2003年4月被无限期耽搁。法院先后7次组织原告与第三人进行调解,缩小双方之间差距,原告终于同意与第三人开发公司达成调解协议,由开发公司给付每户2.3万元经济补偿。

【引入案件审判质量评审听证制度】 6月17日,法院审判委员会对被上级法院改判、发回重审的14件案件评定工作进行改革,引入听证制度,吸收全院有审判职称的法官参加,经过法官申辩、自由讨论、委员评议等一系列公开、透明程序,最终确定是否构成错案,是否需要追究审判责任。具体程序是:分管院长介绍案情,归纳一、二审不同意见的分歧焦点;承办法官申述答辩被二审否定的意见;与会法官自由讨论,各抒己见;审委会委员民主评议,正确定性;对原审判决的保留意见及时与二审法院沟通。透明化的错案评查制度有助于提高审判水平和办案质量。 (蒋华强)

检　察

【概述】 2004年,区检察院贯彻党的十六大和十六届四中全会精神,以科学发展观指导检察实践,加强执法能力建设,履行检察职能。加大查办职务犯罪力度,深入推进反腐败斗争。全年受理举报线索20件,立案查处职务犯罪大要案17件17人,为国家挽回经济损失2000余万元,其中5万元至20万元案10件,20万元至100万元案4件,100万元以上案2件,最高案值达亿元案1件。

依法打击刑事犯罪,维护社会稳定。全年受理提请逮捕犯罪嫌疑人504人,批准逮捕476人,批捕率94%;受理移送审查起诉案365件660人,其中提起公诉331件575人,起诉率91%,全年未发生一起错、漏案件和无罪判决案件。

检察院围绕改革发展稳定大局和强化法律监督,维护公平正义的工作主题,加强执法规范化、队伍专业化和管理科学化建设,各项工作取得一定成绩。检察院被共青团中央、中央综合治理委员会、最高人民检察院等11个部门授予全国优秀青少年维权岗称号;纪检组被市委、市政府授予先进集体称号;民行检察科被市委、市政府授予法律援助工作先进集体称号;反贪局被团省委授予省级青年文明号;驻所检察室被最高人民检察院评为首届检察机关派驻监管场所一级规范化检察室;控申接待室被最高人民检察院授予全国文明接待室称号;在全市开展的“三优一能”(优秀侦察员、优秀公诉人、优秀书记员、办案能手)岗位技能竞赛活动中,获市首届十佳批捕能手和优秀法律文书竞赛第一名、第二届十佳公诉人第四名、十佳书记员团体第四名、首届警务技能比赛团体第三名。

【成立预防职务犯罪协会】 3月24日,区预防职务犯罪协会成立,区委副书记王付荣、市检察院副检察长邵长生等领导参加会议。南京晨光集团、南京普天通信股份有限公司、南京北方光电有限公司等44家为会员单位。第一届理事会王付荣任会长。协会成立后,组织各成员单位学习《南京市预防职务犯罪条例》,与区纪委、区委宣传部联合举办学习预防职务犯罪知识竞赛,组织部分单位成员赴香港廉政公署考察学习,在国企、医疗、税务等行业开展法制宣传。

【推出批捕决定公告制】 4月1日,检察院推出批捕决定公告制,并配套制定《公告批准逮捕犯罪嫌疑人决定暂行规定》。公告批捕决定制适用于对公安机关、侦查部门提请逮捕的案件,经检察机关依法审查,作出批捕决定后,以对外公告栏形式,将批准逮捕犯罪嫌疑人情况向社会公布。

公告范围为社会危害性大、后果严重、群众反映强烈的有组织犯罪、涉黑性质的团伙犯罪和流氓恶势力犯罪以及爆炸、杀人、抢劫、绑架等严重暴力犯罪案件,可能判处3年以上有期徒刑的盗窃等严重影响群众生活、生产安全多发性犯罪案件,公告期限为检察院作出批捕决定,公安机关执行之日起7日内。

【批捕特大制造贩卖假证团伙案】 4月27日,检察院以伪造、买卖国家机关证件和事业单位印章罪批准逮捕4名犯罪嫌疑人。经查实,自2003年12月起,上述犯罪嫌疑人租用市内安德门63号作为犯罪据点,合伙购买、配置电脑和扫描仪等制假设备,出售各种伪造大学毕业证书、学位证书、英语考试等级证书、驾驶证、营业执照等证件数10本,非法营利达万元。缴获大量制假广告和各种空白营业执照、护士执业证书、特种作业操作证书千余份及南京部分高校印章等。

【预防工程项目职务犯罪】 2004年,检察院开展工程建设领域内职务犯罪预防工作,在工程建设中,委托正规专业监理公司对工程项目进行监理,改变过去由建设单位自行监理做法,加大工程建设报建、招标、审计等环节管理监督力度。4月30日,委托江苏风华建设监理有限公司监理红花街道一项造价300多万元的工程建设项目,主动把好工程建设廉政关、安全关、质量关,确保工程优质、干部优秀。

【实行干警廉政档案制】 5月8日,检察院为每位干警建立廉政档案,廉政档案分干警廉洁自律和违法违纪两方面情况,即记载干警廉洁从检优良表现和事例,干警不良行为、违法违纪情况均记录在案。有针对性的开展提醒谈话、诫勉谈话等,严格执行党纪政纪。建立廉政档案为党风廉政建设责任制和廉政风险保证金制,提供奖惩考核依据。廉政档案建立后,全院干警拒吃请、说情20余人次,上缴各类礼品礼金价值近8000元。

【推行人民监督员制度试点工作】 5月24日,检察院试点推行人民监督员制度。人民监督员主要对检察机关自侦案件中被逮捕犯罪嫌疑人不服逮捕决定的案件、拟撤销案件和拟不起诉案件以及违法行为进行监督。检察院从机关、事业单位、高等院校等单位选聘区人大内务司法工作委员会主任李德龙等9名为人民监督员,其中人大代表2名、政协委员2名、机关干部3名、企事业人员1名,大专院校法学教授1名。检察院设立人民监督员办公室,作为经常性工作机构,为人民监督员购置办公用品、订购报纸、法律书籍。 (陈　峰)

公　安

【概述】 2004年,区公安公局自觉服务大局,认真履行公安机关的政治责任,处置突发事件,在维护全区社会政治稳定中做出贡献。着力抓好全警大练兵活动,队伍的形象进一步好转,实现公安业务工作和队伍建设“双赢”。

在安全保卫工作中,分局提前勘察现场,制定警卫执勤方案,确保全区安全保卫工作。春节、国庆期间,夫子庙游人分别达到361万、126万人次,均超历史最高记录。公安机关与武警官兵联合超前制订预案,认真实施,确保夫子庙地区祥和平安。

落实责任,强化控制。围绕重大节日、重大活动和敏感日期,分局坚持通过滚动摸排,确定重点,落实责任,对重点人头、治安刑事危险分子跟踪监控。特别是打击邪教组织活动取得重大成果。

预案超前,讲究方法。全区因征地拆迁、企业改制等各种矛盾引发的群体性事件较为集中和突出。分局积极协助有关部门依法、及时、妥善处置响水桥、双桥门、扫帚巷、养虎巷等地区少数居民因拆迁连续上访,三小车主多次聚集以及因企事业单位改革改制等引发的群众连续上访等各种群体性事件80余起,出动警力

3000余人次,约1500个工作日,有效化解社会矛盾。

对发生的聚众械斗、公然行凶伤人、寻衅滋事等案件,组织专人侦办,严密取证,严打重处,连续破获"三三〇"洪塘网吧恶势力砍杀案、"十·一七"焦点寻衅滋事案、"十·一八"一品嘉园网吧聚众斗殴案等。

全区共破获各类刑事案件1971起,其中现行1577起,八类暴力87起,破案率分别为75%、87%。打击处理(逮捕、直诉、劳教)588人,特别捕诉469人,破案、打击总体质量得到提高。年内发生的杀人案件全部侦破,实现命案必破的目标。

2004年被市局评为全市刑侦工作优秀单位,全市治安巡逻工作优秀单位,全市社区工作优秀单位。全市唯一被省公安厅评为优秀公安分局。

【成功侦破"十·八"赌球专案】 10月8日,分局获取公安部下交线索,秦淮地区一团伙自2003年11月以来,以网络为媒介,利用欧洲五大足球联赛进行赌博活动。在市局统一指挥下,于11月24日晚一举抓获以郭某某、王某、衡某某为首的赌球团伙14人。该团伙网上赌资,账务往来达亿元以上。对其成员分别依法处置,其中逮捕6人、直诉3人、劳教3人。

【开展"大练兵"活动】 5月14日起,分局按照公安部部署,开展全警参与、突出重点、立足实战、注重实效的大练兵活动。从队列训练到体能锻炼,从警务平台操作到法律知识和计算机、英语等学习,做到练有特色,练有重点。开展警棍盾牌和擒拿格斗训练,做到来之即战,战则能胜。开展射击训练,能熟练运用枪支武器。开展队列训练,做到队伍整齐划一,令行禁止。户政科组织力量编写关于户口、身份证管理、治安管理、基础防范、群众工作等内容书面考试题和案例分析等实际动手操作题。法制科在全体办案民警中开展最佳案卷、最差案卷和最佳笔录、最差笔录的点评活动。分局还组织开展以"四个一"练兵活动。即每天一次体能锻炼,每天一次网上考试,每周一次业务培训,每月一次综合测试。10月,全市进行综合警务平台应用大比武,分局在6个单项中获得情报信息,接处警信息、治安管理3个单项第一名和团体第四名的成绩。

公安机关大练兵

【实现命案必破目标】 2004年,全区发生的杀人命案全部及时成功告破。4月23日下午6时许,公安分局办案民警在浙江省慈溪市体育场将正准备进场看球赛的杀人嫌疑犯孙某某抓获归案。5月13日晨,清水塘2号南京装饰工程公司仓库发生一起杀人案件,受害人一死一伤。17日,办案民警在安徽铜陵抓获因恋爱行凶嫌疑人许某某。12月30日凌晨3时20分左右,吴家山10号南京索特包装有限公司门前突发命案,受害人被人捅伤,在送往医院途中死亡。专案组干警连续奋战38个小时,从常州、扬州到沭阳沿线追踪,于12月31日下午5时30分将犯罪嫌疑人张某某兄弟俩抓获归案。

【破获以扑克牌冒充电脑芯片诈骗案】 11月14日下午3时左右,夫子庙派出所接到群众报警:在中华路中华缘茶楼,3 名男子用扑克牌冒充电脑芯片,以买卖芯片赚取差价为由,骗取人民币 2 万元。接报后,办案民警通过警务平台检索,发现建邺区、鼓楼区均有此类案件发生。经侦查,办案民警在石油招待所抓获重庆丰都籍犯罪嫌疑人冯某某、陈某某、余某某等 12 人,当场缴获作案工具汽车 2 辆,作案道具扑克牌,工商、税务人员制服若干件。经审查和受害人辨认,犯罪嫌疑人对在中华缘茶社诈骗犯罪事实供认不讳,并进一步交代 9 月在鼓楼区、建邺区、玄武区等地用同样手法诈骗 11 起、诈骗金额 30 余万元的犯罪事实。

【强化物质与技术防范措施】 2004 年,公安分局利用社区资源,加强封闭小区建设。开展群防群治,加强社区巡防守望工作。推广安装防爬刺、电子狗 6000 余个。新建汽车停车场 11 个,新增停车泊位近 500 个,全部建立视频监控系统。结合校园"110"工程,学校视频监控系统建设全面启动。12 月 20 日,分局筹集、争取资金 300 万元,在双塘、红花、秦虹、中华门地区建成视频监控系统。白鹭洲派出所地区视频监控系统加上夫子庙地区原有视频监控系统,至 2004 年底,覆盖该区域复杂路段、重点单位的视频监控系统全部建成并投入使用。

【建立重点巡逻防范日制度】 年初,公安分局建立案件高发时期重点巡逻防范日制度。在对预警信息和各方面动态信息加以分析研判后,确定重点巡逻防范日。在重点巡逻防范日时间段,各派出所所有巡区社区民警组织发动群众,带领保安、社区治安志愿者,深入巡区、社区开展巡逻工作。机关科、队、室与各派出所实行挂钩联系,在重点防范日时间段,派出车辆和警力前往相应派出所,协助开展巡逻防范工作。特巡警大队满负荷运转,按照"四横七纵四广场"范围开展巡逻防范工作。分散在各派出所的保安摩托车巡逻队员,实行集中巡逻,最大限度发挥摩托车巡逻队作用。

7 月 7 ~9 日是重点巡逻防范日,分局先后组织 40 次,出动民警 455 人次,保安 1004 人次,其他力量 1381 人次。开展集中行动盘查嫌疑人员 2600 名,盘查各种嫌疑车辆 2471 辆,破获各类案件 12 起,抓获犯罪嫌疑人员 51 名,其中刑拘 5 人,治安处罚 17 人,移交外区和教育放行 29 人。

【以信息化手段提高破案率】 4 月初,分局通过指纹信息比对,破获涉案价值 20 余万的"二一五"四川籍犯罪嫌疑人高某盗窃国家机关物资案件。犯罪嫌疑人王某某携撬棍窜至莲子营小区入室盗窃时被抓获。办案民警将王的指纹、鞋印、撬棍痕迹等一一采集上网比对,先后串并全市 10 余起盗窃案件,迫使曾 3 次被判刑的王某某如实交待全部作案事实。7 月 9 日,机场派出所民警通过预警信息提示、布控破获以订包间为名,调离事主、乘机撬盗收银台的系列串案,涉案 20 余起,案值近 5 万元。8 月 13 日,分局在全市公安机关首家举行综合警务平台大比武竞赛活动,全局民警立足警务平台,运用情报信息破串案、破难案、破大案的意识和水平明显提高。

【侦破虚假证明经济大案】 3 月,臧某利用担任江苏某会计师事务所有限公司主任会计师之机,伙同刘某,在明知南京某有限公司和南京某实业有限公司没有注册资金情况下,分别为两公司出具 300 万元、200 万元人民币验资报告,帮助两公司领取工商营业执照,两人从中获取好处费 3.2 万元。5 月 26 日,秦淮经济侦察大队将嫌疑人臧某、刘某抓获。在办案中,又一举破获江苏润泰工贸有限公司、南京长河环境世术设计工程有限公司、南京飞昊园林绿化有限公司等 21 家公司虚报注册资金 5225 万元的串案。分局与工商部门联合办案,依法予以处罚。

【公安部长周永康视察夫子庙派出所】 9月4日下午,中共中央政治局委员、公安部部长周永康在省、市领导李源潮、梁保华、孙安华、罗志军、蒋宏坤、王浩良,省公安厅厅长黄明、市公安局局长孙文德等领导陪同下,视察夫子庙派出所,慰问派出所民警。周永康先后察看夫子庙派出所前台值班室、户籍室、体能训练房、民警办公室、警官餐厅、监控室、荣誉室,最后在派出所会议室观看夫子庙派出所多媒体汇报,对夫子庙派出所工作给予充分肯定。

公安部长周永康视察夫子庙派出所

【开展破案攻坚会战】 从8月起到国庆前,集中40天时间,在全区开展打击现行犯罪、破案攻坚专项会战。分局成立7位局领导、各职能科队室负责人参加的会战小组,在加强领导,分局同时对各参战单位进行考核,主要内容是:抓获、打击处理现行犯罪嫌疑人总数和人均抓获处理数;破获现行案件数、现行案件占全部发案比例数;挂牌攻坚破获案件数量与质量;抓获网上逃犯数量与质量;帮助群众追缴被盗赃车及其他钱物的多少;刑侦工作其他硬指标完成情况。会战中分局要求加大侵财性案件侦破力度,加大打击挂牌案件团伙犯罪工作力度,加大"网上追逃"的工作力度。重点围绕好又多超市、长乐路、中华路、升州路、秦虹等地区沿线车辆被盗问题以及棋牌室管理、美容美发足疗行业整治、长干桥等处夜市清理、公交车站和长途汽车站的周边环境的治理。会战期间,全区共破获各类刑事案件578起,其中现行案件308起。抓获各类违法犯罪嫌疑人610人,其中逮捕96人,直诉17人、劳教12人,治安处罚326人。

【开展公正执法树形象活动】 夫子庙派出所立足地区实际,不断创新为民服务的形式。年初推出救急援助基金、小商品买卖纠纷先行垫付基金等为民服务措施,受到公安部长周永康、省委书记李源潮的肯定。5月、7月,分局先后开展好班子和好党员、秦淮警星和文明窗口评比活动,增强民警树立人人是窗口,个个是形象意识。10月,分局通过举办咨询服务、集中发还赃物、领导带头走访、组织警营一日活动等多种形式,开展万人看公安活动。新闻媒体全年报道此项活动642篇(次),分局收到群众表扬信140余封。

【破获贩毒大案】 1月13日,分局禁毒大队发现南京人支某多次南下广州购买毒品,大肆进行贩毒活动,并在南京构建一个贩毒网络。为逃避打击,支某不断更换通讯工具,变动住址。11月7日下午,发现支某前往广州贩毒,在广州警方的配合下,分局会同禁毒支队、行动技术支队联手出击,在广州市白云区蟾蜍石南街抓获贩毒嫌疑人支某、贵州籍毒贩罗某,当场缴获摇头丸1000余粒,海洛因540克。随后,支某在南京的贩毒同伙纷纷落网。 (孙曙光)

【强化练兵提高素质】 交警三大队积极落实5月14日公安部召开电视电话会议精神,广泛开展大练兵活动，解决公安队伍中存在的说不过、追不上、打不赢的问题。大队利用悬挂横幅、张贴标语、办板报方式，营造浓厚的练兵气息；按照大队干部、中队长、民警不同层次、不同岗位确定车管、路政、事故、外勤、窗口等练兵目标；制定奖惩制度，从严考核。全队干警通过学理论、学业务、学技能、学外语、学普通话、学公安礼仪及练战术、练体能，综合素质明显提高。年内，全队50岁以下干警全部取得外语、普通话、计算机合格证书，90%以上通过体能考核，80%以上外勤民警熟练掌握快速处理道路交通事故方法与程序，窗口民警实现无纸化办公。大队成立以年轻人为主的道路交通管理、计算机应用、外语会话、"名嘴"辩论活动兴趣小组，增强业务知识面，提高解决实际问题能力。

全年依法从严查处各类交通违法行为13.2万起，暂扣驾驶证2460本、违法车辆3359辆，行政拘留44人。强化交通环境，确保道路交通安全畅通。全年共为群众做好事174件，收到锦旗31面，表扬信16封，对外宣传报道84篇115次，先后被授予市先进基层党支部、市局集体嘉奖、侦破交通肇事逃逸案件先进大队、市宣传工作先进大队等称号。

【启用移动电子警察】 4月起，三大队启用移动电子警察，是继电子警察之后道路交通管理又一项高科技现代化手段，以动态巡逻方式捕捉交通违法行为。即在专用警车上安装一台电脑，通过驾驶室内手控摇杆控制车顶上摄像机进行拍摄，拍摄图片传入电脑，将瞬间交通违法行为的时间、地点、内容定格为确凿证据图片，便于事后处理。遏制少数不自觉驾驶员的交通违法行为，提高管控能力，解决因证据不足而引发的管理矛盾。至12月底，移动电子警察共拍摄机动车压黄线、逆向行驶、违法超车、不按道行驶等交通违法行为3600余起。

（马　力）

【开展交通安全宣传"五进"工作】 5月1日，《中华人民共和国道路交通安全法》（简称《安全法》）正式实施。公安部10月19日召开电视电话会议，全面部署交通安全宣传进社区、进企业、进乡村、进学校、进家庭"五进"工作。10月20日三大队拟定《秦淮区交通安全宣传"五进"工作实施方案》，成立"五进"工作领导小组，制作30套典型事故挂图和60张《关爱生命、安全出行》光盘，采取定点与流动相结合方式深入社区、企业、学校、街道广泛宣传《安全法》。12月15日在夫子庙广场举办大型宣传咨询活动，营造宣传氛围。在68个社区、6个村委会以及200人以上34家企业，建立共创交通安全宣传服务点。选派5名优秀民警担任34所中小学、25所幼儿园交通安全宣传辅导员。与教育局联手，组织中小学生开展"十个一"活动。通过互动、举办联谊会、文艺演出、上安全课、出板报以及绘画比赛等方式，使交通安全宣传深入人心。截至2004年底，有20万人次观看图展和光盘，40万市民、3万名师生接受《安全法》教育。

（马　力　王素文）

【强化施工路段交通安全管理】 2004年，配合区政府老城改造工作，确保施工路段道路交通安全有序，二大队领导提前介入，对改造路段做好前期调查研究工作，结合工期时间、规模、影响交通程度等实际情况制定工作预案，明确职责，按照警务区区域划分，指定一名中队长具体负责，组织民警加强交通疏导与秩序维护。在仙鹤街、升州路、节制闸路、秦状元里、双塘路、洋珠巷西段、文安街、大四福巷、江宁路拓宽、出新、改建工程中，做到4到位，即警力到位、责任到位、措施到位、管理到位，为上述工程按期完成发挥职能作用。

【交警三大队评选每周一星】 在6～8月大练兵活动期间，交警三大队组织开展评选每周一星活动。评选办法采取中队推荐，大队平衡，队务会决定。被评明星警员在练兵活动中成绩突出,进步明显,有典型代表性;态度端正,训练刻苦,主动克服身体、家庭和工作中的困难,有较强自觉性;团结互助,互帮互学,乐于帮助他人提高练兵水平,有强烈集体荣誉感;善于动脑筋,勤思考,为大练兵活动出点子确实取得效果;在组织中队、兴趣小组活动以及专项技能培训等方面表现突出。对每周一星进行网上表彰,在大队表扬栏上公开事迹,适当给予物资奖励,并作为年终评比先进个人的主要依据。全年有13人次被大队评为"每周一星"。

(马 力)

【60天侦破交通肇事逃逸案】 9月21日凌晨1时50分,交警三大队事故值班民警接到报案,在秦虹路297号附近发现伤者带血的提包、手机等,民警通过散落在地一只弯曲变形的黑色雨刮器及上面的符号,推断车型和被撞挡风玻璃等物需修配的线索,历时42天找到肇事黑色红旗轿车。查到车主后,通过勘察分析肇事车辆受损部份断定,车辆损害原因不是肇事人所说撞上电线杆,而是撞了人。又通过目击人及伤者回忆,经过对该车驾驶员秦某多次细致工作,11月23日,秦某终于承认撞人逃跑为自己所为。历时60天的交通肇事逃逸案得以告破。

(徐 起)

司法行政

【概述】 2004年,司法行政工作围绕突出一个重点,强化两个建设,服务"三个文明"协调发展思路,总揽司法行政工作全局,以平安秦淮建设作为司法行政基础工作和常规工作,抓紧抓实,树立服务理念,彰显司法行政职能地位。

司法局被市委、市政府评为市社会治安综合治理先进单位;被市政府、南京警备区评为市双拥工作先进集体;被市司法局评为市司法行政系统先进集体。被区委区政府评为2001~2003年度"四五"普法先进集体。社会治安综合治理创建平安秦淮活动先进集体等。

服务中心工作有新举措。大力推行减少行政审批、市场预警、处罚预告等改进管理和服务措施。开展"法律六送"活动,即送法进机关、进企业、进学校、进军营、进社区和进乡村。抓好领导干部履行职责所必须的专业法律知识和新颁布法律法规学习,不断提高政府部门和领导干部依法办事能力。

律师业发展有新突破。2004年引进2家律师事务所(江苏南京百圣律师事务所和江苏南京衡鼎律师事务所),全区有6家律师事务所,40余名执业律师。业务创收710万元,纳税85万元。提出用3年左右时间,力争全区律师事务所达10家,年创收突破1000万元,纳税100万元。

大调解工作有新成效。率先在全市成立区街两级社会矛盾纠纷调处服务中心。建立联合排查机制、联动调处机制、联合督查机制。创新领导包案和接待日、听证和社会评价、法律援助和心理咨询等制度,形成"六前"工作法。"大调解"工作经验,先后在省委省政府、市委市政府和省司法厅召开的大调解工作会议上作交流,《实行"六前"工作法,积极预防和化解社会矛盾纠纷》被中央政法委转发,《秦淮区积极创新社会矛盾纠纷大调解机制工作研究》被司法部《部长参阅》刊用。

企业法制协会建设有新加强。成立具有社团法人资格的区域性企业法制建设协会。通过政法和行政执法部门公开服务承诺、健全社团法人章程和规范服务方式等途径,开展民主法治示范单位创建活动,促进协会工作走上规范化、正常化。

法律援助工作有新提高。立足替政府分忧,为群众解难,建立健全首问负责制,一次告知、先期办理、上门服务等8项服务制度。对涉及老、少、残、军的援助案件,实行跟庭监督、跟踪回访制度。全年,法律援助中心共接待来访咨询848人次,承办法律援助案件161起,为受援人挽回和免除费用百万余元。

【成立区社会矛盾纠纷调处服务中心】 2月20日,成立区社会矛盾纠纷调处服务中心。服务中心设在区政府,工作人员分别从区综治办、公安分局、司法局、信访局等部门调入。主要是研究制定全区社会矛盾纠纷调解工作年度计划、工作制度及考评管理办法,每月通报社会矛盾纠纷调处情况。接待群众来信来访,提供法律咨询,做好矛盾纠纷非诉讼调解、分流处理和督查回访工作。组织全区矛盾纠纷排查工作,主持重大、疑难矛盾纠纷调处工作,指导、督促各部门、各街道及驻区企事业单位人民调解委员会开展矛盾纠纷调处。向区领导及时报告各项工作开展情况以及各类社会稳定信息,为领导掌握情况、做出决策提供参考。区社会矛盾纠纷调处服务中心运行10个月,共接待来访人员1244人次,排查各类重大矛盾纠纷150起,调结和基本解决各类矛盾纠纷115起,基本化解和钝化响水桥拆迁、平江府路改造、"三小车"整治等重复上访的遗留问题。

(孙爱群)

秦淮区社会矛盾纠纷调处服务中心揭牌仪式

【"六前"工作法被中央政法委转发】 7月2日,由区委制定的《实行"六前"工作法,积极预防和化解社会矛盾纠纷》被中央政法委转发。社会矛盾纠纷调处"六前"工作法主要内容是:领导指挥靠前,明确矛盾纠纷,区主要领导带头抓,分管政法领导具体抓,各相关部门共同抓,发生重大群体性事件后,区主要领导、分管领导靠前指挥,亲自督办,妥善处置;信息预警超前,坚持和完善信息专报、矛盾纠纷快报等制度,编写"不稳定因素每日动态",做到情况随时掌握、信息随时报送、问题随时处理;法制教育在前,通过法制宣传教育,引导当事人依法维权,对缓解矛盾起到积极作用;惩处首恶提前,打击少数犯罪分子,教育多数,维护稳定,在处置集体上访问题中,果断依法采取告诫、传讯等措施,迅速平息事态;帮扶措施上前,将弱势群体帮扶工作作为化解矛盾纠纷的治本之策,组织面对面援助,开展送温暖、送奖学金、送岗位等活动,解决群众实际困难,以真情促进矛盾化解;舆论宣传抢前,建立健全突发性事件新闻通气制度、归口管理制度、分类处理制度等,加强与新闻媒体的沟通联系。

(孙爱群　温秀芬)

【引入矛盾调处听证和社会评价程序】 3月31日,区社会矛盾纠纷调处服务中心协调相关部门举行陈某某夫妇因住房拆迁补偿面积问题与区拆迁办发生矛盾,多次协商未果的拆迁纠纷听证会。会议邀请市信访局、司法局和拆迁办等部门专家,人大、政协、律师代表及房产评估人员参加听证。听证会上,矛盾双方当事人对纠纷事实和要求进行陈述。到场专家、代表对纠纷从政策、法律等方面做出客观评价,并现场解答当事人咨询,促进重大疑难纠纷尽快解决。

【成立街道法律顾问小组】 11月12日,街道法律顾问小组成立。司法局整合全区5个律师事务所人才资源,挑选5名政治素质好、业务能力强、热心公益事业的律师组建街道法律顾问小组。为各街道提供决策把关、调处矛盾纠纷、开展法制宣传教育和监督依法执政等多形式、全方位法律服务。法律顾问小组固定每季度下街道开展法律咨询活动,平时有问题随喊随到。自成立以来,为各街道提供各类服务20余次,参与解决矛盾纠纷5起。

法律顾问小组开展法律咨询活动

【开展联合帮教工作】 10月26日,副区长王根宝带领政法委、司法局负责人及各街道司法所长等10余人,赴大连山劳教所开展联合帮教活动,这是继1992年以来第13次赴大连山开展此项工作。为75名秦淮籍劳教人员送去毛巾、牙刷、牙膏、肥皂等生活日用品,带去劳教人员家人书信和留言,送去《法律常识300题》等相关法律书籍和读书笔记本。各街道司法所还协同大连山劳教所一起与劳教人员签订联合帮教协议书,激励劳教人员早日回归社会。

【开展法律服务进社区“结对共建”活动】 3月,司法局全体机关干警和法律服务工作者73人,分别与5个街道66个社区、7个村委会,签订“法律服务结对共建”协议书,启动法律服务进社区“结对共建”活动。司法干警和法律工作者分别担任1个社区(村)法律顾问。每季度深入社区,研究解决社区工作中存在的涉法难点、热点问题。开展社区义务法律咨询、法律服务和法律援助。收集、掌握社区开展司法行政工作存在困难。加强对社区不稳定因素的排查与调处,随时参与社区重大、疑难纠纷的调处以及刑释解教回归人员的安置帮教工作。参与社区法制宣传和依法治理工作。全局干警和法律工作者深入社区180余人次,为社区办实事和解决社区群众反映问题10余件,参与排查调解各类矛盾纠纷40余次。

【召开律师事务所中介机构党建工作现场会】 6月11日,市司法局机关党委率全市各市属律师事务所党支部书记20余人,在区司法局召开全市律师事务所中介机构党建工作现场会。司法局负责人介绍区法律服务中介组织党建工作基本情况、做法和经验。在符合条件的律师事务所成立独立党支部,为不具备成立支部条件的律师事务所配备党建指导员,在6家法律服务所成立联合党支部,明确基层支部软硬件建设要求。在软件上做到“三簿一册”,即党建工作记载簿、支部会议记载簿、党员电教记载簿和党员及入党积极分子花名册。在硬件上做到“两机一室”,即电视机、DVD机和党员活动室,建立和完善党员教育电教化制度,开展党员示范岗活动,与社区结对共建活动,做好培养发展新党员工作,壮大社会中介组织党员队伍。

【举办《行政许可法》知识竞赛】 6月14日，司法局与区委宣传部、区政府法制办共同组织全区21家行政执法单位参加《中华人民共和国行政许可法》知识竞赛。6月30日，国税分局、环保局、检察院等6家单位参加知识竞赛决赛。决赛以单位组队（每队3人）现场竞答方式进行，竞赛试题分为个人必答题，选答题、抢答题和风险题几种类型。通过几轮角逐，国税分局获一等奖，工商分局、环保局获二等奖，红花街道、检察院和公安分局获三等奖。

秦淮区《行政许可法》知识竞赛决赛

【探索利用法律手段拥军新方式】 4月，司法局与区人武部联手设立维护军人军属合法权益法律服务站，开通军人148法律服务热线，为全区军人军属发放法律援助优惠卡。5月，区法律援助中心受理解放军理工大学正排级军官苑某某因恋爱纠纷被杀一案，指派律师担任被害人苑某某父母刑事附带民事诉讼代理人。司法局分管领导和代理律师多次深入部队了解案情，协助部队做好苑某某父母思想工作，加强与法院联系，为苑某某父母提供法律帮助，最后经市中级法院判决，两杀人凶手1人死刑，1人死缓，并赔偿被害人家属经济损失32万元。7月，在放暑假前组织律师走进解放军理工大学开展法律咨询，上法制课。11月，协助人武部组织新兵入伍前学习《中华人民共和国兵役法》。

【法律服务工作做到“五突出”】 年初，司法局提出法律服务要突出为中心工作服务，坚持每月18日的政府信访接待日，帮助解决上访群众的涉法问题；突出为经济发展服务，引导律师为全区经济结构调整、国企改革、工业园建设、民营经济发展服务；突出为基层群众服务，深化一名干警联系一个社区活动，在全区5个街道举行法律服务进社区协议签订仪式，定期在社区开展法律进万家、法律咨询广场、家庭学法竞赛活动，为群众提供公益性与便民性法律服务；突出为公益事业服务，全区律师和法律服务工作者全年共承办法律援助案件161起，为受援人挽回和免除费用百万元。正天衡律师事务所与南京《周末》报等媒体共建，设置小霞法律服务热线，突出为维护军人军属合法权益服务。

【建立局领导干部基层联系点制度】 9月26日，区司法局结合领导干部民主生活会整改措施出台，建立局领导干部基层工作联系点制度，3位局领导分别将司法所、律师事务所和法律服务所作为基层工作联系点，每季度下基层进行一次工作调研，协助解决基层开展司法行政工作遇到的困难，及时总结基层工作经验，促进基层司法行政工作整体上台阶。

（孙爱群）

地 方 军 事

人 民 武 装

【概述】 2004年,主要抓思想政治建设、全民国防教育、民兵组织整顿、预备役高炮连实弹考核、区国防动员委员会战时指挥演练、民兵防空袭演练、科技支前保障分队训练成果汇报演示、社会安全稳定和征兵工作。

结合实际,组织开展党日活动,组织开展大力弘扬艰苦奋斗精神专题教育,强化纪律意识,全年用28天完成4个专题政治理论学习。还分别在纪委、民政局和基层武装部聘12名监督员,帮助端正党风。

全年举办参加各类集训38批次,参训人员180人次。其中,现役干部参加集训和培训(以会代训)15批次50人次;专武干部(民兵干部或民兵骨干)参加集训培训23批次120人次。在"双百调研"基础上,将人员进行分组,由领导带队深入到全区52个民兵单位了解情况。全年干部下基层150人次,覆盖面90%以上。

组织年度军事训练和演练,出动民兵及保障人员1464人次。征集各类车辆49台,动用车辆装备294台次,行程1.1万公里,动用民兵武器装备30余门(支)。区人武部被警备区通报表彰为暑期安全竞赛先进单位。

7月,按照正规化建设标准,本着"简洁大方、功能齐全"原则,分步改造作战室和办公区域。添置必要的指挥和办公设备,规范办公秩序。

做好征兵工作,参加兵役登记适龄青年体检合格率59%,超额完成征兵任务。

【组织战时动员指挥演练】 7月,区国防动员委员会(简称国动委)在区人武部作战室组织战时动员指挥演练。演练以高技术条件下联合登岛作战行动为背景,采取自导自演、室内推演与室外实兵演练相结合方式,演练平战转换和城市防空袭疏散的组织指挥工作。区国动委第一主任杨福明,主任徐耀新和4位副主任及25个成员单位的领导40多人参加演练。区委、区政府有关部门领导以及街道党工委领导、武装部部长等30人观摩演练。市国动委常务副主任、南京警备区缪勤德司令员率机关工作组检查指导演练。演练主要经验被转发各区县。

【组织预备役高炮连参加实弹射击】 4月,人武部组织预备役高炮一团57高炮二连92名预任官兵进行1个月专业训练,并赴射阳靶场参加省军区组织实弹射击考核,取得实弹射击弹迹总评优秀成绩、同时获安全管理先进单位和装备管理先进单位称号,省军区组织野炊比武优胜奖。

【参加市城市防空演习】 8月,人武部参加江苏省暨南京市城市防空演习,担负民兵科技支前保障大队编组与展开、作战条件下装备抢修和快速恢复装备战斗力、民兵干扰分队对敌全球定位制导的巡航导弹实施干扰三个分课题防空演习任务。演习结束,区人武部被南京市国防动员委员会评为城市防空演习先进单位,人武部长郭庚明、军事科长温红伟被南京警备区表彰为城市防空演习先进个人。

【开展双拥共建工作】 2004年,人武部协同有关部门、企事业单位做好拥军工作,开展拥军服务进家庭、拥军慰问进军营、拥军宣传进街巷和爱心献功臣活动。同时,协调驻区部队支持秦淮各项建设,争创"双拥"模范区。元旦、春节、"八一"、"十一"节日期间,组织基层武装部走访慰问烈军属、抗美援朝老战士,为优秀士兵、部队功臣送光荣牌,举办军民联欢晚会。

【爱中华奔小康强国防万人签名】 9月18日,全国第四个全民国防教育日,人武部组织开展以爱中华、奔小康、强国防为主题的万人签名活动。全区民兵预备役人员、参加军训的中小学生、少年军校生和驻区院校官兵及群众近万人,在夫子庙广场进行签名。

爱中华奔小康强国防万人签名

【组织新闻报道58篇】 2004年,人武部鼓励人武干部结合工作开展调查研究,搞好新闻报道工作。全年发表新闻稿件58篇。其中,中央级刊物用稿9篇,大军区级刊物用稿9篇,省级新闻18篇,市以上新闻19篇,学术性研究文章3篇,被南京警备区评为新闻工作二等奖。

【参加警备区"双百"调研】 3月,区人武部参加市警备区组织的"双百"调研(一百个民兵连、一百个企业)活动,将部内人员进行分组,由领导带队深入到全区52个民兵单位了解情况,摸清底数,为民兵整组和民兵组织拓展准备第一手资料。全年干部下基层150人次,覆盖面90%以上。

【完成年度征兵工作】 第四季度,人武部根据市征兵办统一部署开展征兵工作。按区人口密集、人户分离、居住分散这一特点,严格按照宣传发动、目测初检、集中体检、政审联审、走访定兵等征兵程序,向部队输送合格优质兵员,完成年度征兵任务。 (曲晓军)

人民防空

【概述】 2004年,坚持人防建设与经济建设相结合、与城市建设相协调的原则,围绕新形势下军事斗争和人民防空实质性准备这一主题,人防防护工程建设以防空地下室为主体,以配套工程为重点的城市人民防空体系,组建具备一定防空抗毁和抢险救灾能力,战时可以消除空袭后果、平时参加城市抢险救灾的人民防空专业队伍。

指挥通信取得新进展。完成区应急地下指挥所立项、指挥与办公自动化局域网建设和警报控制终端改造与建设,增加、移动警报器各一台。与区国动委联合举行"秦动—2004"防空袭人员隐蔽与疏散演练。进行群众防空组织整训,对人防专业队员进行整组,完成防空袭预案的修订。

人防法制建设跃上新台阶。贯彻国家、省、市有关人防建设的法律、法规和政策。执行三个纳入、两个禁止:即把人民防空工作纳入全区地区经济和社会发展计划,把人民防空工程建设纳入城市建设总体规划,把人民防空经费纳入本级财政预算;禁止随意减免人防战备经费,禁止不建和少建人防工程。抓好3个方面的执法:即结建式人防工程执法,注重人防工程建造质量、面积、时限;按规定需交纳的人防战备经费及人防工程使用费的执法,指导辖区依法开展人防工作。全年制定“人防工程档案管理制度”、“人防工程巡查报告制度”、“人防工程定期检修保养制度”、“人防工程拆除报废及装修改造审批制度”、“人防工程消防安全管理制度”、“人防工程平时使用证核发及验审制度”、“人防工程管理人员上岗证制度”7项人防工程管理制度,健全人防行政执法网络。

工程维护管理得到加强。强化责任意识,做到一明确、五落实(明确人防工程安全管理和安全消防工作的重要性及责任落实、制度落实、措施落实、经费落实、战备设施落实)。现有人防工程和设施,在保持和增强战备功能的前提下,把经营权转让市场,发挥人防资源的社会效益和经济效益。

【人防知识宣传教育进社区】 9月,区人防办采取多种形式,开展人防知识宣传教育,利用社区各类人士齐聚共居的特点,确定区内20个社区作为人防教育试点单位,向社区居民宣传普及现代战争特点、防空袭知识、战时自救互救常识以及当地人防工程的布局位置、人员疏散方案等。结合平时遇到各种自然灾害或突发事件事故,宣传人们应具有的防范应急救援等知识。印制人防知识手册、刻录人防演练光盘,下发街道社区,制作人防宣传展板,在街道社区组织展板巡回展,并要求社区开展以“六个一”(一条横幅、一块展板、一份答卷、一本知识手册、一堂人防课、一部录像)为形式的宣传活动,扩大人防知识宣传受教育面。 (马 骏)

【组织防空袭人员隐蔽与疏散演练】 7月2日,区人防办结合“秦动—2004”国动委演习,在秦虹街道怡馨花园组织有200人参加的人员隐蔽与疏散演练。从开设野战人防指挥所到敌方突然袭击条件下的人员隐蔽、防化专业队检测可疑烟幕、医疗专业队抢救伤员,以及组织社区居民向高淳疏散地疏散交接等科目。进一步明确战时体制下的组织指挥程序,检验区防空袭预案与人口疏散保障计划的可行性和可操作性。 (曾益海 马 骏)

秦淮区防空袭人员隐蔽和疏散演练

【开展中学生人防知识教育】 2月,区人防办公室为全区中学生制订人防知识教育计划,组织人防教材,备课示教活动。提出教育一个学生带动一个家庭、推动一所学校、确保一方平安的口号。在全区6所中学开设人防知识课,中学生人防知识教育普及率100%。学校成立人防知识教育领导小组,选配专职教师到相关院校进行培训,全年开展6次人防教育活动,并进行人防知识理论和实际防护动作考核。中学生熟悉《中华人民共和国人民防空法》具体内容,明确人民防空建设在国防建设中的重要地位和作用,懂得遭敌空袭时的防护等知识。

【修订防空袭预案】 9月,区人武部针对国际、台海形势变化和街道区域调整情况,对区、街道防空袭预案进行修订完善,统一格式,图文并茂。修订后的《秦淮区人民防空袭预案》分别由基本方案、保障计划、运输路线、重点防护目标、各个街道人口隐蔽疏散方案及附图组成,11月正式上报区政府、市人武部。

【人防资源普查】 11月,人防办开展普查,对全区18个3万平方米的地下室进行登记造册和备案,先后对莺虹苑、渡船口、集合村粮库等工事进行整治和作报废处理。把结建工程作为重点抓紧抓好。宏图高科、宏意地产等地下工程相继竣工验收交接,及时进行新增人防工程面积普查登记工作。

【人防工程管理】 3月,区人防办召开人防工程使用管理会议。辖区内人防工程管理人员、结建人防工程所在单位负责人20人参加会议。会议布置辖区内人防工程年检、消防、排水、通风、照明等安全检查工作,并对辖区内人防工程使用管理维护工作进行总结评比,重申人防工程管理人员、结建人防工程所在单位负责人,要严格依照《中华人民共和国人民防空法》和《江苏省实施〈人防法〉办法》等有关法律、法规,切实维护、管理和使用好人防工程。12月,对列入考核的48个丙类以上人防工事组织年检,17个被评为甲类优良工事,31个被评为丙类以上合格工事,整体合格率98%,其中优良率52%。

【加强警报器规范管理】 2004年,人防办统一规范警报器管理台账、登记方法和操作程序。组织警报器维护管理和操作技术检查,做好新建警报器设置工作和1台警报器移机换装工作,确保8月30日和12月13日全市防空袭警报试鸣工作,做到全区主城区警报鸣响覆盖率100%,试鸣率100%。 (马 骏)

消 防 工 作

【概述】 2004年全区防火形势稳定,未发生重、特大火灾事故。消防中队全年出警244起,其中参加地方抢险、紧急救援、社会救助45起。发生火灾98起,造成直接经济损失18840元,死亡2人。进行消防行政处罚7起,其中责令停止施工停产停业7家,处于罚款7人,被罚款单位7家,共罚款7.7万元。

学习贯彻新修订的公安部第73号令《消防监督检查规定》。消防大队全体消防监督员和公安分局专兼职消防民警,收看公安部消防局贯彻规定电视电话会议,参加市局贯彻规定培训班,熟悉并掌握消防监督检查的内容、程序和时限。

贯彻落实行政许可法。消防大队将学习贯彻落实行政许可法作为2004年一项重要工作来抓。对国务院已经取消涉及公安消防部门的10项行政许可项目,停止再审批和变相审批,保护公民、法人和其他组织的合法权益。

【"161"工程建设达标创优】 7月,消防大队被市消防支队党委确定为"161"工程建设试点单位。消防大队建立健全竞争激励机制,并以执法为民教育整顿和大练兵活动为契机,开展按纲建队活动,提高官兵素质和战斗力,同时抓好社会化消防宣传和后勤保障社会化等重点工作。11月下旬,经市支队"161"工程建设检查组考评验收,消防大队高标准高质量完成试点工作,获得"161"工程达标创优先进单位称号。"161"工程:抓住一个根本,即以班子和队伍建设为根本,突出六个着力点,即以基层建设、执法为民、大练兵多种形式消防队伍建设、公共消防基础设施和消防装备建设、社会化消防宣传;一个机制,即建立健全竞争激励机制。

【消防站对外开放】 2004年,消防大队贯彻公安部消防局《关于定期开放消防站开展社会化消防宣传教育的通知》精神,对外开放。在消防站对外开放工作处于市领先地位的基础上,添置放烟机、灭火器模拟扑救演示系统等系列设施,并对原有设施进行维护和完善。消防站全天候、全方位对社会开放,向群众普及消防知识,传授消防技能。对外开放以来,接待中小学生和社会各界群众2万人。10月底,全省第一个通过省消防总队验收。

【夫子庙消防中队被命名全国青少年科普教育基地】 2004年,夫子庙消防中队按照《全国消防科普教育基地标准》做好各项工作,开展形式多样、内容丰富、贴近群众、满足公众消防普及需求的社会化消防科普活动,使基地成为开展群众化、社会化、经常化科普活动阵地。10月25日,被公安部消防局、中国科协科普部、中国消防协会联合命名为全国消防科普教育基地。12月1日,在夫子庙消防站进行授牌仪式。

【夫子庙消防中队获公众服务大奖】 2004年,夫子庙中队参加省广播电视总台城市频道举办的《南京零距离》公众服务大奖评比,被列为15个候选单位之一,经过全市人民投票评选,获得此项大奖,并接受省广电总台领导颁发的奖牌和证书。

【审核建筑防火设施】 2004年,消防大队审核建筑工程项目75个,在建建筑面积计234.3万平方米。验收竣工工程项目防火设施65个,全部合格。下发消防安全检查意见书36份,确保全区建筑工程消防安全。

【抓名城会消防安全工作】 1~4月,区消防大队及早部署,精心安排,先后3次检查世界历史文化名城博览会主要活动点夫子庙旅游景区及周边地区近2000家大小单位消防安全工作,整改火灾隐患50处。博览会和"五一"期间,夫子庙地区每天接待海内外游客20万人,未发生一起火灾事故。

【开展消防安全专项治理】 3月28日,区政府成立由常务副区长曹路宝任组长,区安监局、公安分局、消防大队、经贸、教育、文化、卫生、民政、工商、旅游等部门负责人参加的消防安全专项治理领导小组,相继开展人员密集场所、古建筑、"三合一"建筑消防安全专项治理工作。至年底出动警力843人次,组织专项检查16次,排出火灾隐患单位137家,隐患169处,督促整改单位131家,火灾隐患156处,对未能及时整改的火灾隐患单位下发《责令限期改正通知书》80份,《复查意见书》78份,查处消防违法行为7起。全区符合消防要求的单位由123家上升为155家,合格率93.8%,未发生一起重特大恶性火灾事故。

【举办消防安全进社区现场会】 11月8日,消防大队联合红花街道在风光里社区举办消防安全进社区现场会。街道、区安监局、派出所分管领导出席现场会并讲话,同时消防大队在现场进行消防演练和消防宣传咨询,讲解消防基本常识和应急逃生方法等。

【消防监督微机管理进行试运行】 11月9日,消防大队全体消防监督员参加支队组织的数字化试点工作动员会议。会后,组织实施。各类消防监督法律文书由承办人直接录入微机,按文书流转程序审查签署意见。文书承办人须对电子文稿的审批和传阅情况进行跟踪督办,并根据逐级审批意见,对电子文稿进行修改定稿。此项微机数字化管理,提升了办公现代化水平。

（杜永霞）

社 会 生 活

劳动和社会保障

【概述】 2004年,区劳动和社会保障工作,按照以人为本,富民优先要求,用改革办法,创新精神,开放思路,扎实作风,把劳动和社会保障工作做实、做活、做优。继续完善市场导向就业机制和政府援助就业机制,扩大就业,促进再就业,鼓励自主创业,提供空岗信息25000个,推荐就业28412人次,新增就业岗位10500个,举办50场劳动力招聘交流活动,组织841家用人单位进场,提供210多个工种19712个岗位,实现就业15810人次;进一步完善社会保障体系,扩大社会保险覆盖面,新增参加社会养老保险8300人,新增参加医疗保险5909人;进一步调节社会矛盾,依法加大劳动保障监察力度,规范用人单位用工行为,认真受理和查处群众举报、投诉,化解矛盾,维护社会稳定,为富民强区、加快发展和全面建设小康社会做出贡献。

在年度考核评比中,区劳动和社会保障局被市政府表彰为先进单位,被市局表彰为劳动力资源调查工作先进集体,获年度养老金领取资格验证工作组织奖、年度老人节书法比赛组织奖。有3人分别被市政府、市局表彰为先进个人。

【为失业人员和退休人员送温暖】 2004年元旦、春节期间,劳动和社会保障局发放慰问金180多万元,对3748名在领失业保险金人员发放“两节”补贴112.44万元,对50名在领失业保险金中残疾、重病、生活特别困难人员发放慰问金5万元,对520名企业退休孤寡老人发放生活补助金20.8万元,对550户因病、因灾、生活困难企业退休人员发放慰问金44万元,局领导上门慰问5名重病、生活特别困难的失业人员。

【区政府出资662万元购置劳动岗位】 2004年,全区有1740名就业特别困难人员需要帮扶就业。区政府于8月24日、10月28日2次举办购岗送岗活动,与27家用人单位签订购岗协议,出资662万元购买岗位,帮助472名就业特别困难人员走上新岗位。全年帮扶1575名就业特别困难人员再就业。

【安置被拆除违法建筑困难人员就业】 拆除违法建筑,做好拆违中经济特困家庭就业困难人员就业服务工作,是全市一项突击性工作。2004年区劳动和社会保障局对153名拆违中经济特困家庭就业困难人员实施跟踪服务,上门做好调查登记工作,做到家庭成员清、家庭经济状况清、劳动技能清、就业要求清。对符合条件的7人发放再就业优惠证,提供岗位信息1294个。9月9日、17日,区职业介绍所举办2场援助拆违就业困难人员就业专场招聘会,对16名有就业愿望、不挑不拣的就业困难人员推荐上岗就业。

【开展职业技能培训】 2004年,劳动和社会保障局依托秦淮人力资源市场培训中心,抽出5名专职工作人员担任教学和管理工作,聘请11名专业技能强、教学经验丰富的教师担任教员,举办电脑、插花、保安、办公自动化、物业管理、超市理货员等职业技能培训98期。其中,自办班97期,与区职工学校联合举办会计电算化班1期。全年培训6464人次。

【举办军嫂招聘会】 “八一”建军节前夕,劳动和社会保障局在秦淮人力资源市场举办军嫂招聘会,组织苏果、好又多超市,宏光空降装备厂等27家大中型企业进场,提供业务主管、会计、销售经理等近500个岗位。50名参加招聘军嫂,有39名与用人单位达成录用意向,成功率78%。全年帮助57名军嫂实现就业。

【新增8000人参加社会养老保险】 1~2月,劳动保障部门采取措施,扩大社会养老保险覆盖面,结合劳动工资年报联审,对机关事业单位中使用临时人员参加社会保险情况进行检查;3~4月,结合劳动保障年检和社会保险登记证年检,对各类用人单位劳动者依法足额参加社会保险情况进行普查;5~9月,对65738名劳动者参保情况进行调查;每月15日,结合失业人员领取失业保险金存折,动员参加社会养老保险。通过多方面努力,全年新增参加社会养老保险8300人。

【创建充分就业保障社区】 2004年,劳动保障部门在68个社区劳动保障站达到机构、人员、经费、场地、制度、工作“六到位”的基础上,开展创建充分就业保障社区活动。辖区内85%以上下岗失业人员基本实现再就业,双失业双下岗家庭中至少有1人上岗就业作为标准,有53个社区通过市劳动和社会保障局检查验收。

【新增5909人参加医疗保险】 3月24日,全市灵活就业人员办理医疗保险工作在秦淮区进行试点。劳动保障部门邀请有关专家学者对90名劳动保障协理员进行医保业务知识培训,操作技巧指导。在秦淮人力资源市场一楼服务大厅设立咨询台,增添服务窗口工作人员,充实医保工作力量。广泛张贴宣传画、印发《办理劳动和社会保障卡须知》,公布灵活就业人员办理医保流程等,对灵活就业人员参加医保的现行政策规定和程序进行广泛宣传。办理医疗保险试点工作获得成功,全市灵活就业人员参加医保工作7月启动,全年新增5909人参加医疗保险。

【3404人参加农村养老保险】 2004年,参加农村养老保险的人员有3404人,年人均交费数为167元。到达领保年龄人员为189人,最高月领取养老金63元,最低月领取0.8元,人均10.77元。其中,领取0.8元的原因是起交时间迟(40岁以上),所交金额太少。

再就业优惠政策宣传

【教职员工参加失业保险】 2004年,全区31家中学、小学、幼儿园2132名教职员工参加失业保险。其中,中学5家,涉及教职员工808人;小学18家,涉及教职员工1019人;幼儿园4家,涉及教职员工106人;其他(成人教育培训中心、少年宫等)4家,涉及教职员工199人。缴纳失业保险基金110万元,保险金额为工资3%,单位承担2%,个人承担1%。

【开展城乡劳动力资源调查】 2003年12

月1日至2004年3月20日,区劳动和社会保障局组织526人,投入资金20万元,对辖区内160076名适龄劳动力人口中的158097人进行入户调查,了解城乡劳动力就业、失业、技术培训等方面基本情况,调查率达98%,解决长期以来劳动力资源底数不清、情况不明的问题,初步建立适龄劳动力人口档案,为建立全区劳动力预警机制打下基础。

【开展四位一体劳动保障执法检查】 5~9月,劳动和社会保障局在全区开展劳动合同、工资支付、社会保险、职业介绍"四位一体"劳动保障执法检查,对2685家用人单位进行检查登记,并录入微机管理,涉及职工65738人。其中,机关事业单位100家,社会团体5家,非企业单位14家,国有企业131家,集体企业203家,私营企业1250家,港、澳、台投资企业57家,外商投资企业54家,其他企业215家,个体经济组织656家。通过"四位一体"劳动保障执法检查,实现社会保险扩面6197人,补签劳动合同1810人,为324名职工追回拖欠工资21.65万元,规范6家营利性职业介绍所。

【帮助民工追讨工资】 2004年,劳动保障部门帮助民工追讨工资。在秦淮人力资源市场设立民工接待窗口,公布举报投诉热线,节假日安排工作人员值班,负责解答劳动保障政策,受理投诉举报,建立民工维权绿色通道。上半年,对全区范围内所有在建工地进行一次全面摸底调查,了解掌握工地数量、工程项目、施工单位、民工数量等基本情况,确保追讨民工工资工作有的放矢。经过专业培训、考核,全区有94名劳动保障协理员领取劳动保障监察协理员证,全年接待民工787批次,涉及1929人次,受理举报投诉案件228件,为852名民工追回拖欠工资47.5万元。

【处理劳动争议案件】 2004年立案审理劳动争议案件127起,立案数同比增长84.06%。案由为劳动报酬争议占51.97%,解除劳动合同争议占7.09%,工伤待遇争议占3.94%,保险福利争议占3.94%,其他方式争议(如补偿争议、赔偿争议、转移档案争议等)占33.07%。在发案单位中,有限责任公司劳动争议案件数量为89起,占立案审理数70.08%,同比增长85.42%;集体企业25起,占立案审理数19.69%;外资企业、机关事业团体、私营企业各3起,各占立案审理数2.36%;股份公司、国有企业各2起,各占立案审理数1.57%。对经审查不符合劳动争议案件立案条件23起申诉,均在法定期限内发出不予受理通知书。全年案外调解劳动争议案件70起,同比增长16.67%。

【劳动争议案件中用人单位败诉率上升】 2004年,在全区立案审理劳动争议案件中,用人单位败诉率64.57%,而2003年同期劳动者败诉率仅为12.60%。用人单位败诉率高主要原因是没有依法为劳动者办理社会保险,不按市规定最低工资标准支付工资。连续发生15起以上劳动争议案件用人单位有3家,连续发生3起以上劳动争议案件用人单位有7家。

【减免劳动仲裁费用5000元】 2004年,劳动争议仲裁机构为申请仲裁人员中下岗失业无经济来源人员、享受最低生活保障救助的低收入人员等弱势群体减免仲裁费用5000元。同时,针对这些人员中因文字表达能力欠缺,而导致不能正确陈述仲裁请求、相关事实理由问题,分类制定仲裁申诉书样本,供申诉人参考。

【清理拖欠社会养老保险金】 2004年年初,市下达清欠指标数为34.7万元。区劳动保障部门领导带队到欠费重点单位,对企业生产经营情况、还款能力进行实地调查,督促企业制定清欠计划。明确社会保险金清欠情况与企业职工退休挂钩,欠费企业必须完成年度清欠计划数才能办理职工退休手续。全年清理参加市统筹企业历年拖欠养老金73万元,占年清欠指标数210%。

【企业退休人员养老金领取资格验证】 1月起,企业退休人员养老金领取资格验证工作,由银行承办改为劳动保障系统承办。劳动和社会保障局发挥街道、社区劳动保障服务平台作用,退休人员带户口本或退休证或身份证,到户口所在地或居住地社区劳动保障站即可办理验证手续。对80岁以上或行动不便的退休人员,通过电话预约,劳动保障协理员上门办理验证手续。全年为企业进行养老金领取资格验证41684人。

【鉴证劳动合同6596份】 2004年,劳动和社会保障局共鉴证劳动合同6596份。其中新签劳动合同2473份,续签劳动合同3936份,补签劳动合同187份。国有、集体企业签订劳动合同1249份,中外合资企业签订劳动合同721份,港澳台投资企业签订劳动合同458份,有限公司、股份制企业签订劳动合同3503份,私营企业、个体工商户签订劳动合同620份,机关事业单位签订劳动合同45份。

【推行工资集体协商谈判】 2004年,劳动和社会保障局会同区总工会,积极开展企业行政管理方与企业工会双方工资集体协商谈判,充分发挥工会组织职能作用,通过行业工会把小型企业组织起来集中开展工资集体协商谈判。组织业务培训、工资集体协商谈判观摩,使企业管理层与工会都能熟悉工资集体协商谈判的方法和步骤。

全年有36家企业在对工资分配达成一致基础上,签订企业工资集体协议。

【宣传贯彻《工伤保险条例》】 1月1日施行国务院《工伤保险条例》,劳动和社会保障局通过广场咨询、散发宣传资料、业务会议等形式,宣传《工伤保险条例》,接待职工工伤咨询1800人次,组织机关干部利用双休日对企业特别是新办企业职工参加工伤保险情况进行检查,督促、指导用人单位为职工办理、补办工伤保险,全年新增参加工伤保险3468人。

(张瑞君)

民　　政

【概述】 2004年,全区民政工作保持健康、快速、有序发展态势。规范低保工作管理,做到应保尽保,应出即出,应调即调。截至12月,全区共有低保对象3556户7800人,全年新增低保对象574户1155人;退出327户742人;调整标准563户1408人,发放低保金1046万元。

开展春节送温暖活动,慰问低保家庭3384户、福利机构7家、生活困难家庭1067户。6月中旬雨季向家中进水的520多户居民及受淹社区居委会、部分受灾群众中“低保”户、孤寡老人、特困人员发放慰问金和慰问品。

拟定9条关于社区建设意见,探索建立机关部门工作进社区“准入制”,落实老龄工作和活动经费,提高高龄老人长寿补贴标准。全区新建扩建社区托老所、社区老年心理辅导站、老年病预防治疗康复点各20个,分别建立各类老人档案。

开展学雷锋为民服务和法律送军营活动,落实各项优待抚恤政策,按时发放定抚定补和伤残保健金,为全区重点优抚对象办理住院医疗保险手续。严格执行农村义务兵家属优待金足额兑现。抓好婚姻登记条例宣传和教育,提高服务水平与效率。确保婚姻和收养登记合格率100%。健全殡葬管理工作网络,实行目标管理,确保火化率、骨灰正确处理率达标。

全年,秦淮区民政工作获多次嘉奖:全国老龄工作先进区、省民政工作先进集体、省民政系统行风建设先进区、省星光计划组织先进单位、省先进婚姻登记机关、省拥军优属工作先进单位、省2003～2004年度老龄工作先进区。

【建立农村低保制度和临时救助制度】 3月，在全区农村建立农村低保制度，至12月底，有农村低保21户32人，全年发放农村低保金20万元。同时建立临时救助制度，为195户大重病人发放补助金34.2万元，发放慈善医疗救助券2622张计7.9万元。发放慈善爱心助学金715人9.34万元，及时为低保家庭办理子女学费、房租和有线电视费等减免手续，保障困难群众基本生活。

【百名老人拥有社会床位数大幅增加】 2004年，秦淮区有老年人口4.1万多人，对照A级标准，社会福利床位应达到824张，实际只有549张，缺口275张。民政局要求各街道按照所属辖区老年人口数，每百名老人增加福利机构床位数0.2张，床位必须达到30张以上。各街道整合社区资源，利用自建、联建等方式，调动社会力量，鼓励个人、民营兴办老人福利机构。先后建成3家民营、改造扩建5家老年福利机构，年底全区社会福利床位863张，比A级标准规定还多39张。

【建立健全老年维权网络】 2004年建立以区老龄办、区司法局、老年法庭为中心，街道、社区居委会为站点的三级老年维权网络，老年法律直通车开进社区，做到点面结合。老年人一旦遇到侵权，随时拨打电话求助，即刻有法律援助人员赶到现场，帮助解决问题，形成老年人维权“绿色通道”。全年接待法律咨询6050人次，调解老年维权纠纷105起，发放法律援助卡350张。

【开展第三届爱心助老月活动】 9月22日至10月22日，秦淮区开展第三届爱心助老月活动，团区委组织各校团员青年、少年儿童到敬老院、社区帮助孤寡老人梳理头发、清洗衣物、打扫居室卫生、表演节目。体育局组织人员对各社区露天体育健身器材进行全面维修，体育活动中心场所每周四上午免费对全区老年人开放。卫生局在各社区开展建立健康档案工作，组织医务人员到社区、敬老院为老人免费体检。双塘街道举行老年人健康知识畅谈会，为所辖19个社区100多名老年人讲授秋冬季节老年人健康保健知识。中华门街道走访敬老院和11个社区12户孤寡、残疾、特困老人。红花街道走访慰问23位90岁以上的高龄老人。全区组织各类讲座60场，有2000多位老年人参与听课。街道组织辖区内医务人员免费为5000位老年人（敬老院老年人和散居五保老人）体检。对2000名60岁以上老年人以走访慰问、召开祝寿会、茶话会、座谈会等形式表示问候。

（刘振源）

区领导慰问老年公寓老人

【3条道路命名更名】 根据宁政复〔2003〕134号《关于新民坊路等地名命名、更名的批复》:位于中华门以东城墙北侧,西起中华门城堡、东至箍捅巷的道路命名为新民坊路。位于康居里南侧,西起秦虹南路、东至大明路的道路命名为康居路。位于南京晨光集团有限公司东侧,北起雨花门,南至世纪广场的土城头路更名为晨光路。7月,区民政局地名办为3条道路竖立新路牌。 (宗庆生)

新民坊路命名

【举办迎国庆夕阳红歌会】 9月27日,区老龄办和区文化局,在白鹭洲公园音乐广场联合举办迎国庆、夕阳红歌会,以歌舞、小品、诗朗诵等形式歌颂党和祖国。省市老龄办、区四套班子及区老龄委领导参加歌会。歌会得到各街道老龄委和老年协会大力支持与参与。有260名中老年人参加歌会演出,平均年龄65岁以上,其中最年长的92岁。

【新成立2个社区居民委员会】 7月12日,根据区政府宁秦政字〔2004〕80号文件批复,成立曙光里社区居民委员会和春天家园社区居民委员会,隶属红花街道办事处。曙光里社区居民委员会的管辖范围为东起九龙雅苑,西至永乐北路,南起大明路,北接育人路。春天家园社区居民委员会的管辖范围为东起大明路,西与龙翔雅苑社区围墙相邻,南起宁溧路,北至永乐路。

【撤销东风行政村】 11月2日,根据区政府宁秦政字〔2004〕119号文件批复,撤销红花街道办事处东风村村民委员会。原所属地区分别划归曙光里社区和春天家园社区管理。

【街道民政办规范化建设达标】 11月2日,全区5个街道设立民政办公室,明确工作职责、核定工作人员、落实办公场所、统一配备设施、落实办公经费,各街道民政工作机构为"民政办公室",统一挂牌。12月中旬,市民政局组织全市13个区县检查验收,全区5个街道民政办规范化建设全部达标。

【做好地名管理工作】 2月,区地名办协同各街道对全区路、街、巷和住宅区地名进行普遍清查,为94条残缺标志牌和没有标志牌路、街、巷新制作地名标志牌238块。4月19日,两处住宅区经市政府批复命名为三山花园和长乐公寓。

【建成秦淮区民政信息网站】 7月1日秦淮区民政信息网站正式在互联网上开通(网址:www.qhmzj.gov.cn)。网站反映全区民政工作要点,宣传民政方面政策规定,公开办事程序,提供便民利民服务。通过与街道、社区居委会建立网络链接,为社区服务提供一个工作平台,开展网上管理和信息上报、汇总、调阅等服务工作。

【设立秦淮区社区信息中心】 7月1日,秦淮区社区信息中心在区社区服务中心大楼一楼设立,面积80平方米。该中心配备先进台式电脑、菲利普投影仪、100英寸金属投影屏幕,以及DVD、音响等设备。可对全区民政工作各类信息进行处理,并通过投影仪,放映民政专题片和教育片,展示秦淮区民政信息网站各类信息和功能。同时对秦淮区民政信息网站进行全面维护、信息收集发布等。

【举办退役士兵双向选择安置招聘会】 10月15日,区退伍安置办公室在劳动和社会保障局(中华路)一楼大厅,组织开展2003年度冬季退伍士兵安置工作双向选择活动。实行指标公开,金陵石化、江苏宏图高科股份有限公司等20多家接收单位到场参加招聘。进场待聘退伍军人46名,有70%与接收单位签订意向性协议。 (刘振源)

召开退役士兵安置招聘会

民族与宗教

【概述】 2004年,全区有少数民族23个,4476人,主要是回族、满族、蒙古族等,其中回族居多,占少数民族人数的97%,集中在双塘街道。宗教活动场所7处,基督教4处,信徒1154人,传道人14人。佛教3处,法师2人,比丘6人。

认真贯彻落实党的民族宗教政策。以民族宗教工作进社区为契机,进一步加强基层民族宗教工作组织制度、人员培训、台账设置等软件建设,提高基层常规管理水平;认真做好宗教活动场所登记检查;成立区民族宗教应急突发事件处理服务小组,拟定应急预案,全年未发生因宗教引发的社会不稳定事件。

【召开民族宗教工作座谈会】 11月19日,区政府召开民族宗教工作座谈会。传达全国、省、市宗教工作会议精神,听取各街道工作汇报,分析研究民族宗教工作存在问题,部署下一阶段工作。区委常委、副区长王根宝充分肯定区民族宗教事务局工作成效,对进一步做好民族宗教工作提出3点要求:统一思想,充分认识民族宗教工作重要性;坚持基本方针,推动区民族宗教工作再上新台阶;切实加强领导,把各项工作落到实处。

【副市长许慧玲视察鹫峰寺】 6月24日,副市长许慧玲、市宗教局局长朱淮宁一行在副区长王根宝、区政协副主席、统战部长俞萍陪同下,视察鹫峰寺。许慧玲在视察中同全乘法师进行亲切交谈,对宗教界为南京经济发展作出的贡献表示敬意。 (孙世清)

副市长许慧玲视察鹫峰寺

【宗教场所年检】 第一季度,区宗教局检查审定宗教活动场所。从遵守国家法律法规和政策、管理规章制度和执行、主要宗教活动及涉外活动、主要财务管理收支、登记项目变更、所属企事业和现有房地产变动管理图7个方面逐一进行检查。全区登记宗教活动场所全部合格,并签订新的《社区治安综合治理责任书》。

红十字会

【新发展红十字会会员1353人】 2004年,区红十字会加强基础建设,重视组织发展工作。秦淮实验小学等5所学校成立红十字会组织,基层红十字会由42个增至47个。截至年底,全区有红十字会(站)107个,新发展红十字会员1353个,会员增至8665人,其中红十字青少年4121人,在册红十字工作志愿者330人。区红十字会员参加助困、助老、助残以及其他公益活动1535人次。在救灾一元捐活动中,捐款38430元。

【基层红十字站添置设备】 2004年,区红十字会共购置轮椅37辆,人体身高体重秤25台,志愿者服务专用马夹100件。还争取到省红十字会支援的轮椅40辆,全部补充给缺少设备的34个社区和6个行政村红十字站,满足基层红十字站救助工作需要。

【"志友"开展捐献遗体器官宣传】 2004年,区红十字会捐献遗体者之友组织,(简称"志友"),利用橱窗、报刊、会议、街头咨询等形式,广泛开展捐献遗体器官宣传,并先后组织春节慰问、座谈、清明吊唁捐体者、举办救护与保健知识讲座等活动。年内,区"志友"新增加34名成员,由161人增至195人,有两名"志友"按自己遗愿捐献遗体。区"志友"组织是经区民政局批准,隶属区红十字会的一个分支机构,是秦淮区捐献遗体志愿者自愿参加的群众组织。

(陈永保)

【夫管办获全国无偿献血促进奖】 11月,夫子庙·秦淮风光带管理办公室(简称夫管办)获国家卫生部、中国红十字会总会、中国人民解放军总后勤部卫生部联合颁发的2001~2003年度全国无偿献血促进奖。

(还建军　郁　蕾)

计划生育

【概述】 2004年,区计划生育局,在完善管理机制,健全服务网络,深化宣传教育,提升信息化水平等方面取得新进展。计划生育率99.87%,优质服务率90%,流动人口管理服务率90%。3家单位获省婚育新风进万家活动先进单位,3人获省先进个人。

保障权益,加大依法行政工作力度。公布依法行政服务承诺和执法监督电话,建立区、街道二级6条法律咨询热线。有1.1万名独生子女父母领取奖励金,奖励金额22万元。编印下发"计划生育优质服务证",制定"免费服务证发放暂行规定",全年投入15万元,用于计划生育四项手术等免费服务项目,服务率100%。

制定《秦淮区关于开展"关爱女孩"活动意见》,明确关爱女孩活动任务和主要内容。在夫子庙瞻园路广场设立宣传优生优育、预防艾滋病等内容广告灯箱。向各街道、社区陆续发放生殖健康六大工程知识彩色折页4万份,制作知识纸杯3万只、围裙9000条。春节期间,与宣传部、文化局、教委、体育局、卫生局等单位,组成联合宣传服务队伍深入街道社区,为小区居民送温暖、送健康。

开展避孕节育知情选择工程、避孕节育随访服务工程、出生缺陷干预工程活动。构建覆盖全区计划生育3级服务网络。开展预防出生缺陷知识普及和叶酸推广工作,免费发放价值8万元的避孕药具,为育龄妇女免费做B超4500人次,RTI工程参与查治数为700人,做人流、上环、取环381人次。建立统计工作制度、微机房管理制度、数据备份制度和季度报表分析制度。在全区范围内开展2次育龄妇女信息系统数据清理、核对、补充工作,信息准确率97%。

将流动人口个案按不同类比悉数输入全区育龄妇女信息系统,实现管理信息化,为1.5万名流动人口办理“南京市流动人口婚育证明”。检查并出具避孕节育报告2000份,免费提供药具,定期做B超。

2004年,将非公企业计划生育协会建会情况作为区计生协会重点工作进行布置。各街道计生协会主动与企业负责人联系,宣传企业在计划生育中应负的法律责任。11月20日,成立大明路汽车行业计划生育联合会,有61家汽车维修、保养及销售企业,分4个协会分会、2个计生协会、8个会员小组及理事33人。

【育龄妇女持证享受免费服务】 8月,区计生局为全区无业人员中已婚育龄妇女及长期居住在男方户籍地的外地育龄妇女发放秦淮区育龄妇女优质服务证。持证者免费享受避孕药具发放,孕情及环情监测,放置或取出宫内节育器及技术常规所规定的医学检查、人工流产术、输卵管结扎、输精管结扎及计划生育手术并发症诊治。2004年发放1.2万份服务证,报销费用15万元。

【举办街道和社区人口学校教学观摩】 7月26日,计生局在红花街道举办全区街道、社区两级人口学校教学观摩活动,主题为青少年青春期教育。举办省教育学院专家过保录教授关于青春期性健康教育讲座,放映街道人口学校制作的《青少年青春期性健康教育系列片》。在九龙新寓社区,观摩社区计生志愿者为社区青少年开展暑期宣传教育情况。全区5个街道计生专干及15个社区计划生育分管主任20人参加观摩活动。

【举办预防艾滋病知识讲座】 7月11日世界人口日,区计划生育局、计划生育协会在夫子庙新香园酒楼举办预防艾滋病知识专题讲座,新香园酒楼、市中医院、夫子庙旅游服务股份公司、夫子庙地下商场等夫子庙商贸区驻区企事业单位约90人现场聆听专家讲解,市疾病控制中心副主任朱玲结合艾滋病流行现状,为到会者讲解艾滋病预防知识。会上发放性病、艾滋病预防知识宣传折页200份。

举办预防艾滋病知识讲座

【做好预防儿童出生缺陷药物推广工作】 4月,计生局决定由各街道社区负责出生缺陷干预的面上宣传工作,提倡使用预防儿童出生缺陷药物——叶酸。区妇幼保健所具体实施叶酸推广工作,负责与计生局定期联系,通报推广动态信息,协调所内各科室工作。门诊、药房、婚检等部门都进行相关工作布置。与辖区内的多家医疗单位协调,所有围产期保健卡均在妇保健所领取,妇保所利用孕妇领卡的机会,在孕妇学校定期召开优生优育知识讲座,制作放映《请关注叶酸预防胎儿神经管畸形》,片中介绍神经管畸形发生危害、趋势,叶酸的作用、使用方法等内容。讲课人员现场就叶酸使用等问题为育龄群众答疑。对前来进行婚检的新婚妇女则积极推荐孕前3个月使用,对以往出生过缺陷儿童的妇女则主张一次完整使用一个疗程。2004年,有710名新婚或怀孕的妇女使用叶酸。

【建立街道计划生育生殖保健服务站】 5月,计生局为构建覆盖全区计划生育服务网络,制定计划生育生殖保健服务机构设置标准。其中对街道服务站建设、人员要求、职能定位3个方面做出具体规定。向辖区内多家医疗单位发出合作意向,由辖区内多家医疗机构提出申报。卫生局实地考察区内申报计划生育技术服务定点医院的8家医疗机构,于6月确立秦淮区妇幼保健所、门西医院、秦虹分院、红花医院、中草医院、西街医院6家医疗单位为区及街道级计划生育服务阵地。计生局为其统一制定服务规范、服务台账,制作铜牌、展板,定制药具发放橱,配备电视机、光盘等视听设备。

区计生局举办优生优育知识讲座

【完成街道社区计生微机软件升级试点工作】 8月,市计生委选择夫子庙街道作为全市唯一试点单位,进行3个月人口与计划生育信息系统升级软件试点。计生局、夫子庙街道及所属18个社区相关人员,将新软件在实际运作中存在的问题及修改意见及时反馈市计生委,协助市计生委将秦淮区计划生育工作在管理、宣传、服务等方面经验做法编入软件,解决信息系统中普遍存在信息重复录入、街道与社区信息不能共享等问题。试点工作完成后新软件在全市全面推广。

【74个居(村)委会配备打印机】 12月,计生局争取财政资金13万元,为全区74个居(村)委会配备打印机。计生局严格执行政府采购程序,坚持先试用再签收货单,报区财政付款,杜绝假冒产品,保障财政资金有效使用。

【开展计生情况统计数据质量调查】 8月,市计生委在全市范围内开展计生情况统计数据质量调查。双塘街道磨盘街社区、红花街道双桥新村社区、秦虹街道扇骨里社区作为调查样本点。全局工作人员分3个社区深入6000户家庭调查核实。准确获取1.6万人信息资料,在市计生委组织专项考核中,信息准确率高,获最高分。其中双塘街道磨盘街社区是全市唯一零差错社区。

【村委会全部使用电子台账】 7月,计生局经过调研、前期准备等工作,在红花街道6个村委会建立计划生育电子台账。计生局派专人负责为每一个村安装育龄妇女信息系统软件,并对村网络微机员进行业务培训,制定微机管理制度。完成从手工台账到电子台账转换,使村委会实现无纸化办公。电子台账中涵盖计划生育管理服务对象基本情况、宣传教育、随访服务、协会工作、流动人口等信息。

【民营医院为无业妇女做生殖健康检查】 12月,计生局会同区内一家民营医院把用于开业庆典费用转用为下岗、无业等经济困难的育龄妇女开展免费生殖健康检查,检查项目包括乳房红外线检查、B超透环、妇科B超等项目。检查活动历时一个月,受惠妇女3300人。

【开展预防艾滋病知识万人答卷活动】 9月,计生协会组织全区计划生育协会会员开展预防艾滋病知识万人答卷活动。计生协会将印有艾滋病发生机理,如何防治等内容试卷发到全区所有居(村)委会计生协会会员小组及夫子庙商贸区内企业计生协会,集中会员学习艾滋病防治知识,组织答卷活动,参加者有18630人。

(王笑临)

街　道

红花街道

【概述】 红花街道位于秦淮区东南部,东面、北面至秦淮河、运粮河,分别与白下区光华街道、江宁区东山街道、雨花台区宁南街道接壤,与秦虹街道、中华门街道相邻。街道区域面积13平方公里,除大校场机场,实际管辖面积5.9平方公里。户籍人口2.55万人(含户籍农业人口4734人),暂住人口2.47万人,辖七桥、红花、夹岗、果园、翁家营、广洋6个行政村,有响水桥、龙苑新寓、九龙新寓、双桥新村、阳光里、风光里、龙翔雅苑、曙光里、春天家园9个社区,税收属地管理工商企业900多家。

2004年,围绕区经济和社会发展奋斗目标、"三个文明"建设,各项经济指标实现较快增长。完成地区生产总值9.07亿元,同比增长21%,固定资产投入完成3.83亿元,同比增长36.5%,社会商品零售总额11.4亿元,同比增长30.3%,工业总产值28.2亿元,同比增长19.2%,入库税收1.1亿元,同比增长20.2%。出口创汇2760万美元,合同利用外资2369.1万美元,实际利用外资283.25万美元,劳务输出创汇19.3万美元;实现留区财力1478万元,同比增长17.9%。引进外资项目12个,引进内资项目261个,其中,注册资金50万元以上的127个。全年蔬菜产量620万公斤,产值615.3万元。多种经营产值208.44万元。

以争创最安全街道为工作目标,开展小锅炉、建筑工地、剧毒农药、小化工和液化气黑气点集中整治,全年进行216次检查,查处各类安全隐患62处。办理人大议案及政协提案21件,其中主办1件,协办20件,办结率100%,满意率100%。

人大代表通过视察走访,解决七桥村中和桥路破损严重,响水河水质恶劣等严重影响群众出行和生活的问题。制定《农村居民最低生活保障工作实施细则》,办理城市居民低保219户446人,发放保障金72万元,办理农村居民低保21户32人,发放保障金3万元。做好弱势群体帮扶工作,开展送温暖活动,全年走访慰问700人次,慰问费36万元。发放独生子女父母奖励金5.53万元,报销计划生育手术费用7.3万余元,街道计生协会被评为省婚育新风进万家活动先进集体。

拆除各类违建4.34万平方米。龙翔雅苑社区、阳光里社区、风光里社区通过上级部门绿色人居环境复查验收。街道连续4年被评为南京市市容卫生优胜街道。为农村义务兵发放优待金78624元。走访慰问军烈属、革命伤残军人和在乡老复员军人,发放慰问品价值4376元,慰问金7600元。街道被市政府、南京警备区评为双拥模范街道、省级示范社区,有6个社区被评为市级示范社区居委会,1个社区被评为省级示范社区居委会。

【蔬菜农药含量检测到田头】 2004年,街道农副业科设立蔬菜检测站,5个行政村建立蔬菜检测网络,检测员常年到田头对即将上市的蔬菜进行检测,记录检测结果并整理归档,对农药含量超标的蔬菜禁止采收上市。全年检测上市蔬菜菜样35289份。

【九龙雅苑实行四位一体管理模式】 九龙雅苑小区建筑面积39980平方米,共6幢330户。5月10日,小区实施业主委员会选举,建立"四位一体"联席会议制度,制定联席会成员议事规则,设置业主委员会议事园,实行业主接访制度,营造四家组织合作共事、相互理解、优势互补、资源共享局面。6月26日,举行社区党支部、居委会、业主委员会、龙顺物业管理委员会"四位一体"服务管理模式揭牌仪式。

九龙雅苑小区四位一体管理模式揭牌仪式

【全面实施公车改革】 9月,街道在2002年9月实行第一次公务用车管理制度改革的基础上,制定《红花街道关于公务用车货币化改革的实施意见》和《关于车改后的车辆管理及纪律要求》,进一步实行公务用车货币化改革,取消街道机关公务用车。28日,街道封存公务用车11辆。10月9日,参加市车改办组织的拍卖会,公开拍卖10辆小车,保留1辆面包车作为处理紧急事务和重大活动用车。扣除有关费用,拍卖所得款71.23万元全部纳入街道财政。车改后,建立个人交通费补贴账户,根据发放范围和标准按月核发。对原有的9名驾驶员进行妥善分流。车改后,街道每年可节约费用20万元。

【举办下岗失业人员招聘会】 2月5日、4月28日、9月20日、11月24日、12月23日,街道联合辖区内多家企业在街道劳动保障大厅举办5场失业人员招聘会,招聘会现场设有企业招聘、求职登记、养老保险咨询、医疗保险咨询、失业保险咨询等多项服务,共有1500人次进场求职,当场有500人被进场招聘企业录用。

【举行第七届村委会换届选举】 12月,依据《中华人民共和国村民委员会组织法》、《江苏省村民委员会选举办法》和上级有关文件精神,坚持平等、公开、直接、差额、无记名投票原则,广洋、果园、翁家营、夹岗、七桥5个村完成选举任务。第七届村委会换届选举工作历时1个多月,分宣传发动、选民登记审核、提名确定候选人、投票选举4个阶段进行。共发放致选民一封信2600份、张贴宣传标语800多条、悬挂横幅15条、出宣传板块10块。上门登记确认5个村27个村民小组共有选民3028人。12月11日,选举出10名主任候选人,15名委员候选人。18日,2967名选民参加直接选举,从候选人中选举出主任5名,委员10名,参选率98%。

红花街道第七届村委会换届选举培训会

【创建9个充分就业社区】 9月,街道成立创充分就业保障工作小组,建立秦淮区下岗失业人员跟踪服务卡,了解和掌握社区内失业人员身体状况、家庭状况、就业愿望和培训愿望。成立由社区劳动保障协理员组成的空岗信息员队伍,提供空岗信息,了解辖区内用人单位工作、培训和参保情况,优先安排社区内下岗失业人员就业。鼓励帮助自主就业、自主创业,协助创业者办理小额担保贷款等相关手续,培育优秀创业者。11月,风光里、阳光里、九龙新寓、龙翔雅苑、响水桥、龙苑新寓、双桥新村、春天家园、曙光里9个社区就业率85%,通过市劳动和社会保障局的创建充分就业社区考核验收。

【资助14名困难家庭子女入学】 2月,街道妇联和计划生育办公室开展困难女童家庭调查,第一批登记6名困难女童,主要是双下岗和残疾家庭的子女。街道6名女干部以"一帮一"结对方式,长期为6名困难家庭女孩提供学习和生活上的关心和帮助。3月4日,街道在生育文化社举办关爱女童"一帮一"助学活动仪式,将女干部和女童正式结为帮扶对子。10月,街道扩大帮扶范围,又有8名街道机关干部与8名困难家庭子女结成一帮一助学对子。全年,共资助困难家庭子女近万元。

红花街道资助困难家庭子女入学

【与南京电视台合拍青春教育宣教片】 10月,街道计划生育办公室联合南京电视台,利用5个工作日拍摄录制《花季的困惑》、《病魔的诱惑》、《惨痛的代价》3个青春期健康教育知识专题宣教短片。短片主要针对青少年在青春发育期早恋、对性的好奇等问题,帮助树立正确的性道德观念和性责任意识,顺利渡过困惑期。演员是街道机关工作人员和秦淮实验小学老师。南京电视台生活频道从11月11日起,重复滚动播出这3部短片,历时1个半月。

【国家体育场地普查办肯定场地普查工作】 街道根据统一部署,采取定人定责,分片包干方法,分普查准备、组织实施、总结迎查3个阶段落实普查工作。对7个村、9个社区、11家直属企业单位地域范围内的场地进行全面普查,共登记55处体育场地,其中非标准场地42处,标准场地13处。9月4日,国家体育场地普查办公室一行3人到街道视察,听取工作汇报、参观普查办公室、检查工作台账,肯定街道绘制体育场地分布图、标识具体体育场地的做法,表示要向全国推广。

【电子监控安全防范覆盖面40%】 街道全年共投资60万元,在主要路段、易发案地区、居民密集区安装探头46个,电子监控防范覆盖面40%。3月,在九龙雅苑、九龙新寓、双桥新村3个小区内部安装监控探头16个。5月,在住宅小区安装报警狗900只,在新建的2个小区停车场安装电子监控设施。7月,对安装探点进行实地勘察,锁定安装探头45个。

**【联合市6家街道发出廉政倡

议书】 12月31日,红花街道联合市内东山、沿江、栖霞、湖南路、新街口和五老村共7个街道发出廉政倡议书,向全市街镇全体党员领导干部发出元旦、春节两大节日带头不送钱、不收钱廉政倡议,作为落实党风廉政建设责任制的政治承诺,决心做好表率,倡议书在当日的南京日报上公开发表。 (鲍志芳)

【小公民道德建设实践基地挂牌】 10月29日,区妇联在双桥新村社区召开小公民道德建设实践基地授牌现场会。双桥新村社区被市妇联命名为小公民道德建设实践基地。基地有100平方米活动场地和100平方米阅览室,有专职人员管理。寒、暑假每周开放5次,组织社区内小公民开展学习、培训和文体活动,接待小公民2000人次。 (鲍志芳 刘 曦)

夫子庙街道

【概述】 夫子庙街道位于秦淮区东北部,区域面积2.94平方公里,有居民4万户,人口8.4万。辖夫子庙、四福巷、金陵路、文德桥、莲子营、东关头、乌衣巷、大石坝街、七里街、小西湖、马道街、饮虹园、江宁路、转龙巷、中营、三条营、新民坊、白酒坊18个社区居委会。街道办事处设于莲子营8号。

2004年完成地区生产总值1.81亿元,社会消费品零售总额8.61亿元,固定资产投资额2.2亿元,工业总产值1760万元,第三产业营业额22亿元,合同利用外资500万美元,劳务输出创汇30.2万美元。税收入库金额5250万元,同比增长18.5%。

全年为887户、1964人办理低保,每月发放低保金22.03万元;对256户特困家庭、5户单独居住的"三无"(无劳动能力、无法定赡养人、无生活来源)对象进行走访,发放慰问金、慰问品计2.56万元。建立夫子庙地区空岗信息网络,开展腾岗、筹岗活动,街道开办花鸟鱼虫市场,吸收失业人员115名就业。全年推荐1310人次失业人员应聘,其中就业729人,再就业550人,帮扶困难就业人员531人。创建充分就业社区6个,新办服务型企业33家,新增参保人员410人。

完成市首家城市街道、社区人口与计划生育信息管理试点工作,举办城市街道、社区人口与计划生育信息管理现场会暨培训班。新建夫子庙社区卫生服务中心。

开展党务工作者与非公经济组织业主结对交友活动,推进社区党组织建设。成立长乐花园小区党、团支部,初步形成小区党组织、社委会、业主委员会和物业管理部门协调配合的"四位一体"管理模式。

年度内,街道获省司法行政系统先进单位,市创建环保模范城市先进单位、市老城环境整治先进单位、市无毒社区、市促进再就业先进单位、市双拥模范街道、市学习型社区建设示范单位、市安全生产达标活动先进单位和市民政系统行风建设先进单位等称号。

【加强与和凤镇经济合作】 街道2003年底与溧水县和凤镇结成经济合作伙伴关系,实现城乡资源对接。2004年又将对接范围进一步拓展到观念、信息、资源、服务等领域,探索城乡全面对接之路。

街道领导及有关人员多次到和凤镇实地考察、调研,了解情况,制定帮扶规划。夫子庙街道有市场优势,和凤镇有空间优势,夫子庙街道有选择性地组织投资商前往和凤镇实地考察,洽谈投资项目,4家企业达成意向性投资协议。同时帮助和凤镇农副土特产品落户夫子庙市场。在夫子庙地区设立农副土特产品销售专柜,在对接中做到信息互通、资源共享、观念更新、思路拓宽、互相促进、共同发展。年底,夫子庙街道和区发改局给和凤镇送去扶贫款5万元。 (徐汉铭)

【文德桥社区被命名为省级绿色社区】 2月，由区环保局牵头，在文德桥社区开展创建省级绿色社区活动。区政府投入200万元在西石坝街27号建成市民绿化休闲广场1500平方米。区建设局和夫子庙街道分别投入2万元用于社区绿化，补植各类花卉树木60株、草皮200平方米，使社区绿化覆盖率由原来的33%增加到36.6%，达到省级绿色社区标准。

4月中旬，环保局结合创建餐饮业污染控制示范街工作，促成社区内珍宝舫大排档、蒙古包烧烤店、外婆桥火锅店等9家餐饮业完成污染治理项目，投入资金24万元，安装油烟净化和隔油隔渣设施9套。蒙古包烧烤店自2002年开业以来油烟投诉从未间断过，在创建期间，投入近7万元将原木炭烤炉改为液化气烧烤炉，彻底解决污染扰民问题，国家环保总局副局长汪纪戎检查时给予充分肯定。

5月，结合夫子庙景区扩容升级，区政府投入200万元对社区内平江府路实施景观改造，主要是街面美化、道路绿化和夜间亮化工程。省政协投入170万元对西石坝街27号建筑的旧楼进行出新改造。拆除5处违法建筑300平方米。6月，文德桥社区通过省环保厅调研考核，年底被命名为省级绿色社区。

（陈　新）

【夫子庙景区实施禁讨区】 8月，在市政府统一部署和安排下，夫子庙·秦淮风光带管理办公室根据夫子庙开放式景区进出口多、人流量大、易于乞讨，影响市容的状况，实施夫子庙景区禁讨区。

该管理办公室采取告知、引导、护送以及教育、感化、劝导等人性化管理措施，建立健全相关人员执法台账，以片区为单位，定人、定岗、定时巡查，使盲流乞讨者无法在景区停留。全年先后援助流浪乞讨人员8名，劝退1360人（次），基本杜绝禁讨区内沿街乞讨现象。

（还建军　郁　蕾）

【组建预防禽流感应急分队】 夫子庙地区有全市最大的花鸟鱼虫市场，4个农贸市场，餐饮业较集中。

2月，街道成立预防禽流感工作领导小组，同时组建预防禽流感应急分队，制定预防禽流感工作方案和应急预案。宣传《中华人民共和国传染病防治法》、《突发公共卫生事件应急条例》和防治预防禽流感基本知识，搞好宣传橱窗、健康知识讲座。建立24小时值班和登记制度，市场家禽加工点、宾馆饭店等消毒情况和家禽免疫情况进展等日报告制度。及时摸清饲养家禽和鸟、鸽户，认真做好农贸市场、花鸟鱼虫市场、宾馆、饭店消毒及日上报工作。预防禽流感期间累计消毒面积111.95万平方米，消毒用药49.25公斤，使用“84”消毒液和过氧乙酸1236.74公斤。经多次检查，没发现一例禽流感感染病例。

【成立除“四害”消杀站】 6月，在莲子营43号成立街道除“四害”（苍蝇、蚊子、蟑螂、老鼠简称四害）消杀站，配备2名专职、4名兼职消杀员。全年共布溴敌隆30公斤、大隆175公斤，餐饮业布粘鼠板550张，修补毒饵站186个，新修毒饵站120个。采用磷化锌剧毒鼠药拌油条，重点布放在绿化带、河坡等地，强化集中灭鼠效果，有效降低鼠密度，对蚊蝇、蟑螂等也定期进行药物消杀。11月，火鼠工作通过区、市、省三级检查。12月，在省爱卫会代表国家检查中，夫子庙农贸市场获得南京市第一名的好成绩。

【拆除违法建筑4.5万平方米】 8月16日起，街道开始拆除违法建筑，涉及16条街巷。第一阶段拆除江宁路、平江府路、饮虹园、马道街等处违法建筑600处，面积为21787平方米。其中单位违建130处，面积15000平方米；个人400处，6700平方米。第二阶段到11月30日止，拆除大石坝街、七里街、金陵路等处违法建筑500处，2万平方米。至年底，拆除违法建筑

4.5万平方米,拆违后空地建起一批街心花园和休闲广场。

【开展爱心助老月系列活动】 9月22日至10月22日,街道开展爱心助老月系列活动,走访140名独居老人、421名"空巢"老人、74名特困老人和3名老红军;为180名老人免费安装求助报警门铃,给10户老人送去电风扇;为802名60岁以上老人办理老年证,为126名90岁以上高龄老人累计发放34330元优待金;评选表彰90名模范老人;组织中、老年人参加健身棍比赛,完成街道、社区、敬老院门前残疾人坡道修建工作;配合区老龄委完成争创全国老龄工作先进区各项检查验收工作。

【民办爱玉老人公寓开业】 10月28日,爱玉老人公寓正式开业。由伍爱玉个人出资创办的爱玉老人公寓,地处七里街68巷12号,建筑面积1100平方米,其中公寓楼近500平方米,健身活动室220平方米,棋牌室、阅览室220平方米,绿色花圃60平方米,食堂、保健室140平方米。阅览室配置3台29寸彩色电视机,座位50个;健身室配置各类健身器材10余种,可供100人健身;棋牌室配置棋牌桌20张,可供80位老人下棋、打牌;食堂提供各类小吃、面点等,可满足80人~100人同时用餐;公寓配有专业医护人员值班的保健卫生室,为老人提供心理咨询、健康监护。

【开展"红领巾"认养绿地活动】 3月10日下午,街道组织第二十七中学和夫子庙等6所小学560余人,在白鹭洲公园举行绿色活动基地插牌仪式和爱心呵护,让小树和我们同成长红领巾认养绿地活动。街道与各学校签订青少年植绿、护绿基地建设责任书,请白鹭洲公园园林师傅介绍如何培育花草树木及环保知识,组织学生参观公园、种植小花苗和认养花草树木,给认养的6000余株花草树木挂牌,绿色活动基地总面积1万平方米。

夫子庙街道开展"红领巾"认养绿地活动

【设立关爱春苗助学基金】 2004年,列入街道低保及困难家庭在校学生370人。7月,街道发起设立为特困家庭在校学生服务的"关爱春苗"助学基金,建立街道困难家庭在校学生档案,将困难学生推荐给社会自愿捐助人士,开展结对帮扶活动。江苏王春美容实业有限公司总经理到社区看望贫困家庭学生,送去价值2000元的语言学习机等学习用品,出资6000元捐助20名困难学生;东南钢板有限公司为1名特困女大学生和10名中学生捐助6000元;鹫峰寺全乘方丈为1名父亲患重病特困大学生捐助5600元;曼哈顿食府、正大旅游有限公司、天府纸张供应站等单位也参加捐资助学活动。6月1日,中国妇女报以南京"关爱春苗"在行动为题作了报道。香港人士张锦球、珠江客运公司董事长沈秀秀、长途汽车东站服务组、民主党派人士杨帆、吴强等通过市妇联送来助学金。

8月25日上午,街道举行"关爱春苗"助学金发放仪式,给来自18个社区困难家庭的39

名(含外来务工困难家庭2名)大中小学生,分别发放助学金,给在捐助活动中成绩突出的单位和个人,颁发诚爱公益大使和诚爱公益之星证书。2004年募集助学资金2.04万元,分寒暑假两次发放。

【成立商贸区健康妈妈沙龙】 4月28日,在夫子庙一品嘉园1-3号,三苑惠力妇婴用品商店成立夫子庙商贸区健康妈妈沙龙。当日,市妇幼保健医院主任医师为怀孕3~7个月的未来妈妈举办专题讲座。5月29日,三苑惠力妇婴用品商店开展“关爱女童”亲子沙龙,十几个女童和他们的父母一起,在柔软地面上游戏。沙龙活动和专题讲座每月举行一次。

该沙龙利用社区资源,实现资源共享,为商贸区未来和新生宝宝的妈妈提供交流心得体会、学习保健和育儿知识的场所,促进妇幼全面发展。金陵晚报作专题报道。

【实现计划生育信息管理二级联网】 6月,在全市率先开展人口与计划生育信息系统街道、社区二级联网试点工作,为18个社区配备电脑和专用电脑室,实现计生电脑专人负责、专项使用,组织街道、社区计生干部参加系统培训,加强信息采集、变更、传递、反馈、落实等环节管理,在市区部门指导下使用计划生育信息新系统进行联网调试。街道、社区结合实际提出修改操作意见170条,得到程序设计人员认可的有60条,改进后新系统更适合街道社区两级使用,操作便捷。

街道、社区计划生育信息系统联网成功,信息处理更加及时、快捷。检查指导18个社区计生工作,一天就能完成。信息多、广、全,不仅有已婚妇女婚孕育产等信息,还有包括需求导向、功能分析、质量评估等方面信息。

【举办诚爱周末活动】 4月,街道联合区检察院、团区委在小西湖社区成立诚爱青少年成长基地。诚爱基地设置办公室、图书室、活动室和心理疏导室。

诚爱青少年成长基地每周安排一次诚爱周末活动。7月,安排暑期诚爱夏令营活动,开展“人防·诚爱”杯壁画大赛、助学金募集和特困生联谊活动,开办东水艺苑社区民间艺术馆青少年学艺夏令营,与太平天国历史博物馆共建社区未成年人爱国主义教育基地等。小西湖等社区依托基地成立未成年人文艺表演队、小红帽治安巡逻队、为民服务志愿者队、护绿队,开展系列活动。至年末,诚爱基地共举办周末活动20次,暑期夏令营8期,参加活动的未成年人数达2000人。基地还对2名不捕、3名不诉的失足未成年人进行社区矫治、心理疏导,开展劳动补偿,跟踪回访。

小西湖社区诚爱青少年成长基地,多次接受共青团中央、省市领导和区四套班子领导视察指导。南京电视台直播南京栏目、中国妇女报、新华日报、南京日报等媒体作了报道。

【建立小喇叭社区治安志愿者巡逻队】 7月18日,金陵路社区成立小喇叭治安巡逻队试点,10月在所辖18个社区成立小喇叭治安巡逻队,队员主要由社区老党员、积极分子、青少年志愿者、低保对象等组成,共700人。白天按小区、按地块分组进行巡逻,晚上与社区保安交接。一边巡逻,一边用小喇叭播放防火防盗、关好门窗、有事请拨110等安全警示语,提醒居民增强防范意识。2004年治安巡逻队预防多起火灾事故,及时上报线路老化、危房、险树等安全隐患,协助抓获7名偷盗摩托车、自行车及企图撬门扭锁偷盗的嫌疑人,社区发案率明显下降。全年,街道创建7个区平安社区,2个无刑事案件社区。街道被评为市安全街道。南京电视台法制现场等多家媒体对夫子庙街道成立“小喇叭”治安巡逻队作了报道。

(徐汉铭)

【建成社区民间艺术馆】 8月5日,街道办事处、文化局和文化馆共同在白鹭小区建成东水艺苑社区民间艺术馆。该艺术馆设展厅3个,展出20名在海内外有一定影响的民间工艺美术大师的精品,展品包括秦淮特色花灯、风筝、石画、微雕、木版画、贴画、烙画、木雕、剪纸、皮影、绳结、脸谱、根雕、石雕等30种800件。艺术馆向20位高级工艺美术师颁发聘书,其中有3人被联合国授予国际工艺美术大师,有3人被联合国授予高级民间工艺美术师,有1人被文化部授予世界华人艺术家称号。省文化厅、市委宣传部、市文化局、市文联等部门认为,东水艺苑体现艺术走向民间的文化规律,体现金陵民间艺术鲜明特色。省民间艺术家协会秘书长、市民间艺术家协会主席徐艺乙认为,东水艺苑是国内第一家社区民间艺术馆。

(徐汉铭　杨保平)

双塘街道

【概述】 双塘街道位于秦淮区西北部,东至中华路,西临凤台路,南连西干长巷,北接升州路,面积2.7平方公里,居民3.2万户,人口8.4万。街道办事处下辖实辉巷、糖坊廊、饮马巷、磨盘街、荷花塘、高岗里、花露岗、凤游寺、来凤街、五福街、金粟庵、太平苑、胭脂巷、颜料坊、金沙井、弓箭坊、玉带园、渡船口、西关头19个社区居民委员会。办事处设于双塘里60号。

2004年,完成地区生产总值1.58亿元,财政收入5460万元,新办企业336家,发展个体工商户840家,完成固定资产投资2.66亿元,完成合同利用外资2926万美元,劳务输出创汇14.16万美元,工业总产值8500万元,社会商品零售额65850万元。

3月,成立双塘地区创建文明城区工作领导小组,依据科室职能建立创建协调、经济服务等6个专项工作组。推进学习型社区建设,在19个社区开办社区讲坛,评比10名学习之星,举办道德让我们的生活更美好千人签名活动,提升区域文明程度。投入近30万元用于社区建设,完成5个市级示范社区创建工作。全年新增就业岗位1330个,帮助629名特困人员实现再就业。举办庆祝双拥共建十周年活动,聘请38名部队学员担任19个社区的主任助理,在凤游寺社区成立民兵应急排。

年内,街道先后获市爱国卫生先进单位、市6送体育进社区先进单位、市殡改工作先进单位、市创建无毒社区先进单位、市双拥模范街道、市劳动力资源调查工作先进集体。

【升州商务楼被授予都市工业园称号】 4月,全区商务楼宇工作座谈会在升州商务大楼召开,区政府授予升州商务楼都市工业园称号。升州商务楼位于升州路385号,原为南京酿造集团生产厂房,酿造集团改制后改造为商务楼宇,7层,占地5200平方米。2003年,该中心引进新办企业22家,进驻企业39家,企业入驻率100%,在区纳税34家,占87%,商务楼内企业纳税总额61.8万元。

【建立市容卫生长效管理机制】 2004年,街道制定实施摊点占道经营整治管理责任制,坚持街巷卫生保洁检查评比和楼道院落卫生死角定期整治制度。出动3800人次,清理楼道420个,院落380个,清理招贴和“牛皮癣”12万张,清理建筑垃圾和混合垃圾2000吨,做到大街小巷天天干净。在区市容执法大队支持下,出动队员2800人次,每周动用车辆执法4~5个半天,对地区内摊点和占道经营现象定期检查及整治。收扣占道物品90卡车,反复取缔纠正摊点和占道经营现象4300起。4月,市、区市容部门在街道召开市容卫生长效管理现场会,向全市推广街道市容卫生长效管理经验。

【完成5个市级示范社区创建工作】 2004年,

街道投入30万元用于社区硬件设施建设。通过收回街道出租房、整合驻区单位资源、加强与区有关部门沟通协调等途径,为社区居委会扩大办公房面积,改善办公条件,帮助社区制作工作展板,规范社区工作台账。购置彩电和DVD,添置办公设备,提高社区服务标准。年内,花露岗、来凤街、渡船口、金粟庵、弓箭坊5个社区完成市示范社区创建工作,10个社区达到市示范社区建设标准。

【实现低保资金负增长】 2004年初,街道成立低保审核工作领导小组,健全社区最低生活保障评议组织,完善低保工作网络。对受"拆违"等因素影响造成收入减少的人员进行分析,符合条件的全部纳入低保范围,做到应保尽保。严把低保申请入口关、入口调查关、收入审核关、水电气讯审核关、公示监督关,确保低保工作公正合理。

建立低保户退出新机制,探索一户一档分类管理与分类施保新办法。截至12月底,街道享受最低生活保障家庭1184户2612人,月保障金29.94万元。全年,低保进线158户301人,增加金额2.91万元,出线150户358人,减少金额3.49万元。低保金额与去年相比减少6840元。首次实现低保资金负增长。

【629人实现再就业】 4月,在斯威特大厦前举办招聘活动进社区,就业岗位送家门为主题的招聘服务活动。11月,在中华门城堡举办真情相助失业人招聘服务活动。全年为7304名失业、下岗人员建立跟踪服务卡,新增就业岗位1330个,实现再就业629人,帮助困难人员就业360人,创办服务型企业47家,参加岗前培训209人。实辉巷、饮马巷、花露岗、来凤街、太平苑、颜料坊、渡船口7个社区创建市充分就业社区。

【举办秦淮之夏社区文化节】 8月,第十八届"秦淮之夏"社区文化艺术节活动在中华门城堡举行。活动举办争创全国文明城市,争做文明南京人专场文艺演出,金陵艺术团、文化馆、街道所属社区及文化站演出《太平盛世》、《欢庆锣鼓》等10个节目,演出期间还举行学习型家庭、和睦家庭和文明家庭的颁奖仪式。街道19个社区及附近居民近千人观看演出。

第十八届"秦淮之夏"文化艺术节演出

【加强计划生育协会组织建设】 2004年,街道加强计划生育协会组织建设,选拔社区"五老"(老劳模、老专家、老党员、老干部、老教师)人员和青年志愿者充实协会队伍。组织"五二九"、"九二五"及婚育新风进万家等宣传活动,发放宣传品9800份,组织4960人参加计生和预防艾滋病知识竞赛。开展B超检查1155人,妇科检查927人。为560名独生子女办理平安保险,与上年同期相比增加93人。独生子女父母奖励金发放金额比上年度增加30%。4月,街道获市"人口与计划生育工作先进集体"称号。

【开展送法进社区活动】 3月,街道在区司法局指导下,开展法律进社区结对帮扶活动,19个社区均设1名专职法律工作者作为法律顾问,随时为社区居民提供法律援助。8月,组织

100名社区青少年到区看守所听犯罪少年现身说法，使青少年受到一次法律知识教育。5月、8月、9月街道与江苏电视台、“1860”法眼无边和南京电视台的法制现场栏目联合，在社区举办3场法律知识咨询宣传活动。

【开展创建文明城区工作】 年初，成立双塘地区创建文明城区工作领导小组，依据科室职能建立创建协调、经济服务等6个专项工作组，开展文明城区创建宣传，制作主题横幅20条，张贴宣传标语1000条，张贴宣传画报3000份，发放宣传资料2000册，发放致居民一封信4000份。2月，组织社区党员成立文明创建小分队入户宣传，开展文明从细微处入手万人签名活动。3月，设立街道文明热线，开展拨打文明热线，反映不文明问题活动，收到投诉118起，处理办结112起。4~6月，与省市有关媒体合作，全面报道先进典型和先进个人，太平苑社区党员张初祥、金沙井社区王金宏等4名居民事迹先后见报。

【办好基层党校】 2004年，街道党校成立由街道工委委员组成的校务委员会课题研究、学习研究等6个教务小组，聘请区委、宣传部、党校领导干部担任兼职教员。建立图书馆、电教室、微机室，配备电脑、DVD等现代化教育设备。先后举办法制培训班，开设三个代表与我们的幸福生活、社区服务指南、社区环境保护、祖国统一和台湾问题等专题讲座。制作“双塘党建”网页，组织党员浏览自学，拍摄《太平院里的红色楼幢》、《摇铃示警》等电视片。12月，在全省基层党校优秀学员评比活动中，街道工委党校获2001~2003年度江苏省先进基层党校称号。

【成立归侨侨眷联合会和台胞台属联谊会】 街道共有归侨侨眷台属500人。9月8日，在商检宾馆举行归侨侨眷联合会、台胞台属联谊会成立大会，市委统战部、市侨联、市台谊会有关领导，区委统战部，兄弟城区街道代表，以及居住社区的归侨侨眷、台胞台属代表50多人参加会议，会议选举产生联谊会会长、副会长、秘书长、理事共16人，区委副书记孔令友到会并讲话。成立街道台联侨联，在区5个街道中是首次。

双塘街道侨眷联合会和台胞台属联谊会成立

【成立沃尔玛希望工程援助站】 3月，沃尔玛希望工程援助站在团市委希望工程办公室指导下成立，地点在荷花塘社区双塘街道青年志愿者办公室内。职责是对辖区内单亲家庭子女开展援助。沃尔玛公司赠2台专用电脑、1000册图书和2架书橱。街道帮助援助站安排图书室、心理疏导室、活动室，配备桌椅、图书和电教设备。首批援助对象为辖区内35名15周岁以下单亲家庭子女。街道团工委挑选50余名青年志愿者，组成义务家教、青少年维权、心理疏导、文体活动等服务小队，组织受援助对象前往敬老院看望孤寡老人，参观在南京博物院举办的西安兵马俑展览，参观社区青少年先进事迹展览等活动。

【评选18名社区好少年】 2004年街道组织开展社区好少年评比表彰活动。评选对象是街道辖区内学校的小学生、初中生。要求在学校品学兼优，在家庭孝敬父母，在社区文明礼貌。每个社区评选1名，先从青少年中选择推荐，然后由街道综合评比后确定。8月，街道召开社区

好少年表彰大会,对获该项称号的18名社区青少年进行奖励。（王传瑞）

中华门街道

【概述】 中华门街道北依外秦淮河,南临雨花台,西起赛虹桥立交,东接龙蟠南路,面积2.17平方公里。街道下辖雨花村、金工里、正学路、扫帚巷、雨花路、西街、下码头、开源、双桥门、路字铺、珍巷里11个社区居委会,有住户1.3万,人口3.4万。街道办事处设于雨花路47号。

2004年完成地区生产总值6922万元,完成税收1919万元,同比增长30.4%;留区财力332万元,同比增长24.6%,提前一个月完成全年税收任务。新办企业136家,开发楼宇经济,盘活闲置房产1.34万平方米,完成建筑公司、运输公司两家集体企业改制工作。

完善社会救助、社区服务和劳动保障等体系,帮扶弱势群体296人,开发331个就业岗位,为604名失业人员办理就业证,帮助187名下岗人员实现再就业,安排进“低保”540户。街道辟出60平方米办公室,投入3万元进行改造,作为街道社会救助站。节日期间投入30万元对辖区内的困难群众进行分类慰问。为军烈属办理20万元财产保险,筹集近3万元对地区军烈属进行慰问。

全年集中市容整治90余次,出动2000人次,取缔占道经营、倚门开店1200处,暂扣物品500件。同时组织拆除违法建筑5.5万平方米,新建围墙2000米,美化区域环境。

街道成立社会矛盾调处中心,开展矛盾纠纷排查调处及信访接待工作,调处各类矛盾197起,调解率100%,成功率95%。

成立社区教育委员会。深入开展文明楼幢和青年文明社区创建活动。建立社区统战网络,成立街道台侨联,建立10个楼幢关心下一代领导小组。

街道先后获市创建无毒社区示范街道、思想政治工作先进集体、无毒社区示范点、双拥共建先进集体及区建设秦淮先进单位等20项奖励。

【引进台资360万美元】 3月12日,南京长凯投资咨询有限公司成立,注册资金为100万美元。7月20日,南京乐林美食有限公司成立,注册资金为260万美元。至12月,累计引进台资360万美元,占年计划的180%。

【内涝地区安全度汛】 7月,连降暴雨,开源小区内大面积内涝。25日凌晨受淹居民近百户,其中受淹严重的59户,水深约80厘米,造成开源二村、三村、四村近800户居民出行不便。

街道将受淹情况上报区防汛办,并紧急架设两台大口径水泵抽水。组织街道干部、派出所民警、社区群众200人进行抢险救灾。将59户170名受淹群众疏散到营养学校,安排人员昼夜值班,并拨出专款5万元对受淹群众进行慰问。

【社区组织戏曲百场演出】 9月1日至11月1日,街道在正学路、扫帚巷社区居委会举办近百场戏曲演出,演出时间安排在下午或晚上,剧种主要有京剧、越剧、扬剧、昆剧、锡剧、黄梅戏等,有300人次参与演出,1万人次到场观看,剧目由社区居民自编自演,采取社区群众喜闻乐见形式,反映内容大多是社区中好人好事和日常生活中老百姓高兴事。

【违法搭建自拆率90%】 2004年,街道强化市容长效管理,迎接十运会,营造洁、净、美的社会生活环境,街道干部、社区主任、城管队员共同参与。5月,街道带头拆除扫帚巷等地区自建房5000平方米。7月,拆除开源小区、扫帚巷、养虎巷、铁路沿线等一批违法建筑,约1万平方米。至12月,累计拆除违法搭建994处5.5万平方米,违法搭建自拆率90%。

【成立区首家社区教育委员会】 4月28日,中华门街道社区教育委员会揭牌仪式在晨光礼堂举行。区有关部门和街道向所属社区居委会捐赠数千册图书和部分音像制品。社区教育委员会设主任1名,副主任2名,委员若干人,下设社区办公室、教育领导小组和讲师团。这是区首家成立的街道级社区教育委员会,其职责是帮助区域内失业人员进行就业培训,同时进行科普、法制宣传。全年,开展各类技能培训120次,开发就业岗位331个,帮助就业260人次,实现再就业187人。

【筹资开展科技创安工作】 9月,街道筹集45万元在辖区内安装33个电子监控装置,在11个社区建立辅警和治安志愿者队伍,坚持昼夜24小时巡逻、值班,构建社区、街道和警方三级群防群治网络,每月投入2000元对社区创安群防群治工作进行考核。至12月,辖区有2个无刑事案件社区、7个平安社区,达到创安要求。

【副市长靳道强调研街道禁毒工作】 2002年,街道率先在全市开展创建无毒社区活动,连续三年被市委、市政府授予创建无毒社区示范街道称号。2004年6月16日上午,全市禁毒工作会议在街道召开,副市长靳道强调研街道禁毒工作。市有关领导查看街道禁毒工作规则、制度、工作台账,在听取汇报后,肯定中华门街道,发动社会、警方、街道、社区和家庭"五位一体"轮流帮助教育吸毒者工作成效,提出要进一步加大打击、惩处贩毒分子的力度,形成有机统一的工作机制,进一步抓好戒毒人员的保障工作,关爱和帮助戒毒人员,为他们创造有利条件,树立远离毒品的信念。 (许定秋)

副市长靳道强到中华门街道调研禁毒工作

秦虹街道

【概述】 秦虹街道位于秦淮区东南部,面积约1.99平方公里,居民1.8万户,人口约5.6万。辖中牌楼、康居里、岗虹苑、怡馨花园、乔虹苑、集虹苑、文安里、旭光里、七里村、扇骨里、武定新村11个社区居民委员会。街道办事处设于宏光路118号。

2004年,围绕区委、区政府中心工作,全面落实科学发展观,通过街道广大干部群众共同努力,全面完成各项任务。

全年实现四税入库1742万元,留区财力245万元,分别完成目标任务的147.55%、147.71%,增幅在全区街道中名列第一。工业总产值6972万元,地区生产总值8180万元,社会消费品零售总额4.12亿元,第三产业营业额6.88亿元,固定资产投资1.7亿元,均超额完成全年目标任务。三资企业出口创汇306万美元,劳务输出创汇16.08万美元,合同利用外资300万美元。街道工业园6月挂牌,入驻企业12家,全年实现税收50万元。建成鸿意地产大厦商务楼,15家企业正在办理入驻和工商、税务变更手续。家居乐建材超市建成开业。全年引进协税企业202家,给街道经济发展注入新的活力。

以创卫达标工作为抓手,在创卫

复查中，全年两次被评为南京市市容卫生优胜街道。投资20万元对铁路沿线围墙进行新建、出新。深化绿色人居环境创建工作，投入数万元对怡馨花园社区进行软硬件建设，通过检查考核，获市级绿色人居环境社区称号。

加强群防群治工作，在11个社区推广乔虹苑社区“小喇叭”提醒防范做法。加大科技创安力度，筹资70万元建立秦虹地区视频监控系统。深化流动人口管理与服务。2004年，街道先后获市流动人口管理工作先进单位、市先进基层党校、市劳动资源调查工作先进集体及双拥共建工作先进集体等称号。

【家居乐建材超市建成开业】 9月，南京家居乐龙蟠建材有限公司，由江苏省民营企业新丽华企业集团与南京润轻投资发展有限公司共同投资成立，位于龙蟠中路403号，注册资金2000万元。经营范围有卫生洁具、五金、铝型材、工艺装饰墙纸、地毯、涂料、粘合剂、机械、灯具、交电产品、厨房用具、家用电器、日用百货、玻璃制品、园林花卉、家具、木材、建筑装饰材料。市场管理服务范围有设备安装及维修、室内装潢、自有房屋租赁、投资咨询等。家居乐是江苏省第一家本土企业经营的大型综合性建材超市，采用统一采购、统一经营、统一管理、统一服务经营方式，使之具备整体品牌优势，近3万平方米经营面积，销售14大类4万种商品。为消费者提供几十种人性化服务，如装潢中心提供装修全程服务，餐饮区提供休闲餐饮，书吧有两千余册装潢专业书刊，DIY演示区开设知识讲座，演示产品安装使用常识，还让消费者自己动手进行体验。12月18日开业经营，开业14天销售收入287万元。　　　　（曾益海）

家居乐建材超市建成开业

【怡馨花园创建市级绿色社区成功】 秦虹街道怡馨花园社区是2003年从岗虹苑社区（2002年命名的市绿色社区）分离出来的，创建基础好，居民环保意识强。5月，区政府协同街道、社区，逐条落实创建标准，投入1万余元新建、更新宣传橱窗，竖立禁鸣标志牌，增加绿化面积，开展志愿者活动，使小区绿意盎然，充满生机。10月，通过市环委会考核验收，经公示于12月被市环委会命名为南京市绿色人居环境社区。　　　　（陈　新）

【举办露天电影月】 7～8月，秦虹街道与辖区致壹房地产开发公司联手打造主题为“追忆似水年华，品味生活之美”秦虹地区露天电影月活动。电影月于7月23日开幕，每周五晚7时30分在第二十七中学（民办城南中学）操场放映1部弘扬时代主旋律的经典影片，先后放映《英雄》、《走出西柏坡》等5部影片。每场电影有附近居民、学生近2000人观看。

【引进协税企业202家】 2004年，街道加大招商引资力度，完善引进企业奖励办法，将引进企业任务作为科室工作目标，并签定责任书，调动全体机关干部积极性，形成人人关心经济、人人参与经济工作的良好氛围。通过广泛招商引资，全年引进注册资金

2000 万元、100 万元、50 万元的家居乐建材市场、南京双元照明工程有限公司、南京康皇科技有限公司以及南京恒业通科工贸有限公司、南京今腾服装有限公司、南京大道机械有限公司等 202 家企业,当年实现税收 80 万元。

【33 家私营企业建立工会】 3 月,街道成立私营企业组建工会工作领导小组。领导小组由家居乐建材市场、南京康皇科技有限公司、南京双元照明工程有限公司、南京恒业通科工贸有限公司、南京今腾服装有限公司、南京大道机械有限公司、南京德辰涂料有限公司等单位负责人组成,街道工委副书记任组长。街道有企业 600 家,按照职工人数在 25 人以上单位可以成立工会组织的要求,对符合条件的 33 家企业,经过调查研究,简化建会和入会手续,采取先登记、后充实、再完善的方法,为企业职工下发职工登记表,工会会员登记表。7 月 15 日,33 家私营企业全部建立工会组织,并纳入区总工会管理。

【成立青年中心】 10 月,秦虹街道在岗虹苑 23－1 号街道文化站成立全区首家青年中心。投资 5 万元,对原有的设施进行改造、装修。

青年中心有团体会员 7 家,个人会员 300 人,下设 6 个工作部,即就业服务部、青少年维权部、志愿者服务部、青少年读书俱乐部、文体活动部、综合服务部。在秦淮社区大学、北方光电股份公司设立志愿者服务站,城南中学设立青少年射箭俱乐部,第四十二中学设立青少年绿色环保俱乐部,武定新村小学设立民间、民俗文化俱乐部,小西湖小学分校设立小篮球俱乐部,夫子庙小学怡馨花园分校设立小足球俱乐部。

青年中心与市青年人才市场联合为失业青年举办就业培训 2 场,区检察院为青少年开办法制讲座 3 场。同时还组织社区青少年志愿者开展美化家园活动,春节期间还为老人送礼物,清环境,演节目。扬子晚报、南京日报等新闻媒体作了专题报导。

秦虹街道青年中心揭牌仪式

【筹资 70 万元用于科技创安】 秦虹街道地处城郊结合部,又是区政府所在地。为提高地区防控水平实施科技创安,街道投资 30 万元,区政府及有关部门投资 40 万元,计 70 万元建成秦虹地区视频监控系统,对案件易发和多发的重要路口、路段、学校、社区及单位等重点场所进行监控。

7～9 月,在秦虹路、秦虹南路、岗虹苑、怡馨花园、集虹苑、乔虹苑等 40 个地段和重点部位安装监控摄像头。选用彩色摄像机,水平清晰度大于 420TVL,图像灰度大于 8 级,性噪比大于 45dB,图像等级大于 4 级的高精密仪器,于 12 月投入使用。电子监控防范覆盖率达 60%。

(曾益海)

人　物

新任区级主要领导

徐路　中共秦淮区委常委、书记。男，1952 年 8 月生，江苏沭阳人，1972 年 3 月入党，党校研究生学历。

1970 年 11 月参加工作，南京官塘煤矿工人；1972 年 11 月任省煤矿建设指挥部、市煤炭局安全员；1981 年 12 月任市人大办公厅调研处秘书；1985 年 8 月任市人大办公厅政法处副处长、处长；1990 年 7 月任市人大法制委员会办公室主任；1992 年 3 月任市人大法制委员会副主任；1997 年 9 月任市人大法制工作室（研究室）主任；1998 年 3 月任市人大常委会副秘书长、办公厅主任；1999 年 5 月任市司法局局长、党组书记，兼南京市大连山劳教所第一政委、二级警监警衔。2004 年 10 月任中共秦淮区委常委、书记。

冯亚军　秦淮区委常委、副书记、代区长。男，1966 年 9 月生，江苏海门人，1988 年 6 月入党，研究生学历，管理学博士学位。

1993 年 8 月参加工作，栖霞区栖霞镇工作人员，任党委秘书，镇长助理；1994 年 5 月任栖霞镇新合村党总支部书记；1995 年 9 月任栖霞镇党委副书记（主持镇政府工作）；1996 年 1 月任栖霞镇党委副书记、镇长兼中外合资南京金星石化有限公司董事长；1998 年 1 月任栖霞区副区长；2001 年 12 月任栖霞区委常委、副区长；2002 年 2 月任栖霞区委常委、副区长、仙林

大学城管委会副主任、工委委员；2003 年 3 月任栖霞区委常委、副区长、仙林大学城管委会副主任、工委副书记；2004 年 11 月任中共秦淮区委常委、副书记，12 月任代区长。

（张殿林）

全国先进个人

潘淮宁　南京市第一医院院长，被国家卫生部评为 2004 年度全国优秀院长。男，1959 年 10 月生，江苏省宝应县人，中共党员，研究生学历。市心血管病研究所所长、主任医师、教授、硕士生导师。2003 年，被评为全国抗击“非典”优秀管理工作者，并获得省“五一”劳动奖章。同年 3 月，调市第二医院任院长，先后救治 15 例疑似和临床确诊“非典”病人，全部排除或治愈出院，先后进入隔离区工作的 256 位医务人员，无一人被感染。2004 年 8 月调回市

第一医院任院长,用新思维、新机制、新方法解决矛盾和问题,以科学发展观统揽全局,开拓新局面,实现雨花医院并入第一医院。并入后医院占地面积扩大到6.09万平方米,增加41.55%,建筑面积增加1.6万平方米。医院用地南扩7326平方米,医院占地面积又增加14%。2004年门诊急诊工作量比上年同期增长9.58%,入院病人比上年同期增长30.16%。

(王英武)

方芳 共青团秦淮区委员会书记,2004年4月被团中央授予全国优秀共青团干部称号。女,1976年9月生,中共党员,大专学历。

1996年参加工作,先后任秦淮区饮虹园街道、区政府办公室干事。1999年12月调入团区委任副书记,坚持刻苦学习,勤奋工作,带领团区委一班人紧贴党政中心、紧贴青年需要、紧贴时代脉搏,开展一系列卓有成效的工作,增强团组织的吸引力、凝聚力和战斗力。经常深入基层,积极开展调研,针对存在问题,与基层团干部一道研究,提出解决问题的办法和措施。围绕社区服务、社区文化、社区教育等,大力推进青年文明社区创建工作,以活动促创建,以创建促工作。组织青年志愿者进社区,开展青年文明号服务卡助万家、青年文明社区大家乐、植绿护绿等活动,服务广大社区居民。2002年,团区委被评为江苏省希望工程先进集体。2003年,获南京市志愿行动组织奖,同年,被团中央、民政部等有关部门联合授予全国青年文明社区示范城(区)创建单位称号,2004年,被团中央、全国绿化委员会等有关单位评为2003年度全国保护母亲河行动先进集体。方芳先后被评为省新长征突击手、市优秀团干部。

(陈 岚)

王长来 南京市第一医院院长,后任调研员.被国家卫生部授予全国卫生系统先进个人。男,1946年1月生。1970年毕业于第二军医大学医疗系。

1996年10月至2004年8月先后任市第一医院院长、市心血管病研究所所长、主任医师、教授、硕士生导师。1997年任市政协委员,1999年被授予市完成国民经济和社会发展奋斗目标有功个人。任院长期间,医院建设全面发展。人才队伍建设和人才团队建设迅速发展。形成以心研所为代表的多个年轻化、高素质的人才团队。医院向高层次跨越、科研技术发展取得丰硕成果。2004年,为雨花医院并入第一医院和医院南扩做大量前期准备工作。医院心血管病学、急诊及危重病医学先后被评为江苏省"135工程"医学重点学科和省重点学科建设单位,"影像医学及核医学"被评为南京医科大学重点学科。心胸外科等8个专科为省、市临床重点专科。心血管病系列诊疗技术水平跃居全国前5位,其中多项技术达到国际先进水平。2004年门诊急诊工作量、收治病人分别比1996年增长94%和52%。

(王英武)

金丹捷 秦淮区法院副院长。2004年12月26日被中宣部、教育部、共青团中央、全国妇联、全国老龄委评为孝亲敬老楷模。女,1966年1月27日生,汉族,中共党员,长期从事民事审判工作,热心服务人民群众,所分管的老年法庭工作年年有创新、有特色,曾当选首届南京市十大孝星,被市文明委授予第三届南京市好市民称号。多年来,始终以“三个代表”重要思想为指导,牢固树立亲民、爱民、为民的司法理念,对老年维权审判工作和方法进行大胆、积极、有效探索和尝试。

1997年12月,区法院成立保护老年人权益合议庭。开设专门老年人接待室,建立老年法庭三级维权网络,确立优先立案、方便诉讼、费用减免、及时审理4项原则,并把精神慰藉贯彻于涉老案件审理之中。通过制订工作规则,形成老年维权长效机制,不断延伸老年法庭服务,拓展老年维权空间。加强老年维权阵地建设,为老年维权提供有力保障。老年法庭成立7年,受理涉老案件1400余件,占区法院受理民事案件总数14%,接待老年人来访投诉、咨询460余人次,诉外调解30余次,解决不少老年人投诉无门的问题,深受老年人好评。中央电视台夕阳红栏目先后3次对区法院老年法庭的工作进行采访报道。2003年4月,金丹捷代表老年法庭在全国维护老年人权益工作经验交流会议上作交流发言。同年8月,国家民政部副部长、全国老龄委副主任李宝库在视察区法院老年法庭后,肯定法庭取得的成绩。

（蒋华强）

程钢　南京市夫子庙小学党支部书记、校长。2004年9月10日,被国家教育部授予全国教育系统先进工作者称号。男,1946年10月生,汉族,大学专科学历,是一位科研型、创新型校长。落实科学发展观,为学校规划科研兴教、科研兴校发展之路,形成夫子庙小学鲜明的办学特色。主持的“在教学过程中进行系统性分散考查”、“发展小学生五自能力的实验研究”、“小学自主探究型课堂教学模式研究”等课题,研究成果先后在《中国教育报》、省市各级报刊杂志和教育工作会议上介绍推广,获省、市哲学和社会科学优秀成果奖。1995年获市行知奖,1997年被评为市优秀共产党员,市精神文明建设先进个人,区十佳科技拔尖人才,1998年被授予省优秀教育工作者称号,1999年被授予市名校长称号。2000年被评为市劳动模范,2001年被授予省劳动模范称号。2003年,被评为市哲学和社会科学优秀工作者。　（陈　骏）

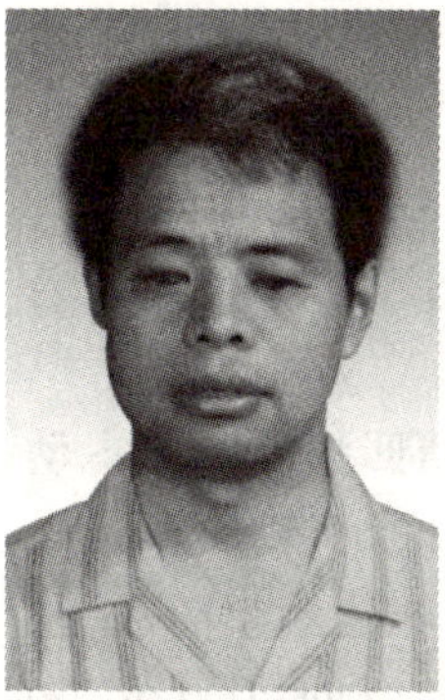

张贵建　南京市盲人学校教导处主任,2004年9月10日,获中国残疾人联合会颁发的全国特殊教育园丁奖。男,1953年1月生,中学高级教师。1971年参加工作,担任盲校中专、高职推拿专业教学工作。热爱盲生,勇于奉献。在教学工作和实践中,积累丰富的教育教学经验,参加中国残疾人联合会组织的《中国盲文》、《诊断学基础》、《按摩学基础》等教材的编审工作,论文“浅谈推拿治疗心律不齐症”在国际按摩学术研讨会上交流。1993年获南京市优秀教育工作者称号(行知奖),2002年被评为江苏省特殊教育先进工作者。　（陈树愔）

省五一劳动奖章获得者

沈秀秀　南京珠江客运有限公司董事长、总经理,2004年4月被江苏省总工会授予“五一”劳动奖章。女,1940年12月生,民建党员,经济师。

2004年被市政府评为2003年度南京市再就业创业明星,多次被省、市妇联、工商联授予省优秀女企业家、省“三八”红旗手、省先进民营女企业家等称号,2002年被选为第十三届市人大代表,2003年获全国人大副委员长彭佩云签发的华夏巾帼爱心使者证书。从十辆中巴车开始创业,成立珠江客运有限公司,拥有桑塔纳、捷达、富康等出租车百余辆,并以珠江客运有限公司为龙头先后发展5家企业。公司有资产6800万元,占地面积1.2万平方米,建筑面积1.3万平方米,每年上交国家税收100多万元。2002年投资新建厂房5000平方米,招商引资6家企业进驻,2004年又筹资800万元,再建5000多平方米综合大楼,与大明路汽车一条街配套服务。公司先后安置下岗失业人员120人次。

热心社会公益事业,真情回报社会。主动资助贫困大学生,并在南京大学、河海大学设立优秀学生奖学金。积极参与春蕾助学活动,扶持秦淮区3名失学儿童,每年资助2000元,两次向六合区希望小学捐款6000元。支持南京“绿肺工程”,为植树造林,美化城市,捐款6000元。

以人为本,善待员工,坚持为员工办理养老保险和医疗保险。累计为公司员工过生日,发蛋糕,逢年过节为员工发放钱物10万元,为30名婚丧喜事员工送钱送物2万元,资助家庭困难职工15万元,办员工食堂,为住房困难员工提供住处,先后组织员工到周庄、无锡、北京、承德山庄等地观光游览,到港澳旅游,费用达10万元。 (杜守民)

中国科学院院士

李崇银 中国人民解放军理工大学气象学院教授、中科院院士、博士生导师。男,1940年生,汉族,1963年毕业于中国科学技术大学。2001年10月为中科院院士,先后担任国际动力气象学委员会委员,国际“气候变化及可预报性研究

计划(CLIVAR)”科学指导组成员,CLIVAR季风专家委员会委员。长期从事大气科学研究工作,“八五”期间任国家攀登项目“气候动力学和气候预测理论”专家组成员和课题组组长,“九五”期间任国家攀登项目“南海季风实验理论研究”专家组副组长和课题组长。在热带气象学、大气低频振荡动力学以及ENSO循环动力学等大气科学前沿领域取得创新性研究成果。在国内外主要学术刊物发表论文200余篇,单独及与他人合作出版《大气低频振荡》和《气候动力学引论》等多本科学论著。获国家自然科学三等奖2项,中国科学院自然科学二等奖1项,三等奖3项,何梁何利基金科学与技术进步奖1次。 (尹志军)

逝世人物

李桂均 (1928.5~2004.6),原中共秦淮区委书记。男,河北大城人,高中文化。1944年11月加入中国共产党,1948年5月,任大城县九区委、县委组织干事;1949年2月任第二野战军金陵支队五大队三中队组织干事;1949年5月任中共南京市委秘书处总务科、市委机关党总支部文书、组织干事;1951年2月为市委党校学员;1952年2月任南京市委“五反”运动督导组副组长,同年5月任市委直属机关党委、市委机关党委组织干事、组织员、组织科科长;1954年8月任南京市级机关党委组织部副部长、部长;1955年11月任中共南京市委五人小组办公室材料组、综合组组长;1957年12月任中共秦淮区委工业部、宣传部、组织部副部长、部长;1967年1月在“五七”干校劳动;1969年5月起任遵义区白鹭洲街道工宣队指导员、街

道办事处主任、钓鱼台街道党委书记、区革委会政工组副组长；1973 年 4 月任中共遵义区委组织部长；1975 年 11 月任中共秦淮区委副书记、书记兼区革委会副主任、主任、武装部第一政委；1981 年 11 月任中共南京市第二轻工业局委员会书记；1983 年 4 月起任市政协副秘书长、市人大办公室主任；1988 年 8 月离休；2004 年 6 月 14 日因肝硬化医治无效逝世，享年 76 岁。 （金德智）

韩荣林 （1938.7～2004.11），原秦淮区人大常委会副主任。男，江苏泗洪县人，1956 年 6 月参加工作，1959 年 11 月加入中共产党。先后任南京市雨花台区粮食管理所营业员、粮站负责人及人保干事、秦淮区粮食分局党总支部干事、秦淮区委组织部干事、遵义区革委会信访办秘书、秦淮区委组织部副部长、夫子庙街道党委书记、秦淮区劳动局局长兼党组书记、秦淮区人大常委会副主任等职。2004 年 11 月 7 日，因病医治无效逝世，享年 66 岁。 （张殿林）

附：

2004 年获国家、省、市表彰单位名录

表 29

单 位	表彰时间	获 奖 名 称	颁 奖 单 位
中华路幼儿园	2004.01	全国尝试教育研究先进集体	全国尝试教育研究中心
团区委	2004.04	全国保护母亲河行动先进集体	共青团中央、全国绿化委员会等 8 个单位
团区委	2004.06	全国“青年文明社区”示范城(区)	团中央、民政部、建设部等 4 个单位
小西湖幼儿园	2004.08	中华传统美德教育优秀实验学校	中华民族传统美德教育总课题组等 3 个单位
区检察院	2004.09	全国优秀青少年维权岗	共青团中央、中央综治办、高检院等 11 个单位
小西湖幼儿园	2004.11	全国体育科研明星学校优秀实验学校	二十一世纪中国学校体育研究中心
区检察院控申科	2004.12	全国检察机关文明接待室	最高人民检察院
区检察院监法科	2004.12	首届全国检察机关派驻监管场所一级规范化检察室	最高人民检察院
中华路幼儿园	2004.03	省巾帼文明示范岗	省妇联
人事局	2004.07	省人民满意的公务员集体	省委组织市、宣传部、文明办、人事厅
区反贪局	2004.08	省青年文明号	共青团省委
区党校	2004.11	省首届优秀党课教案一等奖	省委宣传部
双塘街道	2004.12	省先进基层党校	省委宣传部
区检察院	2004.12	省先进检察院	省检察院
区纪委监察局	2004.12	省纪检监察信访工作目标管理先进单位	省纪委、监察厅

续表

单 位	表彰时间	获 奖 名 称	颁 奖 单 位
区教育工会	2004.12	省社会尊师重教、教师回报社会先进集体	省教育工会
南京航天管理干部学院	2004.12	省优秀基层工会	省直机关工会
区检察院	2004.01	市纪检监察工作先进集体	市委、市政府
区民政科	2004.03	市法律援助工作先进集体	市政府
双塘街道	2004.08	市双拥模范街道	市政府、南京军分区
区人武部	2004.09	市城市防空演习先进单位	市国防动员委员会
区老干部局	2004.11	市老干部工作先进集体	市委老干部工作领导小组
区人武部	2004.12	市征兵工作先进单位	市政府
区人武部	2004.12	市警备区署期安全竞赛优胜单位	市国防动员委员会
区人武部	2004.12	市警备区新闻报导二等奖	市警备区
区人武部	2004.12	市警备区后勤规范化建设一等奖	市警备区
区信访局	2004.12	市社会治安综合治理先进单位	市委、市政府
区纪委监察局	2004.12	市查案工作特等奖	市纪委、监察局

2004年获省、市表彰人物名录

表30

姓 名	表彰时间	获 奖 名 称	颁 奖 单 位	单 位
邹林珍	2004.02	省德育工作先进个人	省职教学会德育工作委员会	市财经学校
马苏文	2004.03	省巾帼建功先进工作者	省妇联	市财经学校
刘海林	2004.05	优秀科技辅导员	省科技协会	第四十二中学
贾宗萍	2004.06	省学校心理教育名师	省学校教育心理学会	中华路幼儿园
杨 涛	2004.06	讲解员大赛二等奖	省文化厅	太平天国历史博物馆
张建勤	2004.08	省妇女权益法律援助工作先进个人	省妇联、司法厅	区检察院
王占发	2004.08	优秀组织者	省科技协会	第四十二中学
周学煦	2004.09	省党校系统第五次教学工作会议优秀教师	省党校	区委党校

续表

姓 名	表彰时间	获奖名称	颁奖单位	单 位
金翠萍	2004.09	省优秀教育工作者	省教育厅	中华路幼儿园
徐守凡	2004.11	省民办学校先进教育工作者	省民政厅	秦淮外国语学校
朱 平	2004.11	省老干部先进个人	省委组织部、老干部局	区老干部局
陆道军	2004.11	优秀科技辅导员	省科技协会	文枢中学
徐 平	2004.11	先进个人(科技)	省科技协会	文枢中学
李洪忠	2004.12	新闻报导先进个人	省军区	区人武部
陈 斌	2004.01	市第二届南京好市民	市精神文明建设指导委员会	中华门街道
郭庚明	2004.09	市城市防空演习先进个人	市国防动员委员会	区人武部
温红伟	2004.09	市城市防空演习先进个人	市国防动员委员会	区人武部
赵宝荣	2004.11	市老干部先进个人	市委老干部工作领导小组	区老干部局
单正军	2004.12	新闻报导二等奖	市警备区	区人武部
肖 毅	2004.12	市第三届南京好市民	市精神文明建设指导委员会	双塘街道

（金德智）

2003～2004 年区级文明单位和精神文明建设先进个人名录

·区级文明单位(50 家)·

秦淮区人民检察院
秦淮区人民法院
南京市国税局秦淮分局
南京市工商行政管理局秦淮分局
秦淮区发展计划与经济局
秦淮区民政局
秦淮区劳动和社会保障局
秦淮区审计局
秦淮区物价局
秦淮区环境保护局
秦淮区文化局
秦淮区信访局
秦淮区委政法委员会
秦淮区委党校
秦淮区妇联
红花街道龙翔雅苑社区居委会
红花街道广洋村委会
红花街道夹岗村委会
红花街道果园村委会
夫子庙街道大石坝街社区居委会
双塘街道糖坊廊社区居委会
双塘街道胭脂巷社区居委会
中华门街道
中华门街道雨花村社区居委会
秦虹街道乔虹苑社区居委会
秦虹街道集虹苑社区居委会
南京市公安局秦淮分局特巡警大队
夫子庙派出所
南京市中华路幼儿园
秦淮区胭脂巷幼儿园

南京市夫子庙小学
南京市第二十七中学
南京市秦淮区少年宫
南京市秦淮中医医院
秦淮区卫生监督所
南京市房屋拆迁有限公司
中华门管理所
秦淮区房地产经营公司
南京秦淮城镇建设综合开发有限公司
秦淮商业网点房地产开发公司
夫子庙旅游实业发展股份有限公司
南京城头城商城
南京长澳医药科技有限公司
江苏王春美容实业有限公司
南京东南钢板贸易有限公司
南京夫子庙饮食有限公司
夫子庙虹园食品有限公司
南京旅游国际购物中心
南京旭飞光电有限公司
南京宁德汽车服务有限公司

·区级精神文明建设先进个人(50名)·

肖仁玫　张旭静　吴　兵　郑人民　黄华平
杨东红　黄朝胜　杨胜利　江　全
张家生　刘全利　汪国强　张　敏　何传文
陈　珍　王爱民　陈东海　曹丽莉
杨桂清　靳新兰　陈德锦　余国斌　孙业华
樊堂海　黄炳一　孟广池　石克明
李云俊　梁开华　孙爱群　郑　骏　祁寅龙
钱晓红　吉东宏　王春华　赵建国
贾国根　邓雪霞　王修慧　章菊庆　陈永保
邵林宁　杨厚银　范文琳　蔡云方
赵凌宏　江　淳　刘为智　邵永泉　单正军

2004年秦淮区学习李元龙,争做好支书、好干部活动先进个人名录

·好支书(30名)·

白同京　南京酿造集团行宫饭店党支部书记
傅必勤　区城镇建设开发公司党支部副书记
江永强　区民营科技企业联合党支部书记
潘在平　宏达客运实业公司党支部书记
黎家福　工商分局夫子庙所党支部书记
张　红　中华门管理所党支部书记
吴存慧　区房产经营公司夫子庙房管所党支部书记
贾国根　第四十三中学党支部书记
金婴宁　武定新村小学党支部书记
李保娣　东关头小学党支部书记
夏思聪　秦淮医院党总支部书记
冯　甦　区公安分局夫子庙派出所党支部书记
周爱民　区公安分局特巡警大队党支部书记
陈德友　广洋村党总支部书记
邢华后　七桥村党总支部书记
严秀珍　龙苑新寓社区党支部书记
陈文美　双桥新村社区党委书记
陈普选　新民坊社区党支部书记
王　群　转龙巷社区党支部书记
孙　勤　小西湖社区党支部书记
张增鸣　七里街社区党支部书记
彭　红　糖坊廊社区党支部书记
杜月菊　胭脂巷社区党支部书记
张懋义　南京人民印刷晒图厂党支部书记
汤淑华　雨花村社区3幢党支部书记
王兴宝　金工里社区党总支部副书记、1楼~5楼幢支部书记
刘秀芳　双桥门社区党总支部书记
刘国庆　七里村社区党支部书记
胡连霞　武定新村社区党总支部书记
孙业华　中牌楼社区党支部书记

·好干部(30名)·

张素萍　区政府办党支部组织委员
田　琦　区级机关纪工委副书记
梁开华　区总工会主任科员、党支部委员
牛志华　区人民法院红花法庭庭长、院第四支部书记
石翠平　区人民检察院公诉科副科长
冯锦明　区发展计划与经济局企管科科长
崔满富　区民政局主任科员
祁寅龙　地税分局第二税务所所长、党支部委员
王华明　区市容管理局综合科科长
张　岩　区计生局组织干事
周　泉　区拆迁办副科长
郝　琴　风光开发公司动迁科科长
高美琴　区商贸局纪工委副书记
王云梅　区建设局纪工委副书记
柏传龙　秦淮城市房屋拆迁有限公司经理、党支部委员
赵建国　区教育局中职成教科科长
张业武　秦淮区妇幼保健所所长、区疾控联合党支部委员
沙　峰　公安分局刑警大队技术中队副中队长
吉东宏　公安分局秦虹派出所乔虹苑社区民警
林　海　公安分局白鹭洲派出所民警
吴　兵　红花街道办事处党群工作科科长
王春花　红花街道经济科科长、机关第四党支部书记
陈荣祥　夫子庙街道办事处经济科干事
顾利元　夫子庙街道办事处社会事务科科长、党支部委员
刘世益　双塘街道办事处社会事务科副科长
谈贤德　双塘街道办事处城管科干事
王钟涛　中华门街道社会事务科科长
张　颖　中华门街道主任科员
朱　晨　秦虹街道纪工委副书记
陈义银　秦虹街道办事处社会事务科科长

2004年秦淮区十佳明星企业十佳优秀企业家名录

·十佳明星企业·

南京市秦淮城镇建设综合开发有限公司
宁波永大集团南京投资有限公司
南京市秦淮区商业网点房地产开发公司
南京二机床有限公司
南京幸基房地产开发有限公司
南京法雷奥离合器有限公司
南京福联汽车贸易有限公司
南京宁德汽车服务有限公司
南京秦淮科技园投资发展有限公司
南京新香园大酒楼有限公司

·十佳优秀企业家·

南京科亚实业有限公司总经理　刘光知
鸿意地产发展有限公司总经理　王洪飞
南京奥特佳冷机有限公司总经理　钱永贵
南京八达通信设备有限公司总经理　周长明
南京东南钢板贸易有限公司总经理　杨　军
南京音飞货架制造有限公司总经理　金跃跃
夫子庙旅游实业发展股份有限公司总经理　王德庆
南京华德仓储设备制造有限公司总经理　曹永欣
江苏金泰天创汽车销售有限公司总经理　郎光富
南京金轮房地产开发有限公司总经理　王锦辉

统 计 资 料

2004 年秦淮区生产总值完成情况表

表 31 单位:万元

指 标 名 称	总 量	可比价增长 ±%	现价增长 ±%
总 计	173734	15.1	20.2
第一产业	415	-38.1	-35.6
第二产业	87985	7.6	16.9
其中:工业	67399	10.2	17.0
第三产业	85334	23.2	24.3

2004 年秦淮区各单位生产总值完成情况表

表 32 单位:万元

单 位	年计划	累计完成	占年计划%
全区	167690	173734	103.6
红花街道	87870	90667	103.2
夫子庙街道	17380	18100	104.1
双塘街道	15080	15760	104.5
中华门街道	6600	6922	104.9
秦虹街道	7680	8180	106.5
夫管办	4070	4847	119.1
卫生局	3200	3250	101.6
教育局	8050	9429	117.1
工商分局	39270	40032	101.9
商贸局	2970	3014	101.5
建设局	1800	3017	167.6
房产局	4230	4237	100.2
民政局	860	873	101.5

续表

单　　位	年计划	累计完成	占年计划%
旅游局	1100	1115	101.4
市容局	2680	2735	102.1
城镇开发	2120	3786	178.6
风光开发	620	622	100.3
网点开发	980	2773	283.0
拆迁办	250	260	104.0

（陈小飞）

2004年秦淮区财政总收入完成情况表

表33　　单位:万元

指标名称		累计完成	同比±%
国税	小　计	46218	11.4
	增值税	38343	5.1
	所得税	7875	59.3
地税	小　计	33615	25.7
	营业税	20906	32.6
	企业所得税	3855	6.6
	个人所得税	5625	18.9
	房产税	2428	12.5
	印花税	499	31.0
	车船税	302	221.3
财政	小　计	1818	14.9
	农业税	3	-57.1
	罚没收入	1093	-4.0
	行政性收费	400	-4.8
	国有资产经营收入	300	—
	基金收入	12	—
	其他收入	10	100.0
合　计		81651	16.8

2004 年秦淮区地方财政收入完成情况表

表 34　　　　单位:万元

指标名称		累计完成	同比±%
国税	小计	6368	14.5
	增值税	4793	5.1
	所得税	1575	59.3
地税	小计	14364	29.3
	营业税	10453	32.6
	企业所得税	771	6.6
	个人所得税	1125	18.9
	房产税	1214	12.5
	印花税	499	31.0
	车船税	302	221.3
财政	小计	1818	14.9
	农业税	3	-57.1
	罚没收入	1093	-4.0
	行政性收费	400	-4.8
	国有资产经营收入	300	—
	基金收入	12	—
	其他收入	10	100.0
合计		22550	23.5

（潘志勋）

2004 年秦淮区规模以上工业总产值表

表 35　　　　单位:万元

指标名称		累计完成	同比±%
工业总产值		216765	18.9
1	轻工业	96847	6.7
	重工业	119918	31.0
2	国有工业	—	—
	集体工业	3912	227.4
	股分合作工业	6521	-16.7
	股份制工业	56967	47.4
	外商及港澳台投资	137453	6.5
	其他经济类型企业	11912	116.5
	其中:私营企业	27814	223.2

续表

指 标 名 称		累计完成	同比±%
3	大中型企业	159562	2.6
工业销售产值		213466	21.1
其中:出口交货值		40219	0.4

2004 年秦淮区各单位工业产值完成情况表

表 36　　单位:万元

单 位	年计划	累计完成	占年计划%
全 区	323587	343358	106.1
红花街道	281800	295637	104.9
夫子庙街道	1700	1899	111.7
双塘街道	8000	8608	107.6
中华门街道	1900	2025	106.6
秦虹街道	6400	7469	116.7
其 他	23787	27720	116.5

2004 年秦淮区全社会固定资产投资完成情况表

表 37　　单位:万元

指 标 名 称	累计完成	同比±%
合 计	257489	18.6
基本建设	39684	40.2
更新改造	—	—
房地产开发投资	160491	4.9
附:私营经济	24993	-35.6
城镇投资	18652	163.8
农村投资	38662	35.6
附:工业投入	30050	33.5

2004 年秦淮区各单位固定资产投资完成情况表

表 38　　单位:万元

单 位	年计划	累计完成	占年计划%
全 区	250000	257489	103.0

续表

单　位	年计划	累计完成	占年计划%
红花街道	35000	38225	109.2
夫子庙街道	16000	22672	141.7
双塘街道	16000	26600	166.3
中华门街道	5000	7395	147.9
秦虹街道	16000	23000	143.8
夫管办	1000	2130	213.0
城镇开发	100000	22230	22.2
风光开发	18000	15900	88.3
网点开发	15000	13500	90.0
房地产局	25000	21783	87.1
拆迁办	22000	18902	85.9
建设局	10000	9183	91.8
教育局	3000	4818	160.6
卫生局	800	1686	210.8
文化局	300	—	—

2004 年秦淮区房地产开发投资完成情况表

表 39

指　标　名　称	计量单位	累计完成	同比±%
房地产开发投资额	万元	160491	4.9
其中:商品房屋投资额	万元	54277	—
土地开发投资额	万元	5040	—
1. 按工程用途分	—	—	—
住　宅	万元	125013	27.6
办公楼	万元	1493	-68.6
商业用房	万元	5975	-59.3
其　他	万元	28010	-21.3
2. 房屋建筑面积	—	—	—
施工面积	平方米	991879	60.9
住　宅	平方米	860899	81.6
竣工面积	平方米	149700	-0.6
3. 商品房销售面积	平方米	215330	-5.5

续表

指标名称	计量单位	累计完成	同比±%
住宅	平方米	183224	-0.7
4. 房屋销售额	万元	100436	23.5
住宅	万元	85368	30.5

2004年秦淮区社会消费品零售总额完成情况表

表40 单位:万元

指标名称	累计完成	同比±%
合计	366364	19.1
按行业分	—	—
批发零售贸易业	296857	16.0
餐饮业	69507	34.7
按经济类型分	—	—
国有经济	—	—
集体经济	31230	17.8
私营经济	127853	0.7
个体经济	126695	13.4
联合经济	33053	16.5
股份制经济	46913	382.2
外商投资经济	620	-78.0
港澳台投资经济	—	—
其他经济	—	—

2004年秦淮区各单位社会消费品零售总额完成情况表

表41 单位:万元

单位	年计划	累计完成	占年计划%
全区	359910	366364	101.8
红花街道	100620	114022	113.3
夫子庙街道	82180	86100	104.8
双塘街道	63650	65850	103.5
中华门街道	48130	51397	106.8
秦虹街道	40080	41220	102.8

续表

单　位	年计划	累计完成	占年计划%
夫管办	26910	31832	118.3
工商分局	273340	274410	100.4
商贸局	11420	11636	101.9
旅游局	2720	2785	102.4
民政局	400	—	—
建设局	1630	1806	110.8
房地产局	800	—	—

2004年秦淮区外向型经济完成情况表

表42　　单位:万美元

指标名称	年计划	累计完成	同比±%	占年计划%
实际利用外资	4000	4063.0	28.8	101.6
合同利用外资	8000	9478.0	32.7	118.5
外贸出口额	3320	4141.0	40.3	124.7
对外劳务输出营业额	80	95.7	23.5	119.6
新批企业(家)	16	22.0	—	137.5

2004年秦淮区各单位外向型经济完成情况表(一)

表43　　单位:万美元

单　位	实际利用外资			合同利用外资		
	年计划	累计完成	占年计划%	年计划	累计 完成	占年计划%
红花街道	1500	283	18.9	3300	2369	71.8
夫子庙街道	200	—	—	450	500	111.1
双塘街道	200	—	—	450	2926	650.2
中华门街道	200	360	180.0	450	360	80.0
秦虹街道	200	—	—	450	300	66.7
夫管办	30	2	6.7	50	100	200.0
大明路办	50	—	—	100	12	12.0
招商中心	30	80	267.0	50	91	182.0
商贸局	50	—	—	100	—	—
教育局	50	—	—	100	—	—

续表

单位	实际利用外资			合同利用外资		
	年计划	累计完成	占年计划%	年计划	累计 完成	占年计划%
卫生局	30	—	—	50	—	—
房地产局	300	200	66.7	700	10	1.4
建设局	50	—	—	100	—	—
科技局	30	—	—	50	—	—
文化局	30	—	—	50	—	—
体育局	30	—	—	50	—	—
旅游局	30	—	—	50	—	—
城镇开发	300	—	—	700	—	—
网点开发	300	—	—	700	—	—
风光开发	300	105	35.0	700	—	—

2004年秦淮区各单位外向型经济完成情况表(二)

表44 单位:万美元

单位	出口创汇			劳务输出		
	年计划	累计完成	占年计划%	年计划	累计 完成	占年计划%
红花街道	2520	2760	109.5	12	19.30	160.8
夫子庙街道	—	—	—	12	30.24	252.0
双塘街道	—	—	—	12	14.16	118.0
中华门街道	530	531	100.2	12	18.00	150.0
秦虹街道	350	351	100.3	12	16.10	134.2
教育局	—	—	—	23	9.78	42.5

2004年秦淮区各单位第三产业营业额完成情况表

表45 单位:万元

单 位	年计划	累计完成	占年计划%
全 区	764830	810504	106.0
红花街道	204750	206936	101.1
夫子庙街道	210000	220000	104.8
双塘街道	108200	113200	104.6
中华门街道	120330	136346	113.3

续表

单　位	年计划	累计完成	占年计划%
秦虹街道	68140	68760	100.9
夫管办	30000	31832	106.1
科技局	6200	6420	103.5
工商分局	576950	621065	107.6
商贸局	44790	44809	100.0
建设局	3000	31392	1046.4
房产局	6900	7008	101.6
旅游局	2720	2785	102.4
市容局	350	368	105.1
城镇开发	38360	21310	55.6
风光开发	7570	7858	103.8
网点开发	4460	10462	234.6
拆迁办	1510	3800	251.7

2004年秦淮区私营个体经济发展情况表

表46　　　　单位:万元

新办民营企业(家)				新发展个体工商户(户)			
单　位	年计划	累计完成	占年计划%	单　位	年计划	累计完成	占年计划%
全　区	1000	1336	133.6	全　区	2400	3830	159.6
红花街道	260	123	47.3	红花街道	420	489	116.4
夫子庙街道	190	392	206.3	夫子庙街道	420	799	190.2
双塘街道	190	336	176.8	双塘街道	420	840	200.0
中华门街道	190	162	85.3	中华门街道	420	895	213.1
秦虹街道	190	231	121.6	秦虹街道	420	489	116.4
夫管办	90	92	102.2	夫管办	300	318	106.0

（陈小飞）

附　录

中共秦淮区委员会文件目录(部分)

1月16日　秦淮区党政机关区管领导干部年度考核暂行办法(试行)
1月17日　关于表彰2003年度建设秦淮有功单位、有功个人和先进单位的决定
3月2日　关于转发《秦淮区人大常委会2004年度主要议题和工作安排》的通知
3月25日　关于创建文明城区的工作意见
4月15日　关于批转《秦淮区2004年双拥工作要点》的通知
4月26日　关于表彰2001～2003年度依法治区暨"四五"普法先进集体和先进个人的决定
5月21日　关于认真学习宣传贯彻《中国共产党党内监督条例(试行)》和《中国共产党纪律处分条例》的意见
6月10日　关于进一步深化社区建设的意见
6月16日　关于进一步加强和改进未成年人思想道德建设的实施意见
6月23日　关于表彰"学习李元龙,争做好支书、好干部"学习评优活动先进个人的决定
8月16日　关于中共南京市秦淮区第九次代表大会代表选举工作的通知
8月16日　关于印发《秦淮区拆除违法搭建专项整治方案》的通知
9月22日　关于建立健全反腐保廉体系的实施意见
10月12日　关于学习贯彻党的十六届四中全会精神的通知
12月5日　关于中共南京市秦淮区第九次代表大会和中共南京市秦淮区第九届委员会、纪律检查委员会第一次全体会议选举结果的报告
12月6日　中共南京市秦淮区委委员廉洁自律公约
12月6日　中共南京市秦淮区委员会工作规则
12月15日　关于报批南京市秦淮区人民政府机构改革方案的请示
12月22日　转发《关于严禁领导干部接受"红包"及单位间相互赠送"红包"的规定》的通知
12月31日　关于开展2003～2004年度区级文明单位、精神文明建设先进个人评选表彰活动的通知

秦淮区人大常委会文件目录(部分)

2月16日　关于调整秦淮区人大常委会部分领导同志工作分工的通知
2月26日　关于转发《秦淮区人大常委会2004年度主要议题和工作安

排》的请示

2月26日　关于组织人大代表评议区审计局和区环境保护局的决定

4月13日　关于在全区各街道设立区人大常委会工作机构的请示

4月30日　关于批准秦淮区2003年财政决算的决定

7月16日　关于秦淮区开展纪念人民代表大会制度建立50周年活动的报告

12月7日　关于补选区人大代表的决定

12月7日　关于表彰先进代表组、代表活动积极分子和代表工作先进个人的决定

秦淮区人民政府文件目录(部分)

1月8日　关于调整区公费医疗管理委员会成员的通知

1月14日　关于2003年安全生产目标管理工作考核情况通报

1月16日　关于红花办事处辖区内三条道路命名的请示

1月17日　关于申请就业再就业扶持资金的报告

2月2日　关于印发《切实做好高致病性禽流感防治工作的意见》的通知

2月17日　关于表彰2003年度全区市容管理工作先进单位、先进个人的决定

2月17日　关于印发《秦淮区违法建设查处暂行办法》的通知

2月24日　关于表彰2003年度十佳明星企业、十佳民营企业和十佳个体工商户的决定

2月25日　关于表彰2003年度荣获南京市著名商标、市名牌产品称号及通过ISO 9000认证企业的决定

2月25日　关于印发《关于2004年全区招商引资意见》的通知

2月26日　关于印发《关于贯彻“质量兴市”工作要求,加强推进“品牌强区”战略的意见》的通知

2月26日　关于印发《关于扶持重点企业发展的意见》的通知

2月27日　关于印发《秦淮区农村居民最低生活保障工作实施细则》的通知

3月3日　关于贯彻实施《中华人民共和国行政许可法》的通知

3月3日　关于批转《区监察局2004执法监察工作意见》的通知

3月17日　关于在钞库街地块举办即开型体育彩票发行活动的报告

4月1日　关于解决纬七路东延工程被拆迁户经济适用房问题的报告

4月9日　关于申请批准《秦淮区农业税税率调整工作实施方案》的请示

4月12日　关于评审论证白鹭洲公园总规方案的报告

4月19日　关于审核来凤街道路拓宽工程费用的报告

4月21日　关于申请对秦淮区中小学布局调整考核验收的请示

4月26日　关于印发《关于加快推进招商引资重点项目的工作意见》的通知

5月8日　关于申报创建“省社区卫生服务示范区”的请示

5月10日　关于申请将卡子门地块列入挂牌出让计划的报告

5月13日　关于来燕桥拓宽的立项报告

6月10日　关于成立秦淮区第一次经济普查工作领导小组的通知

6月14日　关于减免城市市政公用基础设

施配套费的请示
6月30日 关于对“东关头沿河环境整治工程”进行方案论证的报告
7月1日 关于外秦淮河沿线下码头地块淹水片区改造问题的请示
7月5日 关于开展经济普查工作的通知
7月16日 关于依法强拆影响危旧房工程钉子户的情况报告
8月9日 关于全国文化先进县复查的自查报告
8月17日 关于同意南京市秦淮区城镇综合开发总公司改制方案的批复
8月18日 关于成立南京市青少年羽毛球训练基地的报告
9月2日 区政府关于表彰治理“三小车”有功单位、先进单位和有功个人、先进个人的决定
9月3日 关于表彰2003~2004学年区优秀教育工作者和成人教育先进集体、先进个人的决定
9月23日 关于夫子庙美食街南侧背立面整体改造的请示
10月17日 关于转发区民政局、区财政局《关于健全临时救助制度的暂行办法》的通知
10月28日 关于变更钞库街地块用地性质的请示
11月2日 区政府关于同意撤销东风村村民委员会的批复
11月2日 关于加强全区街道民政办规范化建设的意见
11月22日 关于区政协《关于实施“品牌强区”工作思路的建议案》的复函
11月24日 关于申请对秦淮区基本农田保护检查工作进行验收的报告
12月18日 办理宏光路北侧改造规划手续的报告

政协秦淮区委员会文件目录(部分)

3月4日 关于印发《2004年区政协政治理论学习安排意见》的通知
3月22日 关于开展民主评议区法院民事审判工作的请示
3月19日 关于印发《秦淮区政协2004年主席会议、常委会议议题及重要活动安排》的通知
4月12日 关于报送《关于加快我区发展改革改制步伐的建议案》的通知
6月10日 区政协关于进一步加强与民主党派基层组织联系的办法
6月24日 关于区政协民主评议区法院民事审判工作情况的报告
8月20日 关于报送《关于实施“品牌强区”工作思路的建议案》的函
12月1日 关于调整区政协委员的请示
12月20日 关于表彰优秀专委会主任、优秀委员、优秀信息员、优秀提案的决定
12月20日 政协委员参加政协会议、活动的请假规定(试行)

2004年报刊文章题录(部分)

1月5日 新华日报《南京‘整修’老城南》
5月3日 南京日报《秦淮河沿岸添新景》
5月4日 扬子晚报《红袖章上“夕阳红”》
5月17日 扬子晚报《假日中的故事多》

5月21日 扬子晚报《智障兄弟撑起一个家》
5月24日 扬子晚报《干女儿"赶"她进养老院》
6月2日 南京日报《沈万三故居重建》
6月23日 扬子晚报《有事就找"张委员"》
7月2日 扬子晚报《桨声灯影》丛书昨日首发
7月2日 南京晨报《十运会20冰童昨稚气亮相》
7月3日 扬子晚报《范大妈建成社区小花园》
7月11日 扬子晚报《不去拼,怎么会赢?》
7月13日 南京日报《创业者的"黄金"源地》
7月14日 扬子晚报《老小区自管停车进退两难》
7月14日 南京日报《小小鸟笼撑起一个家》
7月22日 南京日报《"小红帽"顶着烈日巡逻社区》
7月22日 新华日报 南京日报《东关头沿河整容将打通"三脉"》
7月26日 扬子晚报《社区主任的破台板》
8月2日 南京日报《青年有了"创业园"》
8月2日 新华日报《打造青年创业孵化器》
8月3日 金陵晚报《全国首家青年创业园8月开业》
8月3日 南京日报《"四位一体"给新社区居民真正的民主》
8月3日 扬子晚报《关爱幼苗引来"母女挡"》
8月4日 新华日报《南京启动秦淮河环境整治工程》
8月4日 金陵晚报《中华门城堡南侧拆迁启动》
8月5日 扬子晚报《老城南,一对残疾人"兄弟"情深》
8月6日 扬子晚报《民间艺术馆进社区》
8月14日 扬子晚报《迎奥运,小学生书写2008米长卷》
8月20日 周末报《大明路国际汽车城9月底开张》
8月20日 南京日报《南京人缅甸造世界最高铜佛》
8月21日 南京日报《大明路建成全省最大汽车卖场》
8月22日 扬子晚报《社区"百灵"唱出生命奇迹》
8月22日 扬子晚报《"女儿"送"妈妈"一元钱腰带》
8月23日 扬子晚报《秦淮区拆违困难户有保障》
8月23日 扬子晚报《不要老伴 也不离开社区》
8月28日 南京日报《城墙下3000多平方米违建昨被拆》
9月1日 南京日报《清代苏州水榭"搬"进夫子庙》
9月1日 新华日报《夫子庙引民资600万建林散之艺术馆》
9月2日 金陵晚报《彻底整治"水码头"》
9月2日 现代快报《扫帚巷水码头换新颜》
9月2日 南京日报《"我们从小玩到大,我得照顾他"》
10月15日 扬子晚报《让边缘青少年回到阳光下》
10月21日 扬子晚报《陈警官和他的大背包》
10月23日 扬子晚报《双桥新村有位"书痴爷爷"》
10月31日 南京日报《"流动办公室"随时随地解民忧》
11月3日 扬子晚报《"龙苑"有支"大妈舞蹈队"》
11月22日 扬子晚报《做好事完全是"爱好"》
11月25日 新华日报《古老秦淮的新魅力》
12月15日 扬子晚报《"老上访"成了创业楷模》
12月19日 南京日报《残疾人主动"退保"卖报养家》

(谢江平)

索 引

索引编辑说明

1. 本索引采用主题分析索引方法，按索引词首字汉语拼音、音序排列，首字相同按第二字拼音、音序排列，依次类推。

2. 分目、副分目标题均用黑体字标明，索引词后的阿拉伯数字表示内容所在页码，数字后的拉丁字母 a、b 分别表示左、右栏，表格名称后注有“表”字样。

3. 索引词后第二个及以后的页码表示“参见”内容所在的位置，退后两格排列的索引词为相关主索引词的“附见”。

4. 特载、大事记、统计资料、附录、人物及彩页中的一些内容未作索引。

K

L

南京旅游营养职业教育中心

NANJING LUYOU YINGYANG ZHIYE JIAOYU ZHONGXIN

南京旅游营养职业教育中心是一所国家级重点中等职业学校，位于有着深厚文化积淀的夫子庙地区。学校具有悠久的办学历史，良好的办学条件，丰富的办学经验，强实的办学优势。学校开设烹饪类、旅游类、电子信息类、现代零售业经营类等十多个专业，其中：烹饪类专业是江苏省职业学校骨干示范专业，被社会美誉为“星级宾馆饭店厨师的摇篮”；旅游服务类专业是南京市示范专业，“学烹饪到营养，学导游到旅游”已成为学生家长的共识。

二十多年来，学校培养的毕业生已遍布国内外大型餐饮及旅游企业。北京钓鱼台国宾馆、广州白天鹅宾馆、南京金陵饭店、状元楼酒店、江苏海外旅行社等单位，都有本校毕业生，有的还被选送到北京中南海、中央直属机关工作，不少优秀毕业生已成为旅游饭店、旅行社等单位的中、高级管理人员。此外，有很多优秀毕业生被国外大型企业录用，目前在德国、英国、新加坡、阿联酋等国家已有数百名毕业生就业，学生对口就业率达100%。

图片注释

1、◎ 优秀毕业生与国务委员唐家璇合影　2、◎ 优秀毕业生在阿联酋国际大赛获奖　3、◎ 市烹饪专业学科带头人—曹荣

4、◎ 本校学生和宋楚瑜合影　5、◎ 省市领导视察学校展台　6、◎ 在钓鱼台国宾馆工作的毕业生

7、◎ 受华商会组委会嘉奖的学生

剪子巷校区　地 址：南京市剪子巷132号　电 话：025－86623022
邮 编：210006　传 真：025－52212941

双桥门校区　地 址：南京市路字铺20号　电 话：025－52607434
邮 编：210012

网 址：http://WWW.tnvecwww.tnvec.com

◎ 中央电视台拍摄学生参加社会实践
◎ 开展德育活动
◎ 荣获区中小学田径运动会团体冠军
◎ 学科带头人授课
◎ 外籍教师讲课
◎ 南京教科研基地检查工作会议
◎ 优美的校园环境
（注解由左至右顺序）

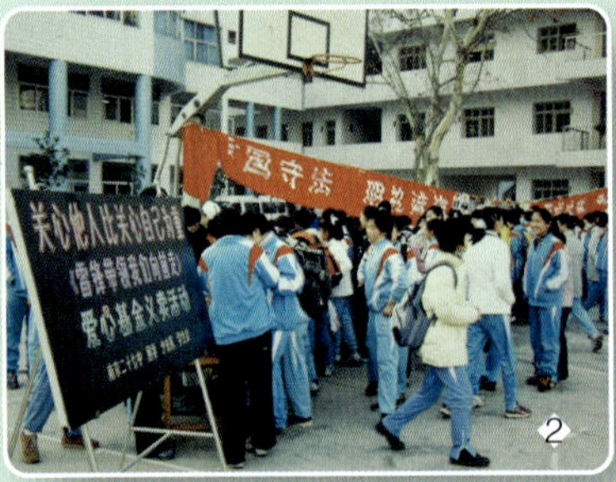

南京市第二十七中学

27 MIDDLE SCHOOL

南京市第二十七中学是一所具有60余年办学历史，具有相当规模和社会影响的完全中学。

学校（包括分校）占地面积29160平方米，校舍面积30000平方米。除办公、生活用房外，现有普通教室64个，理、化、生实验室13个，计算机、语音、音乐、美术、史地、劳技等专用教室17个，多媒体教室42个（外加一套移动设备）。另有功能齐全、设施完备的体育馆和图书馆，以及田径运动场和篮、排球场。

学校现有52个教学班，在校学生2498人，在职教职员工187人，其中专任教师（含兼职）160人，教师中高级教师37人，一级教师52人，高中教师本科学历达90.4%。学校现有特级教师2人，市学科带头人5人，区学科带头人22人，市优秀青年教师6人，区优秀青年教师27人。有40多人次被评为全国、省、市优秀教育工作者和先进模范，学校培养了“全国十佳少年”周婷婷等一批获全国、省、市表彰的三好学生和优秀学生干部。

学校坚持全面贯彻党的教育方针，推进素质教育，不断提高教育教学质量，促进学生全面发展。形成了“团结、勤奋、求实、文明”的校风；“好学、多思、灵活、扎实”的学风；“严谨、务实、善诱、创新”的教风；学校始终把德育工作放在首位，注重各科基础教育，积极开设第二课堂，建立各科兴趣小组，教学质量连续多年在全区名列前茅。2004年高考推进率又跻身于南京市省重点高中第一方阵。学校先后被评为省教育先进集体、省德育先进学校、省文明单位、省现代教育技术实验学校、全国射箭重点学校、省群众体育先进集体、市模范学校、市校务公开先进单位等。学校1999年11月通过江苏省重点高中验收，2004年3月5日首批转评为省三星级学校。今天二十七中人正团结拼搏，积极争创江苏省四星级学校。

◎校长：俞泰鸿

◎书记：陈国海

◎区委领导视察学校

校址：南京市秦淮区乌衣巷11号

电话：86623355 86623059

邮编：210001

NANJING WENSHU MIDDLE SCHOOL

南京市文枢中學

◎ 学校体育场

◎ 学校微机室

◎ 领导视察

南京市文枢中学是在2000年8月由原第十九中学、第二十中学和第四十六中学部分师生经布局调整、优化配置、全面改造合并而成的一所初具现代化规模的中学。学校分设初中部（钓鱼台19号）和高中部（仙鹤街88号），现有56个教学班，2700多名学生，280多名教职工。2001年学校被评为省德育先进学校，图书馆被评为市中学示范图书馆，2003年通过省级示范初中验收，被评为市规范收费学校和市教育系统示范实验室。近年来，学校还先后被评为省实施素质教育先进学校、市艺术教育先进集体及教育先进单位，被命名为中华传统美德教育国家级实验单位，教育部中学生心理监护实验学校，省现代教育技术实验学校。

学校校园环境优美，设施齐全，绿化率达40%。配有设施一流的物理、化学、生物实验室，劳技室、美术室、音乐室、形体房、图书馆、阅览室、微机房、多媒体教室、多功能会议厅、网上电子阅览室。

学校具有一支素质较高、爱生敬业、教学严谨的教师队伍。教师中有3名硕士研究生，12名在读硕士研究生，出国进修人员4名，市、区学科带头人30余名，市、区优秀青年教师20余名，高级教师比例40%。近年来，学校共领有国家、省、市级教科研课题20余个，70余名教师获得市级以上奖励，150余篇论文在国家、省、市级刊物上发表或得奖，科研成果丰硕。

多年来，学校坚持“让你充分发展”的办学理念，“传统美德使我更美，优秀文化使我更优”的办学特色初步形成。学校深入实施素质教育，构筑新的课程体系，教学成绩斐然。

校　址：南京市秦淮区仙鹤街88号
电　话：025-52215936 86623858
邮　编：210004
电子信箱：qhwszx@sohu.com

南京秦淮外国语学校

NANJING QINHUAI WAIGUOYU XUEXIAO

◎ 校长：徐守凡

◎ 书记：秦贵萍

南京市教育现代化工程示范学校
南京市德育先进学校
南京市收费规范学校
南京市民办学校先进集体
全国中华传统美德研究优秀实验学校
江苏省中小学生心理研究优秀实验学校

南京秦淮外国语学校创建于1996年，是经南京市教育主管部门批准的民办全日制普通初级中学，是一所以强化英语教学为特色的外国语学校。建校以来，学校始终遵循“以发展为主题，以教学为中心，以科研为先导，以管理求效益，以质量创品牌”的办学思路。奉行“德育为首，全面发展”的宗旨，坚持“教风、学风齐抓，分类指导与层次教育并举”的教育管理模式，力图为每一位学生提供全面发展的舞台，力求让每一位学生都能实现自己的梦想，力争使每一位学生走向成功。

◎ 校园一角

◎ 外教交流活动

◎ 学生在计算机室

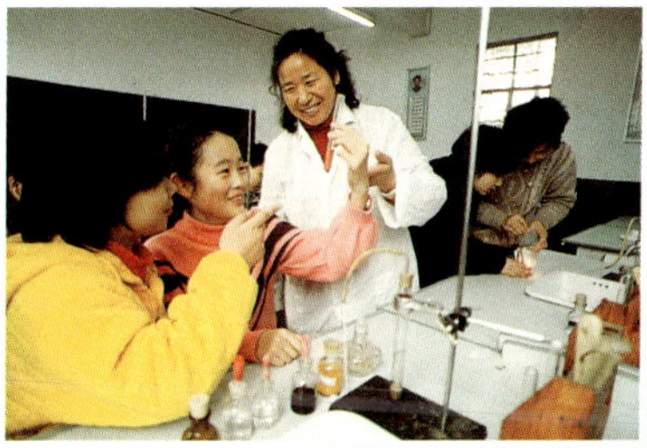

◎ 学生在实验室操作

◎ 丰富的课外活动

学校地址：南京市雨花路166号
电话：025-52416807 52419285

NANJING QINHUAI WAIGUOYU XUEXIAO

南京市第四十二中学

NANJING 42 MIDDLE SCHOOL

◎ 团结奋进的校领导班子

◎ 学校所取得的荣誉

南京市第四十二中学创建于1956年，是一所初具现代化规模的市重点中学（省二星级中学）。地处龙蟠南路，毗邻秦淮区人民政府，交通便利。现为省德育先进学校、省绿色学校、省现代教育技术实验学校、省四星级科技活动先进学校、省教学研究重点课题试验基地，市绿化景观“十佳”校园、教育收费规范学校。

学校硬件设施和管理堪称一流，校园电视网络系统、宽带网覆盖全校；电子备课室、多媒体教室、理化生等市先进实验室、微机房、放像室、天文观测台、藏书丰富的市示范图书馆、公寓式的学生宿舍等为教育教学提供了有力的保障。

学校师资雄厚，拥有一批年富力强、敬业爱生、经验丰富、颇具特长的教师队伍。省市先进个人、市区学科带头人、市区优秀青年教师等有30多名，高中教师学历本科率达97%，高中把关教师中有多名硕士研究生和出国进修过的骨干教师，他们是学校可持续发展及上乘教学质量的优势资源。教学质量逐年提高，高考本科过线率连续多年在全市同类学校中名列前茅。学校注重环境与人的和谐发展，注重爱心教育，注重学生综合素质的培养，现有10余个学生社团和兴趣小组，为学生的特长发展提供了空间。

南京市第四十二中学是一所正在蓬勃发展的学校，目前正在迎接“三星级高中”的验收，她将以独特的魅力吸引四面八方的学子，成为学生学习的佳所，成才的摇篮。

◎ 与澳大利亚来访学生交流

◎ 学校教师在国外学习（一）

◎ 学校教师在国外学习（二）

电 话：025-52626835 52633195转8134　　校 址：南京市秦淮区武定新村5号

邮 编：210006　　网 址：http://nj42.njenet.net.cn

南京市第四十三中学

NANJING 43 MIDDLE SCHOOL

◎ 校长：贾国根

南京市第四十三中学是一所正在向完全初中过渡的复合型学校。在未来的四年内，学校将继续完成中专、五年制电大、三年制大专的教育教学任务。学校办学宗旨是“为每个学生设计成功之路”，我们相信适合的教育，才是最好的教育。学校内抓严格的管理，有一支敬业爱生、勤学乐教的师资队伍；外树良好形象，用教育教学的高质量回报社会。毕业生在全市摄影、计算机、商贸等行业中为地方经济的发展作出贡献，学校向社会输送了许多优秀人才。近年来，学校取得了自己的辉煌，被评为省教科研先进学校，省青少年科技教育先进学校，省、市德育先进学校，连续三届九年被评为市模范学校，被确定为市首批初中小班化试点学校、市摄影课外活动基地。学校的一期改造工程已近完结。可以确信，未来的第四十三中学，将是一所高质量、有特色、让人民满意的全新优质学校。

1

2

3

4

5

6

7

8

◎ 1、英姿飒爽 学生在军训会操中
◎ 2、送法到校 落实法制教育
◎ 3、警校共建 确保校园平安
◎ 4、区青年优秀教师李玲在上课
◎ 5、区学科带头人杜咏梅在开讲座
◎ 6、区学科带头人姚茉在微机教学中
◎ 7、青春洋溢 学生在演出汇报中
◎ 8、市学科带头人沈建在指导美术兴趣小组

南京市第十八中学

◎ 团结奋进的领导班子
校长：薛旭鸣　　副校长：施茂平　苗丹丽　陈伟

◎ 区领导视察工作

◎ 获区中小学生运动会初中团体总分第一名

南京市第十八中学位于秦淮区双桥新村内，占地面积9822.5平方米，是一所公办初级中学。学校始终坚持社会主义办学方向，坚持党和国家的教育方针，形成“团结、求实、勤奋、进取”的校风；“守纪、勤学、友爱、向上”的学风；“敬业、爱业、严谨、创新”的教风；“团结、务实、廉洁、奉公”的领导作风。拥有一支“敬业精神强，整体素质高，管理规范，教育有方”的师资队伍。教学设施齐全。先后被评为江苏省实施教育现代化工程示范初中、市示范学校、市德育先进学校、市优秀家长学校、市基础教育课程改革实验研究基地、市示范图书馆、市示范实验室、区规范收费学校、区先进党支部、区教育工委先进党支部、区巾帼文明示范岗、区红旗团委。

NANJINGSHI DISHIBA ZHONGXUE

南京市夫子庙小学

NANJINGSHI FUZIMIAO XIAOXUE

◎ 校领导班子在研究工作

◎ 和同学们在一起

◎ 生动的课堂

南京市夫子庙小学，坐落在风光旖旎的十里秦淮风光带中心，是江苏省省级实验小学。现有教学班24个，1200多名学生，教职工70人。学校占地6405平方米，建筑面积6975平方米。体育馆、图书馆、计算机室、语音室、电化教室及各专业教室一应俱全。整个校园呈明清建筑风格，雕梁花窗，飞檐出甍，闹中取静，古朴清幽，成为秦淮河畔的一朵奇葩。

多年来，学校以科研为先导，扎扎实实地实施素质教育，在教育目标、课程、评价等领域开展了广泛而深入的研究。在课题的研究过程中，探索素质教育的校本模式，走出了一条以“主体教育”为特色的素质教育新路。“九五”期间，学校以考试改革为突破口，深入实施《发展小学生五自能力的实验研究》。课题成果专著《自主教学初探》正式出版，获得南京市普教系统教育科研优秀成果一等奖、江苏省和南京市哲学和社会科学优秀成果奖。“十五”主课题《小学自主探究型课堂教学模式研究》，经过近四年的研究，课题各项研究工作已基本完成，进入结题阶段，课题的相关阶段成果多次在教育报刊、杂志上发表，获得专家领导的好评。学校致力于科研型教师的培养，用先进的教育理念引领教师的教育行为，师德、业务两手抓、两手硬，在师资培养上取得了显著成效。获市首届师德先进集体称号，连续多年被评为区师德先进集体。现有全国优秀教育工作者1名、全国优秀辅导员1名，江苏省特级教师1名、省优秀教育工作者2名，市名校长、名教师、学科带头人、优秀青年教师、优秀班主任15人，区学科带头人、优秀青年教师、骨干教师20多人，为学校的发展提供强大的智力支撑。

经过努力，学校各方面工作均做到系统化、标准化、规范化，连续多年被评为省和市文明单位、模范学校，少先队大队被评为全国“十佳”标兵红旗大队。在社会和家长中享有良好声誉。

◎ 区领导视察工作

◎ 国外友人来访

秦淮区少年宫于1995年6月1日扩建竣工，占地面积1780平方米，建筑面积达4365平方米，有各类专业教室、活动室34个，包括图书馆、计算机房、环保教育教室、练功房等；占地293平方米的大型娱乐宫“欢乐世界”有27个活动项目；还有一座拥有500个座位的小剧场和一间200多平方米的综合功能厅。

自建宫以来，获得全国先进少年宫称号，多次被评为全国双有主题教育活动先进集体，在全国省市各项比赛活动中多次取得优异成绩，2004年被省精神文明办公室、省教育厅设立为省校外教育示范基地，该年8月22日中央精神文明办公室组织12家中央媒体来少年宫集中采访，给予了高度评价。

◎组织多姿多彩的少年活动

秦淮区少年宫

南京市凤游

校长: 林　静
市学科带头人
省电化教育先进个人
省市心理教育研究先进个人

凤游寺小学已有40多年的历史,经过几代园丁的辛勤耕耘,如今是一所校园优美,设施现代化、教师队伍精良的江苏省实验小学。

"为每一个孩子积蓄成才的力量"是凤游寺小学的办学理念。"力量"就是素质,就是凤小人持之以恒坚持追求的全面育人目标;"积蓄",长期积存的过程,是日久天长,循序渐进潜移默化的过程,这种过程使学生的知识和能力从无到有,从量变到质变,从智能体魄到素养素质:"为每一个孩子",在凤小人的信念里人人是可造之材,人人是应造之材,我们承认差异,重视差异,从学生的实际出发,有的放矢尽可能使每个学生在各方面都得到发展,不放弃,不歧视,不偏爱。

学校办学理念指导着我们的办学思想,规划着我们的办学方向,规范着我们工作的言行。关爱每一个学生,关注学生的每一个方面,让每一个学生都得到成功,是全体教师每天所想的,所做的。为学生服务,请社会监督,让家长放心,是我们郑重的承诺。我们坚信,在全校师生的共同努力下,把凤小办成一流教育现代化小学的奋斗目标一定能实现。

PRIMARY SCHOOL NANJING FENGYOUSI PRIMARY SCHOOL

寺小学

◎ 丰富多彩的课余生活

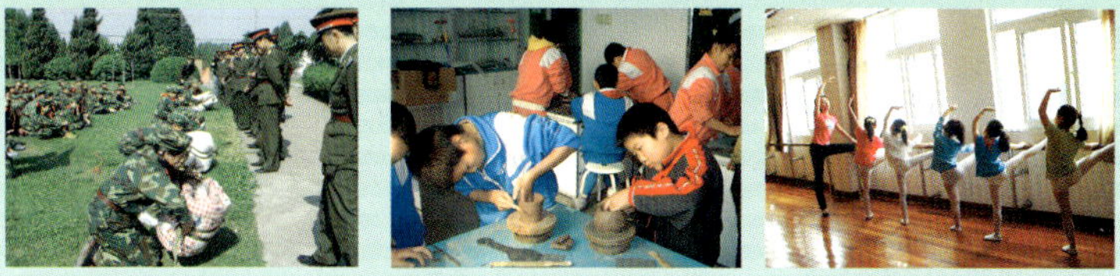

◎ 区领导来校视察

◎ 学校外景

◎ 小班教学

◎ 精心辅导

地址：南京市集庆路213号 邮编：210006
电话：025-86625618 86623986
传真：025-86625618

全体教师合影

NANJINGSHI XIAOXIHU XIAOXUE

南京市小西湖小学

◎ 团结 勤奋 开拓 求实的学校领导班子

◎ 省级“十五”课题论证会

南京市小西湖小学是江苏省实验学校。有教职工98名，学生1913名，学校以“为学生提供发展的机会、为教师创设发展的平台、为学校争取发展的空间”的办学理念为指导，以教育科研为先导，以教育教学质量为生命，贯彻“团结、勤奋、开拓、求实”的校风；“治学严谨、教书育人”的教风；“博学多思、质疑、创新”的学风，全面实施素质教育，取得极高的办学效益，赢得社会的赞誉。

学校获全国教育科研课题实验研究工作先进集体，全国群众体育工作先进集体，国家教育部重点课题心理教育研究先进单位，省心理教育课题研究先进集体，省中国民主促进会先进基层组织，市优秀基层党组织，市优秀少年军校，市少先队标兵红旗大队及区师德先进集体等殊荣 。由教师主持设计的数学教学活动方案在全国活动课程与活动教学观摩研讨会上获一等奖。校女子篮球队参加市新苗杯篮球赛连获19届冠军，参加省小学生篮球赛均获前三名。民乐活动中心在华东三省民乐比赛中获奖。南京市小西湖小学正不断创新，谋求发展，争取再创辉煌。

◎ 实施课程改革 提高教学质量

◎ 青年教师的风采

◎ 学校民乐团的精彩演出

◎ 学校女子篮球队屡战屡胜

◎ 军校十年辉煌 雏鹰展翅飞翔

NANJINGSHI SHUANGTANG (YI FU) XIAOXUE

南京市双塘小学

◎胡存敏老师辅导学生

◎外籍教师执教

◎ 友好往来

◎团结奋进的校领导班子

南京市双塘小学(又名南京市双塘逸夫小学)是江苏省实验小学。创建于1932年,坐落在闻名遐迩的十里秦淮风光带的西端。现有教学班20个,850名学生,55名教职工。学校占地面积1万平方米,建筑面积6100平方米,建有200米环行塑胶跑道、足球场、排球场和体操馆。校园环境宜人,教学区、运动区和休闲区三区分开,布局合理,十分雅静。一流的专用教室为学生的成长、成才创设理想的空间。

长期以来,学校坚持全面贯彻教育方针,坚持正确的办学方向,以“让每一个学生得到发展,让每一个教师获得成功,让每一个家长感到满意”为办学宗旨。在实施素质教育的过程中,形成鲜明的办学特色,提高教育教学质量,促进学生全面发展,赢得社会各界的赞誉。目前,学校在创新教育、心理教育、传统美德教育等方面成为国家、省、市级科研课题实验学校。被评为市心理教育实验学校和市中华民族传统美德教育研究实验校。广泛开展课外兴趣小组活动,科技、艺术教育成为两道亮丽的风景线。学校系省科技特色学校、市艺术(舞蹈)活动中心,荣获省海模比赛团体第一名、省青少年车模比赛团体第一名、两届市爱鸟周活动评比一等奖。学生范馨获第十届省青少年发明创造比赛一等奖,被授予中国少年科学院小院士;学生呙俐获全国幼儿基本体操比赛二等奖。在市音乐舞蹈、计算机、读书征文、小女排、小体操、小足球等比赛和“小数报”数学竞赛中均取得前几名的好成绩。学生上百幅书画作品先后选送日本等国展出并获奖。1999年学校与日本铫子市立高神小学结成友好学校。

几年来,学校得到跳跃式的发展,被评为市优美校园、市绿化先进单位、市爱国卫生先进单位、市优秀绿化景观学校、市示范小学、市德育先进学校、市电化教育先进学校、市实验小学及省实验小学。

◎ 艺术之花

◎ 网络世界

◎ 语音天地

地址：南京市秦淮区双塘12号
电话：025-86624192
邮编：210004
E-mail:qhst@njenet.net.cn

南京市考棚小学

NANJING KAOPENG PRIMARY SCHOOL

南京市考棚小学始建于 1905 年，前身是程子祠学堂，1927 年改名为考棚小学。多年来，学校坚持以周恩来“为中华之崛起而读书”的至理名言为校训，激励全体师生，形成优良的校风、教风与学风，在市、区享有较高声誉。

经过多年来的实践与探索，学校逐步明晰了“以恩来精神建校育人”的办学理念，以创建学习型教师群体为基础，以模范实施新课程标准为重点，以创立品牌、丰富内涵、加速发展为主题，走现代化办学之路。

经过几代人的努力，学校已逐步形成了自己的办学特色。一是德育特色：弘扬仁爱精神，彰显人文关怀；二是教学特色：大胆追问（旨在倡导自主探究，培养科学精神）；三是课程特色：双语教育（重在营造语言环境，积蓄发展潜力）。学校创建了全国小学中第一个“周恩来班”，精心建设了“翔宇”系列校园文化，优先启动创建学习型青年教师群体工作，确立省级教育科研规划课题，开展深受学生喜爱的“快乐体育”活动、开设全区唯一一家“英语实验班”。

近年来，百年老校焕发了青春，学校先后获市实验小学、市德育先进学校、市教育科学研究先进单位、市科技教育特色学校、省现代教育技术实验学校、全国群众体育先进单位、全国射箭重点学校等多项殊荣。有多名学生在各级各类竞赛中获奖，近年来每年均有数十名学生被南京外国语学校、南师附中、金陵中学、一中等名校录取，毕业生们的优异表现得到了中学老师的一致好评。

目前，全校师生正以饱满的热情和旺盛的斗志向着更高的目标迈进。

◎（上）全国射箭重点学校授牌仪式

◎（左）“周恩来”班队员手捧李鹏爷爷题词，在铜像前表达学伟人决心

◎（左）开展市课改基地展示活动。

◎（右）外籍教师在为一年级英语实验班学生上课

◎（左）校报·翔宇报

100 百年名校

NANJING KAOPENG PRIMARY SCHOOL

◎ 少先队员们在周恩来铜像前接受教育

南京市秦淮区第一中心小学

百年老校树长青 桃李芬芳誉金陵

◎ 校长：张宏霞

秦淮区第一中心小学地处秦淮风光带、城南文化商业区，创建于1907年（清光绪三十三年），是南京城内最早的学校之一，至今已有近百年的历史。多年来学校以严谨的教风，良好的教学质量，鲜明的办学特色，赢得上级领导和学生家长的好评、社会的承认。学校始终坚持贯彻教育方针和素质教育要求，教育教学质量稳步提高。教师队伍整齐，师德良好，教科研成绩显著，同时重视心理和体艺教育，促进学生全面和谐的发展。

◎ 愉快的课堂

◎ 优美的校园环境

◎ 舞蹈《欢腾的小马驹》获"小白鹭"艺术节一等奖

◎ 科技之星雕塑

南京市长乐路小学

NANJINGSHI CHANGLELU XIAOXUE

◎ 校 长：喻林

◎ 团结奋进的校领导班子

◎ 学校荣誉

南京市长乐路小学创建于1905年，现占地3250平方米，建筑面积2659.9平方米。学校有标准的篮球场，70米的四道塑胶直跑道，设有音乐室、舞蹈房、美术室、自然实验室、仪器室、劳技室、微机室、体育室、器材室、卫生保健室、心理咨询室、图书室和阅览室等专用教室，其中图书室共有图书1.23万册，学生人均21.5册。

◎ 校园一角

学校有13个教学班，502名学生，39名教职工。教师中，有大专以上学历的32人，占全校教师总数的82%；市、区优秀青年教师、学科带头人、骨干教师16人，占全校教师总数的41%。经过全体师生的努力，学校的教育教学质量不断提高，被评为"中华传统美德教育"课题研究省、市实验单位，获"中华民族传统美德教育"科研成果一等奖，教师盛缘缘撰写的《浅谈礼仪训练中的五性》获国家级论文评比一等奖。学校被评为市"讲礼仪、守规范"活动先进集体。"十五"研究课题"在课堂教学中培养学生问题意识"，经申报被立项为"十五"市级课题。教学中坚持以科研为先导，抓紧抓实课堂教学质量的提高，2003年度调研好课率达85%，24人次在区级赛课中获奖，21节课被评为区级优质课。

学生在各项比赛和评比中都取得优秀的成绩，学生李文钊在第八届全国中小学生绘画、书法作品比赛中获二等奖，学生武严良在市第二届"好家长杯"作文比赛中获一等奖。2003年12月学校被评为市实验小学及德育先进学校。

NANJINGSHI QINHUAI SHIYAN XIAOXUE

南京市秦淮实验小学

NANJINGSHI QINHUAI SHIYAN XIAOXUE

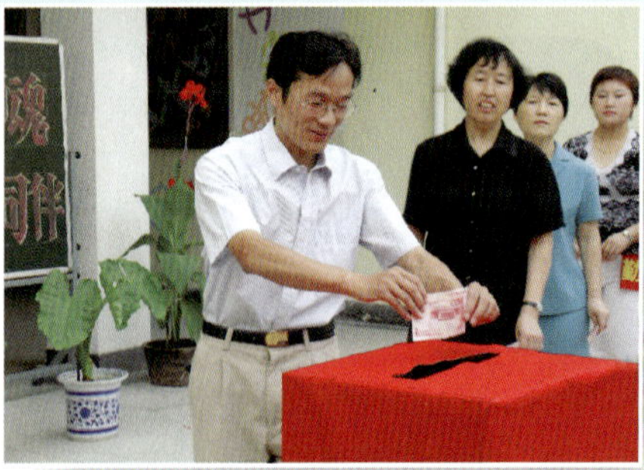

（左一）◎ 学校领导带头为重病学生捐款

（左二）◎ 号召全体学生为同学捐款

南京市秦淮实验小学，于2003年12月被命名为“南京市实验小学”。全校师生坚信“经历就是一种成功”。围绕“面向全体，全面发展”的办学目标，师生齐心协力，立足创建，推进发展，在教育教学以及管理方面进行有益的改革试验，校园处处呈现出勃勃生机，一所具有实验性质的学校正在逐步成长。

◎ 校园全貌

南京市钓鱼台小学

NANJINGSHI DIAOYUTAI XIAOXUE

NANJINGSHI DIAOYUTAI XIAOXUE

南京市钓鱼台小学是一所历史悠久，在城南地区享有较高声誉的老学校。学校以优良的校风、教风、学风和敬业爱岗、业务精良的师资队伍，赢得了良好的办学信誉。扎实过硬的教学质量在全区名列前茅，在市、区组织的学科质量检测中多次获得优异成绩，培养的毕业生普遍受中学的欢迎。学校以鲜明的办学特色得到家长和社会的一致赞誉。

图片注解：

①求真务实　团结进取的领导班子

②师德高尚　业务精良的教师队伍

③文明守纪　勤学向上的优良校风

◎ 校长：徐秀玲

马道街小学是一所规模不大的百年老校，学校以全面贯彻教育方针，提高教育教学质量，培养一代新人作为办学的标准，以严谨的教风，严格的管理，优异的教学质量，为“四化建设”培养一批批合格的人才。学校围绕提高素质教育，因地制宜地加强对学生的科学兴趣的教育，开展航模、声乐、绘画、书法制作、武术等兴趣小组的活动。“小武术”活动以年级为单位，人人参加训练，个个强身健体。小武术活动的普及不仅发扬中华武术的民族传统，也为各级学校、团体输送新的学员。学生在全国、市、区的绘画、航模、书法、武术等比赛活动中均取得优秀成绩。

南京市马道街小学

NANJINGSHI MADAOJIE XIAOXUE

（右一）◎ 书法、绘画小组获奖作品

（右二）◎ 孩子们荣获各种奖项

（底图）◎ 校园一景

◎ 武术队员生龙活虎

南京市马家圩小学

NANJINGSHI MAJIAWEI XIAOXUE

自信·自强·成人·成才

马家圩小学创建于1958年，地处城郊结合部，现为江苏省心理教育实验小学、市示范小学、市绿色学校、市合格家长学校、市合格心理咨询室、市少先队红旗大队。

多年来，学校围绕“一切为了学生，为了一切学生，为了学生一切”的办学宗旨，坚持“自信、自强、成人、成才”的信念，“以自信为龙头，塑造未来强人”。不断探索，不断完善，不断实践，努力形成鲜明的办学特色，提出“向管理要质量，以质量促发展”的工作目标，努力提升教学质量和办学品位，把学校办成环境优美、管理规范、设施完善、素质一流的新型校园。

◎ 课外实践

◎ 丰富多彩的文化活动

◎ 我与小树同乐

◎ 校园一景

NANJINGSHI ZHENGXUELU XIAOXUE

南京市正学路小学

◎ 科技节活动

◎ 研究工作

◎ 工作会议

求实创新　开拓进取

南京市正学路小学始建于1950年9月，几十年来，从这里走出了一批又一批合格的学生。跨入新世纪以来，学校新增添了现代化的教学设备，2003年被评为市示范小学。学校注重学生综合素质的提高，根据少年儿童身心发展的特点，培养学生动手动脑的能力。在各种丰富多彩的活动中，突出学生个性的发展，使小发明、小论文、小制作等频频获奖。

学校加强教师队伍建设，有一支具有良好政治业务素质的教师队伍。目前，全体教师以教研为先导，积极地投入新课改的教育教学实践中，为进一步提高学校的教育教学质量而努力。

NANJINGSHI WUDINGXINCUN XIAOXUE

南京市武定新村小学

南京市武定新村小学，校史已逾40年。多年来始终坚持“为孩子创造无限发展空间”的办学宗旨，奋斗拼搏，努力向上，有着出色的教师队伍、多彩的课堂、丰富的活动、丰硕的成果。学校教育质量正处于腾飞的阶段，这里既是学生学习的天地，又是师生共同成才的摇篮。目前，学校已形成了“文明守纪、勤奋向上”的校风，民族民间文化特色建设成绩明显，意境深远而又丰富多彩的校园文化焕发了学生潜能，促进了学生发展，育人效果显著，被评为市示范小学、市实验小学，成功创建省实验小学。近200人次学生先后在省、市、区各级各类语言、数学、英语、美术、书法等竞赛中获一、二、三等奖。少先队大队部被评为市级红旗大队、荣获绿色环保活动组织奖及“绿色地球村”铜牌。校舞蹈队、韵律操队、鼓号队、田径队参加比赛均获一、二、三等奖。同时，秦虹街道青年中心在校成立民族民间文化俱乐部。

◎ 组织党员学习

◎ 优美的校园环境

◎ 音乐是人生道路上的花朵

NANJINGSHI BAIHUAXIANG XIAOXUE

南京市百花巷小学

南京市百花巷小学在积极推进新课改教学中，认认真真，踏踏实实地把新课改理念落实在每位教师的行动上，落实在每节课上，落实在每个学生上。近几年来，学校在教育教学方面取得显著成绩，被评为市示范小学，市少先队标兵红旗大队，市少先队标兵红旗中队及市“雷锋中队”，“全国特色小队”和18支市“优秀雏鹰假日小队”。目前，在校领导班子的带领下，积极开拓进取，为创办一流的学校，培养一流的学生而努力。

◎ 团结奋进的校领导班子

图片注解（由左至右）

◎ 新队员入队宣誓 ◎ 走出教室的综合实践课 ◎ 少先队荣获市〝雷锋中队〞称号 ◎ 向离退休教师献祝寿词

南京市东关头小学

NANJINGSHI DONG…

◎ 校长：王学勤

◎ 校领导班子

东关头小学临近热闹繁华的夫子庙，是一所校龄近50年的老学校，2001年白鹭洲小学、钞库街小学并入，使这所老校更呈现勃勃生机。

多年来，东小的历任领导一直崇尚充满爱的管理，老师们一直推崇爱的教育，“信任、鼓励、学习、进步”是东小所有工作的关键词。学校以“管理、质量”为主题，致力于健全严密的管理制度，打造优秀的教师群体，全面提高教育教学质量。学校注重学生的全面发展，“少年军校”成立15年，活动开展的蓬蓬勃勃；学生科技活动卓有成效，在省、市乃至全国屡次获奖。

◎ 校微机室

◎ 愉快的课间操

◎ 军训

南京市西城小学

NANJINGSHI XICHENG XIAOXUE

◎ 校 长：鲁书毅

西城小学现有教学班10个 ，在校学生302人，有一个团结协作的领导班子，有一支教育教学经验丰富的教师队伍。在区教育局正确领导下，在区进修学校、督导室、教科室的关心和帮助下，西城师生牢记“学而不厌，诲人不倦”的校训，实实在在抓教学，兢兢业业育人才，初步形成“求实勤奋，立志成才”的良好校风，“爱岗敬业，为人师表”的教风以及“尊师守纪、好学向上”的学风。

学校坚持以邓小平理论为指导，认真贯彻党的教育方针，抓好素质教育，促进学生全面发展，取得可喜的成绩。据不完全统计近几年，学校荣获区级以上集体奖20余次，教师获奖30余人次，学生个人获奖150余人次，其中市级以上53人次，全国奖40余人次，作品选送出国5人次，报刊宣传2人次，小升初毕业成绩均名列全区前列。办学效益显著，赢得了上级、同行及社会的赞誉。

◎ 互动的课堂

◎ 学校荣誉

南京市西街小学

NANJINGSHI XIJIE XIAOXUE

◎ 校长：陈恩发

◎ 校领导班子

南京市西街小学，坐落于秦淮区红梅巷26号，创建于1946年。在市、区政府的大力关怀与投入下，于2003年8月建成新教学大楼。计算机室、自然教室、劳技教室、音乐室、美术室、舞蹈房等功能教室齐全，是一所初具现代化规模的小学。学校目前有教学班16个，学生586人，在职教职工37人。教师学历达标率为100%。

近年来，为了提高学校的整体教学水平，全体教职工团结一心，艰苦奋斗，以创新思想鼓舞自己，以科学的发展观指导自己，为给学生营造一个优良的教育环境而努力工作。2004年，学校通过验收成为市示范学校。同年获市小学示范图书馆和优秀卫生室称号。在参加市、区的各项比赛中，全校师生通过努力均取得较好的成绩。

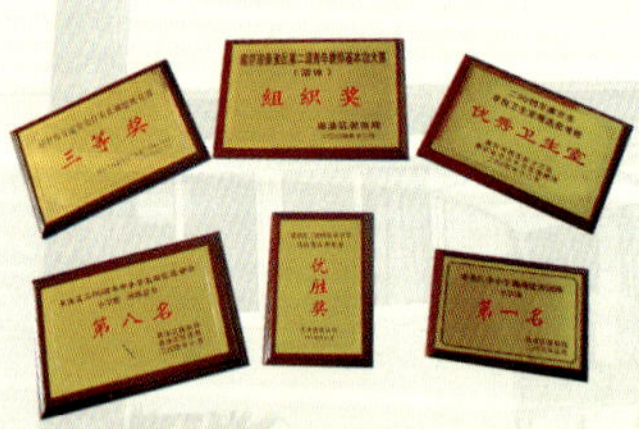

◎ 荣　誉

◎ 学校外景

◎ 实验室

NANJINGSHI YAN LIAO FANG XIAO XUE NANJINGSHI YAN LIAO FANG XIAO XUE NANJINGSHI YAN LIAO FANG XIAO XUE

南京市 颜料坊小学

◎ 校长：贡明生

◎ 美丽的校园

颜料坊小学创办于1921年。解放后，尤其近10年来在政府及主管部门的关怀下，办学条件不断改善。学校形成了“严谨、耐心、奉献、求新”的教风及“勤学、守纪、求实、健体”的学风。教学质量不断提升，并形成书画创作、收藏等活动特色。2004年被评为市“示范小学”。

◎ 书法兴趣小组活动剪影

◎ 辅导学生

◎ 收藏活动的展板

◎ 蓝天下我的第二个家

◎ 看！我们玩得多投入

◎ 舞台上青年教师的风采

南京市秦淮区秦虹幼儿园系市教育局认定的市“优质幼儿园”。全园占地1520平方米。户外场地均铺设软质塑胶，是一所绿色的、充满生机的托幼机构。

全园以主式活动课程为“蓝本”，教师摒弃填压式，灌输式的教学模式，积极转换观念，采用操作在先的“做中学，玩中学”的新型育儿理念，让孩子在快乐中成长，在快乐中学习，完全体现出幼儿的主体性地位，确保孩子的自主性获得发展，自我的个性得以张扬。

如我园有幸与您的孩子共成长，我们将竭诚地服务于您，照顾并教育好祖国未来的“小花朵”。

◎ 我们的多彩生活
——进蒙古包作客

咨询电话：025-52632033

地　　址：秦虹小区高虹苑69号

秦虹幼儿园

QINHONG YOUERYUAN QINHUAIQU QINHONG YOUERYUAN

NANJINGSHI ZHONGHUALU YOUERYUAN

南京市中华路幼儿园

◎ 园领导班子

◎ 全园教师合影

◎ 建园50周年省市区领导与中幼师生合影

南京市中华路幼儿园地处古老的秦淮河畔、美丽的凤凰台下。办园50年来，在领导的关心呵护、教职工的奋力拼搏下，成为一所江苏省示范性实验幼儿园，一所幼儿生活、成长的乐园。

“一切为了孩子，为了孩子的一切”是中幼人的追求；“求实、开拓、创新、奉献”是中幼人的精神；“关注、接纳、尊重、信任”是中幼人的教育准则。中华路幼儿园教职工以《幼儿园工作规程》和《幼儿园教育指导纲要》为依据，以科学的教育观念为指导，在幼儿“玩中学数学，生活中学数学”的特色教育基础上，积极构建“幼儿生活化课程”，促进幼儿自主、好奇、健康、快乐的发展。涌现出省特级教师、省市优秀教育工作者市十佳青年教师、市学科带头人、市区优秀青年教师等先进个人。幼儿园先后获得了省三八红旗集体、省市绿色学校、省市巾帼文明示范岗、市文明单位、市教科研先进集体等荣誉。

回首昨天，中幼人无比自豪；展望明天，中幼人信心百倍。不断进取，再接再厉，中华路幼儿园一定会拥有更加辉煌灿烂的未来。

◎ 与加拿大专家交流

◎ 欢乐的童年

◎ 地址：南京市弓箭坊42号
◎ 电话：025-86624178
◎ 邮编：210006

ZHONGHUALU YOUERYUAN

◎ 把孩子交给你们我放心—蓝厚瑜园长亲自接待幼儿

◎ 让我也试一试—游戏解绷绳

南京市小西湖幼儿园

NANJINGSHI XIAOXIHU YOUERYUAN

南京市小西湖幼儿园创办于1952年，全园现有大、中、小7个班，幼儿200多名，教职工29名。在园长蓝厚瑜的带领下，全园教师共同努力，已将该园建成赢得家长和社会信任的市级示范幼儿园。

全园始终坚持以培养德、智、体、美全面发展的合格幼儿为目标，以促进幼儿身心健康为首要任务，形成了自己的办园特色，先后荣获省体育先进集体、市示范性试验幼儿园、市体育特色园、区巾帼文明示范岗等称号。

多年来，幼儿园一直重视教师队伍建设，注重青年教师的培养，教师大专学历达100%，本科学历近40%，涌现出一批省、市师德标兵。为“托起初升的太阳，创造明日的辉煌”，小西湖幼儿园正朝着更高目标迈进。

图片注释（由1-5顺序）：
◎ 建园五十周年庆典
◎ 体验厨师的辛苦
◎ 特色体育活动
◎ 快乐的日子
◎ 宽敞明亮的教室

法人代表：蓝厚瑜
地　　址：南京市马道街3号
电　　话：025-86625216

NANJINGSHI **HONGMEI** YOUERYUAN

南京市

红梅幼儿园

◎ 园长：王修慧

◎ 副园长：鞠红

南京市红梅幼儿园创建于1977年，地处历史悠久的名胜古迹中华门外。园内春有花，夏有荫，秋有果，冬有青，环境优雅。长期以来，幼儿园积极贯彻、落实《幼儿园教育指导纲要》的精神，坚持走教研之路。围绕雪花片建构活动进行大胆的尝试和探索，编写《雪花片构造系列活动》、《雪花片建构活动论文集》等，形成了鲜明的特色，在省、市、区产生一定的影响。

近年来，幼儿园以“快乐是幼儿游戏永恒的主旋律”为主题，积极探索快乐活动课程，注重培养有自信、会交往、善合作、能创新的新时代幼儿和具有专业化水平的高素质教师队伍。目前，园内教师大专以上学历达84.6%。市区优秀教育工作者、区学科带头人、区优秀青年教师等不断涌现，教师们撰写的论文多次在省、市、区各类评比中获奖。

如今，全园　师正投身于幼教改革之中，积极创建“自主愉快的教育活动、和谐宽松的校园环境、平等融洽的师幼关系、友好合作的家园平台”等一系列的幼教改革新园风，得到社会的满意、家长的信赖，真正成为幼儿喜爱的乐园！

1、◎ 师生走向大自然
2、◎ 孩子们喜爱自制的小书包
3、◎ 幼儿建构的夫子庙场景
4、◎ 教师和幼儿合作建构的“中华门城堡”

◎ 地　址：南京市秦淮区红梅巷3号
◎ 电　话：52415955
◎ 传　真：52428247